AF173566

Fallstudien zum Management von Familienunternehmen

Birgit Felden • Andreas Hack • Christina Hoon
Hrsg.

Fallstudien zum Management von Familienunternehmen

Teaching Cases für Lehre und praktische Anwendung

Hrsg.
Birgit Felden
Hochschule für Wirtschaft und Recht Berlin
Berlin, Deutschland

Andreas Hack
Institut für Organisation und Personal
Universität Bern
Bern, Schweiz

Christina Hoon
Wirtschaftswissenschaftliche Fakultät
Universität Bielefeld
Bielefeld, Deutschland

ISBN 978-3-658-27720-8   ISBN 978-3-658-27721-5 (eBook)
https://doi.org/10.1007/978-3-658-27721-5

Die Deutsche Nationalbibliothek verzeichnet diese Publikation in der Deutschen Nationalbibliografie; detaillierte bibliografische Daten sind im Internet über http://dnb.d-nb.de abrufbar.

Springer Gabler
© Springer Fachmedien Wiesbaden GmbH, ein Teil von Springer Nature 2020
Das Werk einschließlich aller seiner Teile ist urheberrechtlich geschützt. Jede Verwertung, die nicht ausdrücklich vom Urheberrechtsgesetz zugelassen ist, bedarf der vorherigen Zustimmung des Verlags. Das gilt insbesondere für Vervielfältigungen, Bearbeitungen, Übersetzungen, Mikroverfilmungen und die Einspeicherung und Verarbeitung in elektronischen Systemen.
Die Wiedergabe von allgemein beschreibenden Bezeichnungen, Marken, Unternehmensnamen etc. in diesem Werk bedeutet nicht, dass diese frei durch jedermann benutzt werden dürfen. Die Berechtigung zur Benutzung unterliegt, auch ohne gesonderten Hinweis hierzu, den Regeln des Markenrechts. Die Rechte des jeweiligen Zeicheninhabers sind zu beachten.
Der Verlag, die Autoren und die Herausgeber gehen davon aus, dass die Angaben und Informationen in diesem Werk zum Zeitpunkt der Veröffentlichung vollständig und korrekt sind. Weder der Verlag, noch die Autoren oder die Herausgeber übernehmen, ausdrücklich oder implizit, Gewähr für den Inhalt des Werkes, etwaige Fehler oder Äußerungen. Der Verlag bleibt im Hinblick auf geografische Zuordnungen und Gebietsbezeichnungen in veröffentlichten Karten und Institutionsadressen neutral.

Springer Gabler ist ein Imprint der eingetragenen Gesellschaft Springer Fachmedien Wiesbaden GmbH und ist ein Teil von Springer Nature.
Die Anschrift der Gesellschaft ist: Abraham-Lincoln-Str. 46, 65189 Wiesbaden, Germany

Geleitwort

Fallstudien oder auf Neudeutsch Teaching Cases werden zu Recht gerne in der Betriebswirtschaftslehre an Universitäten und Hochschulen eingesetzt, weil die Studierenden an diesen echten Fällen sehr viel lernen können – und zwar mit wahrem Praxisbezug.

Das ist sehr gut.

In der Regel werden allerdings die immer gleichen Cases herangezogen, vorgestellt und bearbeitet, nämlich von Unternehmen wie Google, Siemens und vielleicht noch General Electric.

Das ist suboptimal.

Denn es ist nicht nur langweilig, sondern diese Unternehmen sind allesamt börsennotierte Publikumsgesellschaften in Streubesitz. So wird den Studierenden unterschwellig vermittelt, dies seien die „normalen" Unternehmen, auf die sich ihre Ausbildung in der Betriebswirtschaftslehre beziehe. Weit gefehlt. Denn nicht nur in Deutschland, sondern weltweit stellt das Familienunternehmen und nicht der anonyme Börsenkonzern die normale und weitaus häufigste Form des Wirtschaftens dar. Für diese Unternehmensform sollten unsere Studierenden also ausgebildet werden. Familienunternehmen haben aber durchaus andere Bedingungen als Unternehmen in Streubesitz, benötigen andere Kenntnisse und Skills, um erfolgreich zu sein.

Ich freue mich, dass hier endlich eine Lücke gefüllt wird und ein Fallstudienbuch vorliegt, in dem Familienunternehmen im Mittelpunkt stehen. An diesen Fällen kann wunderbar gezeigt werden, welche Herausforderungen Familienunternehmen bewältigen müssen, sollen und können, um erfolgreich am Markt zu sein. Auch freue ich mich, dass sehr unterschiedliche Fallbeispiele aus dem mitteleuropäischen und nicht nur anglo-amerikanischen Raum vertreten sind, denn auch kulturelle Unterschiede bedingen unterschiedliche Herangehensweisen.

So sei diesem Buch viel Aufmerksamkeit bei den Lehrenden in der BWL gewünscht. Mögen an den darin enthaltenen Teaching Cases viele Studierende realitätsnah üben, was es bedeutet, ein (Familien-)Unternehmen erfolgreich zu managen.

EQUA-Stiftung   Rena Haftlmeier-Seiffert
München, Deutschland
Herbst 2019

Vorwort der Herausgeber

In diesem Buch geht es um Fallstudien zu Unternehmen, die viele europäische Länder wie Deutschland, Österreich und die Schweiz geprägt haben: Familienunternehmen. Diese Art von Unternehmen dominiert nicht nur das Wirtschaftsbild vieler Regionen, sondern ist auch gerade für Studierende höchst interessant. Familienunternehmen sind zum einen der Hauptarbeitgeber in unseren Volkswirtschaften. Sie stellen zum anderen ein spannendes und aktuelles Forschungsfeld dar.

In diesem Fallstudienbuch wollen wir Sie systematisch mit dem Wesen von Familienunternehmen vertraut machen. Dieses Buch umfasst 12 praxisnahe Fälle zu verschiedenen Fragestellungen des Managements. Jeder dieser Fälle ist einzigartig und illustriert auf einprägsame Art und Weise ausgewählte Fragestellungen der Unternehmensführung.

Dieses Fallstudienbuch bietet aber auch eine Ergänzung des Lehrbuchs *Management von Familienunternehmen: Besonderheiten – Handlungsfelder – Instrumente* (Felden, Hack und Hoon, 2019, erschienen im Springer Gabler Verlag, Wiesbaden), in dem eine kompakte Vermittlung der komplexen Materie zu Familienunternehmen auf akademischem Niveau zu finden ist. Die einzelnen Themenbereiche des Lehrbuchs „Management von Familienunternehmen" werden in diesem Fallstudienbuch aufgegriffen und mit Praxisfällen ergänzt und illustriert.

Sowohl theoretische Erkenntnisse als Hochschulprofessoren und Forscher sowie die umfangreichen Erfahrungen der drei Herausgeber als praxiserfahrene Berater und als Familienunternehmer konnten wir in dieses Buch einbringen.

Dieses Buch ist ein Herausgeberband der drei Autoren des Lehrbuchs „Management von Familienunternehmen" und wäre ohne die Hilfe vieler Menschen nicht entstanden.

Allen voran soll Dr. Rena Haftlmeier-Seiffert von der EQUA-Stiftung genannt werden. In einer Sitzung des Arbeitskreises Familienunternehmen der Förderkreis Gründungs-Forschung (FGF e.V.) hat sie maßgeblich dazu beigetragen, dass die vage Idee eines Fallstudienbuchs über Familienunternehmen konkrete Gestalt annahm. Darüber hinaus hat sie als Geschäftsführerin der EQUA-Stiftung für die besten Fallstudien einen Preis gestiftet, die im Rahmen eines Wettbewerbs gesucht (und gefunden) wurden. Mit den „Best Case Study Awards", die im Rahmen der jährlich größten deutschsprachigen Entrepreneurship-Konferenz, dem G-Forum mit über 400 Teilnehmenden aus über 25 Ländern aus Wissenschaft und Praxis, vergeben wurden, hat die EQUA-Stiftung einen wichtigen Beitrag zur Entwicklung professioneller Fallstudien für den Familienunternehmenskontext geleistet. Die ersten drei Fallstudien in diesem Herausgeberband stammen von den Preisträgern dieses Wettbewerbs. Wir gratulieren den Preisträgerinnen und Preisträgern an dieser Stelle ganz herzlich hinter Fallstudien.

Nicht nur diesen, sondern allen Autorinnen und Autoren, die mit viel Zeit und Mühe, Recherche und Kreativität die Fallstudien und die sie ergänzenden Teaching-Manuals geschrieben haben, sind wir zu großem Dank verpflichtet. Wir sind sehr froh und stolz, dass es gelungen ist, 12 sehr unterschiedliche, prägnante und instruktive Fälle in diesem Buch zusammenfassen zu können. Es ist grandios zu erleben, wie gewinnbringend diese Art von kollaborativem Arbeiten sein kann. Und wir sind sehr dankbar für die große Bereitschaft aller Beteiligten, unsere Überarbeitungen, die nicht der inhaltlichen Qualitätsverbesserung, sondern alleine der Strukturvereinheitlichung geschuldet sind, zu akzeptieren.

Natürlich haben, wie bei jedem Buchprojekt, viele weitere Köpfe (und Hände) bei der Fertigstellung unterstützt. Wir danken Kristin Buciek für die tollen Graphiken, die sie auch für dieses Buch erstellt hat, sowie Sandra Witte für ihren erneut engagierten Einsatz und die sorgfältigen Korrekturen im gesamten Überarbeitungsprozess. Unterstützt haben zudem David Behklaham, Pauline Boberg, Jana Bövers, Julia Brinkmann, Gerd Felden, Antje Hagen-Franz, Helena Hoon, Wilhelm Hoon, Alexander Nübel, Nicole Oehrli, Steffen Petruch, Herman Richter, Adrian Ruchti, Ulrike Siewert, Michelle Spiegl und Julia Wilbers. Ihnen allen danken wir sehr. Zudem geht unser Dank an die Studierenden unserer Hochschulen, die durch ihre Fragen und Anregungen in den Lehrveranstaltungen zur Entwicklung und Verbesserung einzelner Fälle beigetragen haben.

Wir haben dieses Buch geschrieben, um Studierenden, die mit unserem Lehrbuch arbeiten, die praktische Seite der Themen näherzubringen. Da die Praxis sich nicht an der Struktur eines Lehrbuchs orientiert, sollen Sie erkennen, wie komplex Familienunternehmen sind und wie die einzelnen Themen ineinandergreifen. Hierfür ist die Matrix gedacht, die Sie im Intro des ersten Abschnitts finden und anhand der Sie die Fallstudien einzelnen Themen des Buchs zuordnen können.

Auch Mitgliedern eines Familienunternehmens (sei es als angestellter Geschäftsführer oder als Familienmitglied) bietet dieses Buch eine professionelle Unterstützung für ihre täglichen Aufgaben. Das Buch wird Ihnen dabei helfen, das Miteinander und die Zusammenarbeit mit allen beteiligten Personen aus dem Unternehmen und der Familie zu reflektieren und zu verbessern. Sie wissen aus der täglichen Praxis sehr genau, dass nüchterne Zahlen und rationale Entscheidungsparameter der Betriebswirtschaftslehre nicht die einzigen Erfolgsfaktoren für Ihr Unternehmen darstellen. Das Wachstum und die Entwicklung von Familienunternehmen beruhen auch oftmals auf dessen Besonderheiten, welche sowohl Stärken, gleichwohl auch Schwächen sein können. Der große praktische Nutzen, den Sie aus diesem Buch ziehen können, speist sich aus den Erfahrungswerten anderer Familienunternehmen, die in den Fallstudien dargestellt werden. Verstehen Sie dies nicht als Leitfaden, sondern als praktische Ergänzung Ihres eigenen Wissens.

Als Dozentinnen und Dozent betriebswirtschaftlicher Studiengänge wollen wir Ihnen eine Alternative zu den bisher vorliegenden Fallstudien geben, die oftmals Unternehmen im Streubesitz beschreiben oder aus dem angloamerikanischen Kontext stammen. Fallstudien aus dem Bereich der Familienunternehmen sind nur selten verfügbar und didaktisch sauber aufbereitete Materialien eher rar. Daher soll Ihnen dieses Buch für viele betriebswirtschaftliche Fragestellungen Praxisbeispiele geben, die die zukünftige Arbeitswelt vieler Studierender und die Realität unserer Wirtschaft widerspiegeln. Jedes Fallbeispiel kann Verständnisfragen klären und „typische" Verhaltensweisen illustrieren und damit einzelne Themenbereiche anschaulich darstellen.

Alle Beteiligten haben sich der Fehlervermeidung verpflichtet. Eventuell verbleibende Fehler, Formulierungsungenauigkeiten oder Unstimmigkeiten gehen selbstverständlich allein zu Lasten der Herausgeber.

Nun wünschen wir Ihnen viel Vergnügen mit diesem Fallstudienbuch.

Berlin, Deutschland	Birgit Felden
Bern, Schweiz	Andreas Hack
Bielefeld, Deutschland	Christina Hoon
Herbst 2019	

Inhaltsverzeichnis

Über die Herausgeber

Birgit Felden Dipl.-Kauffrau und promovierte Juristin, gründete bereits 1995 ihr eigenes Familienunternehmen und lehrt seit 2006 als Professorin an der Hochschule für Wirtschaft und Recht (HWR) in Berlin zu den Themen Familienunternehmen, Mittelstand und Unternehmensnachfolge. Sie berät Familienunternehmen in strategischen Fragestellungen und ist in mehreren Aufsichts- und Beiräten engagiert. Zudem ist sie Direktorin des Forschungsinstituts für Entrepreneurship, Mittelstand und Familienunternehmen der HWR und Studiengangsleiterin des ersten Bachelor-Studiengangs „Unternehmensgründung und Unternehmensnachfolge".

Andreas Hack Dipl.-Kaufmann und promovierter Ökonom, ist Professor und Direktor am Institut für Organisation und Personal der Universität Bern und Gastprofessor am Wittener Institut für Familienunternehmen der privaten Universität Witten-Herdecke. Zuvor war er Leiter des Instituts für Familienunternehmen der WHU – Otto Beisheim School of Management. Andreas Hack war Mitglied der Kommission „Governance Kodex für Familienunternehmen" und ist Autor zahlreicher wissenschaftlicher Veröffentlichungen zu den Besonderheiten von Familienunternehmen.

Christina Hoon Dipl.-Kauffrau und promovierte Ökonomin, ist Professorin und Inhaberin der Stiftungsprofessur Führung von Familienunternehmen an der wirtschaftswissenschaftlichen Fakultät der Universität Bielefeld. Zudem ist sie Mitglied im Vorstand des Instituts für Familienunternehmen (iFUn) Ostwestfalen-Lippe. Christina Hoon unterstützt zahlreiche Projekte in Familienunternehmen zum Thema Führung, Nachfolge und Governance und ist Autorin von Veröffentlichungen zu den Herausforderungen, Charakteristika und Erfolgsfaktoren von Familienunternehmen.

Teil I
Nutzung und Einsatz der Fallstudien

Das Management von Familienunternehmen ist ein komplexes und vielschichtiges Themengebiet. Nicht nur betriebswirtschaftlich rationale Überlegungen müssen dabei angestellt werden, sondern auch familienzentrierte emotionale Abwägungen in die Entscheidungsfindung einfließen. Diesen Problemstellungen widmet sich aus theoretischer wie praxisorientierter Sicht unser Lehrbuch „Management von Familienunternehmen" (Felden et al. 2019). Sie lernen dort die wesentlichen Theorien, Konzepte und Instrumente des Familienunternehmensmanagements kennen, illustriert durch vielfältige Praxisbeispiele und unterlegt mit dem fiktionalen Fallbeispiel des Familienunternehmens „Moritz GmbH". Nach Lektüre dieses Werkes werden Sie ein tiefgehendes Verständnis für Familienunternehmen gewonnen haben.

Warum sollten Sie mit Fallstudien arbeiten?
Wir alle wissen, dass sich Kompetenzen nicht allein theoretisch passiv erwerben lassen, sondern praktische Übung erfordern. In dieser Hinsicht haben sich in der Managementausbildung Fallstudien als wertvolles Hilfsmittel zum Aufbau von Kompetenzen erwiesen. In einer Fallstudie wird meist eine reale oder konstruierte Problemstellung in verkürzter Form geschildert, für die dann eine praxisorientierte Lösung erarbeitet werden soll.

Mithilfe einer konkreten Fragestellung, zum Beispiel aus den Bereichen Marketing oder Strategiefindung, wird *Fachkompetenz* in den verschiedenen betriebswirtschaftlichen Teildisziplinen aufgebaut. *Methodenkompetenz* wird dadurch erlangt, dass unter Zuhilfenahme erlernter Theorien und Konzepte verschiedene Herangehensweisen bei der Beantwortung der Diskussionsfragen möglich sind. Durch die Bearbeitung in Kleingruppen mit anschließender Gruppendiskussion oder in Rollenspielen wird die *Sozialkompetenz* unterstützt. Alternative Analyse- und Gestaltungsansätze müssen im Team erarbeitet und kritisch diskutiert werden. Wertschätzende Kommunikation, Offenheit für andere Sichtweisen und positive Kooperation werden dabei erlernt. Letztlich stärkt das Bearbeiten von Fallstudien auch die *Selbstkompetenz* der Studierenden. Eigene Wissenslücken werden offengelegt, erforderliche Informationen zur Lösung der Fälle müssen eigenständig gesammelt, angemessene Entscheidungen in der zur Verfügung stehenden Zeit getroffen und Lösungen souverän und kompetent präsentiert und verteidigt werden.

Insgesamt erleichtert es die Arbeit mit Fallstudien Studierenden, in konkreten beruflichen Situationen angemessene Entscheidungen zu fällen und sinnvolle Problemlösungen zu erarbeiten, die dafür erforderlichen Informationen auszuwählen sowie komplexe Zusammenhänge zu überblicken und situationsadäquat zu handeln.

Welche Fallstudien finden Sie in diesem Fallstudienbuch?
Für das vorliegende Fallstudienbuch haben wir 12 Fälle von engagierten Autorinnen und Autoren zusammengetragen, die ein möglichst breites Spektrum an betriebswirtschaftlichen und familienspezifischen Problemstellungen abdecken und vielfältige Branchen adressieren. Einige der hier dargestellten Unternehmen werden Sie kennen, z. B. den Landtechnikhersteller CLAAS. Sie werden aber auch Betriebe kennenlernen, die zwar die klassischen Herausforderungen eines Familienunternehmens zu meistern haben, von denen Sie wahrscheinlich aber noch nie etwas gehört haben (z. B. das tschechische Familienunternemen Liko-S). Leider können einige der realen Fälle (wie beispielsweise das Familienunternehmen der Roelink Brüder oder die Weber GmbH) nur in anonymisierter Form in dieses Buch Eingang finden. Die Wahrung der Interessen der Familienmitglieder steht für uns dabei an oberster Stelle. Neben diesen Fallstudien zu realen Unternehmen und tatsächlich existierenden Problemstellungen (alle Fälle wurden akribisch recherchiert, mit Unternehmens- und Familienvertretern diskutiert und durch die Sichtung unternehmensinterner Informationsquellen angereichert) finden Sie auch eine Reihe fiktiver Fallstudien. Besonders möchten wir in diesem Zusammenhang auf die Fallstudie „Moritz GmbH" hinweisen, die auf dem Fallbeispiel aus dem Lehrbuch „Management von Familienunternehmen" basiert und die Übergabe des Vaters an die heutige Unternehmer-Generation thematisiert.

Grundsätzlich stellen alle Fallstudien sogenannte Untersuchungsfälle (Stated Problem Method) dar. Hierbei werden Probleme und Entscheidungssituationen dargestellt und in Zusammenhang zur transferierenden (betriebswirtschaftlichen) Theorie gebracht. Meist wird eine konkrete Anwendungssituation beschrieben, in der sich die Akteure befinden. Zudem werden explizite Aufgabenstellungen oder Diskussionsfragen formuliert, die von den Studierenden bearbeitet werden sollen. Die für die Falllösung relevanten Daten werden meist nicht vollständig, sondern eher lückenhaft angegeben. Zudem finden sich auch Informationen, die vielleicht nichts mit der vorliegenden Problemstellung zu tun haben.

Wie bereits oben angesprochen, dient unser Lehrbuch „Management von Familienunternehmen" als Grundlagenlektüre zur Aneignung des relevanten familienunternehmensspezifischen Fachwissens. Die vorliegenden Fallstudien können natürlich auch losgelöst von diesem Lehrbuch eingesetzt werden. Die einzelnen Fälle wurden aber so ausgewählt, dass alle Kapitel des Lehrbuchs in den Vorlesungen durch spezifische Fallstudien didaktisch unterstützt werden können. Da die einzelnen Fallstudien jedoch meist mehrere Aspekte und Kapitel des Lehrbuchs ansprechen, können diese sehr variabel eingesetzt werden. Tab. 1 soll Ihnen einen schnellen Überblick geben, welcher Teaching Case (Zeilen) die Themen der einzelnen Kapitel aus unserem Lehrbuch „Management von Familienunternehmen" (Spalten) behandelt.

Tab. 1 Zuordnung der Teaching Cases zum Lehrbuch

	Kap. 1	Kap. 2	Kap. 3	Kap. 4	Kap. 5	Kap. 6	Kap. 7	Kap. 8	Kap. 9	Kap. 10	Kap. 11	Kap. 12
Case 01 Geschwister-Teams in Familienunternehmen	X	X	X				X	X	X	X		
Case 02 Holz-Leidenschaft über Generationen	X					x	x	x	x			
Case 03 ALDI SÜD: Wandel in der Unternehmenskommunikation	X	X						X	X			
Case 04 Die ROELINK BRÜDER: Nachfolge in der Landwirtschaft	X	X	X		X	X	X	X		X		
Case 05 Personalrekrutierung beim Landtechnikhersteller CLAAS	X	X	X									
Case 06 Nischenstrategien in Familienunternehmen			X					X	X			
Case 07 Strategieprozesse in Familienunternehmen		X	X					X	X			
Case 08 Unternehmensnachfolge in dysfunktionalen Familien		X	X		X	X	X	X	X	X		
Case 09 LIKO-S: Nachfolge bei dem tschechischen Familienunternehmen		X		X		X	X		X			
Case 10 Management bei Mr. Wash	X	X		X		X	X	X	X	X	X	
Case 11 Struktur und Besetzung von Gremien in Familienunternehmen						X	X		X	X	X	X
Case 12 Die Unternehmensnachfolge in der Moritz GmbH	X	X	X		X	X	X	X	X	X	X	

Wie arbeiten Sie mit den Fallstudien?

Dieses Fallstudienbuch ist in zwei große Teile gegliedert. Im ersten Teil finden Sie die einzelnen Fallstudien, im zweiten Teil die zugehörigen didaktischen Lösungsvorschläge.

Jede Fallstudie folgt einer grundsätzlich ähnlichen Struktur. In einem ersten Kap. 1, den wir „Fallstudie kompakt" nennen, finden Sie jeweils alle relevanten Informationen für einen schnellen Überblick über den Fall. Neben einem Einblick in das Unternehmen und die Problemstellung finden Sie wichtige Informationen zur thematischen Einordnung des Falls und dessen Einsatzmöglichkeiten in Verbindung mit den einzelnen Kapiteln des Lehrbuchs „Management von Familienunternehmen". Konkret formulierte Lernziele runden in Kap. 2 diesen ersten Einstieg ab. In Kap. 3 tauchen Sie dann in die eigentliche Problemstellung des Unternehmens ein. Sie schlüpfen in die Rolle eines konkreten Akteurs und blicken ab jetzt durch ihre/seine Augen auf das Unternehmen und die Problemstellung. Vertiefende Hintergrundinformationen in Kap. 4 helfen Ihnen im weiteren Verlauf, ein detaillierteres Bild des Unternehmens, der Historie oder der Branche zu gewinnen. Die konkrete Problemstellung breitet sich dann detailliert in Kap. 5 vor Ihnen aus. Vorschläge für Diskussionsfragen bietet Ihnen abschließend Kap. 6. Die Literaturangaben dienen zur individuellen Vorbereitung der Fallbearbeitung. Diese Literaturangaben umfassen die Quellen, auf denen die Fallbeschreibung basiert sowie weiterführende Literatur, die dazu dienen soll, die thematische Vorbereitung und Vertiefung des Falles zu unterstützen. Wichtig zu erwähnen ist, dass die Diskussionsfragen nur als Vorschläge zu betrachten sind. Die Wahl der Diskussionsfragen kann individuell dem Bachelor- oder Masterniveau angepasst und so spezifisch auf die jeweilige Studierendenschaft zugeschnitten werden.

Quellenverzeichnis und weiterführende Literatur

Felden, B., Hack, A., & Hoon, C. (2019). *Management von Familienunternehmen: Besonderheiten – Handlungsfelder – Instrumente* (2. Aufl.). Wiesbaden: Springer Gabler.

Geschwister-Teams in Familienunternehmen: Fluch oder Segen einer geteilten Kindheit?

Jana Bövers

1.1 Fallstudie kompakt

Diese Fallstudie beschäftigt sich mit einem Geschwisterpaar an der Spitze eines Familienunternehmens. Die Familie hat die Problematik der Nachfolge gemeistert, indem sich Bruder und Schwester dazu entschieden haben, gemeinsam das Erbe der Eltern anzutreten. Dabei war es eine große Herausforderung, dass die Nachfolge durch die Erkrankung des Vaters plötzlich kam. Aus der Ferne zurück in die Heimat geholt, stand der Entschluss ein Team zu bilden für die Geschwister schnell fest. In dritter Generation leiten sie so das Unternehmen strategisch und operativ und vereinen ihre individuellen Talente. Im Alltag ist dies natürlich mit Problemen verbunden, vor allem da das Unternehmen stark wächst. Auch ist die Mutter immer noch aktiv im Unternehmen und beeinflusst die Handlungsfähigkeit der Geschwister. So werden sie immer wieder vor wichtige strategische Entscheidungen gestellt und müssen ihre teilweise unterschiedlichen Meinungen zusammenbringen, um weiter harmonisch als Managementteam und Familie koexistieren zu können. Dabei bietet dieser Fall die Möglichkeit, die Funktionsweise eines Familienunternehmens und besonders eines Geschwister-Teams auf vielfältige Weise zu betrachten. Auch wenn die Übergabe des Unternehmens durch den Tod des Vaters plötzlich kam, scheint die Teamführung für dieses Unternehmen die ideale Lösung zu sein.

J. Bövers (✉)
Stiftungslehrstuhl Führung von Familienunternehmen, Universität Bielefeld,
Wirtschaftswissenschaftliche Fakultät, Bielefeld, Deutschland
E-Mail: jana.boevers@uni-bielefeld.de

© Springer Fachmedien Wiesbaden GmbH, ein Teil von Springer Nature 2020
B. Felden et al. (Hrsg.), *Fallstudien zum Management von Familienunternehmen*,
https://doi.org/10.1007/978-3-658-27721-5_1

Thematische Anlehnung an das Lehrbuch
Nachfolge, Strategisches Management, Führung, Governance, Kommunikation
Industrie
Gastgewerbe (Hotel- & Gastronomiebranche)
Ort
Deutschland, Niedersachsen

1.2 Lernziele

Der vorliegende Fall ist für Masterstudierende konzipiert. Er zeigt wichtige Themen des strategischen Managements in Familienunternehmen (Felden, Hack und Hoon, 2019). Insbesondere können die Studierenden sich hier mit einer konkreten Nachfolgesituation in einem Familienunternehmen auseinandersetzen und dessen Funktionsweise kennen lernen. Dabei sind die Lernziele folgende:

1. Die Studierenden lernen eine Nachfolgesituation in Form eines Geschwisterteams kennen und erfahren so mehr über eine Form der geteilten Führung in Familienunternehmen.
2. Die Studierenden analysieren und bewerten die strategische Ausrichtung eines Familienunternehmens.
3. Durch die Fallanalyse sollen selbstständig Verbesserungsvorschläge für die Funktionsweise des Geschwister-Teams entwickelt werden, mit einem besonderen Fokus auf die Kommunikation im Team.
4. Die Studierenden verbessern ihre Analysefähigkeit komplexer Entscheidungsprobleme sowie die strukturierte Erarbeitung differenzierter Lösungen.

1.3 Einführung

Es ist Sonntagmorgen, 10:00 Uhr in einem Gasthaus in einem idyllischen Dorf irgendwo in Norddeutschland. Die Ruhe vor dem Sturm. Der Saal ist vorbereitet für die Gäste – die Tische sind eingedeckt und das Personal eingewiesen. Dies ist die einzige Zeit am Tag, manchmal die einzige Zeit in der Woche, zu welcher das Geschwisterpaar Mark und Nadja, zusammen Inhaber des Gasthauses, gemeinsam Zeit haben, um sich den wichtigen strategischen Entscheidungen des Unternehmens zu widmen. Die Geschwister sitzen mit einem Milchkaffee im Büro und diskutieren mal wieder über die nächste große Investition.

Mark will „seine" Küche vergrößern und erneuern. Nadja ist aber der Meinung, dass zunächst das Hotel an der Reihe sei: „Wir haben steigende Übernachtungszahlen, immer mehr Geschäftsreisende kommen zu uns. Aber damit verbunden sind auch einige Ansprüche die sie stellen und die wir momentan kaum erfüllen können. Das weißt du genau! Als Mama und Papa das Hotel vor 20 Jahren gebaut haben, war die Branche eine andere." Mark aber ist anderer Meinung. Natürlich stimmt er zu, dass das Hotel mittlerweile überholt ist, auch wenn es immer gut in Schuss gehalten wurde. Aber für ihn gibt es erst mal Wichtigeres. „Du hast doch gerade erst deinen Biergarten und die Renovierung der Gaststätte und des Saals bekommen. Jetzt sind wir Köche mal dran."

„Dass ihr immer diese Fronten bilden müsst!" murmelt Frau Hecht, während sie das Büro betritt. „Ihr könnt die Küche nicht vergrößern. Das würde bedeuten, dass ihr die Kegelbahn schließen müsst – das können wir den Stammgästen nicht antun." „Mama, deine Stammgäste sind mittlerweile so alt, dass sie maximal ein kleines Wasser verzehren – sonst nichts. Wir verdienen nichts mehr daran" antwortet Nadja. Sie denkt sich im Stillen noch einiges dazu, was sie aber nicht ausspricht. Mark wird ungehalten. Nadja weiss genau, was jetzt kommen würde. Er fährt seine Mutter vielleicht an und diskutiert mit ihr, aber er würde seine Mutter niemals in ihre Grenzen verweisen oder ihre Rolle im Unternehmen hinterfragen. Da klingelt glücklicherweise das Telefon und Frau Hecht geht in das Nachbarbüro. „Wenn du dieser Meinung bist Nadja, warum bist du dann gegen die neue Küche?", fragt Mark und verlässt kopfschüttelnd das Büro. Er muss in die Küche und mit „seinen" Jungs das Mittagsmenü vorbereiten. Der Gästeansturm wird gleich beginnen und dann müssen die Geschwister wie immer überall gleichzeitig sein.

Nadja bleibt noch sitzen und geniesst kurz die Ruhe. Wie viel einfacher einiges wäre, wenn sie sich nicht immer gegen ihren älteren Bruder durchsetzen müsste. Auf der anderen Seite weiß sie, dass sie immer auf ihn zählen kann. Egal wie groß der Streit ist, sobald es ernst wird, können sie sich blind vertrauen. Und es ist ja auch gut, alle Sichtweisen bei so wichtigen strategischen Entscheidungen zu berücksichtigen. Natürlich gönnt sie Mark die Küche. Sie ist sehr stolz auf seine Erfolge und weiß genau, dass die neue Küche vieles erleichtern würde. Sie könnten so auch ihren Qualitätsstandard weiter ausbauen. Die bisherigen Neuerungen auf der Speisekarte kommen gut an und die Gästezahlen wachsen. Das hätte natürlich auch einen positiven Einfluss auf das Hotel. Auch mussten sie manchmal Gäste wegschicken, weil die Küche eine begrenzte Kapazität hatte und die Wartezeiten einfach zu lang waren. Aber jetzt so viel investieren? Viele andere Dorfgaststätten haben ihre Türen längst geschlossen. Das Gastgewerbe ist eine sehr schnelllebige Branche und es wird immer schwieriger, mit den großen Ketten zu konkurrieren. Wie sollten sie also diese Entscheidung treffen. Küche oder Hotel? Die Kegelbahn aufgeben und damit eventuell Stammgäste vergraulen? Tradition oder Wandel? Und ihre Mutter muss natürlich bei dieser Entscheidung auch irgendwie berücksichtigt werden. Aber sie haben auch ihren Mitarbeitenden gegenüber eine große Verantwortung. Seufzend steht Nadja auf und geht die Treppe in das Restaurant herunter. Nach der Ruhe kommt der Sturm …

1.4 Basisinformationen

1.4.1 Die Lebens- und Arbeitssituation im Hotel und Landgasthaus Hecht

Das Hotel und Landgasthaus Hecht liegt in einer ländlichen Gegend in der Nähe der Messestadt Hannover. Es befindet sich aktuell in der dritten Generation. Das Ehepaar Hecht hat 1970 eine kleine Gaststätte von einer entfernten Tante der Ehefrau geerbt und nach

eigenen Vorstellungen verändert und eröffnet. Sie sind sehr engagiert und die Arbeitstei-
lung zwischen dem Ehepaar funktioniert gut. Im Jahr 1988 kommt dann ein Neubau mit
21 Hotelzimmern dazu. Bis 1967 lebt die Familie Hecht über den Geträumen. Inzwischen
sind sie so erfolgreich, dass sie sich ein Haus in der Nachbarschaft bauen konnten.

Das Familienunternehmen ist ein Hotel und Restaurant mit A la Carte und Bankettbetrieb.
Gäste können in einem großen Saal Feiern veranstalten. Ein Großteil sind Privatfeiern – vor
allem Hochzeiten. Aber auch das Tagungsgeschäft nimmt immer mehr zu. Mit der Übernahme der Geschwister wird das Unternehmen eine Gesellschaft bürgerlichen Rechts. Dem
Unternehmen gelingt der harte Kampf ums Überleben – ganz im Gegensatz zu den Dorfgaststätten der Nachbardörfer, die alle geschlossen werden mussten. Vor allem das Hotel lebt von
Geschäftsreisenden und Messegästen, die schnell zu Stammgästen werden (vgl. Abb. 1.1).

Im Jahr 2016 besuchen beispielsweise 1.510.573 Besucher die verschiedenen Messen
in Hannover. Auch die Gegend, in der das Unternehmen liegt, ist sehr beliebt. Insgesamt
784.000 Übernachtungen in gewerblichen Gastbetrieben ab zehn Betten zählt der Land-
kreis im Jahr 2015 (vgl. Abb. 1.2).

Im Jahr 2015 hat das Landgasthaus Hecht 4015 belegte Zimmer. Das entspricht einer
Auslastung von 52,4 %. Diese Entwicklung ist nur möglich, indem das Geschwisterpaar
mit der schnelllebigen Branche mithält und kontinuierlich investiert. So werden der Saal
und das Restaurant 2014 aufwendig modernisiert und ein Biergarten angegliedert. Schon
im ersten Jahr übertrifft die Resonanz alle Erwartungen und durch den überdachten Teil
hält auch Regen die Gäste nicht mehr ab.

Alles zusammen führt auch dazu, dass die Geschwister beschliessen, den Ruhetag am
Montag abzuschaffen, um der wachsenden Zahl an Hotelgästen eine Verpflegungsmöglich-
keit zu bieten. Dieser Tag wird von der Familie allerdings weiterhin als einziger und notwen-
diger Erholungstag in der Woche genutzt. Deshalb werden die Geschwister an diesem Tag
von langjährigen Mitarbeitenden vertreten. Durch diese Entwicklungen wächst auch die

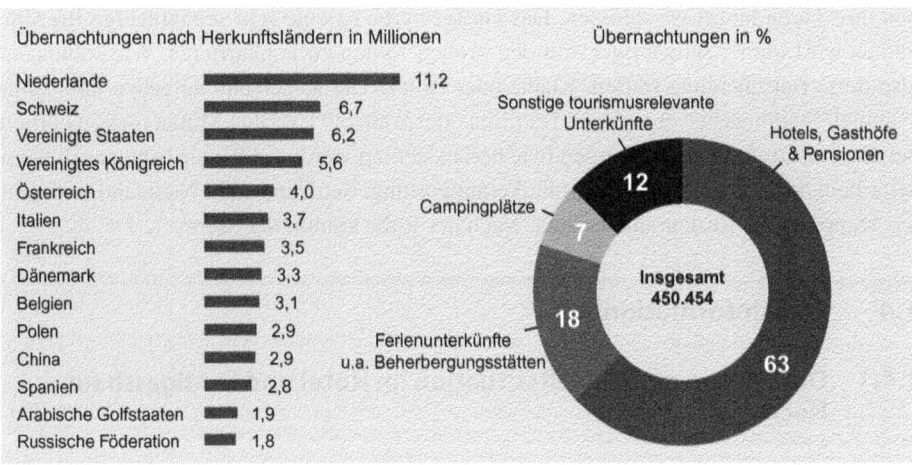

Abb. 1.1 Beherbergungsbetriebe 2017. (Quelle: Statistisches Bundesamt 2018)

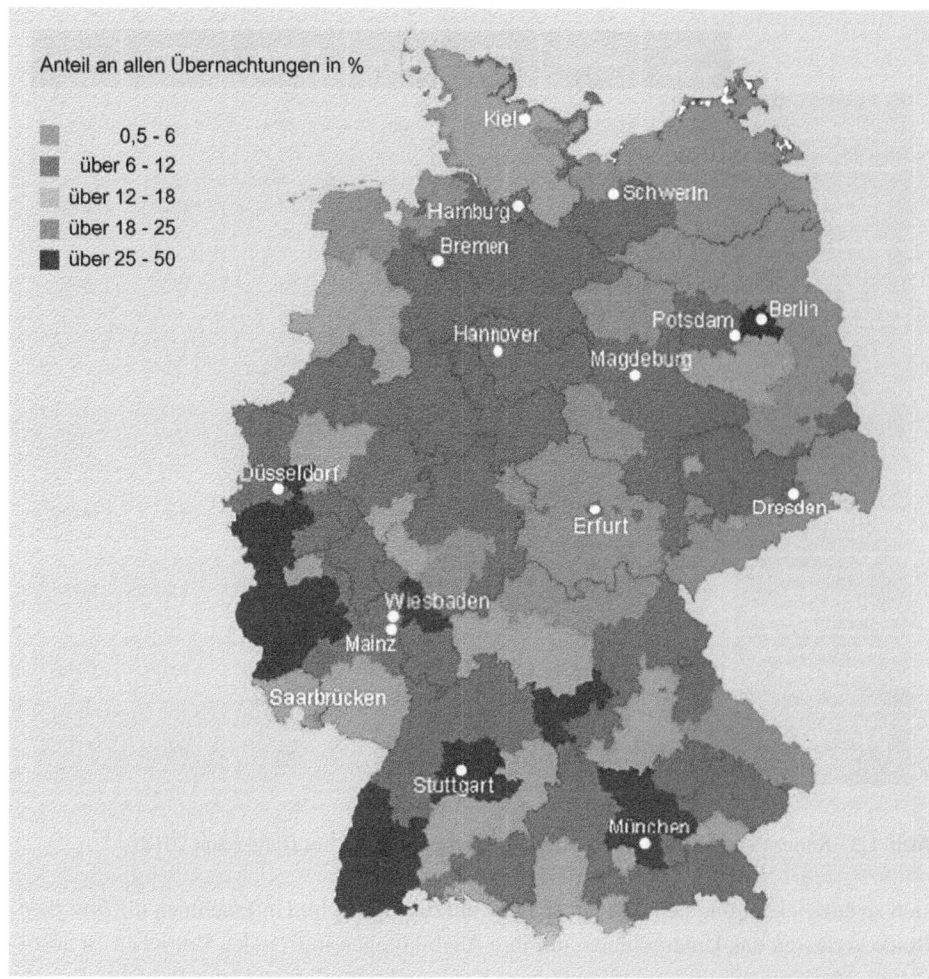

Abb. 1.2 Übernachtungen ausländischer Gäste 2016. (Quelle: Statistisches Bundesamt 2018)

Anzahl der Beschäftigten auf 24, wovon vier Fachkräfte festangestellt in Vollzeit arbeiten und die übrigen als Aushilfen angestellt sind, um saisonale Schwankungen abzufangen. Traditionellerweise sind diese Aushilfen Jugendliche aus der Umgebung, die teilweise lange im Unternehmen bleiben (bis zu 15 Jahre). Auch die Festangestellten sind langjährige Mitarbeitende, die das familiäre Verhältnis im Unternehmen schätzen (vgl. Abb. 1.3).

1.4.2   Der Nachfolgeprozess

Die Kinder Nadja und Mark sind von klein auf in das Unternehmen involviert. Sie werden allerdings nie von ihren Eltern in die Nachfolge gedrängt. Beide brauchen einige Zeit, um

	Unter-nehmen	Beschäftige	Arbeit-nehmer	Umsatz	Umsatz je Beschäftigten	Umsatz aus E-Commerce	Entgelte
Beherbergung	45591	576253	525851	30095	52	18,9	7624
Hotels, Gasthöfe & Pensionen	32985	503432	467671	26892	53	19,2	6885
Ferienunterkünfte und ähnliche Beherbergungsstätten	9771	53567	41955	2237	42	19,4	500
Campingplätze	1465	12419	10851	615	50	8,7	127
Sonstige	1370	6835	5374	352	51	6,9	111
Gastronomie	184449	1724559	1526283	58837	34	1,8	14729
Restaurants, Gaststätten, Imbsisbuden, Cafés	133555	1216356	1073681	41502	34	1,7	10169
Caterer und sonstige Verpfleungs-dienstleister	15790	279853	264830	11403	41	2,6	3444
Ausschank von Getränken	35104	228350	187772	5932	26	0,5	1117

Abb. 1.3 Kennzahlen im Gastgewerbe 2019. (Quelle: Statistisches Bundesamt 2018)

sich zu entwickeln und den nötigen Ehrgeiz aufzubringen, im Unternehmen mitzuwirken. Beide verlassen das Unternehmen, um ihre Ausbildungen in fremden Betrieben zu absolvieren. Mark macht eine Ausbildung zum Koch und anschließend zum Patissier. Er geht ins Ausland und wird schließlich Küchenchef eines großen Hotels in Griechenland. Nadja macht eine Ausbildung zur Restaurantfachfrau und anschließend einen Service Master. Auch sie strebt vorerst eine Laufbahn außerhalb des elterlichen Betriebs an.

Doch dann geht alles ganz schnell. Die familienfremde Köchin des Landgasthauses Hecht erkrankt. Mark kommt in einer Nacht-und-Nebel-Aktion zurück aus Griechenland. Auch Nadja muss zurückkehren. Sie hat schon vorher zusätzlich zu ihrer Arbeit in einem fremden Hotel ihre Eltern im Familienbetrieb unterstützt, da die Mutter gesundheitliche Probleme hat und das Landgasthaus Hecht jede Hilfe braucht. Dann wird auch der Vater schwer krank. Er soll nie wieder in den Betrieb zurückkehren können. Doch das steht an dieser Stelle noch nicht fest. Vorerst müssen Mark und Nadja sich schnell miteinander und mit dem elterlichen Betrieb arrangieren. Mark hat schon immer genau gewusst, was er will. Schnell fordert er eine Sicherheit. Er hat die eigene Karriere auf Eis gelegt, um seinen Eltern zu helfen. Nun will er Klarheit – er will den Betrieb übernehmen – ganz oder gar nicht. Er sieht die Zukunft seiner Karriere im elterlichen Betrieb und auch mit der Zusammenarbeit mit seiner Schwester ist er sehr zufrieden. Die beiden Geschwister haben sich die Funktionsbereiche und Verantwortungen des Betriebes gut aufgeteilt und die Teamlösung scheint somit optimal. Das Geschwisterpaar löst so 2006 offiziell die Mutter als Eigentümerin des Familienbetriebs ab.

Um allerdings den wachsenden Ansprüchen an die Mitarbeitenden gerecht zu werden, hat Nadja Schulungen und Exkursionen für alle Mitarbeitenden eingeführt. Außerdem legen die Geschwister großen Wert auf gemeinsame Veranstaltungen wie die jährliche Weihnachtsfeier mit Geschenken für alle Beschäftigten. Trotz aller positiven Entwicklung haben sowohl Mark als auch Nadja Nachwuchssorgen. So wie in der gesamten Branche haben auch sie Schwierigkeiten, neue Auszubildende als Koch und Hotelfachfrau zu finden. Üblich ist immer ein neuer Azubi pro Jahr. Mittlerweile bewerben sich aber kaum noch Jugendliche und es werden auch einige schlechte Erfahrungen mit unzuverlässigen Kandidaten gemacht. So gibt es einige Fälle, bei denen das Geschwister-Team Beschäftigte entlassen muss.

Die Familie Hecht versteht alle Beschäftigte als Teil der Familie und gibt jedem mindestens eine zweite oder dritte Chance. Umso schwerer fällt es ihnen in diesen Fällen, einen Schlussstrich zu ziehen und an das Unternehmen zu denken. Diese Aufgabe, die beiden sehr schwerfällt, teilten sie sich. Darüberhinaus wird die Führungsverantwortung für die Mitarbeitenden in den verschiedenen Bereichen Service, Hotel und Küche zwischen den beiden aufgeteilt. In allen Fällen versuchen die Geschwister, ihren Mitarbeitenden gegenüber als Einheit aufzutreten und bei Abwesenheit im Namen des anderen zu handeln.

1.5 Aktuelle Situation

Jetzt stehen Mark und Nadja also vor einer schwierigen strategischen Entscheidung über die weitere Entwicklung des Unternehmens. Für den Strategieprozess im Unternehmen bleibt meist wenig Zeit. Emotionen spielen eine große Rolle und die Geschwister sind oft unterschiedlicher Meinung. Den Geschwistern sind familiäre Werte und Traditionen sehr wichtig. So spielt auch die Dorfgemeinschaft eine große Rolle und die Familie ist unter anderem durch Sponsoring in den Vereinen vor Ort vertreten. Auf der anderen Seite entwickeln sie das Familienunternehmen mit wachsender Größe und Professionalität weg von der Dorfgaststätte von einst. So können beispielsweise die traditionellen Frühschopper am Sonntagmorgen mittlerweile auch als störend empfunden werden, wenn eine gehobene Gesellschaft zur hochpreisigen Familienfeier eintrifft. Und auch die Preisentwicklung geht hier auseinander. Viele Stammgäste von früher verstehen nicht, warum das Bier teurer wird und das Toast Hawaii von der Karte verschwindet.

Außerdem achten die Geschwister mehr auf den Nutzen von Veranstaltungen für das Unternehmen. War es früher Tradition, alle Versammlungen im Saal abzuhalten und auch den verschiedenen Parteisitzungen Raum zu bieten, wird es jetzt schwierig, dies zu ermöglichen. Der Betrieb kann es sich nicht erlauben, dafür zahlende Gäste wegzuschicken und die Räumlichkeiten für wenig Umsatz zu belegen. Insgesamt haben sich die Geschwister also an die aktuellen Entwicklungen der Gastronomiebranche angepasst. Und Mark hat immer mehr neue Ideen. Er will eine große Eismaschine anschaffen, um das im Restaurant beliebte selbstgemachte Eis auch an Supermärkten vertreiben zu können. Außerdem ist seine Vorstellung, ein weiteres Standbein durch Catering aufzubauen. Das wird zwar bereits angeboten, aber eher im kleinen Rahmen zwischen dem normalen Restaurantgeschäft und bei Stammgästen.

Um diese Entwicklung wirklich voranzutreiben, müssen Kapazitäten geschaffen werden – sowohl räumlich als auch personell. Außerdem ist Nadja sich nicht sicher, wie groß die Nachfrage wäre und wer dieses Projekt zusätzlich noch betreuen kann. Sie sieht die positive Entwicklung im Tagungsgeschäft aktuell als große Chance. „Das Tagungsgeschäft kann man immer gut irgendwo dazwischen quetschen", wie sie sagt. „Irgendwer ist vormittags immer da, der die Gäste betreuen kann". Insgesamt sieht sie deshalb die Hotelrenovierung als sehr wichtige Maßnahme. Vor allem zu den Messezeiten sind sie immer ausgebucht. Die Geschwister haben sich eine solide Basis an Stammgästen aufgebaut und pflegen gute Beziehungen zu wichtigen Firmen. Diese bringen im Gegenzug gerne ihre Beschäftigten im Hotel unter und planen auch Tagungen und Firmenfeiern im Landgasthaus.

Ein Grund, warum das Hotel so beliebt ist, sind sicherlich die Mitarbeitenden. Das freundliche, familiäre Verhältnis wird von den Gästen sehr gelobt und geschätzt. Somit ist das Hotel immer wichtiger geworden, aber auch Potenzial für Verbesserungen ist vorhanden.

Also ist die Investitionsentscheidung zwischen Küchenausbau und Hotelrenovierung viel wichtiger, als die Geschwister anfangs gedacht hatten. Diese Investitionsentscheidung ist auch zentral für die zukünftige Entwicklung des Unternehmens – zumindest mittelfristig.

Die Qualität des Hotels und damit die Auslastung und das Tagungsgeschäft verbessern oder eher auf die Küche setzen? Hier die Kapazitäten erhöhen, damit man keine Gäste mehr abweisen muss? Und eventuell das Catering ausbauen? Aber dafür würde man sich gegen die Kegelbahn entscheiden müssen und Stammgäste verärgern. Nadja und Mark wissen nicht, auf welcher Basis sie diese Entscheidung treffen sollen und was ihnen dabei helfen kann.

1.6   Diskussionsfragen

1. Wie kann das Führungsteam charakterisiert werden und wie sollte die Entscheidungsfindung aussehen?
2. Wie ist die strategische Position des Unternehmens zu bewerten? Welche strategischen Möglichkeiten haben die Geschwister? Nutzen Sie hierfür geeignete Instrumente der Strategischen Planung wie beispielsweise die SWOT Analyse oder den paralleler Plaungsprozess (Vgl. Felden, Hack & Hoon, 2019).
3. Wie kann auf dieser Basis die geeignete Strategie gewählt werden?

Quellenverzeichnis und weiterführende Literatur

Felden, B., Hack, A., & Hoon, C. (2019). *Management von Familienunternehmen: Besonderheiten – Handlungsfelder – Instrumente* (2. Aufl.). Wiesbaden: Springer Gabler.

Statistisches Bundesamt. (2018). *Branchen und Unternehmen.* https://www.destatis.de/DE/Themen/Branchen-Unternehmen/_inhalt.html. Zugegriffen am 21.03.2019.

Holz-Leidenschaft über Generationen hinweg

2

Jasmin Schiefer und Robert Füreder

2.1 Fallstudie kompakt

Walter Weber, der Eigentümer eines erfolgreichen Holzunternehmens in Niederösterreich mit rund 50 Mitarbeitern, steht aufgrund seines Alters vor der Situation, eine passende Nachfolge für sein Unternehmen zu bestimmen. Er selbst hat das Unternehmen spontan aufgrund des plötzlichen Todes seines Vaters 1978 übernommen. Durch außergewöhnliche technische Begabung und viel Fleiß konnte er dennoch den Erfolg des Unternehmens ausbauen. Da er selbst eine zweite Firma für Kartonagen gegründet hat, beauftragt er einen externen Prokuristen im Holzunternehmen mit der Führung der Geschäfte. Der eingesetzte Prokurist führt das Unternehmen operativ erfolgreich, jedoch wenig mitarbeiterorientiert und ohne der für ein Familienunternehmen benötigten Leidenschaft und ohne das Interesse für eine langfristige Entwicklung.

Für Walter Weber ist die Familie das Wichtigste im Leben und kommt immer an erster Stelle. Er hat eine erwachsene Tochter und zwei Enkelkinder im schulpflichtigen Alter. Seine Tochter ist bereits seit mehr als 20 Jahren engagiert im Holzunternehmen tätig. Als mögliche Nachfolgerin wird sie jedoch weder nach außen, noch nach innen kommuniziert.

Mit Mitte 60 verkauft Walter Weber den überaus erfolgreichen Kartonagenbetrieb. Auch für das Holzunternehmen gibt es lukrative Kaufangebote. Doch Walter Weber sieht in dem von seinem Vater gegründeten Holzunternehmen immer noch das Herzstück seiner unternehmerischen Aktivitäten. Er ist sich allerdings bewusst, eine schnelle Entscheidung treffen zu müssen, da auch der Prokurist bereits im Rentenalter ist und sein Führungsstil zunehmend für Probleme sorgt.

J. Schiefer (✉) · R. Füreder
FH Oberösterreich, Steyr, Österreich
E-Mail: jasmin.schiefer@gmx.at; Robert.fuereder@fh-steyr.at

© Springer Fachmedien Wiesbaden GmbH, ein Teil von Springer Nature 2020
B. Felden et al. (Hrsg.), *Fallstudien zum Management von Familienunternehmen*,
https://doi.org/10.1007/978-3-658-27721-5_2

Thematische Anlehnung an das Lehrbuch
Nachfolge, Führung, weibliche Nachfolge, Familienexterne Geschäftsführung, Generatio-
nenkonflikte

Industrie
Holzindustrie

Ort
Österreich, Niederösterreich

2.2   Lernziele

Diese Studie ermöglicht in zwei unterschiedlichen Perspektiven Einblicke in die Besonderheiten von Familienunternehmen. Fall A ist für Bachelorstudierende geeignet und die
Durchführung von Fall A und B zusammen eignet sich für Masterstudierende.

Im Fall A lernen Studierende verschiedene Managementformen von Familienunternehmen kennen, sowie die komplexe Herausforderung, eine Unternehmensnachfolge analytisch aufzubereiten. Bei einer Übergabe von Familienunternehmen rücken oft soziale Aspekte in den Vordergrund, welche sonst von geschäftlichen Themen verdrängt werden.
Persönliche Wünsche und Vorstellungen überdecken oft rationale Entscheidungen und
können zu Konflikten während einer Übergabe führen.

Bei der Bearbeitung von Fall B werden Studierende aufgefordert, mit der komplexen
Situation eines Veränderungsprozesses zur Umgestaltung der Unternehmenskultur nach
einem Wechsel in der Geschäftsführung umzugehen.

2.3   Einführung

Niederösterreich, 1945. Nach Ende des 2. Weltkrieges gründet Johann Weber die offene
Handelsgesellschaft Weber Holz. Aufgrund der „Aufbauarbeiten" und der vielen Bauauf-
träge in der Nachkriegszeit laufen die Geschäfte in den ersten Jahren gut. Der älteste Sohn
Walter Weber interessiert sich für das Unternehmen und hat sich früh mit seiner hohen
technischen Kompetenz im Unternehmen profiliert. Daher beschließt er schon früh, eine
Ausbildung im Bereich Holztechnik zu machen. Bereits während der Schulzeit schnuppert
Walter so oft wie möglich im Unternehmen seines Vaters und steigt nach seinem Abitur
(Matura) 1957 im Familienunternehmen ein. In den nächsten Jahren nimmt Walter Weber
eine führende Rolle im Unternehmen ein. Im Jahre 1978 stirbt er jedoch überraschend.

Sein Sohn, Walter Weber jun., übernimmt nach dem plötzlichen Tod des Vaters von
einem Tag auf den anderen ohne Vorbereitung das Familienunternehmen. Zu dieser Zeit
gibt es zahlreiche Herausforderungen wie z. B. dringend erforderliche Innovationen vor
allem im Bereich der Automatisierung. Hinzu kommt, dass das Familienunternehmen
finanziell nicht optimal aufgestellt ist. Weber jun. muss nicht nur das Unternehmen vor

einem drohenden Untergang retten, sondern auch seine kleinen Geschwister versorgen. Mit viel Fleiß und Intelligenz organisiert Walter Weber jun. die Firma neu und positioniert sein Unternehmen innovativ und neu am Markt.

1988 gründet Walter Weber jun. eine Schwesterfirma spezialisiert auf Kartonagen. Die Herausforderung für ihn, zwei Unternehmen parallel zu führen, meistert er, weil das Holzunternehmen wirtschaftlich und fachlich gut aufgestellt ist. Da ein Unternehmen vor allem in der Gründungsphase viel Aufmerksamkeit benötigt, konzentriert er sich auf den neu gegründeten Kartonagenbetrieb. Im alten Unternehmen setzt er einen Prokuristen ein, der die Holzgeschäfte leitet. Zu dieser Zeit steigt seine Tochter Sabrina in das Unternehmen ein. Sabrina ist charakterlich ganz anders als ihr ruhiger und technikversierter Vater. Trotzdem haben die zwei ein gutes Verhältnis. Während ihres Studiums verbringt Sabrina Weber so viel Zeit wie möglich im Familienunternehmen, um dort zu lernen und zu unterstützen.

Trotz der vielen Arbeit und seiner Aufopferung für seine Unternehmen ist für Walter Weber jun. seine Familie das Wichtigste in seinem Leben. Er versucht, so gut wie möglich, für seine Tochter da zu sein und ihre Zukunft ist für ihn stets wichtiger als die Zukunft seiner Unternehmen. Vor allem will er seine Tochter gut versorgt sehen und ihr die Möglichkeit bieten, eine Familie zu gründen und sich selbst zu verwirklichen.

Die Zeit vergeht und Sabrina bekommt selbst Kinder. Unternehmerisch muss Walter Weber jun. in dieser Zeit einige wichtige Entscheidungen treffen. Die Geschäfte in dem Betrieb für Kartonagen sind rückläufig und fordern mehr Aufmerksamkeit. Trotzdem erhält Walter Weber jun. für diesen Betrieb sehr regelmäßig gute Kaufangebote. Er entscheidet sich, eines der lukrativen Kaufangebote anzunehmen und verkauft den Betrieb für Kartonagen. Da die beiden Unternehmen sich den gleichen Standort und teilweise auch Gebäude bzw. Büros teilen, ist es nach dem Verkauf der Kartonagenfirma zunächst wichtig, eigenständige Strukturen aufzubauen, um beide Unternehmen eindeutig getrennt führen zu können.

Auch in der von seinem Vater gegründeten Holzfirma gibt es einige Entscheidungen zu treffen: Der Prokurist, den er Ende der 1980er eingestellt hat, hat wirtschaftlich immer für gute Zahlen gesorgt. Es gibt jedoch immer öfter Beschwerden über den schlechten Führungsstil den Mitarbeitern gegenüber. Außerdem steht der Prokurist selbst kurz vor seinem Ruhestand. Wie es häufig in Unternehmen vorkommt, die kurz vor einer Übergabe stehen, gibt es auch in der Firma Weber einen Innovationsstau. Aufgrund der fehlenden langfristigen Orientierung des Prokuristen sind Maschinen und auch Strukturen veraltet. Dies wird zunehmend von Kunden kritisiert. Dennoch gibt es auch für dieses Unternehmen Kauf-Interessenten.

2.4 Basisinformationen

2.4.1 Die Holzindustrie in Österreich

Zur Holzindustrie werden in Österreich Holzbau-, Möbel-, Platten-, Säge-, Ski- und weitere Holz verarbeitende Industrien gezählt. 2017 verzeichnete die österreichische Holzindustrie ein Produktionsvolumen von insgesamt 7,87 Mrd. Euro.

Von den 1350 aktiven Betrieben der Holzindustrie Österreichs sind 1019 Sägewerke. Der Großteil dieser Unternehmen ist klein- und mittelbetrieblich strukturiert und überwiegend familiengeführt. Vor allem in strukturschwachen Regionen Österreichs ist die Holzindustrie ein sehr wichtiger Arbeitgeber. 2017 waren 26.224 Personen in der Holzbranche beschäftigt (2016: 25.947), davon 765 Auszubildende. Die Holzindustrie zählt zu den größten Arbeitgebern der 17 Industriezweige Österreichs und wies in den letzten Jahrzehnten immer konstante Beschäftigtenzahlen auf, die in den letzten Jahren jedoch kontinuierlich gesunken sind.

Die Exportquote der Holzindustrie ist sehr hoch und liegt bei ca. 70 %. Diese Exporte haben ein Gesamtvolumen von 5,7 Mrd. Euro (2017), dem stehen Importe im Wert von 4,6 Mrd. Euro gegenüber (WKO 2018).

Der Einschnitt aller Sägewerke wird bei ca. 14,4 Mio. Festmeter (fm) pro Jahr in Österreich geschätzt. Alleine die zehn größten Unternehmen in Österreich erreichen davon gemeinsam einen Einschnitt von 9,92 Mio. fm (Stand 2018). Für die nächsten Jahre wird aufgrund der guten Konjunktur eine Einschnittsteigerung erwartet (Nöstler 2018).

Die Weltwirtschaftskrise 2008/2009 brachte einen starken Absatzverlust der Sägewerke. Der Rückgang der Exportgeschäfte, vor allem mit den USA, führte zu einem Einbrechen der Absätze und zu einem Überangebot an Holz und einem internationalen Preisdruck (ORF NOE 2009; WKO 2010).

Laut Konjunkturstatistik betrug 2009 die abgesetzte Produktion der österreichischen Holzindustrie 6,12 Mrd. Euro, ein Rückgang um 16,4 % gegenüber 2008 (vgl. Abb. 2.1).

Die Produktion in der Holzindustrie ist schnell wieder auf das Niveau von 2008 gestiegen (vgl. Abb. 2.1). Da die regionale Holzindustrie jedoch sehr stark von Um-

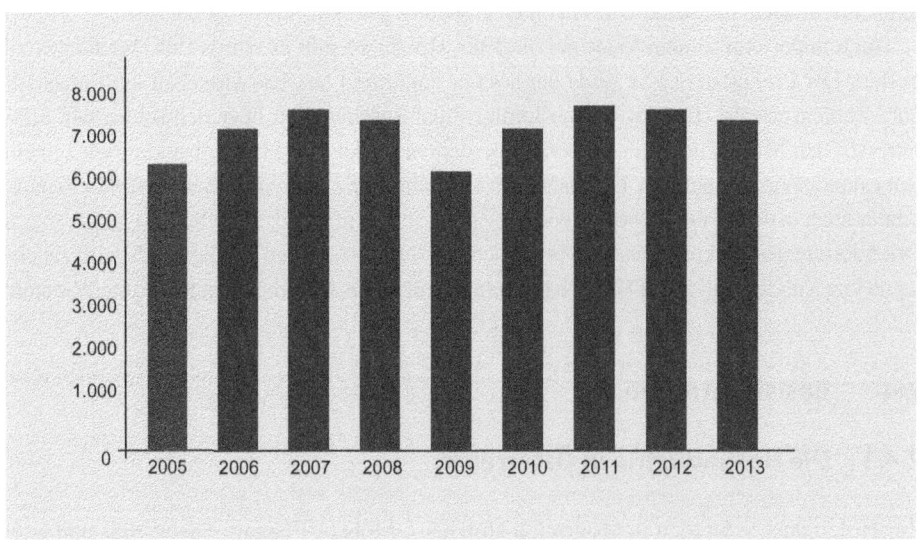

Abb. 2.1 Produktion Holzindustrie in Österreich von 2005 bis 2013 (in Millionen EUR). (Quelle: WKO 2014)

weltbedingungen wie Sturm abhängt, sind die positiven Prognosen mit Vorsicht zu betrachten. Vor allem Schäden durch Borkenkäfer in den Fichtenbeständen in Niederösterreich führen zu großen Schadholzmengen und finanziellen Verlusten in der Branche.

2.4.2 Die Geschäftsfelder der Firma Weber Holz

Das Unternehmen Weber Holz GmbH ist spezialisiert auf die Verarbeitung von Holz. Es befindet sich auf einem Areal von ca. 15 ha in der ländlichen Region im Waldviertel, Niederösterreich. Pro Jahr werden ca. 65.000 Festmeter Rundholz zu Schnittholz, Paletten, Kisten und Sägerestholz verarbeitet. Das Sägewerk bietet eine Schwachholz- und eine Starkholzlinie an und verfügt über hochmoderne Trockenkammern und automatische Sortier- und Paketieranlagen. Der Fokus des Geschäftsfeldes hat sich seit der Gründung der Firma mehrmals geändert, da man immer versucht hat, sich flexibel den Markt- und Umweltgegebenheiten anzupassen.

2.4.3 Geschäftsmodell und Kunden

Weber Holz ist im Markt für hochwertige Produktqualität, kundenindividuellen Service und termingerechte Lieferung bekannt. Zu den Kunden von Weber Holz zählen vor allem Unternehmen in der Baubranche sowie sämtliche Tischlereien. Außerdem schätzen die Kunden, dass Weber Holz auch kleine und spezielle Aufträge rasch bearbeiten kann.

Das Unternehmen und die Familie Weber haben sich über Jahre den Ruf aufgebaut, exzellente Qualität zu liefern. Mitarbeiter der Firma Weber unterstützen Kunden in allen Bereichen, um für jeden individuell und flexibel die beste Lösung zu finden. Diese persönliche Beratung und das Eingehen auf jeden einzelnen Kunden, unterscheiden das Unternehmen vor allem von den großen, eher unflexiblen Marktführern. Außerdem setzt das Unternehmen auf langfristige und regionale Geschäftsbeziehungen. „Eine Fichte wächst ca. 120 Jahre, bevor sie bei uns zur Weiterverarbeitung gelangt. Daher müssen wir in allen Bereichen sehr langfristig und zukunftsorientiert denken", so Weber jun. Die Kunden sind zwar auch große, international agierende Unternehmen, hauptsächlich jedoch mittelständische Unternehmen in der Region.

Das Holz stammt aus nachhaltiger Bewirtschaftung mit einer maximalen Distanz von ca. 100 km. Es wird vorwiegend Fichtenholz verarbeitet, aber soweit es möglich ist, wird auch flexibel auf Holzwünsche der Kunden eingegangen. Daher ist auch Holz von Tanne, Lärche oder Kiefer stets verfügbar.

Das Unternehmen hat ca. 50 Beschäftigte und ist ein beliebter, sowie wichtiger Arbeitgeber in dieser ländlichen Region. Die Anzahl der Beschäftigten ist seit mehreren Jahren konstant, das Unternehmen weist eine extrem niedrige Fluktuation auf. 15 % der Mitarbeitenden sind bereits mehr als 25 Jahre bei Weber Holz beschäftigt. Die mittlere Verweildauer der Beschäftigten in dem Unternehmen beträgt 11 Jahre und ist somit deutlich höher als der österreichweite Durchschnitt von 6,23 Jahren (BFI Wien 2015). Bisher hatte das Unternehmen keine Probleme, gute Beschäftigte zu finden. Das sinkende Interesse an auszubildenden Lehrberufen lässt jedoch auch Weber Holz besorgt in die Zukunft blicken, ihre Aufträge mit einer hochqualifizierten und ausreichend besetzten Mannschaft ausüben zu können.

2.5 Aktuelle Situation

Die Situation in der Firma Weber Holz ist 2010 im Umbruch. Die Finanzkrise 2008/2009 erschüttert auch die weltweite Holzbranche. In Österreich müssen einige mittelständische Unternehmer ihre Betriebe verkaufen oder Insolvenz anmelden. Bei Weber Holz besteht aus mehreren Gründen dringender Handlungsbedarf.

Fallstudie A
Der Prokurist führt das Familienunternehmen nach wirtschaftlichen Kriterien erfolgreich. Leidenschaftliche Gefühle für das Familienunternehmen hat er jedoch nicht. Sein Führungsstil gegenüber den Beschäftigten ist sehr autoritär. Da Walter Webers Schwesterfirma am gleichen Standort agiert, kann Weber jun. durch seine Präsenz im Holzunternehmen einen Ausgleich zum Führungsstil des Prokuristen schaffen. Obwohl er selbst die Kartonagenfirma gegründet hat, sieht Walter Weber die „Seele der Familie" immer noch in der von seinem Vater gegründeten Weber Holz GmbH.

Walter Weber jun. ist meist sieben Tage die Woche im Betrieb. Urlaub macht er nur selten. Sein Umfeld nimmt ihn vor allem als leidenschaftlichen Techniker mit einem überaus guten Geschäftssinn wahr.

Walter Weber jun. ist glücklich verheiratet. Vor allem seine Frau legt großen Wert darauf, die Probleme und den Stress des Unternehmens nicht auf die Familie zu übertragen. Dadurch wird in der Familie selten über den Alltag des Unternehmens gesprochen. Oberste Priorität ist für beide, der Tochter ein normales und glückliches Leben zu ermöglichen. Dass sie eines Tages das Unternehmen übernehmen soll, kommuniziert der leidenschaftliche Techniker nie. Die Nachfolgefrage wird auch bei Webers – wie in vielen Familienunternehmen – nicht diskutiert.

Trotzdem fängt Sabrina bereits während ihres Betriebswirtschaftsstudiums in Wien im Holzunternehmen als Buchhalterin an. Sie merkt, dass sie dem von ihrem Großvater gegründeten Unternehmen viel Leidenschaft entgegenbringt und dort mehr Erfahrungen sammelt, als in ihrem BWL Studium. Daher entscheidet sich Sabrina, nach dem Studium endgültig in das Unternehmen einzusteigen.

Zur Freude der ganzen Familie heiratet Sabrina Weber in den 1990er-Jahren einen Rechtsanwalt und bekommt ihren ersten Sohn. Ein zweiter folgt nur zwei Jahre danach. Für Walter Weber ist klar, dass seine Tochter sich nun hauptsächlich um die Kinder kümmern wird. Das tut sie auch mit viel Liebe, will jedoch keinen Tag im Familienunternehmen missen und ist weiterhin täglich als Buchhalterin vor Ort. Nach der Geburt des zweiten Sohnes hat sich Sabrina ein Jahr zurückgezogen, erledigt die Buchhaltung jedoch weiterhin von zu Hause. Die uneingeschränkte Unterstützung ihrer ganzen Familie hilft ihr, die doppelte Belastung gut zu meistern.

Bis Mitte der 2000er läuft es im Großen und Ganzen gut für Walter Weber und seine Unternehmen. Doch beide sind jetzt bereits Mitte 60. Sabrina würde gerne mehr Verantwortung übernehmen. Der externe Prokurist merkt dies und versucht, seine Vormachtstellung im Unternehmen zu behaupten. Da Sabrina schon immer ein gutes Gespür für die Mitarbeiter hat und vermehrt eigene Ideen in das Unternehmen bringen will, die nicht im Einklang mit dem autokratischen Führungsstil des Prokuristen sind, gibt es immer häufiger Konflikte. Die Lage spitzt sich zu, auch der Investitionsstau wird mit der Zeit immer kritischer.

Die Nachfolgeplanung hat in der Familie und im Unternehmen keine Priorität. Nachdem der Verkauf der Kartonagenfirma erfolgreich abgeschlossen ist, erkennt Walter Weber 2010, dass es nun an der Zeit ist, auch die Zukunft seiner Holzfirma zu regeln. Er weiß auch, dass er eine Entscheidung treffen muss, die für das Unternehmen und die Familie langfristig tragfähig ist.

Walter Weber hat zahlreiche „Konkurrenten" in den letzten Jahren an der Belastung durch Großkonzerne, der Finanzkrise oder unerwarteten Sturmschäden scheitern sehen. Die Zeiten für ein mittelständisches Holzunternehmen scheinen nicht rosig zu sein. Obwohl er sehr an der Firma hängt, wäre ein Verkauf eine sichere Lösung für die Versorgung seiner Familie. Es gibt mehrere gute Angebote für den Holzhandel. Ein Verkauf des von seinem Großvater gegründeten Unternehmens ist für ihn jedoch nicht so einfach, weil er das Herzblut und die Seele der Familie und auch der Mitarbeiter stets in diese Firma gesteckt hat.

Die Erwartung an einen Nachfolger ist zu dieser Zeit geprägt von einer „Kopie" des Gründers. Somit erwartet man auch für Weber Holz einen (männlichen) Nachfolger mit derselben technischen Begabung, dem ruhigen Kalkül und dem unternehmerischen Gespür von Walter Weber jun. An Sabrina denkt keiner.

Auch das jahrelange Engagement von Sabrina in der Buchhaltung des Familienunternehmens sieht Walter Weber eher als Möglichkeit, Familie und berufliche Tätigkeit unter einen Hut zu bringen. Die Holzindustrie ist ein männerdominiertes Gewerbe. Diese Last will er seiner Tochter als Mutter von zwei Kindern nicht antun. Der älteste Enkelsohn besucht inzwischen bereits eine technisch orientierte höhere Schule, während sein kleinerer Bruder schon frühzeitig wirtschaftliches Interesse zeigt. Zu diesem Zeitpunkt sind sie jedoch noch zu jung, als dass Walter Weber darauf warten könnte, bis beide gemeinsam das Unternehmen übernehmen.

Fallstudie B

Walter Weber entschließt sich 2010, seiner Tochter Sabrina Weber das Unternehmen zu übergeben, da er schlussendlich doch überzeugt ist, dass sie das Unternehmen gut leitet und die Familie wieder stärker im Unternehmen präsent sein sollte. Sie hat ja bereits viele Jahre Erfahrungen im Unternehmen gesammelt und weiß, worauf sie sich einlässt. Zur

Sicherheit stellt er ihr jedoch einen externen Geschäftsführer an die Seite. Schnell zeigt sich, dass dieser nicht erfolgreich ist. Daraufhin übernimmt Sabrina Weber die Geschäftsführung nach kurzer Zeit alleine. „Eine Firma übernimmt man nicht, weil sie einem aufgedrängt wurde oder weil es eine Goldgrube sein könnte. Man übernimmt sie aus Leidenschaft. Ohne die geht es nicht."

Zeitgleich mit der Übernahme von Sabrina Weber geht der Prokurist in den Ruhestand. Die Trennung von ihm verläuft jedoch nicht ohne Konflikte. Das Verhältnis zwischen Sabrina Weber und dem ehemaligen Prokuristen war nie gut, da beide zu unterschiedliche Auffassungen hinsichtlich des Führungsstils und der langfristigen Ausrichtung des Unternehmens haben. Der Prokurist unterscheidet strikt zwischen Angestellten und Arbeitern und führt eine Art „Zweiklassengesellschaft" ein, in der z. B. getrennte Weihnachtsfeiern stattfinden. Während die Angestellten höflich, aber sehr fremdbestimmend behandelt werden, ist der Umgangston mit den Arbeitern eher kühl und rau. „Eine eigene Meinung oder Gedanken zu haben, ist eher nicht erwünscht". Weber jun. glich einiges mit Wärme aus, und die Beschäftigten haben sich damit abgefunden, nur das zu tun, was ihnen aufgetragen wird. Sabrina Weber hat dies nie akzeptiert und immer wieder versucht, neue kreative Managementstrategien im Unternehmen einzuführen. Diese Vorschläge werden vom Prokuristen stets zurückgewiesen.

Als sich Sabrina Weber im Unternehmen als neue Geschäftsführerin vorstellt, sorgt das bei den durchgängig männlichen Arbeitern für große Freude, während die Angestellten die Situation zunächst etwas skeptisch betrachten.

Sabrina Weber will die Unternehmenskultur schnellstmöglich ändern und ihre Beschäftigten sofort „loslösen" von der alten herrschenden Starre. Ihr Ziel ist es, eigenverantwortliche, motivierte und gesunde Beschäftigte zu haben. Sie will vor allem die „Familie" wieder ins Zentrum des Unternehmens rücken. Da sie zwei talentierte und motivierte Söhne hat, stehen die Chancen gut, dass sie das Unternehmen eines Tages übernehmen könnten. Dies würde – was für Sabrina wichtig ist – Langfristigkeit und Tradition des Familienunternehmens nach außen kommunizieren.

Auch die Familien der Beschäftigten will Sabrina Weber stärker unterstützen: „Die meisten meiner Mitarbeitenden haben eine Familie. Ich fühle mich auch für diese verantwortlich". Die Unternehmenskultur soll auf Gemeinsames – nicht auf Trennendes ausgerichtet sein, da ein Unternehmen nur so gut sein kann wie der „schwächste" Beschäftigte. Sabrina Weber will genau das vorleben und weitergeben, um das Verbundenheitsgefühl der Beschäftigten für das Unternehmen zu stärken. Dadurch erhofft sie sich einen guten Ruf, um junge Leute auch in Zukunft motivieren zu können, eine Ausbildung bei Weber Holz zu beginnen und diese langfristig an das Unternehmen zu binden.

Die Herausforderungen, das Unternehmen in ihrem Sinne umzugestalten, werden jedoch durch Gerüchte und einen massiven Innovationsstau erschwert. Vor der Übergabe sind zwar noch lange überfällige neue Bürogebäude und Werkshallen errichtet worden, aber hauptsächlich, um die Trennung zur kürzlich verkauften Schwesterfirma zu ermöglichen. Der Kauf moderner Maschinen, der bitter notwendig ist, um mit der Konkurrenz und aktuellen Innovationen mithalten zu können, unterblieb. Die Beschäftigten im Verkauf klagen schon lange, dass Kunden mit den Produkten und Lösungen nicht mehr zufrieden sind und der Wettbewerb um Meilen voraus sei. Noch schlimmer wird es, als man merkte, dass der Werksleiter keine Maschinenwartungen durchführen lässt.

Somit steht Sabrina als neue Geschäftsführerin mit veralteten Maschinen und einer demotivierten Belegschaft da.

Eine weitere Herausforderung ist, dass Frauen als Geschäftsführer in der Holzindustrie noch immer eine große Ausnahme sind. Die Übergabe sorgt in der Branche schnell für Gesprächsstoff. Es kommt zu Missverständnissen und Missachtungen, da einige Kunden und Lieferanten zunächst nicht wahrnehmen, bzw. wahrhaben wollen, dass Sabrina nun die Chefin ist. Doch sie versucht, sich selbst treu zu bleiben und ihre Stärken auszuspielen. „Als Frau kann ich Sachen sagen und tun, die ein Mann nicht kann." Bei den Beschäftigten ist sie mit dieser Methode schnell überzeugend und wird in ihrem Bestreben, das Unternehmen zu verändern, stark unterstützt. Außerdem kann sie immer auf die Unterstützung ihres Vaters vertrauen. „Die Übergabe und auch alles, was darauf folgte, verlief zwischen meinem Vater und mir komplett ohne persönliche Konflikte. Mein Vater hat bei jeder meiner Entscheidungen zu 100 % hinter mir gestanden. Wäre ich sein Sohn gewesen, wäre die Übergabe wahrscheinlich komplizierter verlaufen."

Herr Weber hat sich nach der spontanen Übergabe sofort zurückgezogen. Er ist noch viel vor Ort und wird auch manchmal um Unterstützung kontaktiert, drängt aber sein Wissen von sich aus nie auf.

2.6   Diskussionsfragen

Fall A

1. Zwischen welchen möglichen Formen der Unternehmensübergabe kann Herr Weber auswählen?
2. Wie sieht ein optimaler Nachfolgeplan (inklusive Zeitangaben in Monaten/Jahren) einer möglichen Unternehmensübergabe für die Firma Weber Holz aus?

Fall B

1. Warum hat es in diesem Fall keinen Generationenkonflikt zwischen Vater und Tochter während und nach der Übergabe gegeben?
2. Wie kann Frau Weber im Sinne der „Change-Management Theorie" ihre gewünschte Unternehmenskultur erzielen?
3. Welche sozialen Maßnahmen würden Sie im Unternehmen einführen, um die gewünschte Unternehmenskultur aufzubauen?

Quellenverzeichnis und weiterführende Literatur

BFI Wien- Berufsförderungsinstitut Wien. (2015). *Auf der Suche nach dem gelungenen Leben.* Studie in Kooperation mit FAS Research. http://www.fas-research.com/wp-content/uploads/FAS303_www.bfi-wien.at_Studie-Gelungenes-Leben_012015.pdf. Zugegriffen am 02.07.2018.

Nöstler, M. (2018). *Größte Sägewerke Österreichs 2018- „Großsägewerke" steigerten im Vorjahr Einschnitt.* Holzkurier 31.12.2018. https://www.holzkurier.com/schnittholz/2019/01/top-saege-werke-oesterreichs-2018.html. Zugegriffen am 21.04.2019.

ORF NOE. (2009). *Krise: Sägewerke platzen aus allen Nähten.* ORF Online 26.04.2009. https://noev1.orf.at/stories/357797. Zugegriffen am 21.04.2019.

WKO (Wirtschaftskammer Österreich). (2018). Branchenbericht der Österreichischen Holzindustrie 2017/2018.

WKO (Wirtschaftskammer Österreich). (2010). Die österreichische Holzindustrie - Branchenbericht 2009/2010. Fachverband der Holzindustrie. Wien. https://www.wko.at/branchen/industrie/holz-industrie/Branchenbericht-Holzindustrie_2009-2010.pdf. Zugegriffen am 25.04.2019.

WKO (Wirtschaftskammer Österreich). (2014). Die österreichische Holzindustrie- Branchenbericht 2013/2014. Fachverband der Holzindustrie. Wien. https://www.wko.at/branchen/industrie/holz-industrie/BBer_1314_web_FINAL.pdf. Zugegriffen am 25.04.2019.

ALDI SÜD: Wandel der Unternehmenskommunikation in einem Familienunternehmen

3

Nicole Friedrichs und Cosima Winkelmann-Fietz

3.1 Fallstudie kompakt

Die Fallstudie befasst sich mit der Marktsituation des Traditionsunternehmens ALDI SÜD in den Jahren 2017/2018. Der Leser erhält einen Einblick in das Familienunternehmen, dessen Unternehmenshistorie und über die Marketingausrichtung. Protagonist dieser Fallstudie ist der Leiter für „Marketing & Communications" Peter Wübben. Dieser wechselte 2016 vom Konzern METRO Group zum Familienunternehmen ALDI SÜD und verantwortet seither die Bereiche externe Kommunikation, interne Kommunikation und Kundenservice. Mit der neu geschaffenen Abteilung erhofft sich das Unternehmen einen Imagewandel und eine Stärkung seiner Position am Markt herbeizuführen. Dazu werden in der Fallstudie kommunikative Maßnahmen und deren Einfluss auf den Markt, auf die Zielgruppe und das Unternehmen dargelegt.

Thematische Anbindung an das Lehrbuch
interne und externe Kommunikation, operatives Management, Marketing

Industrie
Einzelhandel (Supermarkt/Discounter)

Ort
Deutschland

N. Friedrichs (✉) · C. Winkelmann-Fietz
Hochschule für Wirtschaft und Recht Berlin, Berlin, Deutschland
E-Mail: friedrichs.nicole@gmx.de

© Springer Fachmedien Wiesbaden GmbH, ein Teil von Springer Nature 2020
B. Felden et al. (Hrsg.), *Fallstudien zum Management von Familienunternehmen*,
https://doi.org/10.1007/978-3-658-27721-5_3

3.2   Lernziele

Studierende erhalten einen Einblick in die Komplexität der Unternehmenskommunikation
in Familienunternehmen und sind in der Lage, theoretisch gelerntes Wissen anzuwenden.
Der Schwerpunkt dieser Fallstudie liegt auf den Kommunikationsmaßnahmen des Familienunternehmens ALDI SÜD.

1. Die Studierenden sollen kommunikative Zusammenhänge in einem Unternehmen erarbeiten und Lösungsvorschläge entwickeln.
2. Die Studierenden sollen die praktische Anwendung von Marketingmaßnahmen in Familienunternehmen verstehen und unterschiedliche Maßnahmen des Marketings gegeneinander abwägen und diskutieren.

3.3   Einführung

Diese Fallstudie befasst sich mit der Marktsituation des Traditionsunternehmens ALDI
SÜD in den Jahren 2017/2018. Die Unternehmensgruppe mit Sitz in Mülheim an der
Ruhr agiert seit etwa 100 Jahren am Markt. Über die Jahre musste ALDI SÜD jedoch
mit einem eingestaubten Image und wachsender Konkurrenz um seine Kunden buhlen.
Der Leser betrachtet das Geschehen aus der Perspektive des aktuellen Leiters „Marke-
ting & Communication" Peter Wübben. Wübben wurde für den Aufbau der neuen Kom-
munikationsabteilung im Jahre 2016 zu ALDI SÜD geholt und ist Geschäftsführer die-
ser Abteilung. Er ist für die Bereiche externe Kommunikation, interne Kommunikation
und Kundenservice verantwortlich. Mit der neu geschaffenen Position gibt es in der
ALDI Einkauf oHG fünf Geschäftsbereiche: Kommunikation, Nationale IT, Nationale
Verwaltung, Logistik & Services, Zentraleinkauf. Als vorheriger Leiter der Corporate
Communication bei der METRO Group setzt sich Wübbens nach Amtseintritt bei ALDI
SÜD mit der Entstehung des Familienunternehmens auseinander und stellt Unterschiede
und Besonderheiten im Vergleich zu Nicht-Familienunternehmen, wie dem Konzern
METRO Group, fest. Mit Hilfe der in dieser Fallstudie zusammengefassten Informationen zum Marketing und zur Kommunikation von ALDI SÜD soll der Leser einen
Einblick in die Marketing-Entscheidungen von Familienunternehmen erhalten. Es wird
beschrieben, wie das Unternehmen seine interne Kommunikation führt, welche Maßnahmen für eine erfolgreiche Mitarbeiterbindung verfolgt werden und wie sie den Informationsaustausch innerhalb des Unternehmens sicherstellen. Zudem wird aufgeführt,
wie die Kommunikation von ALDI SÜD nach außen erfolgt und welche Maßnahmen
notwendig sind. Es wird erläutert, wie das Unternehmen durch diese Veränderungen
seine Position und sein Image am Markt stärkt.

3.4   Basisinformationen

Die Unternehmensgruppe ALDI SÜD besitzt allein in Deutschland aufgrund der dezentralisierten Organisationsstruktur 30 eigenständige Zentralen, auch Regionalgesellschaften genannt. Diese Regionalgesellschaften sind in einem geografisch klar definierten Gebiet für ca. 50 bis 70 Filialen verantwortlich (vgl. Abb. 3.1).

3.4.1   Historie der Erfolgsgeschichte ALDI

Der Grundstein für den Lebensmitteldiscounter wird 1913 von Karl und Anna Albrecht gelegt. Nach der Rückkehr aus der Kriegsgefangenschaft übernehmen die Brüder Karl (∗1920) und Theo (∗1922) Albrecht das elterliche Lebensmittelgeschäft. Zeitnah erfolgt die Eröffnung eines 100 m² großen Geschäfts. Im Jahre 1948 benennen die Brüder ihr Geschäft kurz und prägnant in ALDI (Abkürzung für Albrecht-Discount) um. Durch die wirtschaftlich schwierige Nachkriegszeit steht Sparsamkeit für die Familie an oberster Stelle. Unternehmerische Vision der Familie ist es, der gesamten Bevölkerung essenzielle Lebensmittel günstig zugänglich zu machen. Es entsteht das Konzept „Ausgewähltes Sortiment, gute Warenqualität, niedrige Preise und geringe Kosten". Die Brüder reduzieren die Kosten für Mitarbeiter, Gestaltung des Ladens und ausgefallene Waren und konzentrieren sich auf die Grundbedürfnisse der Käufer. Bei ALDI werden Rabatte von vornherein abgezogen (Discount) und nicht wie in anderen „Konsum-Läden" erst am Ende des Jahres bei Bezahlung verrechnet. Dadurch sind die Produkte bei ALDI im Schnitt

Abb. 3.1   Das Geschäftsgebiet von ALDI SÜD. (Quelle: ALDI SÜD 2016)

günstiger. Das Konzept verhilft zu einem schnellen Wachstum und schließlich expandiert das Familienunternehmen zu einer Kette und unterhält im Jahre 1950 bereits 13 Geschäfte. Fünf Jahre später zählt der Discounter sogar schon 100 Läden. Aufgrund von Meinungsverschiedenheit zwischen den Albrecht-Brüdern kommt es gegen 1961 zur Trennung des Familienunternehmens ALDI. Bei ALDI erzählt man sich, der Grund für die Trennung sei eine Uneinigkeit über den Verkauf von Tabakwaren gewesen, Theo entscheidet sich für den Verkauf und Karl dagegen. So teilt sich der Discounter in ALDI SÜD und ALDI NORD auf. Theo übernimmt den nördlichen Bereich über der Ruhr (ALDI NORD) und Karl den südlichen Bereich Deutschlands (ALDI SÜD). Die Grenze wird noch heute als „ALDI-Äquator" bezeichnet. Das Geschäftsmodell von ALDI verhilft den Brüdern Karl und Theo dennoch zu einer einzigartigen Erfolgsgeschichte. Das Preiswert-Konzept deckt in erster Linie die Bedürfnisse der Konsumenten, sodass die Brüder rasante Umsatz- und Renditewerte erzielen. Gemessen am Umsatz (27 Mrd. Euro im Jahr 2007) belegt ALDI damals im gesamten Lebensmitteleinzelhandel in Deutschland den vierten Platz mit 18,9 % am Marktanteil der Discounter und ist Marktführer in Deutschland.

3.4.2 Unternehmensstrukturen von ALDI SÜD

Mit der Dezentralisierung verringert ALDI nicht nur die Abstimmungs- und Entscheidungswege, sondern gibt den einzelnen Gesellschaftern mehr Verantwortung in der Führung der Geschäfte. Strategische Auseinandersetzungen, wie beispielsweise die Einführung eines neuen Produktes oder die Veränderung der Artikelzahl, können so vermieden werden. Ein weiterer Vorteil dieser Strategie ist, dass nicht nur marktorientierte Abstimmungsprozesse, sondern auch Entscheidungskompetenzen dezentralisiert sind. Dadurch ist das Unternehmen näher am Verbraucher und kann auch auf regionale Bedürfnisse eingehen (vgl. Abb. 3.2).

Karl Albrecht zieht sich im Jahr 2002 aus dem Aufsichtsrat zurück. Zu diesem Zeitpunkt wird eine Familienstiftung in die Unternehmensstruktur integriert, um den Unternehmensfortbestand zu sichern und die Interessen weiterer Familienmitglieder zu wahren und zu fördern. Heute haben sich die Familienmitglieder von ALDI SÜD gänzlich aus dem operativen Geschäft zurückgezogen und haben die Anteile über die Siepmann-Stiftung gebündelt. Seit 2006 leitet Karls Enkel Peter Max Heister diese Stiftung zur Wahrung und Kommunikation der familiären Interessen.

Die Managementpositionen des Unternehmens ALDI SÜD werden ausschließlich von familienfremden Managern geführt. Der Koordinierungsrat von ALDI SÜD setzt sich aus Norbert Podschlapp, Michael Kloeters und Thomas Ziegler zusammen. Die Führungs- und Kontrollgröße der ALDI-SÜD-Gruppe stellt der Verwaltungsrat dar. Dieser besteht aus formal unabhängig Arbeitenden, die zuvor als Geschäftsführer einer ALDI-Gesellschaft tätig waren. Ein Handbuch für die modernen Managementaufgaben und Entscheidungsbefugnisse werden bei ALDI in Stellenbeschreibungen geregelt und an alle Mitarbeiter weitergegeben.

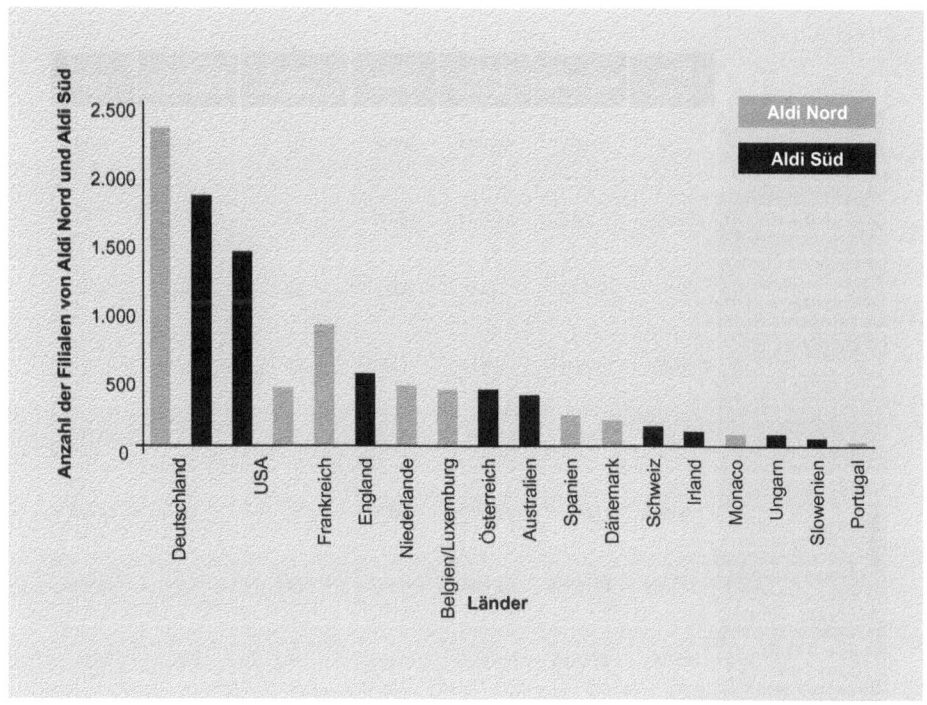

Abb. 3.2 Anzahl der Filialen von ALDI Nord und ALDI SÜD nach Ländern. (Quelle: Frankfurter Allgemeine 2015)

3.5 Aktuelle Situation

Mit Blick auf die Entwicklung der Marktsituation des Traditionsunternehmens ALDI SÜD in den Jahren 2017/2018 zeigt sich, dass sich die beiden Diskounter ALDI NORD und ALDI SÜD sehr unterschiedlich entwickelt haben. AldI SÜD sieht die Schwerpunkte der Ausweitung der eigenen Marktsituation insbesondere in den Bereichen der internen Kommunikation sowie in der externen Kommunikation, inbesondere mit Blick auf Image-wandel, Angebotsausbau und Nachhaltigkeit (vgl. Abb. 3.3).

3.5.1 Interne Kommunikation

Die dezentrale Organisationsstruktur ermöglicht den Beschäftigten schnelle Handlungs-möglichkeiten und lässt Platz für selbstständige Entscheidungen. Beschäftigte können sich im Unternehmen nach ihren individuellen Interessen entwickeln. ALDI lässt Beschäf-tigte durch attraktive Vergütung am Unternehmenserfolg teilhaben und honoriert über-durchschnittliche Leistungen.

ALDI bietet Ein- und Aufstiegschancen sowohl für Schüler, Studierende, Hochschulab-solventen als auch für Personen mit oder ohne Berufserfahrung. Das Unternehmen wirbt mit

	Unter-nehmen	Beschäftige	Arbeit-nehmer	Umsatz	Umsatz je Beschäftigten	Umsatz aus E-Commerce	Entgelte
Beherbergung	45591	576253	525851	30095	52	18,9	7624
Hotels, Gasthöfe & Pensionen	32985	503432	467671	26892	53	19,2	6885
Ferienunterkünfte und ähnliche Beherbergungsstätten	9771	53567	41955	2237	42	19,4	500
Campingplätze	1465	12419	10851	615	50	8,7	127
Sonstige	1370	6835	5374	352	51	6,9	111
Gastronomie	184449	1724559	1526283	58837	34	1,8	14729
Restaurants, Gaststätten, Imbsisbuden, Cafés	133555	1216356	1073681	41502	34	1,7	10169
Caterer und sonstige Verpfleungs-dienstleister	15790	279853	264830	11403	41	2,6	3444
Ausschank von Getränken	35104	228350	187772	5932	26	0,5	1117

Abb. 3.3 Unternehmenszahlen von ALDI NORD und ALDI SÜD 2018.(Quelle: welt.de 2018)

verschiedenen Möglichkeiten, im Unternehmen die Berufslaufbahn zu gestalten, und das sogar weltweit. Zudem werden bei ALDI SÜD gehobene Managementpositionen grundsätzlich aus den eigenen Reihen besetzt. Ganz gleich, ob es um das Einräumen von Regalen geht, das Fahren von Flurförderfahrzeugen, das Kassieren, die Kundenberatung, das Arbeiten an Wochenenden oder die vielen anderen Tätigkeiten – die Mehrzahl der Beschäftigten im Management hat nach der Ausbildung oder dem Studium zunächst ein einjähriges Training „on the Job" absolviert und dabei praktisch alle Aufgaben schon einmal selbst erfüllt.

Für die langfristige Bindung der Beschäftigten legt ALDI SÜD die Schwerpunkte auf Zusammenarbeit, Führung, Work-Life-Balance, Vergütung und das Gesundheitsmanagement. Durch die noch immer präsenten Werte des Unternehmens sind ein starker Zusammenhalt und interne Karrierewege besondere Anreize. Außerdem verspricht ALDI SÜD eine ausgewogene Balance zwischen Arbeit und Freizeit als essenziellen Baustein für einen langfristigen gemeinsamen Erfolg. ALDI SÜD wirbt damit, dass Regionalverkaufsleiter selbstverständlich zwei Tage in der Woche frei haben und der Firmenwagen auch privat genutzt werden darf. Erneut sollen Prinzipien wie Einfachheit, Verlässlichkeit und Verantwortung auch die private Planung erleichtern. Die Beschäftigten sind tatsächlich lange Jahre bei ALDI SÜD tätig. Das zeigt ein Blick auf die aktuellen Dienstjubiläen: 258 Beschäftigte feierten ihr 10-jähriges Jubiläum, 34 ihr 25-jähriges, sieben Beschäftigte ihr 40-jähriges und es gibt sogar 50-jährige Jubiläen bei ALDI SÜD.

Durch zielgerichtete und transparente Kommunikation sollen Informationen verteilt und Dialoge geschaffen werden. Beeinflusst durch die strenge und sparsame Erziehung hat sich die Unternehmenskultur von ALDI mit ihren Werten und Zielen gefestigt. Es entstanden drei Prinzipien die das Unternehmen noch heute verfolgt und kommuniziert: Einfachheit, Sparsamkeit und Bescheidenheit. In Familienunternehmen führt die Instanz „Familie" zu einer komplexeren Kommunikation als in Nicht-Familienunternehmen. Dabei kann ein Familienmitglied im Unternehmen tätig sein, als Anteilseigner seine Interessen vertreten oder aber beides. Sind Familienmitglieder im oder am Unternehmen beteiligt, ist die Kommunikation untereinander meist persönlicher und nach den eigenen Interessen oder den Bedürfnissen der Familie ausgerichtet. Ein Mangel an Kommunikation und starre Ansichten führten zum Konflikt über die Tabakwaren zwischen den Albrecht-Brüdern und schlussendlich zur Trennung von ALDI und zur brüderlichen Konkurrenz bis an ihr Lebensende.

Die interne Kommunikation wird bei ALDI SÜD sehr ernst genommen, deswegen gibt es dafür auch eine separate Abteilung. Beschäftigte der „internen Kommunikation" verantworten unter anderem das Verfassen redaktioneller Texte für interne Medien der Kommunikationsabteilung, dies umfasst unter anderem die Mitarbeiterzeitung und das Intranet. Auch führt ALDI SÜD einen Unternehmensblog, auf dem Beschäftigte über die Insights anderer Abteilungen informiert werden, Erfolgsgeschichten von Azubis erfahren oder unternehmerische Nachhaltigkeitsprojekte nachverfolgen können. Schließlich gibt das unternehmensinterne Ideenmanagement „IDEE@ALDISÜD" Beschäftigten die Möglichkeit, zur Weiterentwicklung des Unternehmens beizutragen. Dies steigert die Identifikation mit dem Unternehmen und kann die Beschäftigten langfristig binden.

Durch die internen Karrierewege können sich Vorgesetzte gut in die Beschäftigten hineindenken. Sie kennen die Situation ihrer Beschäftigten genau, sind Ansprechpartner und sollen stets ein offenes Ohr haben. Wenn interne Konflikte komplexer sind, steht allen Beschäftigten bei ALDI SÜD ein Vertrauensanwalt zur Verfügung. Bei Unstimmigkeiten oder Problemen zwischen Vorgesetzten und Beschäftigten oder unter Kollegen bietet er Ratsuchenden einen rechtlich geschützten Raum. Zusätzlich hilft er als neutraler Ansprechpartner, Verstöße oder Missstände schnell zu beheben. Der externe Rechtsanwalt Dr. Carsten Thiel von Herff hat diese Aufgabe für ALDI SÜD übernommen.

3.5.2   Externe Kommunikation

Die Markenführung des Discounters erreichte vor wenigen Jahren einen neuen Höhepunkt in der Geschichte von ALDI. Mit der Implementierung der eigenen Marketingabteilung bricht ALDI die Traditionen der Gründerbrüder auf und geht neue Wege. Frühere Werbemaßnahmen erreichten Konsumenten von ALDI lediglich als wöchentlich erscheinenden Prospekt (ALDI informiert), ausgelegt in den Filialen oder über „Direct Mailings" als Werbepost. Dem Internetauftritt oder diversen „Out-of-home"-Medien schenkte das Unternehmen bis dato keine Aufmerksamkeit. Der Verzicht auf Werbung war eine wichtige Komponente in der

Philosophie der Gründer Karl und Theo. Das spartanische Marketing spiegelte sich ebenso in den eingerichteten ALDI Läden wieder, die Gänge sind nicht dekoriert und Produktverpackungen sind schlicht. ALDI nutzt keine externe Marktforschung, die Integration neuer Artikel in das Sortiment erfolgt meist über die Positionierung in drei Geschäften, mit dem dort gemessenen Erfolg wird über den Weiterbestand des Produktes entschieden. Das Einkaufserlebnis bei ALDI besteht darin, gute Ware zu günstigen Preisen gekauft zu haben.

ALDI erkennt jedoch, dass Sparsamkeit und Minimieren der unternehmerischen Ausgaben nicht mehr den aktuellen Anforderungen am Markt entsprechen. Zu groß ist mittlerweile die Konkurrenz unter den Discountern. Auch wenn der Mythos der billigen ALDI Preise immer noch ein Indikator für die Konkurrenz ist, können Konkurrenten wie Lidl, Penny oder Netto mit den Preisen von ALDI mithalten. Und diese Discounter nutzen weitere Kanäle, um (potenzielle) Konsumenten von ihrem Warensortiment und ihren Angeboten zu überzeugen. Soziale Medien und Internet bieten heute zudem (preiswerte) Möglichkeiten, die es zu Gründungszeiten nicht gab. Kunden warten nicht mehr auf den Postboten mit der Tageszeitung, sondern möchten gezielt Informationen im Netz zur Verfügung gestellt bekommen. Um also zeitgemäß mit den Mitbewerbern und den Anforderungen der Kunden mithalten zu können, entscheidet sich ALDI für den Ausbau der Marketingabteilung und eine zielgruppengerechte Ansprache.

3.5.3 Neukundengewinnung durch Imagewandel

In der Gründungszeit des Unternehmens wird ein Einkauf bei ALDI als Zeichen der Zugehörigkeit zur sozialen Unterschicht gewertet. Die Akzeptanz für den Einkauf im Discounter steigt in Deutschland jedoch stetig an. Durch die Ansprache einer neuen und vor allem jungen Zielgruppe will ALDI das eingestaubte Unternehmensimage endgültig loswerden, ohne von seinen Grundideen abzulassen. Die Kampagnenwebseite erläutert die Unternehmenswerte, die hinter der Maßnahme stecken. Das über Jahrzehnte aufgebaute Vertrauen in die Marke ALDI SÜD und ihrer Werte soll mit der Kampagne bestätigt werden.

Aber ALDI SÜD entschließt sich, neben Printmedien auch in Audio- und Videomedien zu investieren. Die Kernbotschaft hieß „einfach einkaufen". Mit verschiedenen Motiven visualisiert ALDI die Botschaft auf Plakaten, Displays und Bussen und erhöht mit einer passenden Website seine Reichweite. Auch eine emotionale Ansprache, wie der Weihnachtswerbespot aus dem Jahre 2017 mit glücklichen Familien, lässt Konsumenten sich mit dem Unternehmen identifizieren und stärkt die Meinung zu ALDI. Das Unternehmen geht mehr denn je auf die Bedürfnisse der Konsumenten ein. Nicht nur der Preis, sondern auch der Gesamteindruck zählt (vgl. Abb. 3.4).

Darüber hinaus will sich ALDI SÜD erneut von der Konkurrenz abgrenzen und Kunden, die vorher nicht bei ALDI eingekauft haben, von dem „besseren Angebot" überzeugen und die Kaufkraft bestehender Kunden erhöhen. Ein Beispiel ist der Youtube-Kanal. Anstelle von Produkt- und Angebotsvideos zeigt ALDI SÜD Einblicke in das Arbeiten im Unternehmen, gibt Tipps und macht Rezeptvorschläge zum Nachkochen. Dadurch steigt

Abb. 3.4 Die „einfach"-Kampagne von ALDI SÜD 2015. (Quelle: Aldi Süd 2018)

der Zuspruch in der Zielgruppe, was Punkte gegenüber den Mitbewerbern sichert. Ein anderes Beispiel ist das soziale Enagement: Der Fachhochschule Würzburg sponserte ALDI SÜD einen ganzen Hörsaal und bezahlte dessen komplette Ausstattung. Seither heißt der Saal ALDI-SÜD-Hörsaal.

3.5.4 Ausbau des Angebots

Neben der „einfach ist mehr" Kampagne baute ALDI SÜD das Frische-Angebot aus. Es werden weitere Artikel des täglichen Bedarfs aufgenommen, hierzu zählen Molkerei- und Tiefkühlprodukte, Obst und Gemüse, aber auch Delikatessen wie Champagner und Lachs. Das Konzept bedeutet jedoch keine Abkehr vom Discountprinzip.

Eine Erweiterung der Aktionsartikel folgt, in den Neunzigern gab es alle vier Wochen drei neue Aktionsartikel, inzwischen sind es 25 Aktionsartikel pro Woche. 2005 steigt ALDI unter dem Namen „ALDI-Talk" in Kooperation mit Medion in das Mobilfunk-Geschäft ein. Dieses Angebot stößt auf große Nachfrage und es führt bereits in den ersten Wochen zu rund 60.000 Vertragsabschlüssen. Durch die Aufnahme von Süßigkeiten von Markenherstellern gibt es auch im Bereich der „Privat-Label-Branding-Strategie"

Veränderungen. ALDI passt sich dem Trend der Konsumenten an, die Markenprodukte verlangen. Ferrero liefert seither Süßwaren wie Rocher, Giotto, Milchschnitte und Kinder Überraschung an die Filialen, sowie Masterfood Balisto. Als Beitrag zur Kundenfreundlichkeit wird 2005 erstmals die Möglichkeit der EC-Kartenzahlung eingeführt; ALDI ist jedoch der letzte große Discounter, der die EC-Kartenzahlung für seine Kunden ermöglicht.

3.5.5 Nachhaltigkeit kommunizieren

Das Bewusstsein für Qualität, Nachhaltigkeit und regionalen Bezug bei Lebensmitteln ist stark angestiegen. Das hat auch ALDI erkannt und verspricht seinen Kunden qualitativ hochwertige Produkte zu bestmöglichen Preisen und orientiert sich hierbei an den Bedürfnissen und der Nachfrage der Kunden. Das ausgeprägte Qualitätsmanagement umfasst auch die stetige Kontrolle nach den Vorgaben zu Verbraucherschutz und -sicherheit. Bei der qualitativen Optimierung der Produkte versucht ALDI, diese über ihren gesamten Lebenszyklus hinweg möglichst sozial verträglich sowie ressourcen- und umweltschonend zu gestalten. Ziel ist es, den Kunden durch transparente und klare Produktkennzeichnung sowie direkte Kommunikation, bewusste Kaufentscheidungen zu ermöglichen. In einer großangelegten Kampagne, die sich besonders an junge Kunden wendet, macht der Discounter Werbung für die wichtigsten Nachhaltigkeitssiegel – von Bio über Fairtrade bis zu weniger bekannten Labels wie UTZ oder PEFC. In den von ALDI definierten Corporate Responsibility Grundsätzen wird definiert, was verantwortliche Unternehmensführung für den Konzern bedeutet. Die CR-Grundsätze geben Leitlinien für Kunden, Umwelt, Mitarbeiter, Lieferkette und Gesellschaft vor. Es werden 17 Nachhaltigkeitsziele definiert, die dazu dienen, eine nachhaltige Entwicklung auf der Welt zu sichern. Sie umfassen konkrete Ziele zu den Themen „Menschen", „Planet", „Wohlstand", „Frieden" und „Partnerschaft".

3.6 Diskussionsfragen

Themenfeld 1 – interne Kommunikation

1. Wie unterscheiden sich Familienunternehmen von Nicht-Familienunternehmen in Bezug auf die interne Kommunikation? Skizzieren Sie anhand des 3-Kreis-Modells (Gersick et al. 1997) welche zusätzlichen Kommunikationswege es in Familienunternehmen gibt.
2. Mitarbeiterbindung durch Kommunikation: Wie kann Wübben die interne Kommunikation nutzen, um Mitarbeiter langfristig zu binden? Nennen Sie Maßnahmen und berücksichtigen Sie dabei die Bedürfnisse der Beschäftigten. Erarbeiten Sie Ansätze, die nicht in der Fallstudie genannt wurden.

3. Informationsaustausch durch Kommunikation: Welche Instrumente kann Wübben für die interne Kommunikation nutzen, um einen aktiven Informationsaustausch zwischen den Mitarbeitern und Abteilungen zu gewährleisten? Entwickeln Sie weitere Maßnahmen, die Wübben anwenden kann.

Themenfeld 2 – externe Kommunikation

1. Aus welchem Grund ist der Ausbau der externen Kommunikation aktuell notwendig? Welche Kommunikations- bzw. Werbekanäle müssen bespielt werden, um die relevante Zielgruppe zu erreichen?
2. Strategisches Marketing: Wie kann Wübben durch strategisches Marketing Neukunden bzw. Kunden der Mitbewerber gewinnen? Nutzen Sie dazu die Ansoff-Matrix und erläutern Sie anhand der Informationen aus der Fallstudie sein Vorgehen.
3. Imagewandel durch Marketing: Wie kann es Wübben gelingen, durch Marketingmaßnahmen das eingestaubte Image von ALDI zu verbessern? Welche Faktoren beeinflussen das Image eines Unternehmens?
4. Nachhaltigkeit kommunizieren: Erläutern Sie den Grund der Einführung nachhaltiger Produkte in das ALDI-Sortiment. Wie werden Themen wie Nachhaltigkeit und Verantwortung durch Wübben kommuniziert?

Quellenverzeichnis und weiterführende Literatur

Aldi Süd (2018). ALDI SÜD startet Kampagne zum „Einfach-Prinzip" und schaltet erstmals Außenwerbung. https://unternehmen.aldi-sued.de/de/presse/pressemitteilungen/unternehmen/2015/pressemitteilung-aldi-sued-startet-kampagne-zum-einfach-prinzip/. Zugegriffen am 10.03.2018.

Anon. (2018a). *Albrecht (Unternehmerfamilie)*. https://de.wikipedia.org/wiki/Albrecht_(Unternehmerfamilie). Zugegriffen am 24.03.2018.

Anon. (2018b). *Aldi*. https://de.wikipedia.org/wiki/Aldi. Zugegriffen am 24.03.2018.

Anon. (2018c). *ALDI SÜD – Unser Unternehmen*. https://unternehmen.aldi-sued.de/de/ueber-aldi-sued/unser-unternehmen/. Zugegriffen am 24.03.2018.

Anon. (2018d). *Die Ursprünge von Aldi: 100 Jahre Familienunternehmen Albrecht*. https://www.wa.de/nordrhein-westfalen/urspruenge-aldi-jahre-familienunternehmen-albrecht-2686650.html. Zugegriffen am 24.03.2018.

Anon. (2018e). *Nachrichten aus Politik, Kultur, Wirtschaft und Sport – Süddeutsche.de*. http://www.sueddeutsche.de/deutschland/artikel/953/58895/5/34. Zugegriffen am 24.03.2018.

Anon. (n.d.). *Gerichtsurteil: Die Aldi-Familie verliert an Macht*. http://www.faz.net/aktuell/wirtschaft/unternehmen/die-aldi-familie-verliert-an-macht-15330033.html. Zugegriffen am 24.03.2018.

Ansoff, H. I. (1957). Strategies for diversification. *Harvard Business Review, 35*, 113–124.

Bassu, G. (2018). *Wie sich Aldi als „Volksmarke" inszeniert|W&V*. https://www.wuv.de/marketing/wie_sich_aldi_als_volksmarke_inszeniert. Zugegriffen am 24.03.2018.

Bauer, B. (2018). *Aldi startet erste Imagekampagne | W&V*. https://www.wuv.de/marketing/aldi_startet_erste_imagekampagne. Zugegriffen am 24.03.2018.

Brandes, D. (2018). *Management: Das Geheimnis des Aldi-Erfolgs – manager magazin*. http://www.manager-magazin.de/unternehmen/karriere/a-291316.html. Zugegriffen am 24.03.2018.

Camillo-Lundbeck, S. (2018). *Umbau: Wübben übernimmt Aldi-Süd-Marketing/Kommt die Zusammenlegung mit Aldi Nord?*. http://www.horizont.net/marketing/nachrichten/Aldi-Sued-Der-Discounter-reorganisiert-sein-Marketing-und-stellt-Peter-Wuebben-an-die-Spitze-164875. Zugegriffen am 24.03.2018.

Felden, B., Hack, A., & Hoon, C. (2019). *Management von Familienunternehmen: Besonderheiten – Handlungsfelder – Instrumente* (2. Aufl.). Wiesbaden: Springer Gabler.

Frankfurter Allgemeine (2015). Das weltweite Aldi-Imperium. http://www.faz.net/aktuell/wirtschaft/wirtschaft-in-zahlen/grafik-des-tages-aldi-erobert-die-welt-14871322.html. Zugegriffen am 10.03.2018.

Gersick, K. E., Davis, J. A., McCollom Hampton, M. & Lansberg, I. (1997). Generation to Generation: Life Cycles of the Family Business. Boston: Harvard Business School Press.

Hautkapp, D. (2018). *Aldi ändert Werbestrategie*. https://www.morgenpost.de/wirtschaft/article208209813/Aldi-aendert-Werbestrategie.html. Zugegriffen am 24.03.2018.

Jobs, A., SHAKEDRY™, G., & State, E. (2018). *Personalentwicklung: Vom Praktikanten zum Verkaufsleiter*. ZEIT ONLINE. http://www.zeit.de/karriere/2010-07/weiterbildung-discounter-mitarbeiter/seite-2. Zugegriffen am 24.03.2018.

Parth, S. (2013). *Fallstudie aldi – philosophie und unternehmenskultur, strategische analyse*. München/Ravensburg: Grin Verlag.

Röhrig, J., & Posche, U. (2018). *Aldi-Erbe bricht sein Schweigen – Der Streit um Macht und Milliarden*. https://www.stern.de/wirtschaft/news/aldi-nord%2D%2Dmilliarden-erben-streiten-umgeld%2D%2Dmacht-und-ehre-6865036.html. Zugegriffen am 24.03.2018.

Unternehmensgruppe Aldi. (2018a). *Das Unternehmen ALDI Nord – Geschichte und praktische Infos*. https://www.aldi-nord.de/unternehmen.html. Zugegriffen am 24.03.2018.

Unternehmensgruppe Aldi. (2018b). *Institut für Einfachheit*. http://www.konsequent-einfach.com/. Zugegriffen am 24.03.2018.

Unternehmensgruppe Aldi. (2018c). *Mitarbeiter Archive – Unser Unternehmensblog*. https://blog.aldi-sued.de/category/mitarbeiter/. Zugegriffen am 24.03.2018.

Unternehmensgruppe Aldi. (2018d). *Work-Life-Balance – ALDI SÜD: Einfach. Erfolgreich*. https://karriere.aldi-sued.de/de/Wir-als-Arbeitgeber/Warum-zu-ALDI-S%C3%9CD/Work_Life_Balance. Zugegriffen am 24.03.2018.

Unternehmensgruppe ALDI SÜD. (2018). *ALDI SÜD – Mitarbeiter – Unternehmenskultur*. https://unternehmen.aldi-sued.de/de/verantwortung/mitarbeiter/unternehmenskultur/. Zugegriffen am 24.03.2018.

welt.de (2018). https://www.welt.de/wirtschaft/article173628231/Aldi-Warum-beide-Discounter-kuenftig-noch-enger-zusammenarbeiten.html. Zugegriffen am 10.03.2018.

Die Roelink-Brüder: Nachfolge in der Landwirtschaft

4

Jelle Bouma

4.1 Fallstudie kompakt

Die Fallstudie begleitet die Brüder Gijs und Bart Roelink, die einen landwirtschaftlichen Betrieb (Milchhof) in den östlichen Niederlanden betreiben. Ihr gemeinsamer unternehmerischer Weg begann im Jahr 2009, als der Vater unerwartet gesundheitliche Probleme bekam und den Betrieb an die beiden Söhne übergab. Der Betrieb befand sich zu diesem Zeitpunkt bereits seit vier Generationen in Familienhand. Im Rahmen der Übertragung gab der zuständige Notar zu bedenken, dass er eine erfolgreiche Übergabe des Betriebs nur sähe, wenn die anderen Geschwister, die nicht in den elterlichen Betrieb einsteigen, der Aufteilung der Anlagevermögen zustimmten und die Eltern eine angemessene dauerhafte Rentenabsicherung erhielten. Der Fall gibt einen vertieften Einblick in den Aufbau der gemeinsamen Partnerschaft der Roelink Brüder und geht der Frage nach, wie sich diese in der nahen Zukunft weiter entwickeln kann. Zudem zeigt der Fall eindrücklich, dass familiengeführte landwirtschaftliche Betriebe einen spezifischen Lebensstil der Eigentümer erfordern. Dieser „bäuerliche" Lebensstil spielt eine wichtige Rolle für strategische Entscheidungen und den gesamten Nachfolgeprozess.

Thematische Anbindung an das Lehrbuch
Nachfolge, geteilte Führung, neue Partnerschaften, Werte, Kommunikation

Industrie
Landwirtschaft (Milcherzeugung)

Ort
Niederlande

J. Bouma (✉)
Windesheim University of Applied Sciences, Zwolle, Niederlande
E-Mail: Jelle.bouma@windesheim.nl

© Springer Fachmedien Wiesbaden GmbH, ein Teil von Springer Nature 2020
B. Felden et al. (Hrsg.), *Fallstudien zum Management von Familienunternehmen*,
https://doi.org/10.1007/978-3-658-27721-5_4

4.2   Lernziele

Die vorliegende Fallstudie ist für Bachelorstudierende konzipiert. Sie bietet die Möglichkeit, Unternehmertum allgemein und betriebswirtschaftliches Denken in landwirtschaftlichen Betrieben im Speziellen zu reflektieren. Dabei werden der spezifische Einfluss von Dynamiken in Eigentümerfamilien und anderere nicht-ökonomische Faktoren auf das Familienunternehmen thematisiert. Folgende Lernziele werden verfolgt:

1. Studierende verstehen, welche Möglichkeiten landwirtschaftlichen Betrieben zur Verfügung stehen, um sich auf verändernde Umweltbedingungen einzustellen.
2. Studierende diskutieren, warum es sich bei den meisten landwirtschaftlichen Betrieben um Familienunternehmen handelt und warum diese auch in Zukunft als Familienunternehmen geführt werden.
3. Studierende erkennen, dass der Betrieb eines landwirtschaftlichen Hofes ein «way of life» ist.
4. Studierende begreifen, dass die Nachfolge insbesondere im landwirtschaftlichen Sektor ein langfristiger Prozess ist, der Auswirkungen auf die ganze Familie hat.
5. Die Studierenden lernen eine Nachfolgesituation in Form eines Geschwister-Teams kennen und erfahren so mehr über eine Form der geteilten Führung in Familienunternehmen.
6. Die Studierenden analysieren und bewerten die strategische Ausrichtung eines Familienunternehmens.
7. Sie entwickeln selbstständig Verbesserungsvorschläge für die Funktionsweise des Geschwister-Teams und legen besonderen Fokus auf die Kommunikation im Team.
8. Sie verbessern ihre Analysefähigkeit sowie die strukturierte Entscheidungsfindung aber auch die Kreativität.

4.3   Einführung

Gijs ist auf seinen älteren Bruder Bart sauer, ausgesprochen sauer. Dass sie Meinungsverschiedenheiten haben kommt zwar öfter einmal vor, aber dieses Mal ist sein Ärger persönlicher und er fühlt, dass sein Bruder eine rote Linie überschritten hat. Eigentlich kamen die beiden Eigentümer des Roelink-Hofes schon als Kinder sehr gut miteinander aus, aber die Jungs - so nennt sie ihr Vater immer noch - sind erwachsende Männer, liebende Ehemänner und Väter geworden. Kann das der Grund ihres Streites sein?

> „Wenn Deine Ehefrau Mitunternehmerin werden will, bin ich weg. Das meine ich ernst. Sie oder ich. Davon weiche ich keinen Zentimeter ab", schreit Gijs seinen Bruder an.

Bart ist mit Lies verheiratet und gemeinsam haben sie eine drei Jahre alte Tochter. Lies liebt Tiere und genießt das Leben auf dem Milchhof. Bevor sie Bart kennenlernte, besaß sie ihre eigene Reitschule. Noch heute vermisst sie diese und so kommt es zu ihrer Idee: sie würde gerne auf dem Hofgelände ihres Mannes und ihres Schwagers eine neue Reitschule eröffnen. Obwohl Gijs bereits seine Bedenken geäußert hat, beharrt Lies auf ihrer Idee:

> „Es gibt genügend Platz hier auf dem Hof und die Investitionen in die Reitschule werden sich schnell amortisieren. Ich werde auch weiterhin auf dem Hof aushelfen und gelegentliche Aufgaben hier und da wahrnehmen, so wie ich es schon immer gerne gemacht habe."

Bart unterstützt seine Frau und sieht in ihrer Idee vielfältige Entwicklungsmöglichkeiten für den Hof. Er ist der festen Überzeugung, dass man in diese Richtung weiterdenken sollte. Gijs dagegen sieht nichts als Ärger auf sich, auf die Zusammenarbeit mit seinem Bruder und auf den Hof zukommen.

4.4   Basisinformationen

4.4.1   Familiengeführte Landschaftsbetriebe

Die meisten Landwirtschaftsbetriebe sind in den Händen von Familien. Die allerersten Unternehmen waren familiengeführte Landwirtschaftsbetriebe. Vor der industriellen Revolution des 19. Jahrhunderts war die Gesellschaft vornehmlich durch Landwirtschaft geprägt, und Land war die Hauptquelle der Produktion. Anfänglich gingen Soziologen und Ökonomen davon aus, dass familiengeführte Landwirtschaftsbetriebe zunehmend anachronistisch geworden waren. Sie seien unwirtschaftlich und würden früher oder später in moderne Industrieanlagen umgewandelt werden. Die Belegschaft würde sich aus ausgegliederten Betriebsleitern und Arbeitern zusammensetzen. Familiengeführte Landwirtschaftsbetriebe haben jedoch auch in der heutigen, industriellen und marktwirtschaftlich geprägten Gesellschaft noch ihren Platz und verfügen über die typischen Eigenschaften, die bis zur landwirtschaftlichen Revolution im Jahr 10.000 v. Chr. zurückgehen, beibehalten. Damals gaben die Menschen erstmals ihr Nomadenleben auf und siedelten sich an einem Ort als Bauern an. Landbesitz ist die wichtigste Voraussetzung für Produktion und Einkommen. Familie und Arbeit stellen eine räumliche und funktionale Einheit dar.

Die Industrialisierung bringt die Entstehung von Fabriken und den Bedarf nach bezahlter Arbeitskraft mit sich. Die Einheit von Familie und Arbeit wird aufgebrochen, weil der moderne Angestellte nicht mehr zu Hause arbeitet. Bauern leben und arbeiten immer noch am selben Ort. Ihre Betriebe umfassen sowohl Herstellung als auch Verbrauch. Die Unternehmensstrategie für einen Landwirtschaftsbetrieb muss die familiäre Situation berücksichtigen: Wer ist in der Lage zu arbeiten? Wie viel Umsatz muss mindestens erwirtschaftet werden, um die Familie zu ernähren? Dies mag der Grund dafür sein, dass landwirtschaftliche Betriebe flexibler auf Krisen reagieren können. Die Unternehmensstrukturen der Neuzeit halten bei Gesellschaften mit beschränkter Haftung und

Aktiengesellschaften eine strikte Trennung von Eigentum und Arbeitskraft ein, während die Partner in Personengesellschaften persönlich haftbar sind. Landwirtschaftliche Unternehmer sind gleichzeitig strategisch und operativ gefragt: Beim Melken können Bauern darüber nachdenken, ob eine Investition notwendig ist oder noch warten kann.

Der Übergang zwischen Arbeits- und Freizeit ist ebenfalls fließend: Landwirtschaftliche Produktion ist ein biologischer und saisonaler Prozess. Der Leiter eines landwirtschaftlichen Betriebs kann die Produktion nicht anhalten oder beschleunigen. Kontinuierliche Fertigung kommt ebenfalls nicht in Frage, so dass feste Arbeitskräfte nicht eingesetzt werden können. Dies alles führt dazu, dass die Arbeit ausschließlich von der Familie erledigt wird, die ständig vor Ort ist und den Produktionsprozess aus nächster Nähe begleitet. In landwirtschaftlichen Betrieben findet meistens keine Spezialisierung statt: Der Bauer führt das ganze Jahr über sämtliche Aufgaben aus.

Obwohl die meisten landwirtschaftlichen Betriebe nicht wie moderne professionelle Organisationen geführt werden, sind sie dennoch skalierbarer geworden. In den letzten 50 Jahren hat die Anzahl der Betriebe drastisch abgenommen und die Tendenz ist weiter fallend. Gleichzeitig ist die Produktion durch die Technisierung erheblich gesteigert worden. In den 70er und 80er-Jahren ist der „Butterberg" in aller Munde: Überschüssige Milchproduktion erzeugt große Mengen an Milchprodukten. In den letzten 10 Jahren war die Rede vom „Mistberg". Intensive Viehzucht führt zu einem Überschuss an Dung, der eine Bedrohung für die Umwelt darstellt. In den 80er-Jahren begegnet man dem Problem des Milchüberschusses mit Milchquoten. Die Milchproduktion wird reglementiert und eingeschränkt und man versucht, Bauern durch finanzielle Anreize dazu zu bringen, ihre Betriebe vorzeitig zu schließen. In den Niederlanden werden Milchquoten im Jahr 2015 abgeschafft und Bauern investieren in Vieh, wodurch es wieder zu einer Überproduktion an Dung kommt. Dung bedeutet Phosphat, und zu viel Phosphat ist eine Bedrohung für die Umwelt. Daher wird die Erzeugung erneut rechtlich eingeschränkt und damit der Viehbestand reduziert. Bauern dürfen nun mit verbesserten Produktionsmethoden bei weniger Vieh experimentieren. Neuzeitliche Probleme in der Viehzucht sind auch ansteckende Krankheiten, die die Gesundheit der Bevölkerung gefährden. Im Jahr 1996 bricht BSE, der Rinderwahn, aus. Durch die Beigabe von Schlachtabfällen in Viehfutter erkranken die Kühe und geben die tödliche Krankheit an Menschen weiter. Die Maul- und Klauenseuche im Jahr 2001 ist für den Menschen ungefährlich, reduziert aber den Viehbestand erheblich. Außerdem gibt es noch mit Vogelgrippe infizierte Hühner, das Kretafieber bei Ziegen und die Schweinegrippe im Jahr 1998. Vom emotionalen Aspekt abgesehen finden sich viele Betriebe in finanziellen Engpässen wieder.

In der Nahrungsmittelkette zeichnet sich die Primärproduktion durch geringe Renditen aus. Der Milchpreis wird durch die verarbeitende Industrie systematisch gedrückt. Obwohl der internationale Markt ausgesprochen groß ist – insbesondere der chinesische Markt verzeichnet schnelles Wachstum –, macht es den Eindruck, als würde die Marktstruktur ausschließlich von großen Unternehmen kontrolliert. Durch Umweltgesetze sind Landwirte in ihrem unternehmerischen Handeln eingeschränkt. Die Bauern müssen die

Einhaltung zahlloser Gesetze und Vorschriften nachweisen. Der damit verbundene bürokratische Aufwand kann für die Landwirte eine echte Belastung sein. Außerdem sieht die europäische Gesetzgebung Subventionierungen vor, die zur Verbesserung der Umwelt beitragen sollen. Subventionen zum Schutz der Umwelt sind heutzutage eine wichtige Einnahmequelle: In Wiesen und Vogelschutzgebieten dürfen keine Kunstdünger eingesetzt werden, und die Landwirte versuchen, die Vogelnester zu schützen. Durch die Subventionen werden gestiegene Produktionskosten aufgefangen.

Insbesondere kleinere Betriebe weiten ihre Aktivitäten zunehmend aus, so dass das verfügbare Land auch für nicht landwirtschaftliche Zwecke eingesetzt wird. Campingplätze und Freizeitangebote sind beispielsweise zu Einnahmequellen geworden. In manchen touristischen Regionen können sich die Landwirte so von anderen Mitbewerbern abheben. Sie organisieren Wanderungen, zeigen den Menschen, wie man die Eier von Kiebitzen findet, mähen Gras mit Sicheln und fahren die Ernte ein wie im 19. Jahrhundert. Familiengeführte Landwirtschaftsbetriebe können neue Nachfragen bedienen, da sie über die erforderliche Zeit und den benötigten Platz verfügen. Wenn sich solche Möglichkeiten ergeben, haben die übrigen Familienmitglieder ebenfalls die Möglichkeit, sich weiterzuentwickeln. Häufig ergeben sich neue Wege aus der Notwendigkeit für kleine Unternehmen, die aufgrund der Urbanisierung nicht weiter expandieren können. Die Nähe zu urbanen Zentren birgt auch Chancen: Das Familienunternehmen kann auf die Bedürfnisse dieses Marktes eingehen, und es entsteht ein Arbeitsmarkt für Teilzeitbauern. Heutzutage müssen Familien nicht mehr den ganzen Tag auf dem Hof arbeiten. Durch Diversifizierung und Teilzeitarbeit können familiengeführte Landwirtschaftsbetriebe fortgeführt werden. Diese spezielle Situation ergab sich vor allem aus dem Wunsch der Familien, ihr ländliches Leben weiterzuführen.

4.4.2 Der Roelink-Milchhof

Die Geschichte des Familienunternehmens Roelink reicht bis ins Jahr 1917 zurück (vgl. Abb. 4.1 zur Chronologie der Familiengeschichte), als der Urgroßvater einen kleinen Bauernhof mit fünf Hektar Land für einen geringen Geldbetrag erwerben konnte. Er arbeitete trotzdem nebenbei als Milchschiffer weiter. In der damaligen Zeit gab es viele kleine Bauernhöfe, die geringe Mengen Milch produzierten und über genossenschaftliche Molkereien sammelten und verarbeiten ließen. Der Transport fand auf Wasserwegen statt, insbesondere in den ländlichen Regionen, die häufig keine Anbindung an das Straßen- und Verkehrsnetz hatten. Milchschiffer brachten daher die Milch von den Bauernhöfen per Boot in die umliegenden Molkereien.

Die Arbeit war hart, die Felder wurden von Hand gemäht, vom Morgengrauen bis zur Abenddämmerung schwangen unzählige Helfer und auch der Urgroßvater die Sense. Als der Großvater, ein Pferdehändler, den Hof übernimmt, gibt es bereits Pferdefuhrwerke, die das Mähen übernehmen. Und Barts und Gijs Vater erledigt die meisten Arbeiten bereits mit einem Traktor. Dadurch werden immer weniger Hilfsarbeiter benötigt und das

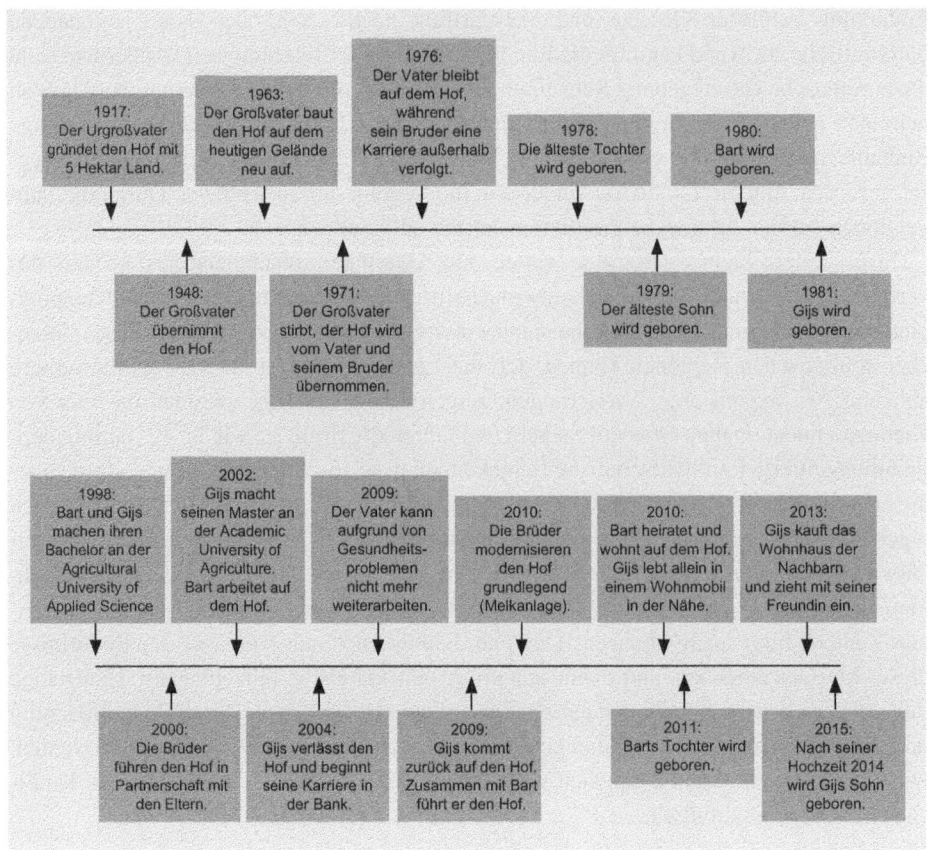

Abb. 4.1 Chronologie der Familiengeschichte. (Quelle: Eigene Darstellung)

Hofleben wird ruhiger. Nichtsdestotrotz ist die Arbeit auf dem Hof tagesfüllend und Jobs außerhalb der Farm können nicht angenommen werden. Der Vater strukturiert den Hof langsam zu einem Viehbetrieb um und baut daneben noch Zuckerrüben und Kartoffeln an. Durch den Zukauf von Land expandiert er immer weiter.

Noch zu Urgroßvaters Zeiten ist es relativ einfach, ein kleines Unternehmen zu verkaufen, aber bereits zu Vaters Zeiten wird es immer schwerer, familienfremde Interessenten als Nachfolger zu identifizieren. Die Mechanisierung und Hochskalierung führen dazu, dass die Anzahl an Bauernhöfen immer weiter abnimmt. Und es wird gleichzeitig immer schwieriger, einen Nachfolger zu finden. Die bäuerliche Lebensweise ist nicht mehr selbstverständlich, da besser bezahlte Jobs in der Industrie und in dem Dienstleistungsbereich winken. Dies veranlasst den Vater frühzeitig festzulegen, welches seiner Kinder den Hof in der Zukunft übernehmen sollte.

Die Roelink-Familie besteht in der vierten Generation aus vier Kindern. Saskia ist die älteste Tochter. Sie besitzt eine abgeschlossene Berufslehre und ist mit einem Maurermeister verheiratet. Sie hat einen zwölfjährigen Sohn, der gerne auf dem Hof der beiden Onkel aushilft. Wächst da bereits der Nachfolger der fünften Generation heran? Neben Saskia gibt es noch drei Brüder, den ältesten Bruder Bart und den jüngsten Bruder Gijs. Martin befindet sich genau in der Mitte. Er ist Tierarzt und Partner einer tierärztlichen Praxis. Als Kind half er genauso gerne auf dem Bauernhof wie seine Brüder und Saskia. Noch heute erinnert er sich an diese Zeiten:

> „Alle erwarteten deine Unterstützung, gerade im Sommer zur Erntezeit. Ich wollte auch immer helfen und habe es gerne getan. Aber wenn man nicht half, wurde man mit Verachtung bestraft."

Für den Vater steht dennoch sehr früh fest, dass Bart und Gijs den Hof übernehmen sollen. Ackerbau und Viehzucht liegen in Barts Genen, wohingegen Gijs eher der Geschäftsmann ist, der weit in die Zukunft blickt. Beide Söhne studieren sehr erfolgreich Agrarwirtschaft an einer Fachhochschule. Zudem ist das landwirtschaftliche Unternehmen zu groß für nur einen Nachfolger geworden. Daher werden beide Söhne bereits in sehr jungen Jahren gleichberechtigte Partner. Bart steigt bereits neben dem Studium operativ auf dem Hof ein, während Gijs noch einen Master an der Wageningen University of Agriculture absolviert und sich auf Viehernährung spezialisiert. Als er dann von einer Bank ein Jobangebot als Berater bekommt, kündigt er die Partnerschaft mit seinem Bruder. So sieht es danach aus, dass Bart den Betrieb alleine weiterführen werde. Doch dann wird der Vater unerwartet krank. Er erinnert sich:

> „Weitere Investitionspläne für den Hof waren bereits geschmiedet, mit Hilfe von Gijs. Dieser half am Wochenende aus. Eines Tages konfrontierte ich ihn mit „unserer" Zukunft. Das war der Moment als er entschied, die Partnerschaft mit seinem Bruder wieder aufleben zu lassen. Er kündigte seinen Job bei der Bank. Ja, das war 2009, da habe ich den Staffelstab für immer übergeben."

4.5 Aktuelle Situation

4.5.1 Die Lebens- und Arbeitssituation auf dem Milchhof

Gijs und Bart bewirtschaften einen Milchhof im Osten der Niederlande. Auf 70 ha Land erzeugen sie jährlich 1,5 Mio. Liter Milch. Im Jahr 2009 wird der erste Viehstall, den der Vater im Jahr 1976 eigenhändig gebaut hatte, abgerissen und an seiner Stelle ein neuer Stall mit Melkautomaten errichtet. Früher musste die Familie zweimal täglich melken – dies läuft nun vollautomatisch. Beide Brüder leben mit ihren Familien auf dem Hof. Bart wohnt im Elternhaus und Gijs im angrenzenden Bauernhaus, das vom Betrieb angeschafft worden war. Die Eltern sind in ein Haus im nahe gelegenen Dorf gezogen. Der Vater kommt jeden Tag zum Hof und hilft da aus, wo Not am Mann ist.

Die Brüder haben die Arbeiten untereinander aufgeteilt. Gijs kümmert sich um Lieferanten, Berater und Investoren und hat eher die strategischen Belange im Auge. Bart hasst Besprechungen. Gijs schaut jeden Morgen nach dem Vieh, und Bart macht die Abendrunde und ist nachts beim Kalben dabei. Gijs ist für die Fütterung zuständig, Bart für die Viehzucht. Gijs hat außerdem eine Position im Vorstand eines Käseherstellers. Bart verrichtet die täglichen Arbeiten auf dem Hof. Gijs ist immer bemüht, möglichst viele Subventionen zu ergattern. Er bezeichnet sie als „Einkommensquelle".

Die Ehefrauen der beiden helfen bereitwillig im Betrieb aus, sind aber keine Geschäftspartnerinnen. Lies füttert die Kälber und kennt sich mit Viehzucht aus. Aufgrund eines Unfalls kann sie keine weiteren Kinder bekommen und ist ans Haus gebunden. Gijs Frau, Jeannette, ist Ernährungsberaterin. Sie hat einen Doktortitel und arbeitet nicht auf dem Hof. Ihr Beruf ist ihr sehr wichtig. Da das Haus dem Unternehmen gehört, würde sie es verlieren, falls Gijs stirbt.

> „Wenn ich umziehen müsste, dürfte ich nur meine „eigenen" Sachen mitnehmen. Das wär's dann!" Jeannette

Selbst für so profane Dinge wie eine neue Tapete muss Jeannette die formelle Genehmigung ihres Schwagers einholen. Gijs und Jeannette haben einen einjährigen Sohn.

4.5.2   Der Nachfolgeprozess

Der Nachfolgeprozess der Familie Roelink ist mühsam. Die Übergabe im Jahr 2009 läuft zwar reibungslos, aber einige Themen werden nicht besprochen und bleiben dementsprechend unklar. Im Jahr 2009 sucht die gesamte Familie Roelink einen Notar auf. Sie vertrauen darauf, dass er das erforderliche Wissen und die Autorität hat und weiss, was er tut. Der Notar braucht nur eine Stunde, um zu erläutern, warum es das Beste für das Familienunternehmen wäre, wenn Gijs es wieder als Partner gemeinsam mit seinem Bruder Bart führen würde. Um die Nachfolge finanziell möglich zu machen, müssten die übrigen Kinder in Kauf nehmen, dass für sie nur wenig übrig bliebe. Natürlich hatten sie in der Vergangenheit auch im Betrieb mitgearbeitet. Aber letztlich hatten sie sich für eine andere berufliche Laufbahn entschieden. Die Größe des Betriebs ist für zwei Vollzeitkräfte genau richtig, und Bart und Gijs sind offensichtlich am besten dafür geeignet. Der Erlös des Verkaufs des neuen Hauses der Eltern würde an Saskia und Martin gehen, aber Bart und Gijs würden das Unternehmenskapital bekommen.

Im Laufe der Jahre wächst die Unsicherheit. Natürlich hatten Saskia und Martin sich für eine andere berufliche Laufbahn entschieden. Das gilt aber auch für Gijs, der viele Jahre als Finanzberater gearbeitet hatte und plötzlich in den familiären Betrieb zurückkehren musste. Martin studiert Tiermedizin, hat aber nicht die finanziellen Möglichkeiten, sich in eine Tierarztpraxis einzukaufen. Erst zu diesem Zeitpunkt werden ihm die Konsequenzen des Dokuments bewusst, das er beim Notar unterschrieben hat. Die Eltern merken, dass die finanzielle Situation unausgeglichen ist. Einerseits haben sie ein schlechtes Gewissen, andererseits sehen sie aber auch keine andere Möglichkeit. Wie können sie ihre Kinder unterstützen? Saskia ist besonders wütend auf Gijs: Sie findet, dass es seine Schuld ist, dass ihre Eltern letztendlich in ein schlichtes Haus gezogen sind.

> „Meine Eltern haben nicht einmal genug Geld für einen anständigen Urlaub. Sollen sie wirklich so ihren Lebensabend verbringen und soll die Fortführung des Betriebs auf ihrem Rücken ausgetragen werden?" Saskia

Saskia ist mit einem Bauunternehmer verheiratet. Das alte Wohnhaus, in dem Bart wohnt, und das neue Haus von Gijs benötigen umfassende Renovierungsarbeiten. Ihr Schwager stellt sich selbst als einzig geeigneten Bauunternehmer dar, und die schuldgeplagten Eltern sind auf seiner Seite. Wenn ihr Schwiegersohn die Renovierungsarbeiten durchführte, hätten sie Saskia gegenüber Abbitte geleistet. Außerdem könnten sie Martin die Zinsen übertragen, die sie von Bart und Gijs aus einem überfälligen Darlehen erhalten hatten. Es ist zwar nicht viel, aber so könnten sie Martin bei seinen Plänen unterstützen, Partner einer Tierarztpraxis zu werden. Als Gijs letztendlich den Zuschlag für die Renovierungsarbeiten nicht seinem Schwager, sondern einem anderen Bauunternehmer gibt, sind seine Schwester und seine Eltern sehr enttäuscht. Wie kann er nur so unsensibel sein?

Wer könnte und sollte den Betrieb in Zukunft fortführen? Saskias Sohn hilft gerne auf dem Hof aus, während Bart „nur" eine Tochter hat und weiß, dass keine weiteren Kinder folgen werden. Gijs hat lange Zeit allein gelebt, bis er Jeannette kennenlernt, sie heiratet und im Jahr 2016 bekommt er einen Sohn mit ihr. Wem steht das Recht zu, den Betrieb weiterzuführen, und wer sollte das entscheiden?

4.5.3 Neue Geschäftspartnerschaften

Bart und Gijs hatten sich immer gut verstanden. Bart lebt gemeinsam mit Lies auf dem Hof, während Gijs alleine bleibt und in einer Hütte auf dem Hinterhof wohnt. Für ihn ist das in Ordnung, so lange er keine Freundin hat. Er ist sehr speziell. Seit seiner Rückkehr ins Unternehmen hat er einen Sitz im Aufsichtsrat einer Käsereigenossenschaft. Dadurch hat er eine Ausrede, den Hof ab und zu zu verlassen.

> „Die Arbeitstage auf dem Hof können sehr still sein. Es kommt so gut wie nie jemand vorbei."
> Gijs

Als Gijs Jeannette kennenlernt, wächst der Wunsch nach einem geeigneten Zuhause in der unmittelbaren Nachbarschaft. Jeannette ist der Ansicht, dass es machbar wäre, den Betrieb aufzuteilen. Dies würde jedoch nicht passieren, solange die Brüder überzeugt seien, ohne einander nicht klarzukommen. Bart ist kein wirklicher Unternehmer, und Gijs möchte die täglichen Arbeiten nicht verrichten. Gijs könnte mit Leichtigkeit einen völlig anderen Job finden. Aber das unabhängige Leben auf dem Hof würde ihm fehlen.

> „Ein landwirtschaftliches Unternehmen ist kein Beruf, sondern eine Art zu leben." Gijs

Es wird viel darüber diskutiert, Lies und Jeannette zu Geschäftspartnerinnen zu machen. Jeannette hätte dadurch mehr Freiheit bezüglich ihres Wohnraums. Obwohl ihr das ländliche Leben sehr gefällt, wird ihre berufliche Karriere von immer größerer Bedeutung sein. Für Lies ist die Situation anders. Sie hat nicht dieselbe Ausbildung genossen wie Jeannette und hat weniger Möglichkeiten, außerhalb des Familienbetriebs einen geeigneten Job zu finden. Sie träumt davon, eines Tages auf dem Roelink-Hof eine Reitschule zu eröffnen. Jeden Tag füttert sie die Kälber. Gijs tut sich mit der emotionalen Verbindung schwer, die sie zu den jungen Tieren aufbaut. Er würde Tiere niemals schlecht behandeln, hält jedoch eine professionelle Einstellung für wichtig. Außerdem traut er ihrem angeblichen Fachwissen in der Viehzucht nicht. Für ihn ist eine Reitschule eine unerwünschte Erweiterung des Tätigkeitsfeldes des Unternehmens. Dies wiederum verärgert seinen Bruder Bart.

> „Vor einigen Jahren haben wir in eine neue Melkhalle investiert. Es dreht sich scheinbar alles um die Milcherzeugung. Ich bin auch nicht 100 %ig überzeugt, dass die Reitschule eine gute Idee ist. Aber sie sollte zumindest eine Chance bekommen. Es wäre eine gute Möglichkeit, die Abhängigkeit von der Milchproduktion auf andere Bereiche zu verlagern." Bart

Warum sträubt sich Gijs? Können Bart und Gijs langfristig ihre Partnerschaft fortführen? Haben die Eltern in dieser Sache etwas zu sagen? Und wie steht es mit der heranwachsenden Generation der Familie Roelink?

4.6   Diskussionsfragen

1. Was macht einen landwirtschaftlichen Betrieb als Familienunternehmen einzigartig?
2. Nennen Sie die Vor- und Nachteile eines familiengeführten Landwirtschaftsbetriebs als räumliche und physische Einheit von Familie und Arbeit.
3. Wie kann ein familiengeführter Landwirtschaftsbetrieb seinen Fortbestand sicherstellen?
4. Warum ist Gijs Ihrer Meinung nach nicht von der Idee angetan, auf dem Hof eine Reitschule zu eröffnen?
5. Warum wird Ihrer Meinung nach Lies mit größerer Wahrscheinlichkeit Geschäftspartnerin werden als Jeannette?
6. Für wie wahrscheinlich erachten Sie es, dass die Brüder ihren gemeinsamen Weg fortsetzen werden?

Quellenverzeichnis und weiterführende Literatur

Über Familienunternehmen und insbesondere Landwirtschaftsbetriebe

AAE VIDEO PRODUCTIONS. (2014). *A history of agriculture.* https://www.youtube.com/watch?v=Uv3lMRyOUus. Zugegriffen am 24.03.2019.

All Histories. (2009). *Turning points in history – Industrial revolution.* https://www.youtube.com/watch?v=3Efq-aNBkvc. Zugegriffen am 24.03.2019.

Felden, B., Hack, A., & Hoon, C. (2019). *Management von Familienunternehmen: Besonderheiten – Handlungsfelder - Instrumente* (2. Aufl.). Wiesbaden: Springer Gabler.

Gasson, R., Crow, G., Errington, A., Hutson, J., Marsden, T., & Winter, D. M. (1988). The farm as a family business: A review. *Journal of Agricultural Economics, 39*(1), 1–41.

Reinhardt, N., & Barlett, P. (1989). The persistence of family farms in United States agriculture. *Sociologia Ruralis, 29*(3-4), 203–225.

Über Diversifizierung und Teilzeitarbeit

Alsos, G. A., & Ljunggren, E. (2003). Farm-based entrepreneurs: What triggers the start-up of new business activities? *Journal of Small Business and Enterprise Development, 10*(4), 435–443.

Evans, N. J., & Ilbery, B. W. (1993). The pluriactivity, part-time farming, and farm diversification de-bate. *Environment and Planning A, 25*(7), 945–959.

Grande, J. (2011). New venture creation in the farm sector – Critical resources and capabilities. *Journal of Rural Studies, 27*(2), 220–233.

„Zukunft ernten": Personalrekrutierung beim Landtechnikhersteller CLAAS

Julia Brinkmann und Janina Ostendorf

5.1 Fallstudie kompakt

Das 1913 gegründete Familienunternehmen CLAAS (www.claas.com) ist einer der weltweit führenden Hersteller von Landtechnik. Das Unternehmen mit Hauptsitz im westfälischen Harsewinkel ist europäischer Marktführer bei Mähdreschern. CLAAS beschäftigt über 11.000 Mitarbeitende weltweit und erzielt im Geschäftsjahr 2018 einen Umsatz von 3,8 Mrd. Euro, wovon fast 80 % im Ausland realisiert werden.

Die Beschäftigten stellen für CLAAS die zentrale Ressource für den Unternehmenserfolg dar. Jedoch ist es eine Herausforderung, auch zukünftig geeignete Mitarbeitende für das Unternehmen zu begeistern und zu gewinnen. Die Kandidaten müssen sowohl zu der vakanten Stelle passen als auch eine Identifikation mit dem Familienunternehmen entwickeln. Ziel des Personalmarketings ist es, einerseits die bestehenden Beschäftigten an das Unternehmen CLAAS zu binden, um diese nicht an Wettbewerber zu verlieren, und gleichzeitig potenzielle Mitarbeitende von dem Unternehmen als hervorragendem Arbeitgeber zu überzeugen. Zur Zielerreichung kann eine Employer Branding Strategie dienen.

Im vorliegenden Fall soll die Personalmarketingstrategie und der Maßnahmenmix zur Übermittlung eines Employer Branding erarbeitet und mit aktuellen, neuen Konzepten

J. Brinkmann (✉)
Fakultät für Wirtschaftswissenschaften, Stiftungslehrstuhl Führung von Familienunternehmen, Bielefeld, Deutschland
E-Mail: julia.brinkmann1@uni-bielefeld.de

J. Ostendorf
Senior Referentin Hochschulmanagement Corporate HR Marketing, CLAAS KGaA mbH, Harsewinkel, Deutschland
E-Mail: janina.ostendorf@claas.com

© Springer Fachmedien Wiesbaden GmbH, ein Teil von Springer Nature 2020
B. Felden et al. (Hrsg.), *Fallstudien zum Management von Familienunternehmen*,
https://doi.org/10.1007/978-3-658-27721-5_5

kombiniert werden. Insbesondere im Bereich der Nutzung Sozialer Medien, wie dem CLAAS-Instagram Auftritt, sieht CLAAS für sich klare Potenziale zur Rekrutierung.

Dieses Unternehmen ist beispielhaft für viele international tätige Familienunternehmen, die ihren Hauptsitz am Gründungsort, häufig in ländlichen Regionen, erhalten haben. Diese Unternehmen leben von innovativen Entwicklungen mit dem Aufbau neuer strategischer Geschäftsfelder, deren Personalbedarf nicht nur aus den eigenen Reihen gedeckt werden kann.

Thematische Anbindung an das Lehrbuch
Human Resource Management (HRM), Human Resources (HR), Personalmarketing, Werte von Familienunternehmen, Employer Branding, Arbeitgeberattraktivität

Industrie
Produzierendes Agrargewerbe

Ort
Deutschland, Region Ostwestfalen-Lippe

5.2   Lernziele

Die vorliegende Fallstudie ist für Bachelor- sowie Masterstudierende gleichermaßen konzipiert. Sie bietet die Möglichkeit, personalwirtschaftliche Fragestellungen aus Perspektive eines großen Unternehmens zu reflektieren, das im Eigentum einer Familie ist. Dabei wird der spezifische Einfluss von Dynamiken in Eigentümerfamilien und andere nicht-ökonomischer Faktoren auf das Familienunternehmen thematisiert (Felden, Hack und Hoon, 2019). Folgende Lernziele werden verfolgt:

1. Studierende verstehen, welche Möglichkeiten Unternehmen zur Verfügung stehen, um auch in ländlichen Regionen qualifizierte Beschäftigte zu rekrutieren und zu halten.
2. Studierende diskutieren, wie sich Rekrutierung durch Social-Media-Aktivitäten unterstützen lässt.
3. Studierende erkennen, dass die Erarbeitung und der Erhalt einer attraktiven Arbeitgebermarke mit einer Vielzahl unterschiedlicher Maßnahmen verbunden sind.

5.3   Einführung

Wie in jedem Jahr hat sich CLAAS als Arbeitgeber in Hochschulen, auf Recruiting Messen und in Einzelaktionen präsentiert (zur CLAAS HR Kampagne vgl. Abb. 5.1). Das Team fasst diese HR-Aktivitäten wie folgt zusammen: „… unsere Kampagnen kommen super an, die Resonanz ist hervorragend. Unsere Bekanntheit als attraktiver Arbeitgeber ist mittlerweile flächendeckend in ganz Deutschland gegeben. Studierende aus den Bereichen Agrartechnik und Wirtschaftswissenschaften erklärten uns, dass sie CLAAS super fänden. Einige zögern

Abb. 5.1 CLAAS HR Kampagne. (Quelle: https://www.claas.jobs)

jedoch, sich am Standort Harsewinkel zu bewerben. Für den überregionalen Arbeitnehmermarkt ist Harsewinkel häufig unbekannt. Fast niemandem ist bewusst, wie vielfältig die Region Ostwestfalen ist. Dieses Bild ist in den Köpfen der jungen Leute einfach eingebrannt."

Das Team wird nachdenklich und formuliert gemeinsam das Ziel: „Wir müssen die potenziellen Bewerbenden stärker davon überzeugen, ein ganzheitlich attraktiver Arbeitgeber zu sein. Für den es sich lohnt, hier bei uns vor Ort zu arbeiten." Zudem ist die Konkurrenz an guten Arbeitgebern in der Region groß. Für den regionalen Arbeitnehmermarkt ist CLAAS teilweise nur einer unter vielen interessanten Arbeitgebern der Region. Und diese Mitbewerber sind ebenfalls immer aktiv darum bemüht, mit innovativen Ideen Beschäftigte zu binden und potenzielle Arbeitnehmer zu animieren, sich zu bewerben.

In den darauffolgenden Tagen wird ein Projektteam mit folgender Fragestellung zusammengestellt: „Wie kann CLAAS langfristig die Nachwuchskräftegewinnung und -bindung sicherstellen und sich dabei ständig verbessern?" Sie sind Teil dieses Projektteams und sollen drei Herausforderungen bearbeiten:

1. Wie lassen sich bestehende Mitarbeitende weiterhin an CLAAS binden?
2. Durch welche HR-Aktivitäten kann CLAAS stärker aktiv werden, um potenzielle Kandidaten anzusprechen und zu überzeugen, sich zu bewerben und sich bei CLAAS und mit CLAAS weiterzuentwickeln?
3. Wie kann der Einsatz von sozialen Medien bei der Ansprache potenzieller und aktueller Mitarbeitender helfen?

5.4   Basisinformationen

Hinter jeder großen Geschichte stehen oft besondere Persönlichkeiten. Bei CLAAS
sind es die vier Brüder August, Franz, Theo und Bernhard Claas, die das Unternehmen
ab 1913 gemeinsam aufbauten. Mit Erfindergeist, Weltoffenheit und Beharrlichkeit
entwickeln sie ihren Familienbetrieb zu einem der führenden Landtechnikunternehmen der Welt. Schon 1921 meldeten sie ihr erstes Patent mit dem Knoter an. Der
Knoter war die erste zuverlässige Maschine zum Strohbinden und ist bis heute das
Markenzeichen des Unternehmens. Im Jahr 2018 verzeichnet das Unternehmen mit
rund 11.000 Mitarbeitenden weltweit einen Jahresumsatz von 3,8 Mrd. Euro (vgl.
Abb. 5.2). Bis heute wurden 3.700 Patente angemeldet. Die Investitionen in Forschung

Gewinn & Verlustrechnung / Ergebnis

in Mio €	2017	2016	2015	2014	2013	2012	2011	2010
Umsatzerlöse	3.761,0	3.631,6	3.838,5	3.823,0	3.824,6	3.438,6	3.304,2	2.475,5
Forschungs- & Entwicklungskosten	217,6	221,4	203,0	212,3	197,0	181,2	144,3	122,6
EBITDA	335,7	251,9	310,5	327,9	420,5	426,1	377,5	200,3
EBIT	215,2	129,0	196,8	194,4	334,7	347,6	292,3	116,1
Ergebnis vor Ertragssteuern	184,5	93,5	157,7	155,1	295,3	315,6	255,3	77,2
Konzern-Jahresüberschuss	115,4	37,6	105,7	113,1	212,3	232,7	181,8	51,5
Umsatzrendite (in%)	4,9	2,6	4,1	4,1	7,7	9,2	7,7	3,1
Eigenkapitalrendite (in%)	8,9	3,2	8,6	9,6	17,3	21,3	20,9	6,3
Auslandsanteil am Umsatz (in%)	79,1	78,6	77,2	77,2	78,1	77,3	73,5	73,1

Cashflow / Investitionen / Abschreibungen

in Mio €	2017	2016	2015	2014	2013	2012	2011	2010
Cashflow aus der laufenden Geschäftstätigkeit	345,0	246,0	156,5	50,4	247,6	115,1	244,5	300,5
Free Cashflow	209,6	118,5	38,8	−136,9	82,1	84,2	156,5	215,8
Sachinvestitionen[2]	130,7	122,2	128,3	173,2	172,4	163,1	93,7	87,2
Abschreibungen / Wertminderungen	116,2	102,8	111,3	133,3	83,3	78,4	85,1	84,2

Abb. 5.2 Geschäftsbericht 2018. (Quelle: https://www.claas-gruppe.com/investor/geschaeftsbe-
richt/download)

und Entwicklung erreichen 2018 mit 233 Millionen Euro einen neuen Höchststand und haben sich in den letzten zehn Jahren verdoppelt.

5.4.1 Die Entwicklung zum Weltunternehmen

Schon früh sind die Gebrüder Claas international zu Marktbeobachtungen unterwegs und stoßen in Amerika auf den Mähdrescher. Inspiriert von Amerika entwickeln sie diesen für europäische Ernteverhältnisse und bringen den ersten Mähdrescher 1936 auf den Markt. In den darauffolgenden Jahren, insbesondere dem sogenannten Wirtschaftswunder nach dem Krieg, erfährt das Unternehmen ein rasantes Wachstum und entwickelt sich zum weltweiten Mähdrescherspezialisten. In dieser Zeit tritt auch der Sohn des Unternehmensgründers, Helmut Claas, mit in das Unternehmen ein. 1965 beschäftigt der Agrartechnikhersteller 5.600 Mitarbeitende am Standort Harsewinkel. Schließlich kommt aber das Ende des Wirtschaftsbooms und die Nachfrage nach Agrarmaschinen nimmt rapide ab. Das Unternehmen wird daraufhin umfassend modernisiert und strategisch neu ausgerichtet. Mit dem Kauf der Firmen Bautz und Speiser verbreitert CLAAS seine Produktpalette und vollzieht den Wandel vom reinen Mähdrescherspezialisten zu einem breit aufgestellten „Erntespezialisten".

CLAAS ist europäischer Marktführer bei Mähdreschern und besitzt bei der großen Produktgruppe der Feldhäcksler die Weltmarktführerschaft (vgl. Abb. 5.3). Weitere internationale Spitzenplätze belegt CLAAS mit seinen Traktoren, Pressen und Futtererntemaschinen. Das vielseitige Produktprogramm wird durch Teleskoplader sowie die Sparte Service und Ersatzteile und die EASY (Efficient Agriculture Systems) Produkte des Bereichs Software and Systems komplettiert. Insgesamt ist CLAAS in 140 Ländern aktiv. Die Produktion und der Vertrieb der Produkte erfolgen dabei über Gesellschaften in 17 verschiedenen Ländern. Dazu gehören Deutschland, USA, Argentinien, Polen, Österreich, Großbritannien, Frankreich, Spanien, Italien, Rumänien, Ungarn, Indien, Thailand, China, Usbekistan, Ukraine und Russland. Über die Hälfte der 11.000 Mitarbeitenden ist somit mittlerweile außerhalb Deutschlands beschäftigt.

Trotz der weltweiten Aktivitäten bleibt CLAAS ein Familienunternehmen mit Bodenhaftung, dem Langfristigkeit und gegenseitige Wertschätzung oberste Prinzipien sind. Mitglieder der Unternehmerfamilie Claas sind mittlerweile in dritter Generation aktiv. Diese Beständigkeit hat großen Einfluss auf die Unternehmenskultur, die durch ein hohes Engagement der Mitarbeitenden und „ein in die Zukunft gerichtetes Denken und Handeln" geprägt ist. Die Unternehmensstrategie ist schon seit der Gründung auf Innovationen ausgerichtet.

Der Mitarbeitende als Mensch mit seinen Werten wird als wichtigstes Gut in der Unternehmensgruppe angesehen, sodass es diverse Angebote zur Stärkung der Work-Life-Balance gibt. Hierzu sind beispielhaft Homeoffice-Tage sowie individuelle Weiterbildungsangebote zu nennen. Ferner drückt die Familie Claas die Wertschätzung gegenüber ihrer Mitarbeitenden durch die Ausrichtung diverser Mitarbeiterfeste, wie Jubiläumsfeiern, aus. Soziales Engagement für die Region um Harsewinkel und gleichermaßen der

Abb. 5.3 CLAAS Produkte. (Quelle: https://www.claas.de/produkte/maehdrescher)

anderen CLAAS Standorte ist für die Familie Claas von enormer Wichtigkeit. Die Präsenz
der Familie Claas am Hauptstandort Harsewinkel, aber auch in den Niederlassungen,
pflegt die Familie durch die Teilnahme an diversen Veranstaltungen. Dabei ist der Unternehmerfamilie wichtig, eine einheitliche Führungskultur in der gesamten Gruppe zu
schaffen und alle gleich zu behandeln (vgl. Abb. 5.4). Cathrina Claas-Mühlhäuser beschreibt dieses in einem Interview 2011: „ich fände es nicht fair, wenn ich immer nur in
Harsewinkel [wäre]".[1] Weiter betont sie, dass sie die Tradition ihres Vaters weiterleben
möchte und diese Botschaft der ganz besonderen Familienkultur durch die gesamte
Gruppe tragen will. Bis heute ist ihr Vater Helmut Claas als „Macher und Visionär" in der
Landtechnikbranche weltweit bekannt.

---

[1] http://www.nw.de/nachrichten/wirtschaft/4353984_Cathrina-Claas-Muehlhaeuser-Da-kannst-
du-nicht-kuendigen.html.

Wir bei CLAAS sind mit Herz und Verstand sowie mit ständigem persönlichem Engagement bei unserer Arbeit. Wir besitzen gemeinsame Vorstellungen von Zusammenarbeit, Partnerschaft und sich aufeinander verlassen können. Dieser Wille zur Verantwortung wird sehr genau wahrgenommen. Nicht umsonst bezeichnen sich die Menschen, die bei uns arbeiten, selbst gerne als Claasianer: Die Identifikation mit unserem Unternehmen ist außergewöhnlich hoch.

Langfristig entsteht neues Wissen nur, wenn auch die Strukturen stimmen. Dazu gehört, sich auf seinen Arbeitgeber verlassen zu können. Wir sind sehr stolz darauf, dass die Betriebszugehörigkeit bei uns einen hohen Stellenwert erfährt. Die Bleiberate liegt bei 85 Prozent.

Unsere Grundsätze der Führung und Zusammenarbeit

Respektiert.
Jedem CLAAS Mitarbeiter wird Respekt für seine Person und Anerkennung für die erbrachte Leistung entgegengebracht.

Beteiligt.
Unsere Mitarbeiter sind sowohl an der Meinungsbildung als auch an der Entscheidungsfindung beteiligt.

Verlässlich.
Die Zusammenarbeit der CLAAS Mitarbeiter gründet sich auf Glaubwürdigkeit, Loyalität und Vertrauen.

Zum Wandel bereit.
Wir begreifen und nutzen den Prozess ständiger Veränderungen als Chance. Verbunden durch gemeinsame Werte und ein entsprechendes Selbstverständnis mit klaren Grundsätzen.

Abb. 5.4 CLAAS Grundsätze der Führung. (Quelle: https://www.claas-gruppe.com/jobs-karriere/arbeitswelt/kultur)

5.4.2 Brancheninformationen: Agrartechnik

Die Landtechnik gilt als Zukunftsbranche aufgrund des globalen Bevölkerungswachstums und dem daraus resultierenden Bedarf an Rohstoffen. Die Landtechnikunternehmen tragen mit innovativen Produkten zur Sicherung und Verbesserung der Ernte bei. Auf Seiten der Landwirte findet eine stetige Optimierung statt, um schnellere und präzisere Arbeit zu leisten. Das zeigt auch das stetig wachsende Investitionsvolumen.

Typisch für die Landtechnikindustrie ist neben dem starken Investitionsvolumen ein zyklischer Geschäftsverlauf in Abhängigkeit von den Ernteperioden. Der weltweite Branchenumsatz 2017 betrug rund 104 Mrd. Euro. Dabei lag der europäische Anteil bei etwa 30 %, gefolgt von Nordamerika und China als zweit- und drittgrößter Produzent von Landtechnik. Innerhalb Europas ist Deutschland mit über einem Viertel des Volumens größter Landtechnikproduzent vor Italien und Großbritannien. Die Hälfte dieses Umsatzvolumens wird in Deutschland durch Traktoren erwirtschaftet. Mähdrescher und übrige Erntetechnik erreichen jeweils einen Anteil von 13 %. Der restliche Umsatz wird zu etwa gleichen Teilen mit Komponenten und Ersatzteilen, sowie Maschinen zur Bodenbearbeitung, zum Säen und Pflanzen, zum Pflanzenschutz und zur Düngung erwirtschaftet. Etwa dreiviertel der Produktion sind dabei für das Exportgeschäft bestimmt. Mit Abstand größter Abnehmer deutscher Landtechnik ist Frankreich, gefolgt von den

USA und Großbritannien. Diese Daten zeigen die zunehmende Internationalisierung der Branche und damit die wachsende Bedeutung von Sprachkenntnissen und interkulturellen Kompetenzen der Beschäftigten.

Auch die Bereiche Software und Elektronik spielen in der Branche eine bedeutende Rolle. Denn durch Auflagen bzgl. Umweltschutz, Tierschutz und Nachweispflichten, auch in Lieferantenbeziehungen, werden landwirtschaftliche Prozesse immer komplexer. Es ist daher erforderlich, dass intelligente Systeme die Landwirte bei ihrer Arbeit unterstützen und deren Qualität erhöhen. Einen vielversprechenden Ansatz stellt auch in dieser Branche die Industrie 4.0 und somit die Einführung von Verfahren der Selbstoptimierung, -konfiguration und -diagnose sowie Kognition dar. Dadurch wird ein Gesamtüberblick geschaffen sowie die Sicherheit und der Erfahrungsaustausch erhöht. Große Erntemaschinen unterstützen bereits heute den Fahrer weitgehend bei den Einstellprozessen und können ihre Betriebsdaten nahezu in Echtzeit für weitere Prozesse zur Verfügung stellen. Die Nutzung von Tablets in den Fahrzeugen und landwirtschaftlichen Apps im Einsatz für den Pflanzenbau, die Milchproduktion sowie die Tierhaltung ist zum Standard geworden. Jungen Berufseinsteigern aller Berufsfelder bietet die Agrartechnikbranche als Zukunftsbranche eine spannende Herausforderung und vielfältige Chancen für eine erfolgreiche Karriere in unterschiedlichsten Einsatzgebieten.

5.4.3   Standort Ostwestfalen – Technologieregion mit Familienunternehmen

Die nördlichste Region Nordrhein-Westfalens – Ostwestfalen – lebt von ihrem hohen Ansehen in der Wirtschaft. Eine Vielzahl an namenhaften Familienunternehmen unterschiedlichster Branchen (u. a. Dr. Oetker, Miele, Seidensticker) sind dort seit ihrer Gründung angesiedelt. Neben diesen innovativen, international tätigen Großunternehmen haben zahlreiche „Hidden Champions" ihren Sitz in Ostwestfalen. Dabei handelt es sich meistens um kleine oder mittlere Unternehmen, die ihren Erfolg durch Weltmarktführerschaft in Nischenmärkten mit hoher Innovationskraft erzielen. Die starke Innovationskraft wird 2012 durch die Bundesregierung bestätigt, als Ostwestfalen mit „it's OWL – Intelligente Technische Systeme OstwestfalenLippe" den Zuschlag beim Spitzenclusterwettbewerb erhält.

5.5   Aktuelle Situation

Die Rekrutierung von geeigneten Beschäftigten stellt Unternehmen zunehmend vor Herausforderungen. Dabei ist die Gewinnung geeigneter Human Ressources zentral für den wirtschaftlichen Erfolg eines Unternehmens. Aufgabe des Personalmarketings ist es, passende Instrumente zu wählen, um diese Zielgruppe anzusprechen. Eine grundlegende Strategie ist die Etablierung einer Arbeitgebermarke, dem sogenannten Employer Branding. Dabei geht es darum, das Unternehmen als attraktiven Arbeitgeber zu positionieren und von anderen Arbeitgebern im Markt abzuheben.

5.5.1 Employer Branding

Die Generierung eines glaubhaften Marken- und Leistungsversprechens bildet die Grundlage zum Auf- und Ausbau eines Employer Branding. Dazu müssen Unternehmen zunächst einmal ihre Vorteile und Benefits zu diesem Versprechen, der sog. Employer Value Proposition (EVP), definieren. Die EVP ist die zentrale Botschaft des Unternehmens. In dieser Botschaft stecken Informationen zur Unternehmens- und Führungskultur, den Mitarbeitenden, dem Image des Unternehmens als Arbeitgeber sowie Eindrücke über den Unternehmenszweck (z. B. Produktportfolio). Die Formulierung dieser Botschaft reicht nicht aus, sondern sie muss der Zielgruppe auch nachhaltig vermittelt werden. Dafür gilt es geeignete Kommunikationswege auszuwählen. Zielsetzung sollte es sein, die Zielgruppe von dem Unternehmen so zu überzeugen, dass sie das Unternehmen als passenden Arbeitgeber annehmen. Bei diesen Zielgruppen handelt es sich im gleichen Maße um interne als auch externe Beschäftigte. Abb. 5.5 zeigt die EVP von CLAAS.

5.5.2 Corporate HR Marketing

Die Unternehmensgruppe CLAAS rekrutiert sowohl Schüler, Studierende und Absolventen als auch Professionals. Abb. 5.6 fasst die von dem CLAAS Corporate HR Marketing genutzten Hochschulmarketing-Instrumente für die Zielgruppe „Studierende und Absolventen" zusammen.

Dabei handelt es sich um einen Maßnahmen-Mix aus einer Vielzahl individueller, zielgruppenspezifischer und genereller Instrumente. Dieser Mix aus Maßnahmen zeigte bisher einen sehr guten Erfolg: Bei den Ingenieuren gehört CLAAS im Trendence Graduate Barometer (Platz 41, Stand Juni 2019) zu den 50 beliebtesten Arbeitgebern. 2015 war CLAAS erstmals im Business-Ranking als Neueinsteiger (damals Platz 61) vertreten. Besonders erfreulich ist 2017 der Neueinstieg im IT-Ranking (Platz 78). Zudem erhält CLAAS 2014 den Employer Branding Award für das beste Hochschulmarketing als segmentspezifische Unterkategorie des Personalmarketings (vgl. Abb. 5.7).

Trotz Auszeichnungen und positiver Bewertungen (z. B. auf Kununu) sind die Personalverantwortlichen davon überzeugt, dass sich CLAAS bei der Personalrekrutierung immer weiter entwickeln muss. Auch wenn aufgrund des professionellen Human Ressource Management bei CLAAS aktuell der Bedarf an qualifizierten Personen gedeckt werden kann, soll stetig daran gearbeitet werden, das positive Image von CLAAS langfristig bei (potenziellen) Bewerbenden und den Beschäftigten zu etablieren. Gleichzeitig ist CLAAS nicht der einzige attraktive Arbeitgeber in der Region. Die Region OWL ist stark besiedelt mit namenhaften Familienunternehmen, die in Konkurrenz um die besten Beschäftigten stehen (vgl. Abb. 5.8).

Ein erfolgreiches Personalmarketing zeichnet sich nicht nur durch das Wissen über die Bedürfnisse seiner Zielgruppe, sondern ebenso über Kenntnisse der Stärken und Schwächen seiner Wettbewerber aus, welche bei der Ausgestaltung der Personalmarketingaktivitäten auszuspielen sind. Erst durch die Schaffung eines positiven Images mit klarer

Die CLAAS EVP fasst somit die Kernelemente zusammen, die CLAAS als Arbeitgeber in einem internationalen Kontext definieren.

Eine Perspektive auf lange Sicht – das macht CLAAS als Arbeitgeber aus. Mit uns können Sie Zukunft ernten.

CLAAS ist ein flexibler und verantwortungsbewusster Arbeitgeber in einer sinnstiftenden und zukunftsorientierten Branche, in der jeden Tag ein Beitrag zur Ernährung der Welt geleistet wird. Flexible Arbeitsmodelle, individuelle Personalentwicklung sowie Förderung der eigenen Talente prägen unser Arbeitsumfeld. Durch unsere Bodenhaftung und unsere hohe Verbleiberate im Unternehmen sind wir stets nah und verbunden.

CLAAS ist ein Familienunternehmen, das mit flachen Hierarchien im internationalen Umfeld agiert und von Innovationen getrieben wird. Durch unsere Markt- & Mitarbeiterorientierung bieten wir eine transparente sowie stabile Vergütung.

Wir sind stolz auf unsere Premiumprodukte und die hohe Identifikation unserer Mitarbeiter mit unserem Unternehmen.

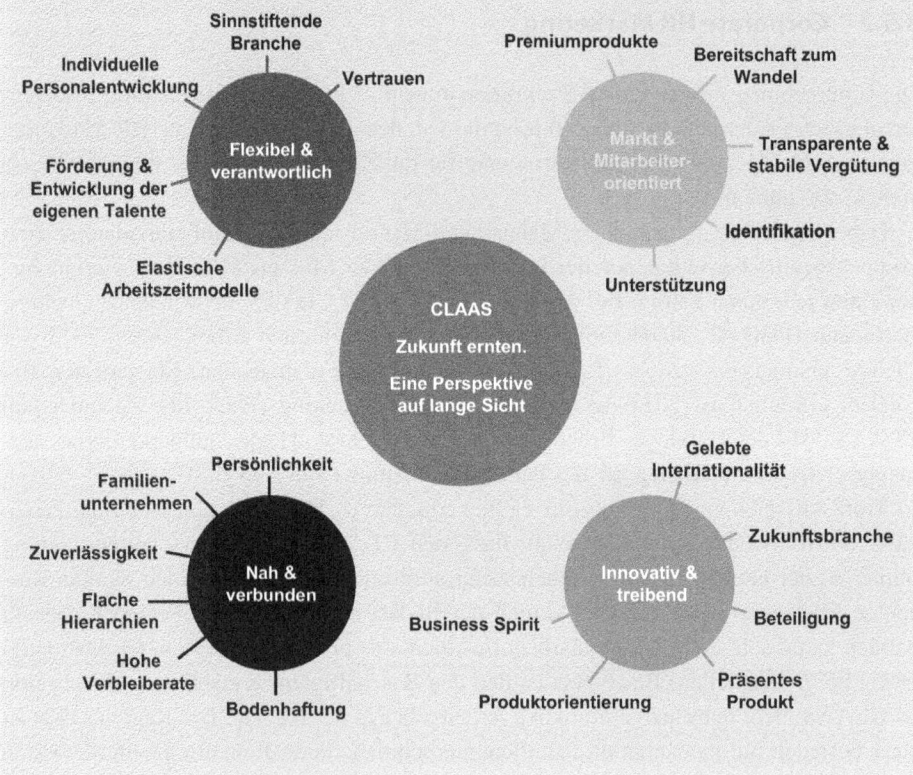

Abb. 5.5 CLAAS Employer Value Proposition (EVP). (Quelle: CLAAS intern)

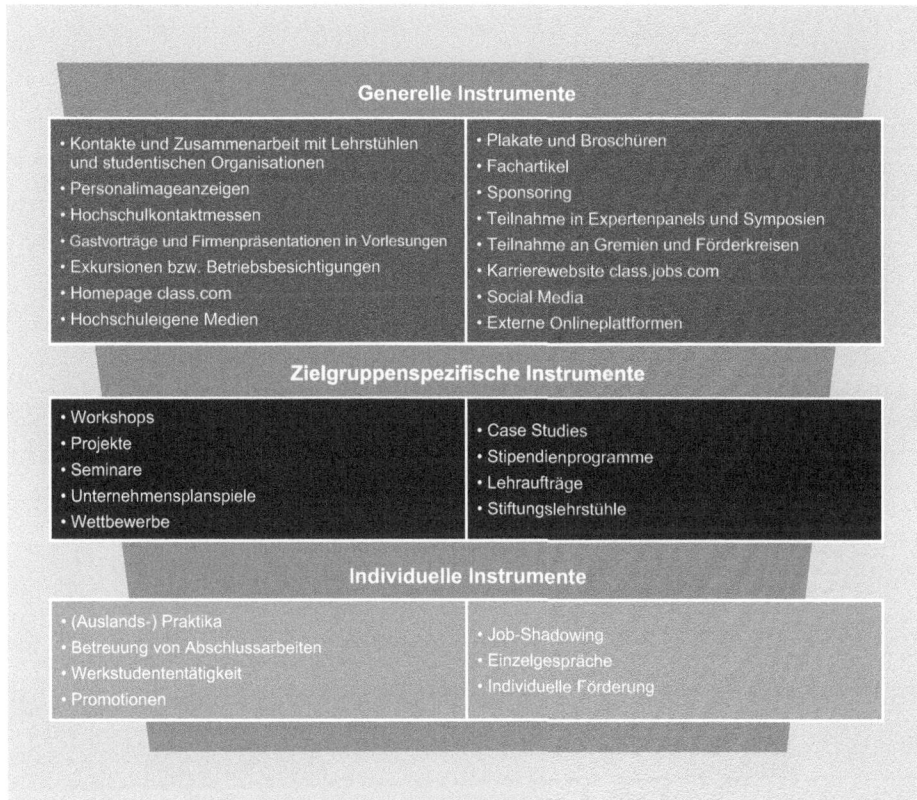

Abb. 5.6 CLAAS Instrumente im Hochschulmarketing. (Quelle: CLAAS intern)

Abgrenzung zum Wettbewerb auf den beschaffungsrelevanten Arbeitssegmenten können potenzielle Beschäftigte von dem Unternehmen überzeugt werden. Wenn diese Akzeptanz und Begeisterung für das Unternehmen erreicht wird, kann CLAAS bei der Besetzung vakanter Stellen auf einen breiten Pool qualifizierter Bewerbender zurückgreifen.

So gilt es nicht nur das Unternehmen auf dem externen Markt als Marke zu positionieren, sondern auch der interne Markt, womit die aktuelle Belegschaft gemeint ist, muss in den Fokus der Aufmerksamkeit rücken. Das hat CLAAS bereits erkannt und Beschäftigte als Markenbotschafter eingesetzt, die ihre Zufriedenheit mit CLAAS als Arbeitgeber in Werbefilmen (u. a. Youtube) oder in Informationsbroschüren äußern.

Ziel ist es, die CLAAS Arbeitgebermarke noch bekannter zu machen, insbesondere durch die zielgerichtete und zeitgemäße Wahl geeigneter Kommunikationsinstrumente im Bereich der Sozialen Medien. CLAAS hat bereits langjährige Erfahrungen mit dem Einsatz eines Instagram-Accounts (@claas_careers), der eine hohe Verbreitung und Akzeptanz erfährt. Hier und an dem bestehenden Personalmarketingmix soll angeknüpft werden, um die Bekanntheit des Traditionsunternehmens CLAAS als innovatives Familienunternehmen

Trendence Employer Branding Award.

Bestes Hochschulmarketing

CLAAS gelingt es, Nachwuchskräfte auf sich aufmerksam zu machen und für eine Karriere in der Landtechnikbranche zu begeistern. Das beweist der Trendence Employer Branding Award in der Kategorie "Bestes Hochschulmarketing", der 2014 in Berlin verliehen wurde.

Trendence, Europas führendes Forschungsinstitut im Bereich Employer Branding (Arbeitgebermarkenbildung), Personalmarketing und Recruiting, nominiert jedes Jahr Unternehmen, die bei wichtigen Themen des Employer Brandings besonders erfolgreich sind. Grundlage der Nominierungen bilden die Trendence Barometerstudien, die mit bundesweit rund 50.000 Teilnehmern regelmäßig Ranglisten der beliebtesten Arbeitgeber in Deutschland veröffentlichen. Eine hochkarätig besetzte Fachjury kürt aus den Nominierten die Gewinner.

CLAAS überzeugte gleichermaßen Studierende und Experten-Jury mit seinem Personalmarketingkonzept sowie mit dem darauf aufbauenden Hochschulmarketing. Unter dem Motto "Zukunft ernten." und dem neu gestalteten Anzeigen- und Internetauftritt begeistert das Familienunternehmen nicht nur seine mehr als 11.000 Mitarbeiter, sondern auch Studierende von sich, den Aufgaben und Entwicklungsmöglichkeiten im Unternehmen.

Im Mittelpunkt der Hochschulaktivitäten steht der persönliche Austausch zwischen Bewerbern und Unternehmen – beispielsweise bei innovativen Karriereevents oder Symposien. Dass CLAAS dabei Mitarbeiter aller Hierarchieebenen einbezieht, findet bei den Studierenden große Anerkennung. "Wir freuen uns besonders darüber, dass wir von den Studierenden selbst für diesen Award nominiert wurden. Das zeigt unmittelbar den Erfolg unserer Aktivitäten bei der Zielgruppe. Wir legen großen Wert auf langfristiges Handeln und Beständigkeit – und das spiegelt sich auch in unseren Hochschulmarketing-Maßnahmen wider", erklärte Michael Hyllan, Leiter Personal CLAAS KGaA mbH, bei der Entgegennahme des Preises.

Abb. 5.7 CLAAS Corporate HR Marketing. (Quelle: https://www.claas-gruppe.com/presse/medien/pressemitteilungen/ausgezeichnetes-hochschulmarketing-bei-claas/298678)

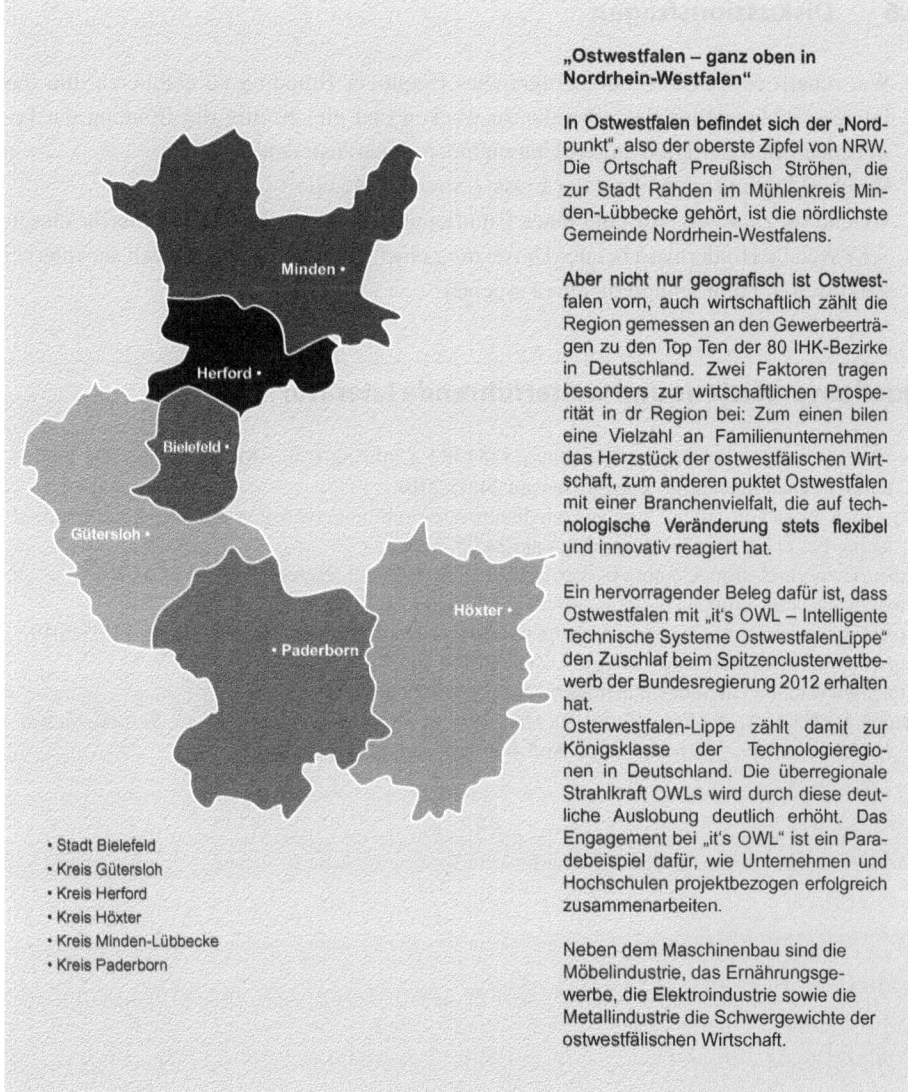

„Ostwestfalen – ganz oben in Nordrhein-Westfalen"

In Ostwestfalen befindet sich der „Nordpunkt", also der oberste Zipfel von NRW. Die Ortschaft Preußisch Ströhen, die zur Stadt Rahden im Mühlenkreis Minden-Lübbecke gehört, ist die nördlichste Gemeinde Nordrhein-Westfalens.

Aber nicht nur geografisch ist Ostwestfalen vorn, auch wirtschaftlich zählt die Region gemessen an den Gewerbeerträgen zu den Top Ten der 80 IHK-Bezirke in Deutschland. Zwei Faktoren tragen besonders zur wirtschaftlichen Prosperität in dr Region bei: Zum einen bilen eine Vielzahl an Familienunternehmen das Herzstück der ostwestfälischen Wirtschaft, zum anderen puktet Ostwestfalen mit einer Branchenvielfalt, die auf technologische Veränderung stets flexibel und innovativ reagiert hat.

Ein hervorragender Beleg dafür ist, dass Ostwestfalen mit „it's OWL – Intelligente Technische Systeme OstwestfalenLippe" den Zuschlaf beim Spitzenclusterwettbewerb der Bundesregierung 2012 erhalten hat.
Osterwestfalen-Lippe zählt damit zur Königsklasse der Technologieregionen in Deutschland. Die überregionale Strahlkraft OWLs wird durch diese deutliche Auslobung deutlich erhöht. Das Engagement bei „it's OWL" ist ein Paradebeispiel dafür, wie Unternehmen und Hochschulen projektbezogen erfolgreich zusammenarbeiten.

Neben dem Maschinenbau sind die Möbelindustrie, das Ernährungsgewerbe, die Elektroindustrie sowie die Metallindustrie die Schwergewichte der ostwestfälischen Wirtschaft.

Abb. 5.8 Region Ostwestfalen als Arbeitgebermarkt. (Quelle: https://www.its-owl.de/index. php?id=home und https://www.ostwestfalen.ihk.de/region/)

weiter voranzutreiben. Die Zielgruppen bilden neben Studierenden der Agrar- und Wirtschaftswissenschaften sowie Ingenieur- bzw. Agrartechniken insbesondere Informatikstudierende, die im Zuge der Digitalisierung eine knappe Ressource darstellen. Deshalb liegt auf dieser Zielgruppe auch ein besonderer Fokus des Personalmarketings. Abschließend sei darauf hinzuweisen, dass bei allen Personalmarketingaktivitäten das Verhältnis zwischen Kosten und Nutzen zu berücksichtigen ist.

5.6   Diskussionsfragen

1. Wie schafft es CLAAS, ein erfolgreiches Employer Branding zu etablieren, um das Interesse potenzieller Bewerbender zu wecken und gleichzeitig die Bindung der bestehenden Beschäftigten an das Unternehmen sicherzustellen?
2. Welche Möglichkeiten bietet der Einsatz Sozialer Medien?
3. Welche spezifischen Attribute eines Familienunternehmens lassen sich hierfür einsetzen? Welche Hindernisse bei der Umsetzung einer solchen Lösung können sich hierbei spezifisch in Familienunternehmen ergeben?

Quellenverzeichnis und weiterführende Literatur

http://www.nw.de/nachrichten/wirtschaft/4353984_Cathrina-Claas-Muehlhaeuser-Da-kannst-du-nicht-kuendigen.html. Zugegriffen am 24.05.2019.

https://www.claas-gruppe.com/presse/medien/pressemitteilungen/ausgezeichnetes-hochschulmarketing-bei-claas/298678. Zugegriffen am 24.05.2019.

https://www.claas-gruppe.com/jobs-karriere/arbeitswelt/kultur. Zugegriffen am 24.05.2019.

https://www.claas-gruppe.com/presse/medien/pressebilder. Zugegriffen am 24.05.2019.

https://www.claas-gruppe.com/investor/geschaeftsbericht/download. Zugegriffen am 24.05.2019.

https://www.ostwestfalen.ihk.de/region. Zugegriffen am 24.05.2019.

https://www.its-owl.de/index.php?id=home. Zugegriffen am 24.05.2019.

Felden, B., Hack, A., & Hoon, C. (2019). *Management von Familienunternehmen: Besonderheiten – Handlungsfelder – Instrumente* (2. Aufl.). Wiesbaden: Springer Gabler.

Nischenstrategien in Familienunternehmen: Neue Optionen durch Digitalisierung?

6

Sven Cravotta, Sinikka Gusset-Bährer und Markus Grottke

6.1 Fallstudie kompakt

Viele Familienunternehmen sind auf eng begrenzten Nischenmärkten tätig. Deren Absatzvolumina sind stark beschränkt. Dadurch sind sie häufig über die Zeit in Abhängigkeitsstrukturen geraten (z. B. als Zuliefererbetrieb in der Automobilindustrie, als Zuliefererbetrieb für den Lebensmitteleinzelhandel etc.). Durch sich ändernde Geschäftsmodelle im Rahmen der Digitalisierung eröffnen sich indes neue Möglichkeiten für diese Unternehmen. Die vorliegende Fallstudie basiert auf realen Strategien in Familienunternehmen, welche die Möglichkeiten der Digitalisierung nutzen, um sich neue, alternative Vertriebskanäle im Rahmen von Verfügbarkeitsgeschäftsmodellen zu erschließen, um weiterhin erfolgreich zu sein und über zukünftige Generationen hinweg existieren zu können. Die Fallstudie kann dadurch eine Illustration der Möglichkeiten der Digitalisierung bieten. In der Fallstudie soll erarbeitet werden, welche neuen alternativen Absatzkanäle für einen eigenen Nischenmarkt existieren, um bislang vorherrschende Abhängigkeitsstrukturen abzumildern, und welche Chancen, aber auch Herausforderungen sich für diesen Fall bedingt durch familiäre Strukturen stellen können.

S. Cravotta (✉)
SRH Hochschule Heidelberg, Heidelberg, Deutschland
E-Mail: Sven.Cravotta@srh.de

S. Gusset-Bährer
SRH-Akademie für Hochschullehre, SRH Hochschule Heidelberg, Heidelberg, Deutschland

M. Grottke
AKAD University Stuttgart, Stuttgart, Deutschland

© Springer Fachmedien Wiesbaden GmbH, ein Teil von Springer Nature 2020
B. Felden et al. (Hrsg.), *Fallstudien zum Management von Familienunternehmen*,
https://doi.org/10.1007/978-3-658-27721-5_6

Thema/Funktionsbereiche
Strategisches Management, Marketing und Vertrieb, Management in Familienunternehmen, Digital Marketing, Media und Sales

Industrie
Lebensmittelindustrie

Ort
Deutschland, Region Nordschwarzwald

6.2 Lernziele

Der vorliegende Fall ist für Masterstudierende konzipiert. Er zeigt wichtige Themen des strategischen Managements in Familienunternehmen. Insbesondere können die Studierenden sich hier mit einer konkreten Implementierung neuer digitaler Absatzkanäle in einem Familienunternehmen auseinandersetzen und deren Funktionsweise wie potenzielle Interaktion mit familiären Strukturen kennenlernen. Dabei sind die Lernziele folgende:

1. Die Studierenden können ihr eigenes Produkt in die Geschäftsmodelle anderer Unternehmen einpassen (Vertriebskompetenz), situationsgerecht digital kommunizieren (Digitale Kommunikationskompetenz) und im Familienunternehmen die Markeneigenschaften im Internet gegenüber den Zielgruppen angemessen kommunizieren (Digitale Medien- und Kommunikationskompetenz).
2. Die Studierenden erlernen, die gesamte interne und externe Kommunikation des Familienunternehmens angemessen, aufeinander abgestimmt und zielgerichtet zu analysieren, zu planen, zu organisieren, durchzuführen und zu kontrollieren. Sie entwickeln ein Verstädnis dafür, Strategieentwicklungsprozesse so zu gestalten, dass Alleinstellungsmerkmale erzielt werden können.
3. Durch die Fallanalyse können die Studierenden eigenständig in Teams arbeiten, gemeinsam Konzepte erarbeiten und dabei unterschiedliche Sichtweisen integrieren. Sie werden dazu angeleitet, Beobachtungen anderer systematisch zu erfassen, zu bewerten und in einen Zusammenhang einzuordnen. Darüber hinaus lernen sie auf die Äußerungen anderer wertschätzend und situationsangemessen zu reagieren.

6.3 Einführung

Sie sind Eigentümer eines Familienunternehmens, das seit Jahrzehnten in der Lebensmittelbranche verwurzelt ist und verderbliches Trinkschokoladenpulver produziert. Von Ihren Zulieferern erhalten Sie Kakaobohnen, die auf Ihren Maschinen pulverisiert, mit weiteren Rohstoffen gemischt und mit Verpackungsmaschinen verpackt werden. Durch die zunehmende Oligopolisierung des Lebensmittelmarkts in Form der großen Supermärkte ist Ihr Unternehmen als spezialisierter Anbieter einer bestimmten Lebensmittelsorte immer abhängiger geworden. Längst diktieren Ihnen die Kunden, wie Sie Ihre Produktionsprozesse zu strukturieren haben. Auch müssen Sie Ihren Kunden darin folgen, in welche Länder diese internationalisieren. Besonders problematisch ist für Sie, dass Sie Anforderungen seitens Ihrer Kunden erhalten, die nicht hinreichend durchdacht sind. Hieraus entstehen immer wieder Konfliktsituationen, die den Produktionsprozess lähmen. Gerade kürzlich ist wieder einmal das Problem aufgetreten, dass Ihr zentraler Kunde in ein hochreguliertes Land exportieren will und die Rechtsvorschriften eine umfangreiche und teure Änderung in der Produktion bräuchten, die aber Ihre Maschinen gar nicht hergeben. Umfangreiche Umstrukturierungen werden notwendig, die ihrerseits hohe Kosten verursachen. Da 80 % des Umsatzes von diesem Kunden kommen, haben Sie keine Chance aus der Situation herauszukommen.

6.4   Basisinformationen

Viele Familienunternehmen sind auf einen sehr engen Markt und einige wenige Produkte beschränkt. Dadurch sind sie über die Zeit häufig in Abhängigkeitsstrukturen geraten (z. B. als Zuliefererbetrieb in der Automobilindustrie, als Zuliefererbetrieb für den Lebensmitteleinzelhandel etc.). Durch sich ändernde Geschäftsmodelle im Rahmen der Digitalisierung eröffnen sich neue Möglichkeiten, diese Abhängigkeitsstrukturen abzumildern. Die vorliegende Fallstudie basiert auf realen Unternehmen, welche die Möglichkeiten der Digitalisierung nutzen, um sich neue, alternative Vertriebskanäle zu erschließen. Diese kann dadurch als Illustration der Möglichkeiten der Digitalisierung gesehen werden, sich neue alternative Kanäle für einen eigenen Nischenmarkt zu erschließen, welche bislang vorherrschende Abhängigkeitsstrukturen abmildern können.

Die in der Fallstudie thematisierte Lebensmittelindustrie ist in Bezug auf den Absatz in Deutschland als ein durch eine Oligopolstruktur gekennzeichneter Markt einzustufen. Bei diesem Markt gilt, dass die großen Supermarktketten die Konditionen nahezu weitgehend alleine setzen und die Anbieter (das Familienunternehmen) diesen letztlich hinsichtlich Preis, Qualität und Lieferung an bestimmte Orte entsprechen müssen. Das Fallunternehmen, ein Anbieter von Trinkschokoladepulver, bezieht weitgehend Rohstoffe (Kakaobohnen), die starken Preisschwankungen unterliegen. Verarbeitet und verpackt werden die Rohstoffe auf bereits in die Jahre gekommenen Maschinen. Aufgrund der starken Abhängigkeit befinden sich die Margen auf einem sehr niedrigen Niveau, allerdings liegt auch eine sehr konstante Abnahmemenge vor, die sich insofern gut planen lässt.

6.5   Aktuelle Situation

Als Familienunternehmerin sind Sie grade kurz nach einer Nachfolge zur geschäftsführenden Gesellschafterin eines Familienunternehmens berufen worden und wollen sich beweisen. Sie sind mit Ihrem Unternehmen stark abhängig von einem oder wenigen Kunden. Nur zu gerne würden Sie die Abhängigkeit Ihres Unternehmens durch die Erschließung neuer Märkte auflösen oder zumindest abschwächen.

Als „Digital Native" faszinieren Sie die Möglichkeiten der Digitalisierung. Vor kurzem besuchten Sie eine Veranstaltung zu den Chancen der Digitalisierung und erhielten hierbei Informationen zur Digitalisierung im Maschinenbau. Insbesondere wird hierbei auf Verfügbarkeitsgeschäftsmodelle, d. h. Geschäftsmodelle, welche den Erwerb von Gegenständen durch den Erwerb von Verfügbarkeitsrechten an den Gegenständen ersetzen, bzw. SaaS-Modelle (Software as a Service) eingegangen sowie auf die Möglichkeiten des digitalen Marketings und insbesondere der digitalen Markenführung in Familienunternehmen.

Sie stehen damit vor der Entscheidung, ob Sie sich mit Hilfe der Digitalisierung grundlegend neue Vertriebskanäle für Ihr Produkt erschließen können, wenn ja, welche Vertriebskanäle dies sein könnten sowie zuletzt zu beurteilen, ob diese Vertriebskanäle geeignet sind, die vorliegende Abhängigkeitssituation abzumildern.

6.6 Diskussionsfragen

1. Welche Möglichkeiten bietet die Digitalisierung, Abhängigkeitsstrukturen etablierter Familienunternehmen durch Erschließung alternativer Absatzmärkte abzumildern bzw. aufzulösen?
2. Welche familiären Hindernisse bei der Umsetzung einer solchen Lösung können sich hierbei spezifisch in Familienunternehmen ergeben und welche Lösungsansätze sehen Sie hierbei?

6.7 Arbeitsauftrag – Rollenspiel

Die Antwort auf diese Entscheidung erarbeiten Sie als Gruppe in vier Phasen. Hierbei sollte eine oder einer von Ihnen die Rolle der Familienunternehmerin einnehmen, weitere Rollen sind Großkundeneinkäufer, Mitarbeiterin Produktion, Präsentator digitaler Absatzmöglichkeiten, Zuhörer Automobilindustrie, Zuhörer Maschinenbau, Zuhörer Energieanbieter, und Senior. Sollten mehr Teilnehmer als acht in der Gruppe sein, so werden zunächst die großen Rollen gedoppelt. Sind weniger Teilnehmer in der Gruppe vorhanden, werden die kleinen Rollen von einer Person übernommen. Die Entscheidungen, wie sie hier anstehen, hängen einerseits von einer Vielzahl an Informationen und andererseits von der Kommunikation dieser in den verschiedenen Phasen ab. Rollenkarten der Protagonisten helfen in den verschiedenen Phasen passend zu agieren. Die Phasen sind wie folgt aufgeteilt in drei Phasen für die Ausführung der Fallstudie und eine für die Reflexion.

Phase I: Problemstellung – Sie werden im Kontext des Familienunternehmens mit dem Problem der Abhängigkeitsstrukturen konfrontiert.
Phase II: Eruierung von Lösungsmöglichkeiten – Auf einer Verbandstagung werden Sie mit dem Für und Wider von Verfügbarkeitsgeschäftsmodellen konfrontiert.

Phase III: Auswahl des eigenen Vorgehens – Für ihr eigenes Unternehmen müssen Sie entscheiden, wie eine sinnvolle Ausgestaltung eines Verfügbarkeitsgeschäftsmodells aussehen könnte. Hierzu diskutieren Sie mit den verschiedenen Mitarbeitern Für und Wider.

Phase IV: Reflexion der Fallstudie – Welche familienunternehmensspezifischen Problemstellungen traten im Rahmen der Lösungserarbeitung auf?

Rollenkarten

Phase I:

Rollenkarte Großkundeneinkäufer:

Sie sind Einkäufer einer großen Supermarktkette. Nunmehr bekommen Sie die Vorgabe, in die USA zu expandieren. Da die dortige Konkurrenz gemäß des Harkin-Engel-Protokolls damit wirbt, sich selbst dazu verpflichtet zu haben, dass Trinkschokoladenpulver absolut frei von Kinderarbeit in Entwicklungsländern ist, hat die Geschäftsleitung Ihnen die Vorgabe gemacht, diese Freiheit von Kinderarbeit zusätzlich durch Ihre Zulieferer bei gleichen Kosten garantieren zu lassen. Zugleich macht Ihnen die Geschäftsleitung die Vorgabe, das Sortiment aus Deutschland auch in den USA unverändert anzubieten. Es gibt vom Preis her ähnlich angesiedelte Lieferanten für Kakaobohnen. Ihr Terminkalender ist übervoll, da Sie ein Sortiment von über 20.000 Produkten zu betreuen haben und unterbesetzt sind, d. h. wenn Sie eines nicht wollen, dann zusätzliche Scherereien.

Rollenkarte Familienunternehmerin (geschäftsführende Gesellschafterin):

Als geschäftsführende Gesellschafterin sind Sie u. a. für die Verhandlungen und Entscheidungen auf der Vertriebsseite zuständig. Ihre Zielsetzung ist, Ihre Verhandlungsposition möglichst nicht zu schwächen, d. h. sowohl kostenseitig als auch ertragsseitig keine Einbußen hinnehmen zu müssen.

Rollenkarte Mitarbeiterin Produktion:

Sie arbeiten bereits seit 20 Jahren in der Produktion. Dort haben Sie die Produktionsprozesse umfangreich mitentwickelt. Eine Ihrer Errungenschaften war der Aufbau einer rohstofflieferantenübergreifenden Wertschöpfungskette über ein anonymisiertes Plattformmodell. Dieses erlaubte Ihnen seinerzeit Einsparungen beim Einkauf von 20 % zu erzielen, ganz zu schweigen von dem reduzierten Rohstoffpreisrisiko (durch den steten Wechsel von Lieferanten). Der Nachteil ist, dass sich auf diesem Wege aufgrund der Offenheit der Plattform für Lieferanten nicht mehr nachvollziehen lässt, woher die einzelnen Kakaobohnen stammen.

Phase II:

Rollenkarte Präsentator der neuen digitalen Möglichkeiten für Absatzkanäle:

Sie sind ein schlechtbezahlter Technologiebeauftragter eines lokalen Verbands, welcher, nur um aus der Industrie und dem dort vorherrschenden Stress zu entfliehen, nach einem Job gesucht und diesen hier bekommen hat. Eigentlich interessiert Sie das Thema nicht, aber Sie müssen sich mühsam dazu motivieren einen einigermaßen anständigen Vortrag zu halten, da Sie nachfolgend verpflichtet sind, eine bestimmte Anzahl an Gesprächsterminen zum Technologietransfer zu ergattern. Darum haben Sie sich von dem Projekt InnoservPro eine Kurzzusammenfassung gezogen.

Rollenkarte Familienunternehmerin geschäftsführende Gesellschafterin:

Sie sind obiger geschäftsführender Gesellschafter. Relevant hier ist, dass Sie ein hohes Interesse an der Fragestellung aufweisen, d. h. selbst als Digital Native glauben, dass in der Digitalisierung eine Menge Potenzial für die Zukunft Ihres Unternehmens liegt.

Rollenkarte weiterer Zuhörer 1 (Automobilindustriezulieferer), welcher über Anwendungsmöglichkeiten bei der Präsentation diskutiert:

Sie sind ein bereits jahrelang aktiver Familienunternehmer und hochfrustriert. Schon seit Jahrzehnten wird Ihr Unternehmen von den großen Automobilherstellern ausgequetscht wie eine Zitrone. Sie sind es gewohnt, dass aus jeder Neuerung noch mehr Druck entsteht. War es erst die weit überteuerte Einführung der DIN ISO Normen, die Ihnen das Leben schwer machten, weil sie die Haftungsrisiken von dem großen Automobilhersteller auf Sie verlagerten, befürchten Sie jetzt durch die Digitalisierung, insbesondere das „tier n management", welches Konfiguratoren für Kunden der großen Hersteller erst möglich werden lässt, endgültig gläsern zu werden. So macht Unternehmertum überhaupt keinen Spaß mehr, denken Sie bei sich.

Rollenkarte weiterer Zuhörer 2 (Maschinenbaulieferant), welcher über Anwendungsmöglichkeiten bei der Präsentation diskutiert:

Sie sind Maschinenbaulieferant. Seit langem überlegen Sie von dem reinen Bau von Maschinen zumindest über Wartungsmodelle oder aber Vermietungsmodelle auch Servicebestandteile zu integrieren. Voraussetzung hierfür ist, dass Sie entsprechende Daten von Ihren Kunden erhalten und die Kunden auch bereit sind, für diesen Service zu zahlen. Leider ist dies beides noch nicht klar.

Rollenkarte weiterer Zuhörer 3 (lokaler Energieanbieter), welcher über Anwendungsmöglichkeiten bei der Präsentation diskutiert:

Sie sind lokaler Energieanbieter. Sie beschäftigen sich schon lange mit der Frage, wie sie die Schwankungen der Energiepreise einerseits und die relativ unberechenbare Nachfrage andererseits optimieren.

Phase III:

Rollenkarte Mitarbeiterin Produktion:

Sie sind von Ihren Produktionsprozessen überzeugt und wollen an diesen festhalten, auch weil sie diese bereits über Jahrzehnte optimiert haben. Neuerungen stehen Sie kritisch gegenüber, auch, weil Sie befürchten, dann die verwachsenen Produktionsstrukturen neu durchdenken zu müssen.

Rollenkarte entscheidende geschäftsführende Gesellschafterin:

Sie wollen möglichst schnell umsetzen, weil Sie aus der in Phase I kennengelernten Abhängigkeit herauswollen. Darum sind Sie besonders an einer schnellen Umsetzung und dem Aufbau alternativer Vertriebskanäle und Produktionsoptimierungen interessiert.

Rollenkarte Senior:

Sie wissen noch aus der Zeit Ihres Aufbaus, wie schwer es war, verlässliche Kundenbeziehungen aufzubauen. Sie wissen, was Sie trotz Preisdruck an ihrem Großkunden haben und sehen alles, was diesen Kunden verärgern könnte, mit großer Sorge.

Quellenverzeichnis und weiterführende Literatur

Informationen zu Verfügbarkeitsgeschäftsmodellen., https://www.digivation.de/wp-content/uploads/2017/04/InnoServPro-1.pdf. Zugegriffen am 04.05.2019.

Informationen zum Harkin-Engel-Protokoll, https://en.wikipedia.org/wiki/Harkin%E2%80%93Engel_Protocol. Zugegriffen am 04.05.2019.

Preisinformationen Kakao., https://www.finanzen.net/rohstoffe/kakaopreis. Zugegriffen am 04.05.2019.

.

Strategieprozesse in Familienunternehmen: Strategische Implikationen einer dynamischen Umwelt

7

Sabrina Schell

7.1 Fallstudie kompakt

Das Schweizer Medizintechnik-Unternehmen Ypsomed hat die Nachfolge von der ersten in die zweite Generation erfolgreich realisiert. Der Gründer, ein innovativer Unternehmer, hat das Unternehmen vor allem durch die weltweit erste Insulinpumpe geprägt und vorangetrieben. Der Markt der Medizintechnik gerät immer stärker unter Druck. Die Digitalisierung verändert die Kundenanforderungen auch im Bereich des Gesundheitswesens. Der Familien-CEO steht vor der Entscheidung, wie sich das Unternehmen zukünftig aufstellen muss, um am Markt bestehen zu können und vor allem die Innovationsführerschaft nicht zu verlieren. Das unternehmerische Erbe des Gründers soll genauso erhalten bleiben wie die Innovations- und Erneuerungskraft des Unternehmens. Die Innovationsstrategie des Unternehmens soll offen für neue Ideen und Impulse sein, aber auch strukturierten Prozessen folgen. Da das Unternehmen an der Schweizer Börse gelistet ist, müssen auch die Shareholder, welche eine Internationalisierungsstrategie bevorzugen, berücksichtigt werden. Welche Maßnahmen des strategischen Managements genutzt werden können, um dieses Ziel zu erreichen, beschäftigt den Unternehmer und erfordert entsprechende Entscheidungen.

Thematische Anbindung ans Lehrbuch
Nachfolge, Strategisches Management, Innovation

Industrie
Medizintechnik

Ort
Schweiz

S. Schell (✉)
Universität Bern, Bern, Schweiz
E-Mail: sabrina.schell@iop.unibe.ch

© Springer Fachmedien Wiesbaden GmbH, ein Teil von Springer Nature 2020
B. Felden et al. (Hrsg.), *Fallstudien zum Management von Familienunternehmen*,
https://doi.org/10.1007/978-3-658-27721-5_7

7.2   Lernziele

Die Fallstudie eignet sich für Bachelorstudierende im fünften oder sechsten Semester und für Masterstudierende im ersten oder zweiten Semester.

Studierende haben nach dem Bearbeiten der Fallstudie Teilbereiche des strategischen Managements sowie die strategischen Planungsprozesse in einem Familienunternehmen hinterfragt. Nach dem Bearbeiten der Fallstudie ist den Studierenden der Einfluss eines Familienmitglieds in einer Managementposition auf strategische Prozesse und Entscheidungen klar. Der Prozess des strategischen Innovationsmanagements wurde verstanden und mögliche Einflussfaktoren wurden identifiziert. Studierende haben eine Innovations- und eine Internationalisierungsstrategie gegeneinander abgewogen und sind in der Lage, Argumente für die jeweilige Strategie zu finden und zu präsentieren.

7.3   Einführung

„Morgen geht es in die USA. Trendscouting im Silicon Valley und in Berkley. Neben Shanghai, Tel Aviv und Boston, wird insbesondere an der Westküste der USA die Zukunft definiert und wir brauchen hier in Burgdorf neue Technologien, um unsere Produkte weiter zu entwickeln."

Simon Michel, CEO und Nachfolger von Ypsomed sitzt in seinem Schreibtischstuhl in der Firmenzentrale in Burgdorf. Ein Team von Experten bricht noch diese Woche in die USA auf, um sich die neusten Trends anzuschauen, Ideen mit Experten und Startups zu diskutieren und Technologien zu suchen, welche zu Hause getestet werden können. „Techscouting" haben sie das Konzept getauft. Es beschreibt die Vorstufe vor der eigentlich Konzeptentwicklung und weit vor der eigentlichen Produktentwicklung. Es geht um Technologien, welche in fünf bis zehn Jahren in einem Medizinprodukt zum Einsatz kommen könnten: Druckbare Batterien, formbare Chips, Funktechnologien für wenige Rappen und intelligente Algorithmen. Das Team besteht aus dem Chief Technolgy Officer und Mitarbeitenden aus dem Marketing wie auch der Forschung und Entwicklung, die sich um neue Konzepte und Innovationen kümmern. Ideenwettbewerbe und Ideenmanagement werden groß geschrieben im Unternehmen. Es wurden Kreativräume eingerichtet und Mitarbeitende aus unterschiedlichen Bereichen werden kontinuierlich einbezogen. Der Standort Burgdorf, mitten in der Schweiz, aber dennoch etwas abgelegen, macht es jedoch nicht einfach immer die besten Leute für spezifische Problemstellungen zu finden.

Die Gedanken von Simon Michel drehen sich im Kreis. Letzte Woche waren Vertreter aus China in Burgdorf. Die weitere Zusammenarbeit wurde diskutiert. Ypsomed ist seit über zehn Jahren in China aktiv, ist de facto das einzige westliche Unternehmen, das nach China Pen-Systeme liefert. Das Potenzial ist enorm gross. Diabetes und andere chronische Krankheiten explodieren geradezu im bevölkerungsreichsten Land der Welt. Nun gilt es weiter ins Wachstum zu investieren. Neben dem Vertriebsbüro in Peking eine Produktion in Suzhou?

„Es müssen Entscheidungen getroffen werden, die wirtschaftlich sind, die uns voranbringen und wir müssen noch innovativer werden, um auch morgen an der Spitze zu sein. Mit Patenten schützen wir uns zudem vor Kopien und verhindern, dass neue Wettbewerberber im lukrativen Geschäft einsteigen." Es geht also primär um die richtige Priorisierung und den optimalen Einsatz der knappen Ressourcen. Zufällige Ideen, wie die mit der elektrischen Zahnbürste wird es nicht so häufig geben. Simon Michel lächelt in sich hinein. Die Zahnbürste. Die Geschichte hat er letzte Woche noch an einer Universität erzählt. Dass seine Kinder nun endlich eigenständig Zähneputzen ist wirklich Gold wert. Aber wie das immer so ist, die testen auch mal ihre Grenzen aus. Deshalb hat er eine Zahnbürste gekauft, die mit einer App verbunden ist, die anzeigt ob man lange genug und richtig geputzt hat. Und dann kann man auch mal in den zweiten Stock rufen, dass da jemand nochmal von vorne anfangen „darf" mit dem Zähneputzen. Diese Systematik auf Injektionssysteme zu übertragen war eine grandiose Idee. Kinder können eigenständig ihre Insulin-Medikation regeln, aber Eltern können per App im Zweifel nochmal kontrollieren, auch wenn Sie nicht vor Ort sind. Was für eine Revolution. Was für eine Freiheit. Solche Einfälle braucht es öfter. Nur wie? Und geht es überhaupt? Oder muss man ganz anders denken?

Eine Entscheidung muss her: Sollen wir noch mehr in die Innovation investieren oder bauen wir unser globales Vertriebsnetz zu einem globalen Vertriebs- und Produktionsnetz aus? Wollen wir eine Innovations- oder eine Internationalisierungsstrategie fahren? Und je nachdem welche Entscheidung man trifft, wie soll diese umgesetzt werden?

7.4 Basisinformationen

2003 verkauft der Begründer der Firma Disetronic das Insulinpumpen-Geschäft an das Pharmaunternehmen Roche. Willy Michel, Mitbegründer und Hauptaktionär der Disetronic, behält jedoch den Unternehmensbereich, der sich mit Injektionssystemen, sogenannten Pens oder Pen-Systemen beschäftigt und gründet das Unternehmen „Ypsomed", welches 2004 an die Schweizer Börse gebracht wird. Von da an schreibt das Unternehmen eine Erfolgsgeschichte und befindet sich bis heute im Mehrheitsbesitz der Familie Michel. Der Vater, Willy Michel, ist seit dem Verkauf der Insulinpumpen-Sparte im Verwaltungsrat, und sein Sohn Simon Michel hat 2014, nach zwei externen Geschäftsführern, das Ruder als CEO übernommen. Am Leitziel und der grundlegenden Strategie hat sich trotz wechselnder Spitzen nur wenig verändert. Die Selbstbehandlung des Patienten steht nach wie vor im Vordergrund (vgl. Abb. 7.1).

Durch Innovation und kundenfreundliche Produkte soll die Lebensqualität von Menschen mit chronischen Krankheiten, wie z. B. Diabetes, und der Therapieerfolg massgeblich verbessert werden. Die Hauptstrategie von Ypsomed ist es, die Position als weltweit führende und unabhängige Entwicklerin und Herstellerin von Injektionssystemen für die Selbstverabreichung von flüssigen Medikamenten weiter auszubauen. Die Ypsomed Holding AG ist als

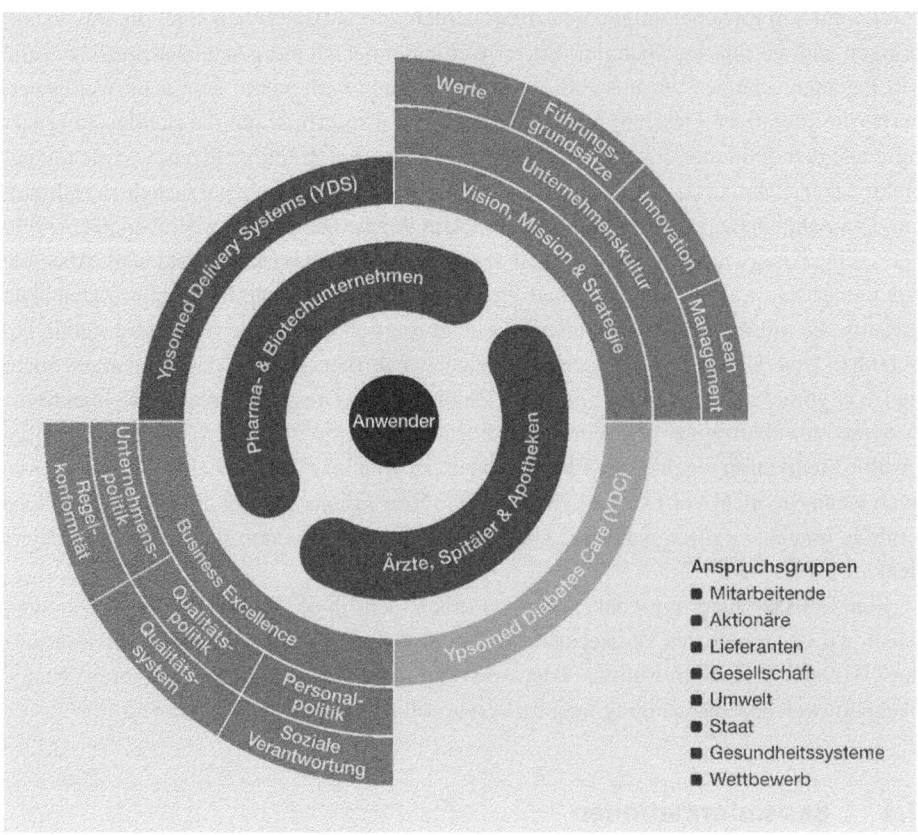

Abb. 7.1 Strategie Ypsomed AG. (Quelle: Ypsomed 2018b)

Holdinggesellschaft nach Schweizer Recht organisiert und kotiert und hält direkt oder indi-
rekt alle Gesellschaften weltweit, die zur Ypsomed Gruppe gehören (vgl. Abb. 7.2).

Ypsomed ist seit 2011 zurück im Diabetesdirektgeschäft und vertreibt neben den Injektionssystemen für Pharma-Unternehmen auch wieder Infusionssysteme, also Insulin-
Pumpen und Zubehör mit einem Vertriebsnetz bestehend aus rund 20 Tochtergesellschaften.

Der Markt ist aufgrund der Zunahme chronischer Erkrankungen und der Nachfrage an
anwenderfreundlichen Produkten stark im Wachstum. Es existieren dementsprechend
Konkurrenzunternehmen, die Injektions- und Infusionssysteme für Menschen mit chronischen Krankheiten anbieten. Für Ypsomed ist es daher von großer Bedeutung insbesondere in den stark betroffenen Ländern Fuß zu fassen, um die verschiedenen Märkte, in
denen sie noch nicht präsent ist, zu erschliessen und die Märkte, in denen sie bereits präsent ist, noch besser zu durchdringen (vgl. Abb. 7.3 und 7.4).

Dabei muss Ypsomed aber am Ball bleiben und in allen Bereichen innovativ sein. Die
Ypsomed AG hat es verstanden, dass einer innovativen Produktentwicklung ein innovatives
Geschäftsmodell vorangehen muss. Schon vor einigen Jahren hat Ypsomed deshalb

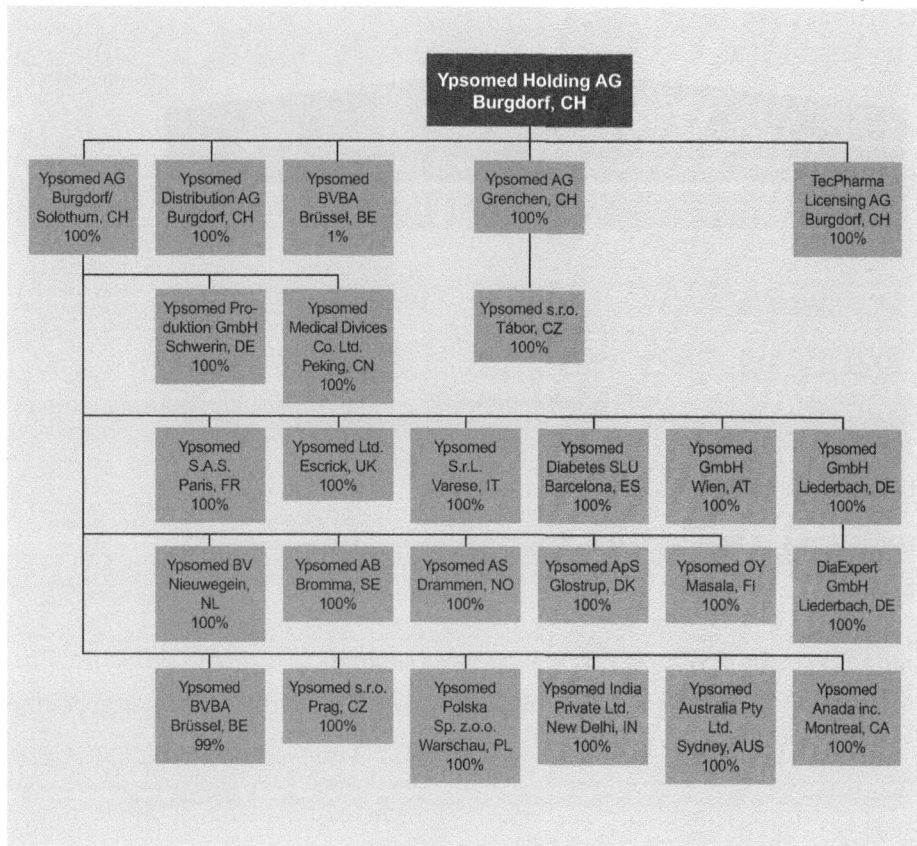

Abb. 7.2 Konzernstruktur Ypsomed AG. (Quelle: Ypsomed 2018c)

begonnen die Produktion und Büroräume nach dem Lean-Prinzip umzugestalten und neu zu organisieren (vgl. Abb. 7.5).

Was das Personalmanagement angeht, so zeichnet sich Ypsomed durch eine moderne Personalpolitik aus. Die Geschäftsleitung orientiert sich an der Überzeugung, dass die Kompetenz und das Engagement jedes Einzelnen und der verantwortungsvolle Umgang miteinander entscheidend sind für den Erfolg des Unternehmens. So werden nicht nur Aus- und Weiterbildungen nach dem Motto „lebenslanges Lernen" gefördert sowie die Rekrutierung von kompetenten und auch internationalen Arbeitskräften, sondern unter anderem auch Gesundheitsmanagement angeboten. Im Bereich der Software-Entwicklung werden in einzelnen Bereichen Methoden wie Scrum eingesetzt. Bisher liegt der Fokus aber vor allem darauf, intern Innovationen voranzutreiben, z. B. durch ein internes Ideenmanagement. Neben dem Fokus auf Innovation betreibt Ypsomed ein nachhaltiges Geschäftsmodell. Als Träger des Labels „Energie- und CO2-reduziert" unternimmt Ypsomed erhebliche Anstrengungen, um Energiekosten einzusparen.

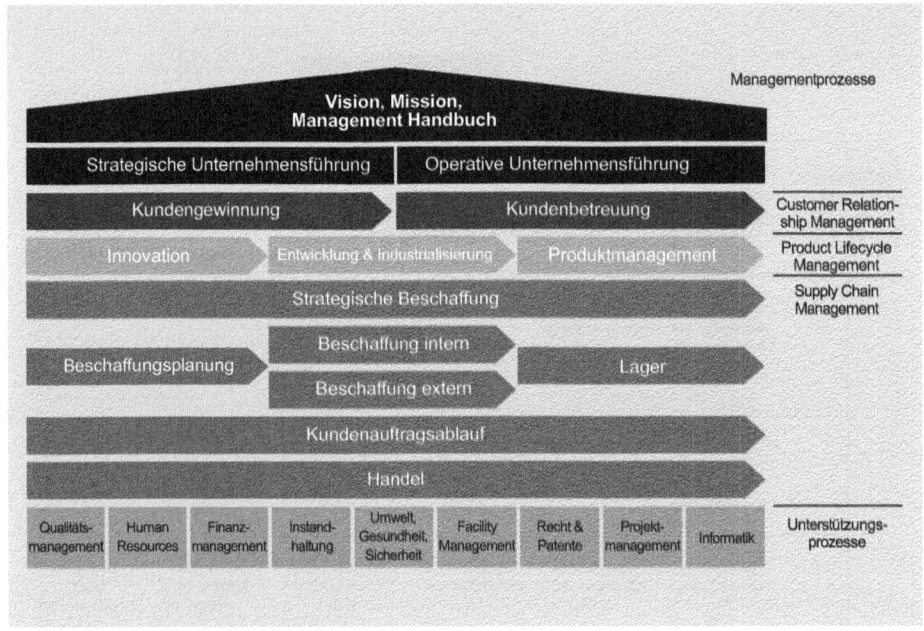

Abb. 7.3 Prozesshaus Yposomed AG. (Quelle: Ypsomed 2019)

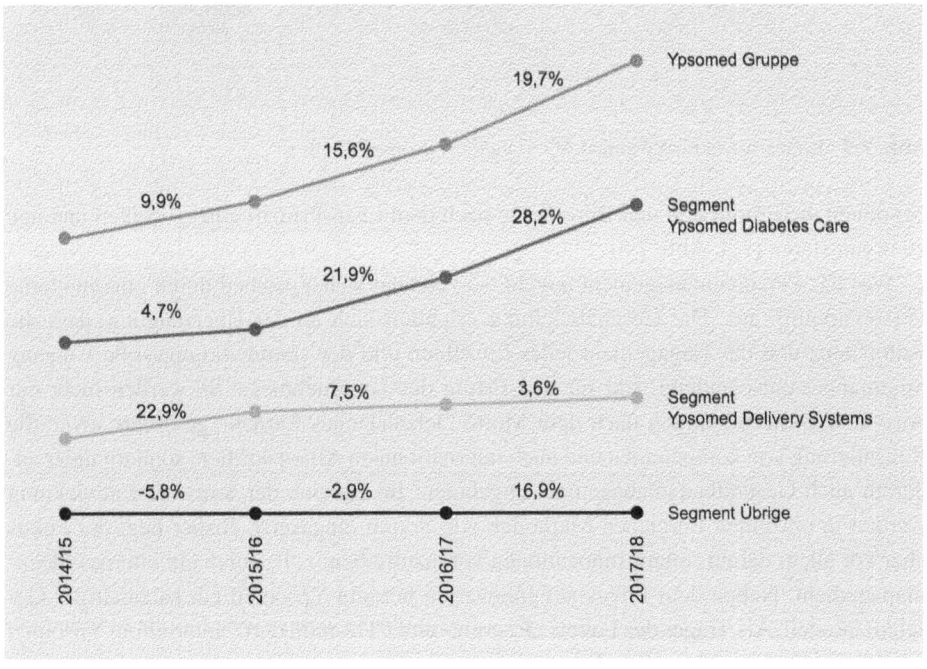

Abb. 7.4 Umsatzwachstum Yposomed AG. (Quelle: Ypsomed 2018b)

In Tausend CHF	2017/18	2016/17	2015/16	2014/15
Nettoerlöse	466.119	389.555	336.922	306.632
Bruttoergebnis	139.825	125.478	103.187	85.850
Betriebsergebnis	61.070	55.298	44.435	28.546
Konzernergebnis	52.060	46.247	35.812	19.395
EBITDA	95.539	87.763	73.270	57.369
Cashflow aus Geschäftstätigkeit	53.269	75.064	76.687	41.381
Anzahl Mitarbeiter (per Jahresende)	1.451	1.314	1.166	1.050

Abb. 7.5 Finanzkennzahlen Ypsomed AG. (Quelle: Ypsomed 2018b)

Obschon der Markt für Injektions- und Infusionssysteme stetig wächst, haben sich die Kundenbedürfnisse in den letzten Jahren verändert. Dieser Entwicklung zu folgen, oder noch besser, ihr vorauszugehen, ist eine grosse Herausforderung für Unternehmen, welche ihr Geschäft aus der Befriedigung von Kundenbedürfnissen ziehen. Durch eine stetige Digitalisierung (vgl. Abb. 7.6, 7.7, 7.8, 7.9, 7.10 und 7.11) des Kundenprofils beispielsweise, hat sich auch Ypsomed weiterentwickelt und versucht mit neuen Produkten diesem Wandel gerecht zu werden.

Zum Beispiel sollen mit Apps und Cloud-Servern, auf denen die Daten von Patienten abgespeichert und für Ärzte, oder im Fall von Kindern auch für Eltern, zugänglich gemacht werden, die Behandlungsverfolgung der Diabetesbehandlung noch effektiver gemacht werden. Datenschutzfragen und Umsetzbarkeit sind dabei nur zwei Herausforderungen, die sich aus diesen Entwicklungen ergeben (vgl. Abb. 7.12).

7.5 Aktuelle Situation

Simon Michel muss sich entscheiden. Der Ypsomed AG geht es derzeit gut, die Unternehmensentwicklung ist zufriedenstellend und die Wirtschaftslage hat Potenzial. Jedoch zeichnet sich am Horizont ab, dass dies nicht auf ewig garantiert ist. Der Wettbewerb schläft nicht und der Innovationsdruck steigt. Es gibt wichtige Märkte, in denen Ypsomed bisher nur schwach oder noch gar nicht vertreten ist, wie z. B. die USA. Aber auch Expansion kostet Geld. Ein Spannungsfeld tut sich auf, in dem Simon Michel eine zentrale Rolle spielt. Er ist einer der visionären Köpfe und trägt als CEO die Verantwortung. Gleichzeitig

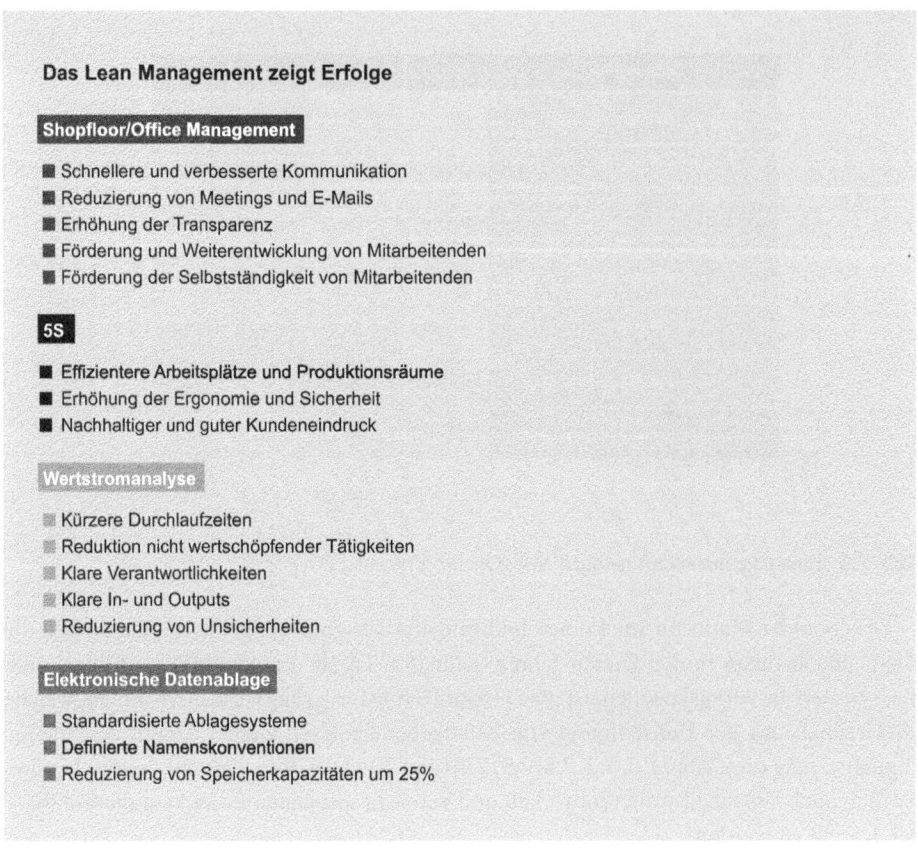

Abb. 7.6 Lean Management bei der Ypsomed AG. (Quelle: Ypsomed 2018a)

braucht ein Unternehmen, das die kreativsten Köpfe anziehen will, neue Tools und Techniken, um den Innovationsprozess zu gestalten und den Mitarbeitenden Freiräume zu geben. Wie können also die familiären Werte und Kompetenzen eingebracht und genutzt werden und gleichzeitig die Mitarbeitenden frei und kreativ arbeiten? Damit hängt auch zusammen, warum und wie Ypsomed wachsen will. Neue Märkte erschliessen oder den bestehenden Markt weiter ausbauen? Oder vor allem mehr in Innovation und Digitalisierung investieren und eine gezielte Digitalisierungsstrategie fahren?

7.6 Diskussionsfragen

Das Unternehmen Ypsomed ist und war lange Vorreiter in der Medizintechnik im Bereich von Injektions- und Infusionssystemen zur Verabreichung von flüssigen Medikamenten, wie z. B. Insulin für die Behandlung von Diabetes. Durch das Geschäftsmodell, welches Pens und Pumpen aber auch digitalen Lösungen für die Selbstmedikation beinhaltet, ist

Mitarbeitende Benefits

Familienfreundliche Unternehmensstruktur
- Flexible Arbeitszeiten
- Elternurlaub
- Beiträge zur Kinderbetreuung
- Subventionierte Betreuungsplätze

Gesundheit und Wohlbefinden

- Personalrestaurant (CO2-Emission-Nachhaltigkeit)
- Kostenlose Fitness und Hallenbad-Nutzung an ausgewählten Standorten
- Firmensport; Sponsoren für Laufveranstaltungen, firmeneigene Fußballturniere,
  Partner von Aktion „Bike to work"
- Musik: Ypsomed-Band
- Sozialberatung

Arbeitsbedingungen

- Mindestens 26 Tage Ferien
- Jahresarbeitszeitmodell, Teilzeitarbeit je nach Funktion
- Gutscheine für öffentliche Verkehrsmittel
- Überobligatorische Sozialleistungen (überdurchschnittliche Leistungen)
- Dienstaltergeschenk alle 5 Jahre

Ypsomed hat für ihre Mitarbeiter das Förderungsprogramm HRplus ins Leben gerufen.
Dieses hat zum Zweck die Nach- und Weiterbildung von Mitarbeitenden zu fördern.

Abb. 7.7 Mitarbeitende – Benefits. (Quelle: Ypsomed 2019)

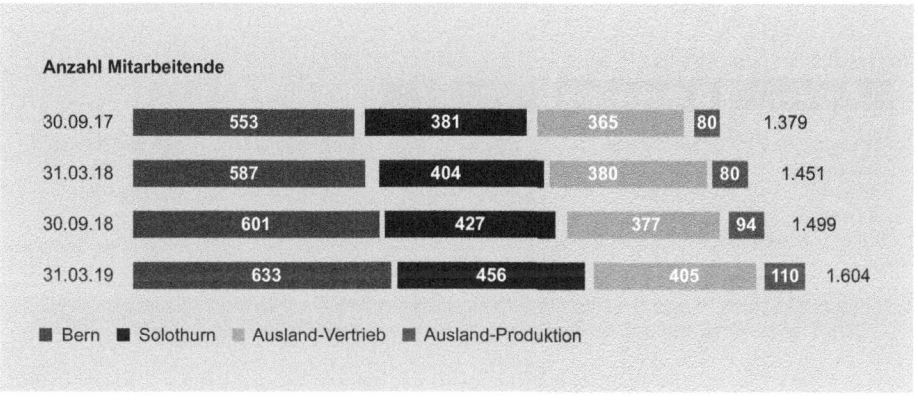

Anzahl Mitarbeitende

	Bern	Solothurn	Ausland-Vertrieb	Ausland-Produktion	
30.09.17	553	381	365	80	1.379
31.03.18	587	404	380	80	1.451
30.09.18	601	427	377	94	1.499
31.03.19	633	456	405	110	1.604

■ Bern ■ Solothurn ■ Ausland-Vertrieb ■ Ausland-Produktion

Abb. 7.8 Anzahl Mitarbeitende Ypsomed AG. (Quelle: Ypsomed 2019)

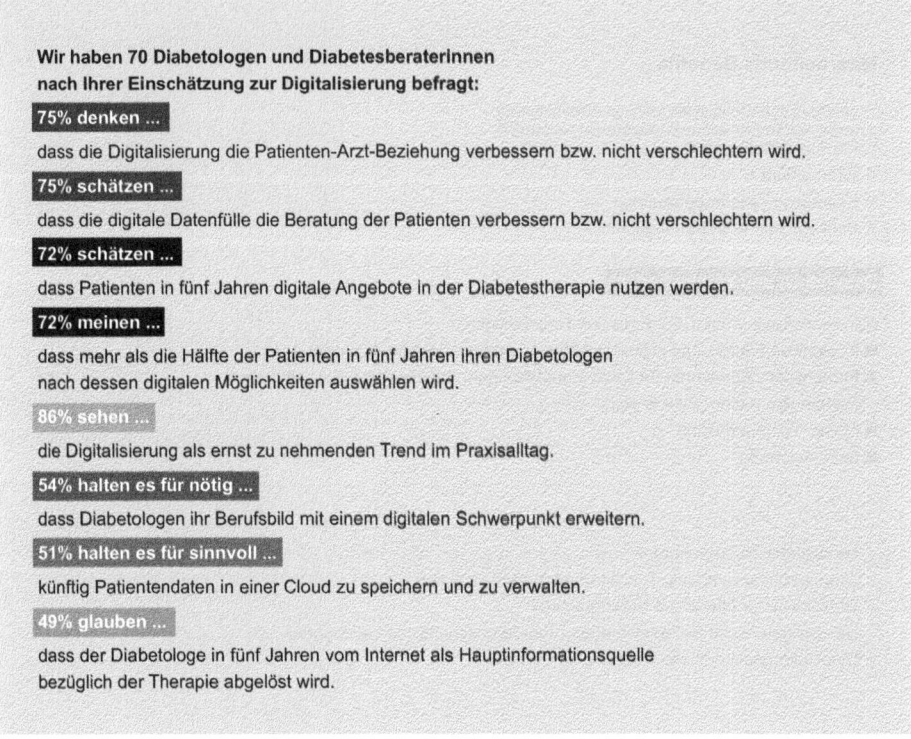

Abb. 7.9 Digitalisierung – Diabetes. (Quelle: Ypsomed 2018b)

das Unternehmen ganzheitlich aufgestellt. Der Wettbewerb schläft jedoch nicht. Der Wandel ist unaufhaltsam und der Druck an der Börse steigt. Diese verlangt profitables Wachstum. Die strategische Ausrichtung des Unternehmens muss deshalb regelmässig überprüft und hinterfragt werden. Dabei sind folgende Fragen offen:

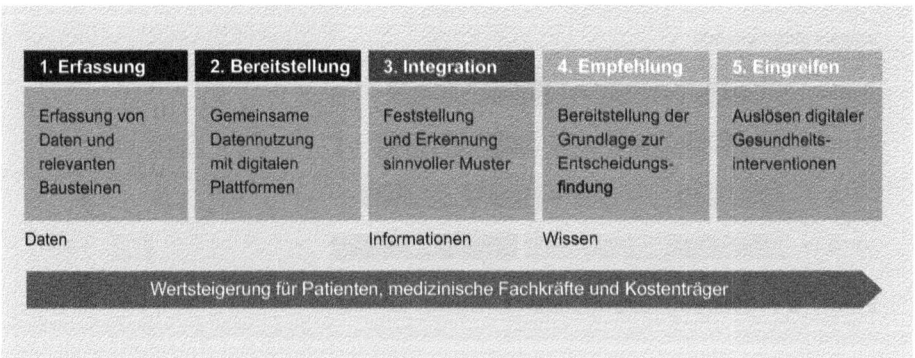

Abb. 7.10 Wertsteigerung der Digitalisierung. (Quelle: Ypsomed 2018b)

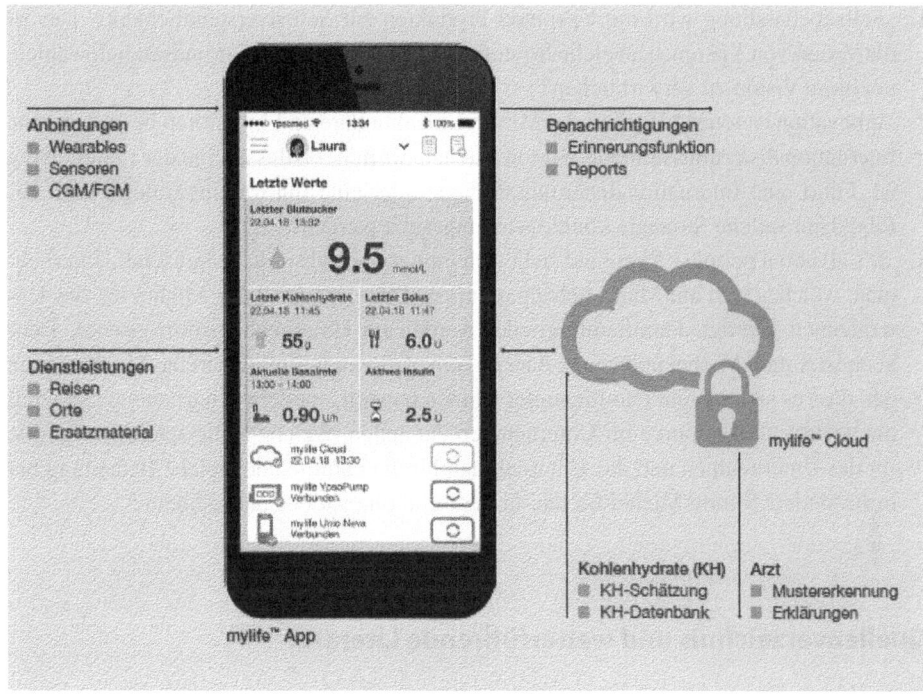

Abb. 7.11   Digitalisierung – mylife App. (Quelle: Ypsomed 2018b)

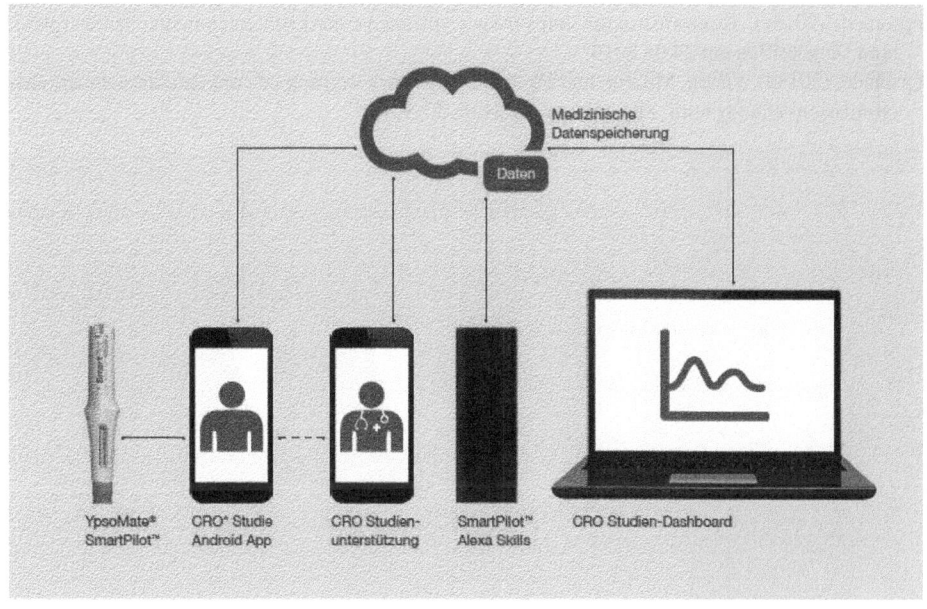

Abb. 7.12   Sammlung und Verwendung von Daten. (Quelle: Ypsomed 2018b)

1. „Selbstbehandlung wird mit Ypsomed-Produkten zur Selbstverständlichkeit." Das ist die Vision von Ypsomed. Welche Strategien kann Simon Michel grundsätzlich wählen, um diese Vision zu verwirklichen?

2. „Innovation ist teuer." Ein Teil der Minderheitsaktionäre und Investoren bevorzugt eine Internationalisierungsstrategie. Simon Michel zweifelt, ob das alleine der richtige Weg ist. Führt eine Internationalisierungsstrategie oder eine Innovationsstrategie zum Erfolg? Und welche Strategie könnte wie umgesetzt werden?

3. „It's all about people." Ypsomed sieht sich immer noch als mittelständisches Unternehmen, welches sich am Markt behaupten muss. Der Gründer Willy Michel hat das Unternehmen geprägt. Familienmitglieder werden im Unternehmensfilm gezeigt. Dennoch ist Simon Michel überzeugt, dass es keinen direkten Einfluss auf das Unternehmen hat, dass es sich um ein Familienunternehmen handelt, sondern Mitarbeitende generell die wichtigste Ressource im Unternehmen darstellen. Welche Rolle spielt die Familie für das Unternehmen und das Unternehmen für die Familie und welche Bedeutung hat insbesondere Simon Michel für das strategische Innovationsmanagement?

Quellenverzeichnis und weiterführende Literatur

Ypsomed. (2018a). Fakten und Kennzahlen. https://www.ypsomed.com/de/medien-investoren/fakten-und-kennzahlen.html. Zugegriffen am 24.05.2019.

Ypsomed. (2018b). Geschäftsbericht 2017/18. https://www.ypsomed.com/de/medien-investoren/geschaeftsberichte.html. Zugegriffen am 24.05.2019.

Ypsomed. (2018c). Konzernstruktur. https://www.ypsomed.com/de/unternehmen/konzernstruktur.html. Zugegriffen am 24.05.2019.

Ypsomed. (2018d). Vision, Mission und Strategie. https://www.ypsomed.com/de/unternehmen/vision-mission-strategy.html. Zugegriffen am 24.05.2019.

Ordnung muss sein: Unternehmensnachfolge in dysfunktionalen Familien

8

Philipp Julian Ruf, Konrad Meisner und Petra Moog

8.1 Fallstudie kompakt

Die Papier GmbH ist ein Familienunternehmen, das sich in vielerlei Hinsicht im Umbruch befindet. Einerseits führen Probleme innerhalb der Familie zu Streitigkeiten im Nachfolgeprozess, andererseits führt ein veraltetes Produktportfolio und der steigende Druck der Digitalisierung zu sinkendem Umsatz. Das Unternehmen wird bis jetzt durch den konservativen und patriarchal geprägten Vater geführt, welcher eigentlich den Ruhestand antreten möchte. Eine interne Übergabe an die Kinder wäre möglich, wird jedoch durch unterschiedliche Zielsetzungen und Verhaltensweisen der einzelnen Parteien erschwert. Die Tochter, motiviert das Unternehmen weiterzuführen, wünscht sich aufgrund ihres akademischen Hintergrunds radikale Änderungen, welche nicht mit dem Unternehmensleitbild des Vaters übereinstimmen. Der Sohn, bereits im Betrieb etabliert, genießt eine komfortable Stellung im Unternehmen und hinterfragt den Status Quo nicht. Die Familiensituation und das Unternehmen sind gezeichnet durch den Konflikt zwischen der Übernehmerin und dem Übergeber. Zusätzlich spürt die Firma den zunehmenden Druck der Digitalisierung. Das Kerngeschäft der Papier GmbH besteht aus der Organisation von Papier und Print-Dokumenten, welches in einem papierlosen Zeitalter, insbesondere in Deutschland, zunehmend an Bedeutung verliert.

P. J. Ruf (✉) · K. Meisner · P. Moog
Universität Siegen, Siegen, Deutschland
E-Mail: Julian.Ruf@uni-siegen.de; Konrad.Meisner@uni-siegen.de; Petra.Moog@uni-siegen.de

© Springer Fachmedien Wiesbaden GmbH, ein Teil von Springer Nature 2020
B. Felden et al. (Hrsg.), *Fallstudien zum Management von Familienunternehmen*,
https://doi.org/10.1007/978-3-658-27721-5_8

Thematische Anbindung an das Lehrbuch
Nachfolge, Familienkonflikte, Strategisches Management, Change Management

Industrie
Produzierendes Gewerbe/Handel (Dokumentenmanagement & Bürobedarf)

Ort
Deutschland, Niedersachsen

8.2   Lernziele

Der vorliegende Fall ist für Masterstudierende konzipiert. Durch die Bearbeitung sollen den Studierenden Konzepte eines strukturierten Nachfolgeprozesses nahegebracht und die dabei entstehenden Probleme systematisch bearbeitet werden. Gleichzeitig können sie sich mit dem Thema Digitalisierung und dessen Auswirkungen auf klassische Geschäftsmodelle auseinandersetzen. Insbesondere sollte hierbei darauf geachtet werden, wie beide Problematiken miteinander in Verbindung stehen. Dabei sind die übergeordneten Lernziele folgende:

1. Die Studierenden lernen eine Nachfolgesituation mit familiären Konflikten und deren Auswirkung auf das Familienunternehmen kennen.
2. Die Studierenden lernen, die aktuelle Lage eines Familienunternehmens zu analysieren, Probleme auf unterschiedlichen Ebenen aufzuzeigen und diese zu lösen.
3. Die Studierenden lernen, ein Unternehmen und sein Unternehmensumfeld zu analysieren und neue Geschäftspotenziale aufzuzeigen.
4. Die Fallstudie gibt Studierenden die Möglichkeit, kritische Fragen zu analysieren, aufzubereiten und zu beantworten.

8.3   Einführung

Das Familienunternehmen Papier GmbH wird im Jahr 1965 als Tochtergesellschaft der ST-Management GmbH, einem großen papierverarbeitenden Unternehmen, gegründet. Die ST-Management GmbH wird Ende der 1990er-Jahre an einen Investor verkauft, im Zuge dessen Herr Münster die Papier GmbH übernimmt.

8.3.1   Das Unternehmen

Klaus Münster arbeitet bereits seit den 1980er-Jahren bei ST-Management als Außendienstleiter. Durch die bereits langjährige Unternehmenszugehörigkeit kennt er die Produkte, den Markt und dessen Potenzial bestens. Durch die Tätigkeit als Geschäftsführer seit Anfang der 1990er-Jahren und die damit einhergehenden Erfahrungen entscheidet sich Herr Münster das Unternehmen Ende der 1990er zu kaufen. Nach der

Übernahme wird der Sitz der Firma in die Heimat von Herr Münster verlegt, welche sich wohl am besten mit den Worten „ländlich, traditionell, beschaulich" beschreiben lässt.

Die Papier GmbH steht nun vor der nächsten Herausforderung. In absehbarer Zeit soll das Unternehmen in die Hände der nächsten Generation weitergegeben werden. Es stellt sich heraus, dass dieser Schritt mit größeren Schwierigkeiten verbunden ist, was auch an der angespannten Lage im Unternehmen liegt. Die Marktsituation hat sich in den vergangenen Jahren rapide verändert und Zukunftsinvestitionen sind verpasst worden. Gleichzeitig sehen die Familienmitglieder die Zukunft des Unternehmens unterschiedlich. Im Folgenden werden die betriebliche Situation, die unterschiedlichen Charaktere sowie einige finanzielle Aspekte der Papier-GmbH beschrieben.

Unternehmensstruktur

Das Unternehmen befindet sich in einem strukturellen Wandel, welcher durch verschiedene Faktoren hervorgerufen wird. Das Unternehmen wird von Herrn Münster und einem ebenfalls bereits älteren externen Geschäftsführer in Teilzeit, Herrn Meier, geführt. Herr Münster ist der einzige geschäftsführende Gesellschafter und hauptsächlich für die Vertriebsleitung zuständig. Herr Meier kümmert sich um die IT, die kaufmännische Verwaltung, das Finanz- und Rechnungswesen sowie Einkauf, Logistik und Fertigung.

Hermann Münster, der Sohn des Übergebers, arbeitet bereits seit mehreren Jahren im Unternehmen und kümmert sich neben der kaufmännischen Verwaltung um die Produktion. Seine Frau ist ebenfalls in Teilzeit angestellt. Seine Schwester, Claudia Dahl, befindet sich momentan in ihrem Masterstudium und arbeitet nur an freien Tagen sowie in den Ferien in der Marketingabteilung der Firma. Die Frau des Übergebers, Hannelore Münster, ist seit der Geburt der Kinder nicht mehr beruflich tätig. Ein Organigramm der Firma ist in Abb. 8.1 dargestellt.

8.3.2 Produktportfolio und Kunden

Die Produkte der Papier GmbH bestehen überwiegend aus Mitteln zur Erleichterung des Dokumentenmanagements und werden sowohl aus Papier, als auch aus Kunststoff hergestellt. Die Papierprodukte fertigt das Unternehmen in Deutschland selbst, Plastik-Produkte werden zugekauft. Es geht hierbei um „offline-Lösungen", das heißt, die Archivierung und Optimierung von Arbeitsabläufen am Arbeitsplatz. Zusätzlich vertreibt das Unternehmen passende Möbel, welche die Optimierung des Arbeitsplatzes unterstützen. Das Unternehmen sieht sich als Premiumanbieter im B2B Bereich. Die Papier GmbH ist nur in Deutschland tätig.

Zur Zielgruppe der Papier GmbH zählen Unternehmen jeder Größe, die große Mengen an Schriftgut verwalten und darauf systematisch zurückgreifen müssen (z. B. Banken, Krankenhäuser, Autokonzerne, Öffentliche Einrichtungen, etc.). Mit der Digitalisierung

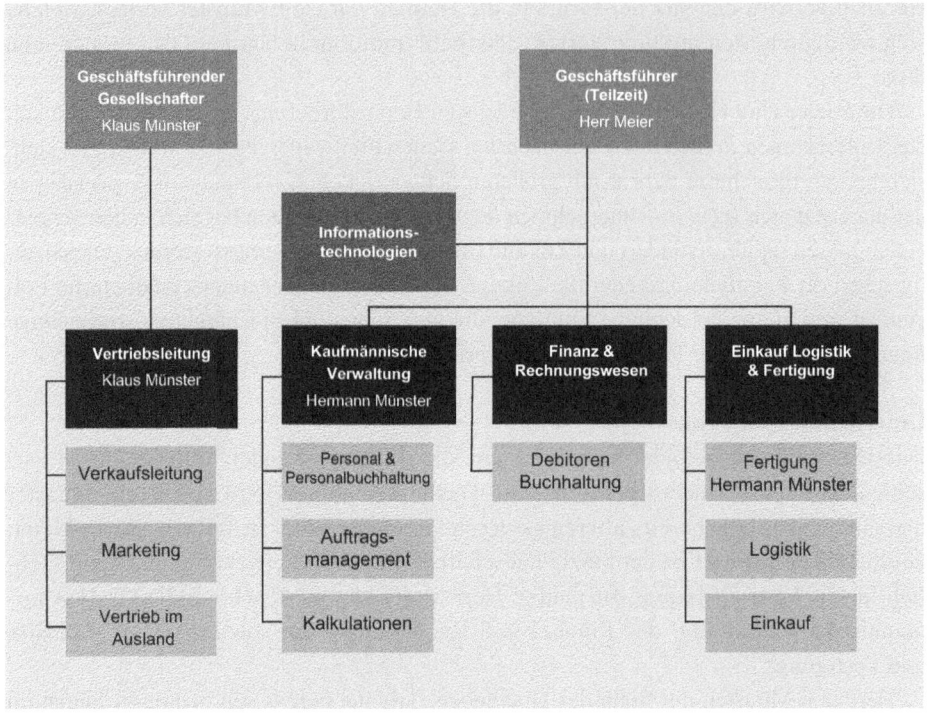

Abb. 8.1 Organigramm Papier GmbH. (Quelle: Eigene Darstellung)

hat sich im Laufe der Jahre der Bedarf analoger Archivierung geändert, sodass frühere Projektgrößen jetzt nur noch bei Unternehmen durchgeführt werden, deren Dokumente den gesetzlichen Aufbewahrungsfristen unterliegen. Der Archivierungs- und Bürobedarfs-markt, der von den 1970er- bis 1990er-Jahre seine Hochphase hatte, wird immer kleiner, was auch die Papier GmbH spürt.

Der Umsatz war zur Jahrtausendwende sehr hoch, stieg danach noch leicht an und stag-niert seit 2010. Als das Geschäft noch gut lief, erhielt der Außendienst bis zu 30 % Provi-sion auf Neukunden-Aufträge, da eine einmalige Einrichtung des Kunden mit Produkten der Papier GmbH zu Zeiten der „Papierflut" für regelmäßigen Folgeumsatz sorgte. Anpas-sungen der Außendienst-Verträge und des Provisionssystems wurden jedoch, als der Markt schwächelte, vernachlässigt. Eine genauere Übersicht der finanziellen Situation ist in Abb. 8.2 und 8.3 visualisiert.

8.3.3 Vertrieb und Beschäftigte

Die oft komplexen Produkte und Systeme werden den Kunden von speziell geschulten Vertriebsmitarbeitern individuell erklärt. Das Produkt wird nicht über Einzelhändler, son-

Euro in Tausend

	2008	2009	2010	2011	2012	2013	2014	2015	2016	2017	2018
Umsatz											
Produktumsatz	1.700	1.750	1.850	1.600	1.600	1.550	1.500	1.500	1.450	1.400	1.350
Serviceeinnahmen	250	300	325	250	200	100	125	110	115	105	30
Zinseinnahmen	25	30	31	35	34	33	29	28	26	24	22
Vermietung Lagerfläche	-	-	-	-	18	20	25	25	25	25	25
Umsatz Gesamt	1.975	2.080	2.206	1.885	1.852	1.703	1.679	1.663	1.616	1.554	1.427
Kosten											
Marketing	200	200	200	200	150	150	125	125	125	100	100
Rohstoffkosten	889	936	993	848	833	766	756	748	727	699	642
Aufwand	42	42	42	42	42	42	42	42	42	42	42
Miete	14	14	14	14	14	14	14	14	14	14	14
Forschungs- und Entwicklungskosten	100	80	70	50	40	20	20	20	20	20	20
Gehälter und Lohn	450	450	500	400	400	400	400	375	350	350	350
Angestelltenprämie	25	25	23	-	-	-	-	-	-	-	-
Weitere Kosten	175	175	175	175	175	175	175	175	175	175	175
Kosten Gesamt	1.894	1.921	2.016	1.728	1.653	1.566	1.531	1.498	1.452	1.399	1.342
Gewinn vor Steuern	81	159	190	157	198	137	148	165	164	155	85

Abb. 8.2 Finanzdaten Papier GmbH. (Quelle: Eigene Darstellung)

dern über den eigenen Außendienst verkauft. Es existiert eine Website und seit längerem besteht ein Online-Shop, der als Vertriebskanal zunehmend wichtiger wird. Social-Media-Kanäle sind eingerichtet, allerdings werden diese von der Marketingabteilung noch nicht regelmäßig genutzt und auch die Reichweite der Kanäle ist zum aktuellen Zeitpunkt sehr gering.

Die Stimmung der Mitarbeiter ist nicht besonders gut, wie die letzten Mitarbeitergespräche zeigen. So wird kritisiert, dass das Unternehmen unter alten instabilen Strukturen geleitet wird, aber andererseits wird das Unternehmen auch stark für seine Flexibilität gelobt. Auffällig ist, dass der Vertrieb die „guten alten Zeiten" lobt.

Klaus Münster weiß, dass eine Vielzahl von Vertriebsprozessen nicht mehr passt. Viele Beschäftigte im Außendienst ruhen sich auf alten Lorbeeren aus, besuchen nur noch bekannte Netzwerkpartner, bauen kaum neue Kontakte auf und nehmen Spesen in Anspruch, welches das System zulässt. Nachdem dies auffällt, sind drastische Mittel, unter anderem Entlassungen, in der Diskussion. Das hebt nicht gerade die Stimmmung in der Belegschaft.

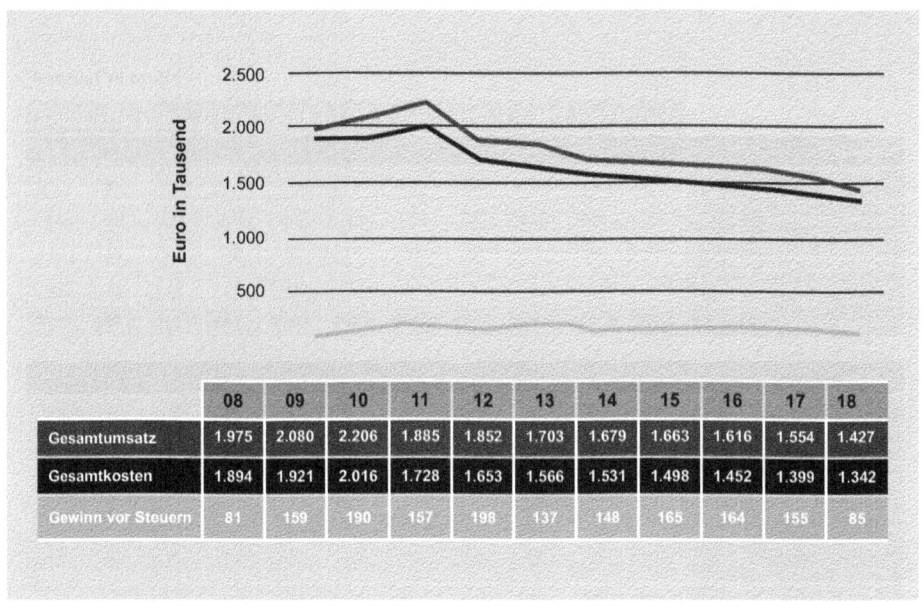

	08	09	10	11	12	13	14	15	16	17	18
Gesamtumsatz	1.975	2.080	2.206	1.885	1.852	1.703	1.679	1.663	1.616	1.554	1.427
Gesamtkosten	1.894	1.921	2.016	1.728	1.653	1.566	1.531	1.498	1.452	1.399	1.342
Gewinn vor Steuern	81	159	190	157	198	137	148	165	164	155	85

Abb. 8.3 Erfolgsdaten Papier GmbH. (Quelle: Eigene Darstellung)

8.4   Basisinformationen

8.4.1   Die Unternehmerfamilie

Die Unternehmerfamilie besteht aus dem 60-jährigen Übergeber Klaus Münster, der verheiratet ist mit Hannelore Münster. Die Tochter Claudia Dahl lebt geschieden von ihrem Ex-Ehemann mit zwei Kindern in einem Haus der Familie und der Sohn Hermann Münster lebt mit seiner Frau, Karin Münster und ihren zwei Kindern in einem großräumigen Eigenheim. Die Immobilien wurden teilweise durch vorgezogene Erbschaften finanziert.

Klaus Münster – Übergeber – 64 Jahre
Nach abgeschlossenem Hauptschulabschluss und einer Ausbildung als Kaufmann macht Klaus Münster Karriere im Unternehmen ST-Management, um anschließend unternehmerisch tätig zu sein. Klaus Münster leitet das Unternehmen nun bereits seit 25 Jahren, sodass seine Positionen und Meinungen nur schwer zu beeinflussen sind. Er ist ein Unternehmer „vom alten Schlag". Ein „Macher" wie er im Buche steht. Er ist stolz auf seine Leistung und erwartet Dankbarkeit und Gefolgschaft.

Seine Zeit verbringt er meist in der Firma oder auf geschäftlichen Reisen. Während der ersten Jahre im Unternehmen ist das Private oft auf der Strecke geblieben und Hobbies oder andere Beschäftigungen mussten hintenanstehen. Dies macht sich nun bemerkbar. Eine Alternative zur Arbeit in der Firma ist schwer zu finden und die Entscheidungsgewalt abzugeben fällt schwer, insbesondere jetzt, wo die Zeiten schwerer werden. Die Verkaufszahlen fallen und auch die Motivation der Mitarbeiter lässt nach. Klaus Münster versucht dem durch klares Durchgreifen und „auf den Tisch hauen" entgegenzusteuern und fordert mehr Motivation von seinen Beschäftigten. Diese wissen nicht, wie sie mit der Verhaltensweise ihres Chefs umgehen sollen und fühlen sich eher eingeschüchtert.

Auch in der Familie sieht sich der Vater als Ernährer und Oberhaupt. Aufgrund der finanziellen Abhängigkeit sind er und die Leistung des Unternehmens maßgeblich für die Finanzierung der Familie. Er hatte von Anfang an geplant die Papier-GmbH später innerhalb seiner Familie weiterzugeben, hat sich bisher jedoch nicht wirklich darum gekümmert. Einen Unterschied zwischen seiner Tochter und seinem Sohn macht er dabei nicht.

Hannelore Münster – Ehefrau des Übergebers – 64 Jahre
Hannelore Münster ist eine liebevolle Mutter und ein Familienmensch. Sie hat ihre eigenen Interessen oft zum Wohle der Familie hintenangestellt. Sie kümmert sich um alle Familienangelegenheiten und hält die unterschiedlichen Parteien zusammen. Nichtsdestotrotz gilt ihre Loyalität uneingeschränkt ihrem Mann. Ihr Einfluss auf den Sohn hält sich in Grenzen, da sie noch berufstätig war, als er klein war und er überwiegend von den Großeltern erzogen wurde. Die Tochter wird größtenteils von ihr erzogen. Hannelore Münster ist nicht an Entscheidungen innerhalb der Firma beteiligt, kennt die Lage der Firma jedoch aus Erzählungen Ihres Mannes. Dies belastet auch sie, da sie als harmoniebedürftiger Mensch die Konfliktpotenziale spürt.

Hermann Münster – Übernehmer – 40 Jahre
Hermannn Münster wird in seiner Kindheit besonders durch seinen Großvater geprägt und teilt daher viele traditionelle Ansichten und Werte mit dem Übergeber und dessen Vater. Das zeigt sich auch in seinen Hobbies und privaten Interessen, beispielsweise in der Leidenschaft zum Jagen, wo er auch mal die Arbeit kürzt, um rechtzeitig bei einer Treibjagd dabei zu sein. Er macht seine Arbeit gewissenhaft, verbringt aber nur so viel Zeit im Unternehmen wie notwendig ist, um alles am Laufen zu halten. Seine Stelle als Produktionsleiter in der Firma hat er nach seiner Meisterprüfung in einem ähnlichen Unternehmen übernommen. Seitdem haben sich das Unternehmen und auch die Produkte nur marginal verändert. Weil er ohne kaufmännisches Wissen auch für die kaufmännische Abteilung verantwortlich ist, stimmt er dort alle Entscheidungen mit seinem Vater ab. Er ist sich der kritischen Situation des Unternehmens bewusst, möchte aber bestehende Strukturen nicht zerstören und Stresssituationen möglichst aus dem Weg gehen. Eine Übernhame zusammen mit seiner Frau kann er sich gut vorstellen. Bisher hält er keine Anteile.

Karin Münster – Ehefrau des Übernehmers – 35 Jahre
Karin Münster ist Inhaberin eines Hofguts. Gleichzeitig arbeitet sie in Teilzeit in der Papier GmbH und unterstützt bei der Erstellung von Vertriebs-Statistiken. Im Großen und Ganzen teilt sie die Ansichten ihres Mannes und unterstützt ihn, hält sich aber eher zurück, da sie ihr privates Leben genießt und mit der Familie möglichst wenig Konflikte haben möchte.

Claudia Dahl – Übernehmerin – 30 Jahre

Die potenzielle Übernehmerin hat als einzige in der Familie ein betriebswirtschaftliches Studium absolviert. Sie studiert an der nahe gelegenen Universität, wo sie ihren Bachelor of Science bereits abgeschlossen hat und sich nun in ihrem Masterstudium mit dem Management von mittelständischen Unternehmen beschäftigt. Durch ihr Studium und das Aufwachsen in einer globalisierten Welt ist Claudia Dahl weltoffen und neugierig. Sie stellt gerne Etabliertes in Frage und greift auf theoretisches Wissen zurück, um Aussagen zu unterstützen. Claudia Dahl heiratet im Jahre 2012, die Ehe wird jedoch 2017 bereits wieder geschieden. Der Ex-Mann ist in der weiteren Konstellation sowie in der Firma nicht relevant. Als Mutter von zwei Kindern ist sie es gewohnt mit einer doppelten Belastung umzugehen. Selbstbewusst und überzeugt von ihrer Meinung wird sie oft mit ihrem Vater verglichen.

Claudia Dahl ist bereits in ihrer Jugend viel in der Firma und als Unternehmer-Kind aufgewachsen. Von Anfang an will sie die Firma ihres Vaters einmal übernehmen und studiert aus diesem Grund Betriebswirtschaftslehre. In Teilzeitbeschäftigung sowie in diversen „Ferienpraktika" lernte sie das Unternehmen gut kennen und hat dessen Entwicklungen stets mit größtem Interesse verfolgt. Aufgrund der Ausbildungswege und Claudia Dahls modernen (mitunter radikalen) Ansichten, sind Konflikte mit dem traditionsbewussten Vater oft unumgänglich. Die Beziehung zu ihrem Bruder ist gut, jedoch von Claudia Dahls Seite geprägt durch Enttäuschung über die Konformität bzw. das „Nicht-Handeln" des Bruders bei allen Entscheidungen, die der Vater im Unternehmen trifft.

Claudia Dahl hat neben den Tätigkeiten im Familienunternehmen keine Erfahrung in anderen Unternehmen gesammelt. Dies scheint für manche Parteien ein Problem darzustellen, was z. B. die Aussage des Vaters: „*Du hast ja noch nie einen Tag in deinem Leben Arbeiten müssen …* " deutlich werden lässt.

Claudia Dahl besitzt keine Anteile am Unternehmen und wird momentan von ihrer Familie finanziert. Sie ist jedoch motiviert, nach Abschluss des Studiums, ein aktiver Teil des Familienunternehmens zu werden. Momentan ist jedoch aufgrund der oben genannten Probleme das Verhältnis zwischen Tochter und Vater angespannt.

8.4.2 Das Unternehmen

Produktspezifische Probleme

Die Produktpalette reicht von Ordnern über komplexe Registersysteme bis zu Büromöbeln. In der Vergangenheit sind Organisationsmappen aus Papier bevorzugt worden, die oft nachbestellt wurden. Durch die Umstellung auf langlebigere Kunststoffe ist dies nicht mehr der Fall. Das Unternehmen hat zu beratungsintensiven Zeiten auch vor Ort Dienstleistungen angeboten. Die bestehende Situation der Kunden wurde erfasst und eine Optimierung der Dokumentenwege und dessen Aufbewahrung wurde durch die Papier GmbH geplant und durchgeführt. Durch IT-Lösungen fällt auch dieser Bereich immer mehr weg.

In Boomzeiten hat sich die Papier GmbH als Marke innerhalb ihrer Nische etabliert; eine deutschlandweite Markenbekanntheit ist auch heute immer noch gegeben. Produktveränderungen und Innovationen sind lange Zeit nicht notwendig und bleiben (bis auf inkrementelle Verbesserungen an bestehenden Produkten) bis heute aus. Durch die genannten Probleme flacht der Erfolg des Unternehmens langsam aber stetig ab. Veränderungen am Geschäftsmodell sind erforderlich, um die Zukunft des Unternehmens zu sichern.

Organisationelle Probleme
Viele Beschäftigte sind bereits lange Jahre Teil des Unternehmens. Die Positionen sind fest besetzt und ein unternehmensinterner Aufstieg ist schwierig. Die Abläufe innerhalb der Papier GmbH sind gut eingespielt. Wenn der Übergeber und der Übernehmer außer Haus sind, funktioniert das Tagesgeschäft ohne Probleme.

Der Zahn der Zeit nagt trotz allem an allen Beschäftigten. Während man früher stolz war Teil des Familienunternehmens Papier GmbH zu sein, hat sich nun eine Art von Gleichgültigkeit eingestellt. Dies merken auch die Kunden. Dringliche Anfragen werden nicht beantwortet, da sonst Mehrarbeit anfallen würde. Gleichzeitig ist den Beschäftigten der Umfang der Probleme, die in den kommenden Jahren auf sie zukommen, nicht bewusst.

Folgende Beispiele verdeutlichen die Situation im Unternehmen.

Beispiel Fehlüberweisung: Vor einiger Zeit empfängt das Sekretariat der Geschäftsführung eine E-Mail von einer Mailadresse, welche mit der des Geschäftsführers identisch war und auch seine Signatur enthielt. In der E-Mail bittet der mutmaßliche Geschäftsführer um die Veranlassung einer Überweisung über € 20.000 auf ein Konto im Ausland. Verunsichert schreibt die Sekretärin eine Antwort-Mail mit Bitte um Bestätigung, welche sie umgehend erhielt. Zur Absicherung bittet sie den zweiten Geschäftsführer um Rat, welcher lediglich sagte, dass es wohl stimmen müsse, wenn Herr Münster das so angeordnet hat. Kurz darauf erfährt dieser von der Transaktion. Zu spät – die Summe ist bereits überwiesen. Nur mit Hilfe der Bank des Empfängers konnte das Geld im letzten Moment zurückerlangt werden.

Beispiel Marketing: Klaus Münster ordnet an, dass sich die Marketingabteilung mehr mit den neuen, digitalen Medien beschäftigen soll. Mittels Social-Media, Online-Flyern und über digitale Medien sollen die Produkte neu positioniert werden. Die Leitung des Projekts übernimmt der Abteilungsleiter selbst, welcher mittlerweile über 50 Jahre alt ist und seit geraumer Zeit keine Schulungen mehr besucht hat. Mangels qualifizierter Beschäftigter versucht er sich selbst an den Flyern – was zeit- und kostenintensiv ist und zu nicht verwertbaren Lösungen führt. Im Nachgang stellt sich heraus, dass in der Nachbarabteilung ein Werkstudent arbeitet, der gelernter Mediendesigner ist und solch eine Aufgabe im Handumdrehen hätte erledigen können.

Beispiel Produktion/Lager: Aufgrund des sinkenden Umsatzes und Verbesserungen bei den Prozessen ist der Arbeitsaufwand im Lager erheblich zurückgegangen. Das Problem ist bekannt und freistehender Lagerraum wurde bereits an Nachbarunternehmen vermietet. Aus Angst vor Kündigungen fahren Beschäftigte mitunter Waren von Lagerplatz A zu Lagerplatz B, um Arbeit vorzutäuschen. Doch wirkliche Initiative zeigt keiner. Oft steht man auch einfach mit einem Besen in der Hand in der Ecke.

Familiäre Probleme

Die Situation in der Unternehmerfamilie ist seit einigen Jahren durch dauerhafte Spannungen geprägt. Diese betreffen vor allem den anstehenden Generationswechsel, der dem Vater ohnehin schwerfällt. Grundsätzlich sollen die Geschwister die Papier GmbH gemeinsam übernehmen. Es ist angedacht, dass sich Hermann um das Controlling, sowie um die Produktion kümmert, während Claudia Marketing und Vertrieb übernehmen soll.

Auf Grund von Meinungsverschiedenheiten kommt es jedoch zu Konflikten und seither hat Hermann zur Schwester auch privat ein eher angespanntes Verhältnis. Die angespannte private Situation spiegelt sich auch im Unternehmensalltag in Form von Streitigkeiten zwischen den Parteien wider.

Claudia Dahl sieht Konflikte sowohl mit ihrem Vater als auch dem Bruder. Als die Übernehmerin Defizite aufzeigt und Umstrukturierungen vorschlägt, reagiert der Vater ablehnend und provoziert den Konflikt weiter. Daher zieht sich die Tochter langsam aus dem Unternehmen und dessen Entscheidungen zurück.

Hannelore Münster versucht (wie immer) zu vermitteln, hält jedoch wie früher zu ihrem Mann. Dadurch entstehen auch zunehmend Konflikte mit ihrer Tochter. Karin Münster scheint ebenfalls nur die Sicht ihres Mannes zu vertreten.

Somit gerät die Harmonie innerhalb der Familie immer weiter ins Ungleichgewicht.

8.5   Aktuelle Situation

Obwohl sich Claudia Dahl nicht mehr in das tägliche Geschäft der Firma einmischt, verschlechtert sich das Familienverhältnis weiterhin. Klaus Münster lehnt weiter vehement Veränderungen ab. Klare Konzepte von Claudia Dahl werden abgewiesen. Klaus Münster zeigt keine Einsicht und möchte auch nicht weiter über die Vorschläge nachdenken, geschweige denn zieht er es in Betracht etwas davon umzusetzen. Er begründet das mit der mangelnden Erfahrung von Claudia Dahl. Beide Seiten sind verhärtet. Die Nachfolge ist zum jetzigen Zeitpunkt gefährdet, da die Konflikte in der Familie so tief sitzen, dass kein direktes Ende abzusehen ist.

> „Mein Vater und mein Bruder sehen sich als Götter und reflektieren nicht mehr!" – Claudia Dahl

> „Deine grauen Theorien aus der Universität!" – Klaus Münster

Bestimmte Konzepte, die sich auf die Personalstruktur beziehen, sind jedoch bis zu den Beschäftigten vorgedrungen. Klaus Münster reagiert daraufhin mit drastischen Mitteln und entzog Claudia Dahl den Schlüssel zum Unternehmen.

„Du verbreitest hier nur Angst!" – Klaus Münster

Keiner möchte mit dem jeweils anderen sprechen und genauso wenig wird Einsicht gezeigt. Die Mutter versucht, zumindest die Enkelkinder möglichst von den Konflikten fern zu halten. Dafür sind die beiden Kinder von Claudia Dahl jedoch schon zu alt; ihnen ist durchaus bewusst, welche Konflikte sich dort aufbauen. Familienfeste werden lediglich für die Enkel besucht, der Rest wird ausgeschwiegen.

> „Oma, sprich doch mal mit Opa, die Mama hat letzten Abend wieder viel geweint" – Sohn von Claudia

Dieser jedoch ist über die Entscheidungen und Vorschläge seiner Tochter so erzürnt, dass er keinerlei Verständnis zeigt. Da sich das Eigenheim von Claudia Dahl noch im Eigentum von Klaus Münster befindet, wird mittlerweile mit einem Entzug des Vermögens gedroht. Auch mit dem Verkauf des Unternehmens wird zusätzlich Druck aufgebaut. Die Konsequenzen, die sich aus diesem Handeln ergeben würden, scheinen dem Übergeber allerdings nicht bekannt zu sein oder werden zum jetzigen Zeitpunkt einfach ignoriert.

> „Wenn du nicht tust, was ich dir sage, dann verkaufe ich alles!" – Klaus Münster

Dennoch ist anzunehmen, dass dieses Szenario für keine der Parteien wirklich in Frage kommt. Der Übergeber hat eine tiefe Verbindung zu dem Unternehmen, auch wenn die Ereignisse der letzten Jahre an ihm Spuren hinterlassen haben. Aufgrund von fehlenden Alternativen und der hohen Identifikation scheint es Klaus Münster aber nicht möglich zu sein, loszulassen. Obwohl er weiß, wie es um das Unternehmen steht, will er die Dringlichkeit des Ganzen nicht so richtig wahrnehmen.

> „Das Unternehmen schreibt doch noch schwarze Zahlen und ich kann die Familie damit noch ernähren …" – Klaus Münster

Hermann Münster fügt sich seinem Schicksal und versucht neutral zu bleiben. Er ist weiterhin im Unternehmen tätig und betreut hauptsächlich die Produktionsleitung. Die Situation innerhalb des Unternehmens und auch Diskussionen, die er mit seinem Vater führt, bereiten ihm Sorgen. Er versucht, dem Übergeber kleinere Veränderungen vorzuschlagen und diese dann auch zu implementieren, mehr ist jedoch nicht möglich. Er entscheidet sich daher dazu, die Füße still zu halten. Die gesamte Situation wird von ihm akzeptiert und nicht offen in Frage gestellt. Er unterstützt seinen Vater und versucht das Beste aus der Situation zu machen.

> „Der kann das aussitzen, der ist nicht so impulsiv wie ich" – Claudia Dahl

Durch sein Verhalten scheint Hermann im Vergleich zu seiner Schwester „erfolgreich" und hat sowohl familiär als auch betrieblich seine Ruhe. Allerdings schaut sich auch Hermann immer häufiger Stellenangebote (z. B. Forstwirtschaft) an und denkt immer mehr darüber nach, das Familienunternehmen zu verkaufen. Alleine möchte er es in keinem Fall übernehmen, da er sich bestimmte Kompetenzen und Herausforderungen nicht zutraut. Für ihn wäre es ideal, das Unternehmen mit seiner Schwester zu übernehmen, aber auch eine gemeinsame Übernahme mit einem externen Geschäftsleiter wäre für ihn denkbar.

Eine externe Unterstützung wird zwar angedacht, jedoch nicht klar und zielgerichtet umgesetzt. Claudia hat sich dazu entschlossen, Möglichkeiten abseits des Unternehmens zu suchen, dennoch fühlt sie sich dem Betrieb und der Familie verbunden. Es fällt ihr schwer, bei solch einer Entwicklung wegzuschauen.

> „Ich könnte mir auch vorstellen in die Unternehmensberatung zu gehen. Es ist nicht selten, dass jemand, der es bei sich vergeigt hat, dann eben versucht, andere zu >>retten<<" – Claudia Dahl

Claudia Dahl möchte die verfahrene Situation innerhalb der Familie lösen, um gemeinsam die Probleme im Unternehmen anzupacken. Dazu beauftragt sie einen befreundeten Berater, der sich auf die Nachfolge und strategische Ausrichtung von Familienunternehmen spezialisiert hat. Gemeinsam möchten sie einen strukturierten Plan ausarbeiten, der die Rollen in der Familie klar verteilt und so eine familieninterne Nachfolge in den kommenden Jahren ermöglicht. Gleichzeitig soll eine Marktanalyse erstellt werden, welche die Potenziale der Papier GmbH neu evaluiert und die notwendigen organisationalen Veränderungen herbeiführt.

8.6 Diskussionsfragen

1. Wie ist die Marktsituation des Unternehmens zu bewerten und welche organisationalen Handlungsempfehlungen können Sie anhand einer Marktanalyse abgeben?
2. Welche Möglichkeiten bieten sich für die Neustrukturierung des Unternehmens in Hinsicht auf innere Weiterentwicklung und Umstrukturierung? Wie müsste ein Wandel vollzogen werden?
3. Welche Möglichkeiten der Unternehmensnachfolge gibt es?
4. Wie würde eine optimale Nachfolge für das Unternehmen aussehen? Wie würde eine optimale Nachfolge für die Familie aussehen?
5. Zeigen Sie eine finale Lösungsoption mit Handlungsempfehlung auf, welche Ihrer Meinung nach alle der hier angesprochenen Probleme gesamtheitlich löst.

Quellenverzeichnis und weiterführende Literatur

Felden, B., Hack, A., & Hoon, C. (2019). *Management von Familienunternehmen: Besonderheiten – Handlungsfelder – Instrumente* (2. Aufl.). Wiesbaden: Gabler.

Nachfolge ist wie Dynamit – Nachfolge bei dem tschechischen Familienunternehmen LIKO-S

9

Lenka Machková und Jiří Hnilica

9.1 Fallstudie kompakt

Die Fallstudie betrachtet ein Familienunternehmen, das kurz vor der Übergabe an die nächste Generation steht. Zusammen mit seinem Schwiegervater gründet Libor Musil in 1992 ein Bauunternehmen, das erste Unternehmen in Privatbesitz in Tschechien. Mit zwei Angestellten gestartet, wächst LIKO-S zu einem weltweiten Unternehmen mit 235 Beschäftigten. Libor Musils Frau, Jana Musilová, arbeitet als HR-Leiterin. Ihre Tochter, Hana Williams Musilová, ist als HR-Managerin im Unternehmen tätig und ihr Ehemann, Orraine Williams, verantwortet die Forschungs- und Entwicklungsabteilung sowie das Marketing. Libors und Janas Sohn, Jan Musil, leitet den Bereich Innendesign. Libor und Jana denken schon seit längerem darüber nach, ihr Unternehmen an die Kinder weiterzugeben. Jetzt ist es Zeit, den Nachfolgeprozess zu starten und einen Plan für die Übergabe des Unternehmens an die nächste Generation zu erarbeiten. Allerdings ist dieser Nachfolgeprozess mit vielen Herausforderungen verbunden. Dabei steht nicht nur die Frage im Mittelpunkt, wie der Nachfolgeprozess systematisch durchgeführt werden sollte, sondern auch, wie die Nachfolge für beide Kinder fair gestaltet werden kann. Zudem ist fraglich, welche Governance Instrumente eingesetzt werden können, um den Nachfolgeprozess zu unterstützen und das Unternehmen erfolgreich in die nächste Generation übergeben zu können.

L. Machková (✉) · J. Hnilica
University of Economics, Prag, Tschechien
E-Mail: lenka.machkova@vse.cz; hnilica@vse.cz

© Springer Fachmedien Wiesbaden GmbH, ein Teil von Springer Nature 2020
B. Felden et al. (Hrsg.), *Fallstudien zum Management von Familienunternehmen*,
https://doi.org/10.1007/978-3-658-27721-5_9

Thematische Anbindung an das Lehrbuch
Nachfolge, Family Business Governance, Family Governance, Instrumente der Family
Business Governance, Werte des Familienunternehmen

Industrie
Baubranche

Ort
Tschechische Republik

9.2   Lernziele

Der vorliegende Fall ist für Bachelor- und Masterstudierende konzipiert. Er behandelt wichtige Themen der Nachfolge in Familienunternehmen. Insbesondere können die Studierenden sich hier mit einer konkreten Nachfolgesituation in einem Familienunternehmen auseinandersetzten und in diesem Kontext insbesondere Bedeutung und Funktionsweise von Instrumenten der Family Business Governance kennen lernen. Dabei sind die Lernziele folgende:

1. Studierende bekommen einen Einblick in das erfolgreichste Familienunternehmen Tschechiens, das gerade eine neue Phase der Entwicklung erlebt.
2. Studierende erarbeiten eine Nachfolge, in der die Übergebenden noch nicht entschieden haben, wie die Nachfolge gestaltet werden soll.
3. Studierende diskutieren den Einsatz von Governance Instrumenten und wie diese die Übernahme des Unternehmens durch die nächste Generation unterstützen können.

9.3   Einführung

Im Jahr 1992 gründet der damals 26-jährige Libor Musil gemeinsam mit seinem Schwiegervater eine Baufirma. Die Anfänge dieses ersten, privatwirtschaftlichen Unternehmens in Tschechien sind ziemlich herausfordernd. Die beiden Gründer starten ihr Unternehmen nur mit ein paar Werkzeugen und einem geliehenen Auto. Innerhalb der ersten Jahre häuften sich Schulden in Höhe von 80 Mio. CZK (ca. 3,2 Mio. Euro) an. Allerdings gelingt es den beiden Gründern über die Zeit, LIKO-S in ein Unternehmen mit 235 Beschäftigten und einem Umsatz von 800 Mio. CZK (ca. 31 Mio. Euro) zu entwickeln.

Starke Emotionen wie Zielorientierung, Hingabe und ein gutes Gespür für Details ermöglichen diese Entwicklung. Die guten unternehmerischen Fähigkeiten der beiden Gründer sowie die Kenntnis des Markes führen auch dazu, dass das Unternehmen viele Preise erhält, wie beispielsweise die Auszeichnung als *„the Czech Family Business of 2014"* – ein Familienunternehmen, das zu 100 % im Eigentum der Familie Musil ist.

Libor Musil ist der Gründer und Eigentümer des Unternehmens. Seine Frau, Jana Musilová, leitet die HR-Abteilung und ihre Tochter, Hana Williams Musilová, ist auch im HR tätig. Hana ist verheiratet mit Orraine Williams, der die Bereiche Forschung und Entwicklung und Marketing verantwortet. Schließlich ist auch Jan Musil, der Sohn von Ehepaar Libor und Jana, im Unternehmen tätig. Er leitet das Geschäftsfeld Innenarchitektur.

Die Ehepartner Libor und Jana planen, das Unternehmen an die nächste Generation weiterzugeben. Für Libor ist es an der Zeit einen Plan zu entwickeln, wie die Nachfolge vonstatten gehen soll. Allerdings ist unklar, wie der Nachfolgeprozess professionell und für beide Kinder fair verlaufen könnte und wie die Übergabe an die nächste Generation durch den Einsatz von Governance Instrumenten unterstützt werden kann. Dennoch denkt niemand der Musil Familie daran, das Unternehmen zu verkaufen.

9.4   Basisinformationen

Im Jahr 1992 entscheidet sich Libor Musil, seine gutbezahlte Position in einem staatlichen Elektromotorunternehmen zu kündigen und in Deutschland und der Tschechei Hallen zu bauen. Das Unternehmen startet als AUDO Rockfon s.r.o. und wird in 1994 in LIKO-S umbenannt. Die Marke LIKO-S steht für Libor, Kovovýroba (Metallproduktion) and Slavkov (Sitz des Unternehmens).

9.4.1   „Leidenschaft für das, was wir tun"

Libor erzählt immer offen, dass seine ersten drei Jahre sehr hart waren für seine 6-köpfige Familie, die er ernähren musste. Neben seiner Frau und seinen Kindern gehören auch seine Schwiegereltern zur Familie. In dieser Zeit häuft er Schulden von über 80 Mio. CZK (ca. 3,2 Mio. Euro) an, die er allerdings im Jahr 2005 komplett getilgt hat. Der Beleg über die letzte Zahlung hängt immer noch als Erinnerung in seinem Büro. Heute macht LIKO-S einen Umsatz von 800 Mio. CZK (ca. 31 Mio. Euro) und hat 235 Beschäftigte. Der Großteil der Gewinne wird immer einbehalten und in Innovation, Forschung und Entwicklung sowie in die Ausbildung der global für das Unternehmen tätigen Beschäftigten investiert. Gleichzeitig hat LIKO-S eine starke Vision sowie eine starke Unternehmensphilosophie und Unternehmenskultur.

LIKO-S hat Zweigniederlassungen in der Tschechischen Republik, Slowenien und Ungarn sowie Repräsentationen in 16 Ländern weltweit. Zudem sucht LIKO-S nach neuen Betätigungsfeldern außerhalb von Europa, beispielsweise in Indien. Zu den Unternehmenszahlen siehe Abb. 9.1.

Das Unternehmen profitiert von seiner eigenen Forschungsabteilung sowie von der Entwicklung und Produktion in den Bereichen Ingenieurwesen und Konstruktion. Es lassen sich drei unterschiedliche Geschäftsfelder unterscheiden: Innenarchitektur, Energieeffizienz und Produktion. Ein neues Geschäftsfeld ist die LIKO-NOE, ein green-building-development-Center, das im Jahr 2016 mit dem „award of the Boardroom" in der Kategorie Healthy Office ausgezeichnet wurde. Dieses umweltfreundliche Büro ist eine einzigartige Kombination von Gesundheitsaspekten, Energieeffizienz und Maßnahmen zur Einsparung und Aufbereitung von Wasser. Libor steht vor der Entscheidung, welche Schritte er jetzt gehen soll, um die Nachfolge zu starten.

In mil. CZK	31.03.2017	31.12.2015	31.12.2014	31.12.2013	31.12.2012
Total assets	310,70	283,70	300,80	290,30	269,90
Fixed assets	141,10	136,50	125,40	125,50	130,30
Tangible fixed assets	128,90	105,50	94,70	93,70	78,40
Financial fixed assets	10,60	28,20	26,80	26,70	45,20
Current assets	167,20	145,60	173,80	163,80	159,20
Stock	26,70	29,40	26,50	16,40	21,70
Short-term receivables	64,40	61,80	65,20	80,60	81,50
Long-term receivables	N/A	N/A	N/A	N/A	0,00
Financial assets	76,10	54,40	82,20	66,90	56,00
Other assets	2,40	1,60	1,60	1,00	0,40
Equity	199,40	146,70	214,80	206,00	209,50
Liabilities	110,60	137,10	83,30	83,70	79,90
Reserves	N/A	N/A	N/A	N/A	0,0

Abb. 9.1 Umsatzkennzahlen. (Quelle: Eigene Darstellung)

9.4.2 Organisationsstruktur

Entsprechend der Geschäftsfelder und Distributionsarten ist LIKO-S in Abteilungen und Center organisiert. Das Unternehmen hat seinen Sitz in Slavkov u Brna, ein weiterer Standort des Unternehmens ist in Prag.

Im Vorstand des Unternehmens sitzen:

Libor Musil – Vorsitzender des Vorstands
Roman Zouhar – Vize des Vorstands
Jana Musilová – Vize des Vorstands
Hana Wiliams Musilová – Mitglied des Vorstands
Jan Musil – Mitglied des Vorstands

Libor ist sich bewusst, dass die Zusammenarbeit mit Verwandten herausfordernd sein kann. Er beschreibt die Schwierigkeiten wie folgt:

Die Unternehmensnachfolge hat unsere Familie und das Unternehmen selbst erlebt. Ohne den Willen aller Beteiligten, dem engen Erfahrungsaustausch mit Externen sowie der Qualifizierung von uns Gründern und den Kindern würden wir mit Blick auf den anstehenden Nachfolgeprozess im Dunkeln tappen und Fehler machen: Das Unternehmen wird im Nachfolgeprozess zu Dynamit – die Beziehungen innerhalb der Familie können für Jahre zerstört werden. Es kann allerdings auch sowas wie ein familiärer Klebstoff entstehen, der die Beziehungen der Familie verfestigt und den Wohlstand erhöht. Libor sieht die Gründe für das häufige Scheitern von Nachfolge darin, dass der Nachfolgeprozess als Thematik häufig tabu ist. Er begründet das wie folgt: „Wir sind die Generation, die die Unternehmen in den 90er-Jahren gegründet haben und als wir älter wurden, mussten wir plötzlich darüber nachdenken, was wir in Zukunft mit unseren Unternehmen machen. Viele von uns hatten vorher noch nie über Nachfolge nachgedacht und dann wird es plötzlich Zeit, das Unternehmen an die nächste Generation weiterzugeben. Wir wollen nicht das Geld an die nächste Generation weitergeben, sondern das Geschäft. Wir suchen einen Nachfolger für das Geschäft." Seiner Meinung nach hat seine Generation überwiegend aus dem Nichts und mit viel Intuition gearbeitet – eine Erfahrung, die der nachfolgenden Generation allerdings fehlt.

Libor weist zudem darauf hin, dass die derzeitige Generation in einem „Familienunternehmen-Inkubator" aufgewachsen und für eine Nachfolge bereit sei. Die jüngere Generation tragen zu einem Trend bei: Während früher die Tätigkeit in einem großen Konzern als Privileg galt und eine gute Erfahrung war, gewinnt die Arbeit in einem Familienunternehmen zunehmend an Attraktivität.

9.5 Aktuelle Situation

Libor versteht Nachfolge als langfristiges Ziel, allerdings wird das so in der LIKO-S nicht gelebt. Lange hat Libor nicht wahrhaben wollen, wie wichtig das Thema Nachfolge sein würde. Schließlich kommt er jedoch zu der Einschätzung, dass Nachfolge ein strategisches und langfristiges Ziel für jedes Familienunternehmen sein sollte. Und zwar in der Form, dass Eigentümer sowie die nächste Generation jeweils klare Pläne für ihre eigene Zukunft im Unternehmen oder außerhalb des Unternehmens haben sollten.

9.5.1 Die nächste Generation

Bislang ist nicht geplant, wie und auf welche Weise die nächste Generation der Familie in das Unternehmen LIKO-S eingebunden werden könnte. Die Kinder – Tochter Hana und Sohn Jan – sind immer dazu ermutigt worden, andere Studienschwerpunkte zu wählen. Daher entscheidet sich Hana, in die USA zu ziehen und Hotelmanagement zu studieren, während Jan in Europa bleibt und seinen Schulabschluss in England macht.

Um den Nachfolgeprozess bei LIKO-S besser verstehen zu können, werden die Karriere- und Lebenswege der einzelnen Familienmitglieder näher dargestellt:

Hana (Tochter)

Hana zieht zurück in die Tschechische Republik gemeinsam mit ihrem Ehemann Orraine. Das fällt Hana nicht leicht, denn sie hat für den Schritt zurück in die Heimat eine aussichtsreiche Karriere in den USA hinter sich gelassen.

Hana sagt dazu: „Meine Eltern wussten nicht genau, worauf sie sich einlassen würden, wenn sie mich in die USA zum Hotelmanagementstudium schicken, obwohl die Familie ein ingenieursorientiertes Unternehmen hat." Nach dem Studium arbeitet sie im Hotelmanagement und bleibt acht Jahre in den USA. Ihrer Ansicht nach hat sie sich zwei Expertisen erarbeitet: Zum einen hat sie in einem exklusiven Hotel mit 2000 Beschäftigten gearbeitet, welches als Familienunternehmen unter perfekter Führung stand. Zum anderen hat sie später als Angestellte in einem Hotel gearbeitet, welches nicht gut geführt wurde. Dank dieser beiden Erfahrungen fällt es ihr leichter zu erkennen, was es bedeutet, ein Unternehmen zu führen und wie es sich anfühlt, als Beschäftigte für jemand anderen tätig zu sein.

Im Gegensatz zu Jan ist sich Hana nicht sicher, ob sie die Nachfolge im Unternehmen antreten soll, insbesondere aufgrund ihrer fachfremden Ausbildung und Erfahrung. Ihr Bruder allerdings hilft ihr dabei, diese Ängste zu überwinden und so entscheidet sie sich, zu bleiben.

Jan (Sohn)

Nach dem Abschluss der Schule in UK kommt Jan zurück in seine Heimat, die Tschechische Republik. Er will sich eine Auszeit nehmen, bevor das Studium beginnt. Allerdings geht ihm schnell das Geld aus, denn im Familienunternehmen wird immer „Arbeit verteilt, nicht Geld". Also beginnt er mit Vollendung des 18. Lebensjahres voll im Unternehmen zu arbeiten und arbeitet sich aus einer Position eines einfachen Angestellten über eine Assistenzposition rauf in die Unternehmensleitung. Heute sieht er den Fakt, dass er nicht in einem anderen Unternehmen gearbeitet hat, als einen Nachteil an. Das ist auch ein Grund dafür, dass er seine Schwester und ihre Expertise sehr schätzt. Vor drei Jahren traf Jan die Entscheidung, an einem Institut an einem NextGen-Programm teilzunehmen und sich auf seine Rolle als Nachfolger vorzubereiten.

Orraine (Hanas Ehemann)

Orraine heiratet Hana in den USA. Nachdem Orraine gemeinsam mit seiner Frau in den USA gelebt hatte, zieht er mit ihr nach Slavkov (dem Sitz des Unternehmens in der Tschechischen Republik). Wie seine Frau, hatte auch Orraine in den USA als Hotelmanager gearbeitet. Alle Familienmitglieder helfen ihm dabei, sich schnell in seiner neuen Umgebung einzuleben. Bei LIKO-S ist sein Vorgesetzter sein Schwager. Orraine schätzt ihn für seine Expertise und für das, was Jan ihm beibringen kann. Er kommentiert dazu, dass ihn Jan manchmal besser versteht als seine eigene Ehefrau.

9.5.2 Zusammenarbeit zwischen Geschwistern und Eltern

Arbeit und Familie verschwimmen in der Musil Familie: „Wir sind leidenschaftlich in dem, was wir tun und wir können nicht anders, als uns immer über die Arbeit zu unterhalten". Tochter Hana betont die Vorteile, die es mit sich bringt, Angelegenheiten, die das Unternehmen betreffen, direkt mit jemanden aus der Familie zu besprechen. Sie empfindet diese enge Verbundenheit als zentral, um schnelle Entscheidungen treffen zu können. Andererseits weist Hana auch darauf hin, dass die Zusammenarbeit mit ihrem Vater-Chef und mit ihrem dominanten Bruder nicht immer einfach ist. Sie versteht sich gut mit ihrem Bruder, auch im Arbeitsalltag. Sie beschreibt, dass es zwar viele kleinere Konflikte mit dem Bruder gibt, die sie aber gemeinsam gut lösen können. Jan bemerkt dazu: „Wir versuchen immer so offen wie möglich miteinander umzugehen. Wenn etwas passiert oder etwas schiefgeht, lösen wir das gleich. Unsere Treffen als Unternehmerfamilie finden mindestens einmal im Monat statt, aber immer während der Arbeitszeit und immer im Büro im Unternehmen. Aus eigener Erfahrung hat die Familie gelernt, dass diese Treffen nicht gut funktionieren, wenn sie zuh ause stattfinden."

Libor bemerkt, wie die Mitglieder „seiner" Generation langsam das Unternehmen verlassen und in den Ruhestand wechseln. Er ist froh und schätzt, dass seine Kinder für LI-KO-S arbeiten, denn so hat er Zeit für andere Aktivitäten wie dem Halten von Vorlesungen oder den Besuch von Tagungen und Konferenzen.

Als Konsequenz wollen Libor und seine Frau einen Plan machen, „Wann wir raus sind aus dem Unternehmen. Die Kinder haben ein Recht darauf, zu erfahren, wie wir die Nachfolge planen und ich möchte Ihnen die Gelegenheit geben, eine solche Entscheidung treffen zu können, solange sie noch jung sind." Bis dahin wollen Libor und Jana so viel wie möglich für das Unternehmen arbeiten. Mit Blick auf den Nachfolgeplan stellt Jan fest, dass der wichtigste Punkt für den Erfolg von Nachfolge ist, dass der Gründer einen neuen Lebensmittelpunkt findet, sei es durch ein Hobby, eine ehrenamtliche Tätigkeit oder Enkelkinder. Zudem ist Libor davon überzeugt, dass Instrumente wie eine Familienverfassung oder ein Familienrat dazu beitragen, die Nachfolge zu erleichtern.

9.6 Diskussionsfragen

1. Erstellen Sie auf Basis des Fallstudientextes ein Familiengenogramm mit den einzelnen Führungspositionen.
2. Libor bittet Sie, ihm mögliche Konfliktpotenziale aufzuzeigen, die aus der spezifischen Familienkonstellation im Unternehmen resultieren. Er bittet Sie, verschiedene Szenarien für unterschiedliche Personen und Situation zu erstellen.
3. Familienunternehmen lassen sich anhand von drei Achsen darstellen. Wenn das eine System die anderen überlagert, wird dieses als family-first, management-first oder ownership-first-Orientierung verstanden.

a) Erläutern Sie, warum Sie LIKO-S als family-first, management-first oder ownership-first klassifizieren.

b) Diskutieren Sie die Vor- und Nachteile dieser einzelnen Priorisierungen.

c) In welchem Stadium des 3D-Modells befindet sich LIKO-S? Wie könnte die zukünftige Entwicklung anhand dieser drei Achsen verlaufen?

4. Nachfolge ist in tschechischen Familienunternehmen kein starkes Thema. Die Mehrzahl der Gründer verkauft ihr Unternehmen. Libor allerdings hat eine starke Intention, sein Unternehmen in seiner Familie weiterzugeben.

a) Welche Empfehlungen geben Sie Libor bezüglich der Gestaltung des Nachfolgeprozesses? Begründen Sie einzelne Schritte.

b) Wie sollten die Anteile auf die beiden Geschwister verteilt werden? Warum? Sollte Libor seine Gesellschafteranteile behalten, um weiterhin das Unternehmen kontrollieren zu können? Was spricht dafür, was dagegen?

c) Welche Instrumente der Family Business Governance sind hilfreich, um den Nachfolgeprozess der LIKO-S zu unterstützen? Warum?

Quellenverzeichnis und weiterführende Literatur

Felden, B., Hack, A., & Hoon, C. (2019). *Management von Familienunternehmen: Besonderheiten – Handlungsfelder – Instrumente* (2. Aufl.). Wiesbaden: Springer Gabler.

Gewaschen wird immer: Management mit mehreren Familiengesellschaften

10

Jan Klaus Tänzler und Annegret Hauer

10.1 Fallstudie kompakt

Die Mr. Wash Autoservice AG (Mr. Wash) ist ein Familienunternehmen in der zweiten Generation und betreibt derzeit 30 Autowaschanlagen für die Innen- und Außenpflege im gesamten deutschen Bundesgebiet. Darüber hinaus bietet das Unternehmen weitere Servicedienstleistungen in ausgewählten Anlagen an.

Mr. Wash wird 1964 von Joseph Enning gegründet und befindet sich seit dieser Zeit bis auf einen kleinen Anteil, der von familienfremden Personen gehalten wird, in Familienhand. Familienmitglieder des Gründers sind sowohl operativ in der Führung als auch im Aufsichtsrat vertreten. Zudem gibt es passive Familiengesellschafter, die weder im Unternehmen noch im Aufsichtsrat tätig sind. Das Unternehmen wird derzeit von Richard Enning, einem Sohn des Gründers, geführt. Die Auswahl der Familienmitglieder im Unternehmen erfolgte in der Vergangenheit nach keinen festgelegten Auswahlkriterien. Wichtig ist der Familie vor allem die Befähigung der Familienmitglieder für eine Führungsaufgabe im Unternehmen. Die strategischen Entscheidungen werden bei der Mr. Wash Autoservice AG maßgeblich vom Vorstandsvorsitzenden Richard Enning getroffen.

Vor diesem Hintergrund thematisiert die vorliegende Fallstudie einerseits die allgemeinen Charakteristika der Organisationsform Familienunternehmen und andererseits die Einbindung der Gesellschafter bei der Mr. Wash Autoservice AG. Zum einen soll herausgearbeitet werden, welche Möglichkeiten bestehen, die Schnittstelle zwischen Familie und Unternehmen zu gestalten. Weiterhin soll die Einordnung des Fallunternehmens als Familienunternehmen ermöglicht werden.

J. K. Tänzler (✉) · A. Hauer
Universität Mannheim, Institut für Mittelstandsforschung, Mannheim, Deutschland
E-Mail: taenzler@ifm.uni-mannheim.de; hauer@ifm.uni-mannheim.de

© Springer Fachmedien Wiesbaden GmbH, ein Teil von Springer Nature 2020
B. Felden et al. (Hrsg.), *Fallstudien zum Management von Familienunternehmen*,
https://doi.org/10.1007/978-3-658-27721-5_10

Die herausgearbeiteten Lösungen sollen dabei vor dem Hintergrund allgemein bekannter Konzepte der Einbindung von Gesellschaftern diskutiert werden.

Thematische Einbindung in das Lehrbuch
Familienunternehmen; Family Governance, Führung, Familienmitglieder, familienfremde Manager.

Industrie
Instandhaltung und Reparatur von Kraftfahrtzeugen und Gebrauchsgütern (Autowaschanlagen)

Ort
Deutschland

10.2 Lernziele

Der vorliegende Fall eignet sich sowohl für den Bachelor- als auch für den Masterlevel, abhängig vom jeweiligen Kenntnisstand der Studierenden. Nach der Durcharbeit der Fallstudie sollen die Studierenden in der Lage sein

1. Familienunternehmen anhand gängiger Definitionsmerkmale zu bestimmen,
2. Lösungsvorschläge für die Einbindung von Gesellschaftern in Familienunternehmen einzubringen und
3. Probleme und Chancen unterschiedlicher Führungsstrukturen in Familienunternehmen aufzuzeigen.

10.3 Einführung

Die Mr. Wash Autoservice AG ist ein Familienunternehmen in der zweiten Generation und betreibt Autowaschanlagen für die Innen- und Außenpflege im gesamten deutschen Bundesgebiet. Dabei arbeitet das Unternehmen mit Förderbändern für den Transport der Autos von einer Pflegestation zur nächsten statt auf Kettenantrieb zu setzen. Neben diesem Kerngeschäft betreibt das Unternehmen in ausgewählten Anlagen Tankstellen und bietet an bestimmten Standorten Serviceangebote rund um die Autopflege an, wie bspw. Ölwechsel oder selbst nutzbare Staubsaugerplätze mit Mattenautomaten für die Innenraumpflege. Nach der Gründung 1964 hat sich das Unternehmen kontinuierlich vergrößert. In den ersten Jahren wurden hauptsächlich Filialen in Nordrhein-Westfalen eröffnet. Heute ist das Unternehmen deutschlandweit an ca. 30 Standorten vertreten.

Das Unternehmen wird 1964 von Joseph Enning gegründet und befindet sich seit dieser Zeit überwiegend im Eigentum der Familie Enning. Ein kleiner Teil der Anteile wird von familienfremden Eigentümern gehalten. Geführt wird das Unternehmen heute von Richard

Enning, dem ältesten Sohn des Firmengründers. Der Aufsichtsrat der Aktiengesellschaft besteht aus drei Personen, von denen die Witwe des Firmengründers, Beate Enning, zur Eigentümerfamilie gehört. Außerhalb des Aufsichtsrats gibt es keine weiteren Gremien. Im Unternehmen ist neben dem Vorstandsvorsitzenden Richard Enning noch dessen Bruder, Dr. Raoul Enning, als ausgebildeter Ingenieur für die technische Wartung und Weiterentwicklung der gesamten Anlagen zuständig. Insgesamt hat das Unternehmen ca. 50 Gesellschafter, die bis auf einige wenige zur Familie gehören. Die Familienmitglieder halten sich normalerweise aus den Entscheidungen heraus und tragen die Entscheidungen der Geschäftsführung bisher ohne Diskussion mit. Dies ist im Normalfall für die Familiengeschäftsführer auch kein Problem, ermöglicht es ihnen doch maximale Entscheidungsfreiheit. Allerdings stellen sie sich auch die Frage, was geschieht, sollten sie einmal unverhofft ausfallen. Für diesen Fall gibt es derzeit noch keine Notfallpläne.

10.4 Basisinformationen

Die Mr. Wash Autoservice AG (Mr. Wash) ist ein Familienunternehmen in der zweiten Generation und betreibt derzeit 30 Autowaschanlagen für die Innen- und Außenpflege im gesamten deutschen Bundesgebiet. Darüber hinaus bietet das Unternehmen weitere Servicedienstleistungen in ausgewählten Anlagen an. Mit ca. 1000 Beschäftigten und einem Umsatz von ca. 250 Mio. Euro hält das Unternehmen in seiner Branche eine stabile Position (vgl. Abb. 10.1 und 10.2).

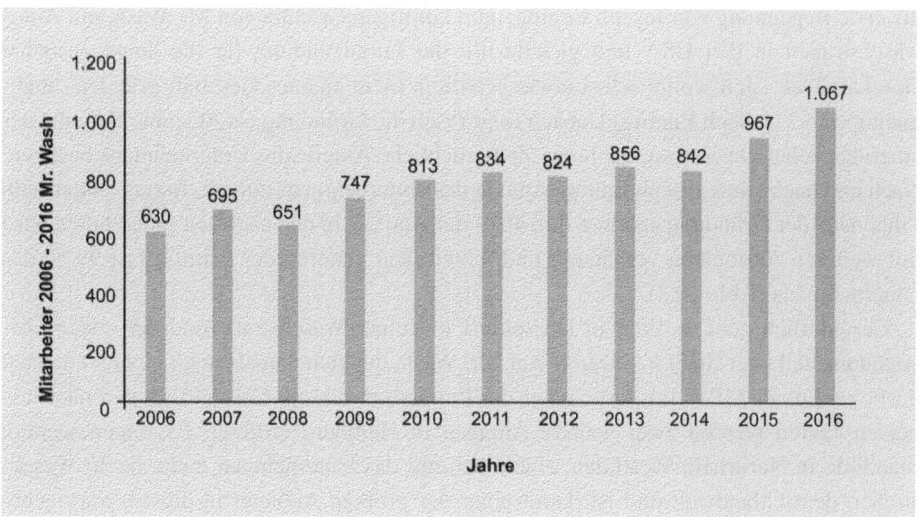

Abb. 10.1 Mitarbeitende Mr. Wash AG

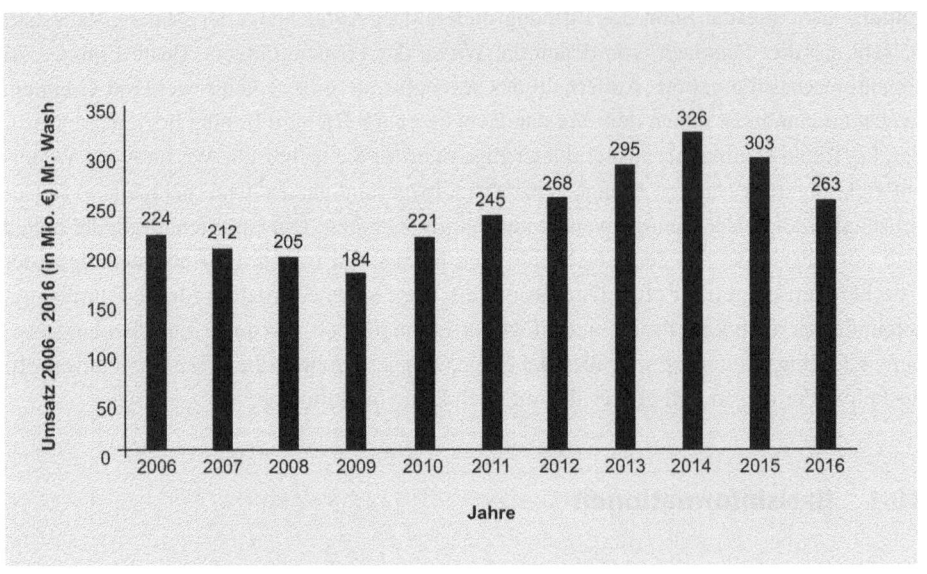

Abb. 10.2 Umsatzentwicklung Mr. Wash AG

10.4.1 „Sauberes Auto, gute Laune"

Ich hatte einen schönen eigenen Mercedes, welchen unser hauseigener Fahrer jeden Frei-
tagnachmittag waschen ließ. Das fiel mir lange Zeit nicht auf und irgendwann fragte ich
ihn: „Was machst Du damit?" „Oh, I take it to a carwash on Queens Boulevard'" Dies ist
die erste Begegnung von Joseph Enning, dem künftigen Gründer von Mr. Wash, mit Auto-
waschstraßen in den USA und gleichzeitig die Initialzündung für die lange gesuchte
Geschäftsidee. „Ich wollte selbst etwas schaffen, mein eigenes Geschäft gründen, unabhängig sein." (Joseph Enning) Danach folgt rasch die Gründung als AG, eine Vorgabe der
amerikanischen Investoren, die lange Zeit erhebliche Anteile des Unternehmens besitzen.
Nach und nach kauft Joseph Enning Anteile des Unternehmens zurück. Bereits anderthalb
Jahre nach der Gründung gehören ihm 40 % der Anteile. In den nächsten Jahrzehnten wird
mit weiteren Aktionären verhandelt und inzwischen gehören der Familie fast 99 % des
Unternehmens (Abb. 10.3).

Geschäftlich geht es 1963 in Düsseldorf mit einer Waschstraße und der ersten Dis-
counttankstelle der Stadt los. Damit war Mr. Wash, der sich damals noch nicht so nennen
durfte und unter MRW firmierte, einer der Pioniere in diesem Geschäft. In den nächsten
beiden Jahren werden zwei weitere Anlagen in Hamburg eröffnet. Es folgen weitere
Standorte in Nordrhein-Westfalen. Heute betreibt das Unternehmen mehr als 30 Waschstraßen deutschlandweit und ist damit einer der größten Anbieter in diesem Servicebe-
reich. „Mein Vater war immer ein Verfechter großer Kapazitäten." (Richard Enning).

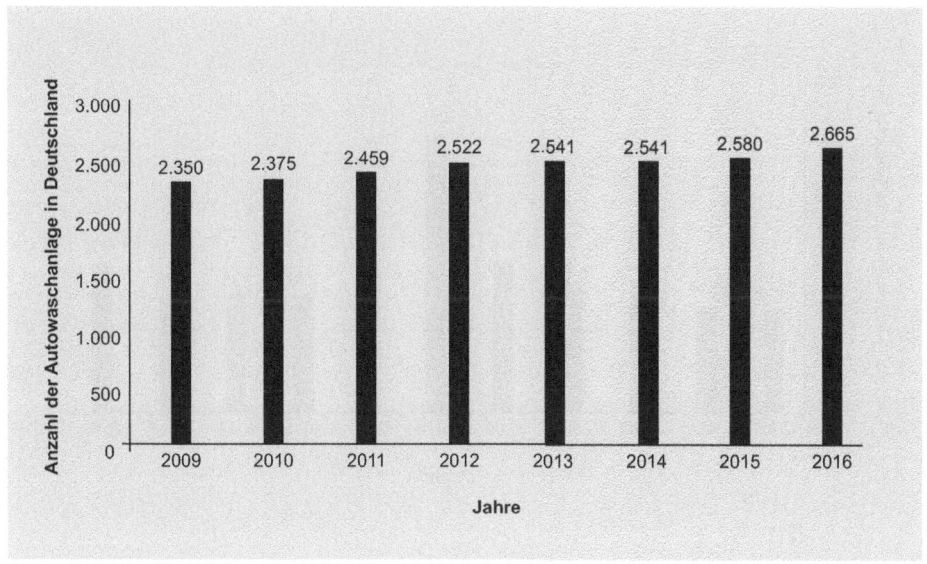

Abb. 10.3 Anzahl der Autowaschanlagen in Deutschland

10.4.2 Mr Wash: Die Zeit bleibt nicht stehen

Die ständige Verbesserung und der Ausbau der Waschstraßen, die ihn auch mehrfach zurück in die USA führten, sind immer ein besonderes Anliegen des Firmengründers. „Dr. Enning wollte immer etwas Neues." (Ernst Jobmann, ehemaliger Mitarbeiter) Neben der Außenautowäsche werden auch die Innenraumreinigung über ein selbst entwickeltes Förderbandsystem sowie ein eigener Ölwechsel-Service angeboten. Dabei liegt der Fokus eindeutig auf der Kundenzufriedenheit. „Schon seit vielen Jahren ist Mr. Wash der ungeschlagene Service-Champion aller Waschanlagen und gehört heute mit zu den besten Dienstleistungsunternehmen in Deutschland überhaupt", so das Unternehmen selbst über sich (https://www.mrwash.de/).

Mr. Wash setzt demzufolge stets auf Erweiterung der Kapazitäten und die Verbesserung des Servicespektrums und dessen Qualität. Die Zahl der Anlagen nimmt daher weiterhin von Jahr zu Jahr zu, allerdings werden auch zunehmend bestehende Anlagen renoviert und teilweise komplett neu gebaut, um den zukünftigen Anforderungen gerecht zu werden.

„Der Kunde ist König und die Zeit bleibt nicht stehen. Ich bin mir bewusst, dass sich ständig etwas ändert – besonders in unserem Geschäft. Wer weiß, wie die Autos in zehn Jahren aussehen. Wir müssen immer aufmerksam sein." (Joseph Enning, 50 Jahre Mr. Wash) (Abb. 10.4).

2014 stirbt der Unternehmensgründer mit 85 Jahren. Das Unternehmen wird heute in zweiter Generation weitergeführt.

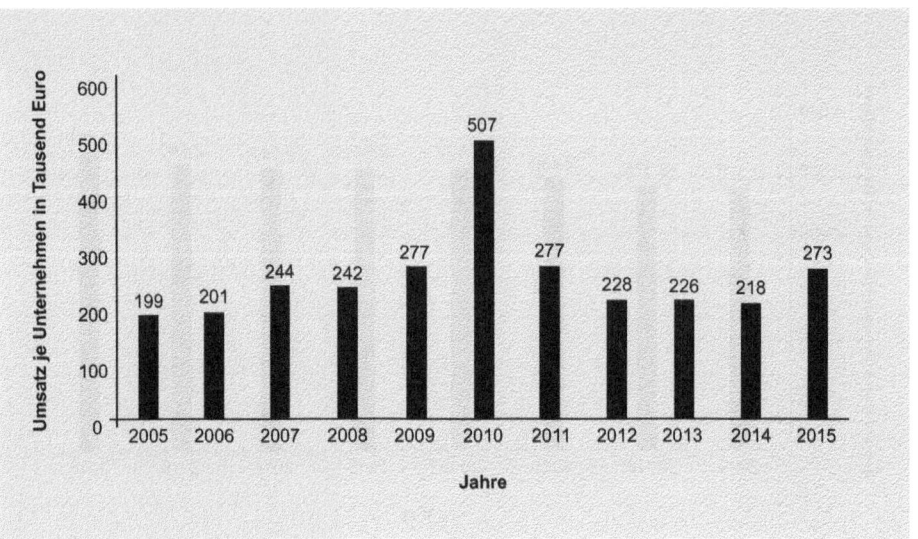

Abb. 10.4 Umsatz Autowaschanlagen in Deutschland

10.5   Aktuelle Situation

Derzeit gibt es ca. 50 Gesellschafter, von denen bis auf einige wenige alle der Familie an-
gehören. Die Familienmitglieder interessieren sich sehr unterschiedlich für das Unternehmen. Einige sind lediglich an der Ausschüttung der Dividende interessiert, andere zeigen
Interesse am Fortgang des Geschäfts und werden, wie die anderen Aktionäre auch, durch
die Quartalsberichte informiert.

Von der Familie arbeiten die Brüder Raoul und Richard Enning, Söhne des Gründers,
im Unternehmen. Der Aufsichtsrat besteht aus drei Personen. Die Witwe des Gründers,
Beate Enning, vertritt in diesem Gremium die Familie. Die übrigen Familienmitglieder
sind weder im Unternehmen noch im Aufsichtsrat tätig.

Es gibt keine weiteren Gremien außerhalb des Aufsichtsrats, die die Geschicke des
Unternehmens kontrollieren oder die Interessen der Familie vertreten. Bisher gibt es
keine Probleme, Entscheidungen der Geschäftsführung in der Familie durchzusetzen.
Dies liegt u. a. auch daran, dass die Familienmitglieder sehr daran gewöhnt sind, dass
der Patriarch die Entscheidungen trifft. „Mein Vater war ein sehr großes Alphatier. Was
er sagte, wurde nicht hinterfragt. Und dieses Echo ist immer noch da." (Raoul Enning).
Bis zu seinem Tod im Jahre 2014 war der Gründer, Dr. Joseph Enning, somit in starkem
Maße der Bestimmer, seitdem tritt immer mehr sein ältester Sohn, Richard Enning, in
die Fußstapfen des Vaters. Diese zentralistische Organisation bringt es mit sich, dass
Abstimmungsprozesse nur wenig mit den Familiengesellschaftern erfolgen. Allerdings
ist sich die Familie auch in den unternehmerischen Denkweisen sehr einig. „Wir ticken
im Kopf alle gleich und ziehen am gleichen Strang. Deshalb sind Entscheidungspro-

zesse gar kein Problem." (Raoul Enning) Richard Enning steigt um 1990 ins Unternehmen ein, nachdem er mehrere Jahre in anderen Firmen gearbeitet hat. Mit dem Einstieg des zweiten Sohns, Raoul Enning, ergaben sich die Aufgabengebiete der beiden leitenden Familienmitglieder fast von allein. Richard mit der betriebswirtschaftlichen und Raoul mit der Ingenieursausbildung haben ihre Aufgabenbereiche im Unternehmen entsprechend aufgeteilt und kommen sich im normalen Geschäftsalltag kaum in die Quere. Die sehr unterschiedlichen Ausbildungen tragen auf jeden Fall dazu bei, dass nur wenige Reibungspunkte entstehen. Zudem hat Richard Enning als alleiniger Vorstand letzten Endes die Fäden in der Hand. Insgesamt wird es eher als Vorteil gesehen, dass die leitenden Positionen in Familienhand liegen, insbesondere für die Motivation und das Engagement. „Es ist sehr schwer, einen Techniker zu bekommen, der den gleichen (An-) Trieb hat, wie ein Familienunternehmer." (Raoul Enning)

Der Vater wollte auf jeden Fall, dass die Söhne ins Unternehmen einsteigen. Auch wenn dies vor allem bei dem Jüngeren in der Jugend nicht unbedingt auf Gegenliebe stieß, hat es letztendlich doch geklappt. „Ich bin der Jüngste, ich musste immer ein bisschen die Ellenbogen ausfahren." (Raoul Enning)

Es gibt für die zukünftige Generation noch keine Regelungen für den Einstieg ins Unternehmen. Familienmitglieder haben grundsätzlich die Möglichkeit, im Unternehmen zu arbeiten. Die Führungsnachfolge hängt jedoch immer von den entsprechenden Fähigkeiten und Ausbildungen ab. „Die Nachfolge ist eine Frage, ob man fähig ist, weniger eine Frage des Wollens." Es ist auf jeden Fall gewünscht, dass die Familie weiterhin die Anteile des Unternehmens hält. Ob eine familieninterne Führung weiterhin etabliert werden kann, muss die Zukunft zeigen. Neben den Kenntnissen und Fähigkeiten sollte aber auch eine gewisse Leidenschaft für das Familienunternehmen und insbesondere den angebotenen Service vorhanden sein, um eine entsprechende Position zu erreichen. „Wenn das Herz so schlägt, wie es schlagen muss, dann steigen die auch auf." (Raoul Enning)

Grundsätzlich besteht ein starkes Interesse, dass das Unternehmen in Familienhand bleibt, aber ob es auch eine Familienführung geben muss, wird eher praktisch gesehen. Falls sich niemand findet, kann durchaus auf ein externes Management ausgewichen werden, hier tendenziell eher auf Beschäftigte, die bereits im Unternehmen tätig sind, beispielsweise im Rahmen eines Management-buy-outs. Darüber hinaus wird ein hohes Risiko darin gesehen, dass einer der Firmenchefs plötzlich ausfallen könnte. Entsprechende Regelungen und Notfallpläne stehen noch aus.

10.6   Diskussionsfragen

1. Was sind die spezifischen Probleme und Merkmale von Familienunternehmen?
2. Welche Möglichkeiten bestehen, die Schnittstelle zwischen Familie und Unternehmen zu gestalten?
3. Wie kann die Unternehmensführung zukunftsfähig gestaltet werden?

Quellenverzeichnis und weiterführende Literatur

Felden, B., Hack, A., & Hoon, C. (2019). *Management von Familienunternehmen: Besonderheiten – Handlungsfelder – Instrumente* (2. Aufl.). Wiesbaden: Springer Gabler.

https://www.mrwash.de/unternehmen. Zugegriffen am 23.05.2019.

Keese, D., Tänzler, J. K., Oehme, M., Hauer, A., & Woywode, M. (2018). Gesellschafterbindung in Familienunternehmen. Ergebnisse einer empirischen Studie, Mannheim. https://ub-madoc.bib.uni-mannheim.de/44286/1/Gesellschafterbindung_in_Familienunternehmen.pdf. Zugegriffen am 27.11.2019

Mr. Wash Autoservice AG, Essen, Jahresabschluss zum Geschäftsjahr vom 01.01.2016 bis zum 31.12.2016. www.bundesanzeiger.de. Zugegriffen am 23.05.2019.

Vöpel, N., Rüsen, T., Calabro, A., & Müller, C. (2013). Eigentum verpflichtet – über Generationen. Gesellschafterkompetenz in Familienunternehmen. Witten: Wittener Institut für Familienunternehmen, pwc.

Wash, M. (2014). *50 Jahre saubere Autos – 50 Jahre gute Laune, Firmenchronik der Mr.* Essen: Wash Service AG.

Weiler, S. (2015), Wie prägen nicht-ökonomische Faktoren die unternehmerische Orientierung von Familienunternehmen? In FuS 6/2015.

Family Business Governance: Struktur und Besetzung von Gremien in Familienunternehmen

Gabor Neumann

11.1 Fallstudie kompakt

Corporate Governance in Familienunternehmen wird mit dem Faktor der Familie komplexer als in vergleichbaren Nicht-Familienunternehmen. Die neue Dimension der Familie muss organisiert werden. Daher ist die sogenannte Family Business Governance ein kritischer Faktor für den langfristigen Erfolg und Bestand des Familienunternehmens (in Familienhand). Gremien dienen dabei als Governance Instrumente und können die Interessen von Familie und die Unternehmen in Einklang bringen. Dabei ist insbesondere die Besetzung der Gremien ein entscheidender Erfolgsfaktor, um als Mittler von Unternehmens- und Familieninteressen zu funktionieren. Das beschriebene Familienunternehmen steht vor wichtigen Entscheidungen hinsichtlich Besetzung und Rolle der etablierten Unternehmensgremien. Insbesondere die Altersstruktur und das geplante Ausscheiden des geschäftsführenden Gesellschafters stellt das erfolgreiche Unternehmen vor große Herausforderungen. Einige Mitglieder würden gerne ihre Nachfolge regeln und aufgrund ihres Alters ausscheiden, andere möchten gerne weiter in den Gremien des Unternehmens bleiben. Die aktuellen Mitglieder sind langjährige Begleiter des Unternehmens und tief mit dem Unternehmen verwurzelt. Auch im Familieneinfluss stehen gravierende Veränderungen an. Neben diesen Personalentscheidungen stehen die Mitglieder vor der Entscheidung, wie die Rolle der Stiftung für die zukünftige Unternehmensstruktur aussehen soll. Geplant ist eine stärkere Einbindung als Finanzier des geplanten Unternehmenswachstums der Gruppe. Auch die Rolle der Stiftung als Mediator zwischen Familie und Unternehmen soll hinterfragt werden.

G. Neumann (✉)
Stiftungslehrstuhl Führung von Familienunternehmen, Universität Bielefeld,
Wirtschaftswissenschaftliche Fakultät, Bielefeld, Deutschland
E-Mail: gabor.neumann@uni-bielefeld.de

© Springer Fachmedien Wiesbaden GmbH, ein Teil von Springer Nature 2020
B. Felden et al. (Hrsg.), *Fallstudien zum Management von Familienunternehmen*,
https://doi.org/10.1007/978-3-658-27721-5_11

Thematische Anlehnung an das Lehrbuch
Family Business Governance, Gremienstruktur, Gremienbesetzung, Familieneinfluss

Industrie
Dienstleistungen, Metallindustrie, B2B

Ort
Deutschland

11.2   Lernziele

Der vorliegende Fall ist für Masterstudierende konzipiert. Er zeigt wichtige Themen des strategischen Managements in Familienunternehmen. Insbesondere können die Studierenden sich hier mit einer konkreten Nachfolgesituation in einem Familienunternehmen auseinandersetzten und dessen Funktionsweise kennen lernen. Dabei sind folgende Lernziele zu erreichen:

1. Die Studierenden analysieren und bewerten verschiedene Instrumente der Family Business Governance und lernen den Beitrag von Beiräten im Gefüge von Familienunternehmen kennen. Dabei werden sowohl die aktuellen Strukturen, als auch die Besetzung von Gremien im beschriebenen Unternehmen sowie die daraus entstehende Herausforderungen für die zukünftige Entwicklung aufgezeigt.
2. Die Studierenden lernen ein erfolgreiches Familienunternehmen mit etablierten Strukturen kennen, das vor wichtigen Entscheidungen hinsichtlich der Besetzung von Posten in den Gremien sowie vor Anpassungen im Rollenverständnis der Gremien steht.

11.3   Einführung

Konrad sitzt im Stiftungsbüro im Verwaltungsgebäude der Unternehmensgruppe wie jeden Montag. Zuvor hatte er sich von der Geschäftsführung über den aktuellen Stand des Unternehmens informieren lassen. Er war schon immer sehr daran interessiert zu verstehen, was das Unternehmen beschäftigt und wie die Stimmung im Unternehmen ist. Es sind noch 30 Minuten bis zur Stiftungssitzung und der anschließenden Sitzung des Aufsichtsrats. Er lässt seine Gedanken schweifen. Er sitzt wie üblich – seit dem Tod Karls – an dessen ehemaligen Schreibtisch und blickt sich im Büro um. Sein Blick fällt auf ein Gemälde – das Frühwerk eines regionalen Künstlers – das Karl mit einem strengen und dennoch wachsamen Blick zeigt. Er denkt an die Vergangenheit und die gemeinsame Zeit. Karl hatte das väterliche Unternehmen aufgrund des Todes des Vaters übernommen und zur heutigen Unternehmensgruppe ausgebaut. Mit Karls Tod 2008, war die Führung des Unternehmens in die Hände seines einzigen Sohns Joseph übergegangen. Karl hatte sich zwar aufgrund seiner Krankheit schon vorher aus dem operativen Geschäft zurückgezogen, jedoch war er immer noch präsent im Unternehmen. Konrad fühlt sich ihm tief verpflichtet und er schaut zu diesem für ihn herausragenden Unternehmer und Freund auf.

Konrad hatte Karl über seine Ehefrau kennengelernt. Bei einem gemeinsamen Treffen wurde schnell deutlich, dass sich zwischen den beiden über Kunst, Kultur und Ethik tiefsinnige Gespräche und eine beiderseitige Sympathie entwickelte. Konrad ist Naturwissenschaftler mit ausgeprägtem Interesse an Kunst und Literatur, zudem ist er ein kritischer und aufmerksamer Zuhörer. Als Karl ihn bat, eine Rolle in der Familienstiftung wahrzunehmen, verstanden beide dies als Rolle des kritischen Querdenkers. Später, mit dem Tod Karls, übernahm Konrad den Posten des stellvertretenden Vorsitzenden des Aufsichtsrats des Unternehmens. Konrad genießt es, seine Ideen und Vorstellungen im Unternehmen einzubringen und sieht sich als Vertreter des Erbes seines Freundes.

Sein Blick schweift weiter. Das zweite Gemälde zeigt Albrecht, Karls Vater. Er war der Gründer der kleinen Metallfirma, die zum Zeitpunkt von Karls Einstieg in das väterliche Unternehmen eher an eine Werkstatt erinnerte. Der Vater galt als ein genialer Erfinder und Tüftler, dem jedoch der Überblick und die Entschlossenheit Karls fehlten. Er denkt an den Groll Karls gegenüber seinem Bruder. Der Bruder war der Erstgeborene der Unternehmerfamilie und designierter Nachfolger im Unternehmen. Im Gegensatz zur früh geplanten Nachfolge an die dritte Generation, verlief der Übergang auf die zweite Generation nicht reibungslos. Der Streit der beiden Brüder gipfelte in einer existenziellen Unternehmenskrise. Das Ergebnis jahrzehntelanger Rechtsstreitigkeiten zwischen den beiden Brüdern war die vollständige Übernahme des Unternehmens durch Karl und das Ausscheiden des anderen Familienstammes. Dies hatte Karl tief geprägt und war auch ausschlaggebend für die heutige Struktur der Unternehmensgruppe.

Konrad denkt daran, wie lange er die Werte Karls noch in das Unternehmen einbringen und vertreten kann. Wie können die Erfahrungen und die Werte Karls für zukünftige Generationen erhalten werden? Er denkt an seine eigene Nachfolge. Wann ist der richtige Zeitpunkt aufzuhören und wer würde seine Rolle in Zukunft wahrnehmen können? Neben ihm gibt es nur noch die ehemaligen Geschäftsführer als wirkliche Wegbegleiter Karls. Genau wie er sitzen die ehemaligen Geschäftsführer in den wichtigen Gremien des Unternehmens und sind auch bereits über das Rentenalter hinaus. Auch der Justiziar, der die Unternehmerfamilie durch alle schwierigen und unsicheren Zeiten begleitet hat, ist in seiner Rolle als Aufsichtsratsvorsitzender und Vorstandsvorsitzender der Stiftung im fortgeschrittenen Alter. Wann würden diese ehemaligen Wegbegleiter Karls das Unternehmen verlassen und wer würde ihnen folgen?

Das Klopfen an der Tür des Büros reißt ihn aus seinen Gedanken. Die weiteren Gremienmitglieder sind eingetroffen und die quartalsweise Stiftungssitzung kann beginnen. Konrad denkt an seine Verantwortung gegenüber seinem Freund, die bevorstehenden Herausforderungen für die Gruppe und seine eigene Rolle im Unternehmen.

11.4 Basisinformationen

11.4.1 Geschichte des Unternehmens

Die heutige Unternehmensgruppe beruht auf der Zink AG. Die Aktienmehrheit wurde 1936 von Albrecht übernommen. Albrecht war zu dem Zeitpunkt 53 Jahre alt und lebte in Berlin. Nach Abschluss seines Maschinenbaustudiums hatte er mehrere Jahre in verschiedenen Führungspositionen gearbeitet und vor der Übernahme erfolgreich ein Konstruktionsbüro für Motorentechnik, insbesondere von Flugzeugen, in Berlin gegründet. Albrecht überführte seine Anteile in eine Familienstiftung und besetzte wichtige Gremienpositionen mit seiner Ehefrau (Vorstandsvorsitz) und seinem Vater Rudolf (Aufsichtsratsvorsitz). Albrecht hatte drei Söhne. Mit dem Tod Albrechts im Jahr 1945, übernahm seine Frau den Vorsitz der Stiftung bis 1971.

Im Jahre 1953 stieg Karl, der mittlere der drei Söhne, in das Unternehmen ein. Der ältere Bruder zeigte zu dem Zeitpunkt keine Ambitionen in das elterliche Unternehmen einzusteigen, obwohl diese Rolle vom Vater für ihn vorgesehen war.

Als Karl die Geschäftsführung des Betriebs im Jahre 1959 übernahm, erinnerte das Unternehmen in seinen Strukturen eher an einen handwerklichen, metallverarbeitenden Betrieb. Steigende Nachfrage nach Trocknungsanlagen und Öltanks treiben das Unternehmenswachstum in den 60er- und 70er-Jahren und der Betrieb wächst. Mit der Eröffnung einer modernen Verzinkungsanlage im Jahr 1965 beginnt die kontinuierliche Modernisierung des Maschinenparks, die bis heute in allen Betrieben vorangetrieben wird. Die Dienstleistung der Verzinkung ist seit jeher ein wichtiger Bestandteil der Gruppe. Mit dem Bau von doppelwandigen Behältern in den 1980er wurden neue Branchen und Kunden erreicht und die Entwicklung der Gruppe vorangetrieben. Neben dem Behälterbau und der Dienstleistung des Verzinkens produzierte die Gruppe, durch den Zukauf eines Betriebs in den 80er-Jahren, zusätzlich zu den bisherigen Produkten Gitterroste. Dies markierte einen wichtigen Punkt in der Entwicklung zur heutigen Gruppenstruktur von autark agierenden Betrieben in Deutschland mit unterschiedlichen Unternehmensschwerpunkten im Bereich der Metallverarbeitung. Bis heute kaufte die Gruppe weitere Betriebe aus der metallverarbeitenden Industrie zu. Im Jahr 2017 besteht die Gruppe aus 23 Mehrheitsbeteiligung mit über 135 Mio. Euro Umsatz und beschäftigte in Deutschland mehr als 1100 Mitarbeiter.

11.4.2 Streitigkeiten in der Familie

Der Erfolg Karls im elterlichen Unternehmen wird vom älteren Bruder argwöhnisch betrachtet und ein unterschwelliger Streit der beiden führte im Jahr 1989 zu einer gravierenden Veränderung im Unternehmensumfeld. In diesem Jahr wird der ältere Bruder zum Stiftungsvorstand der Stiftung bestimmt und hatte somit eine gewichtige Position, da zu diesem Zeitpunkt die gesamten Anteile am Unternehmen von der Stiftung gehalten werden. Die Streitigkeiten werden in der Familie und in der Stiftung ausgetragen und somit weitestgehend aus dem Unternehmen herausgehalten, beeinträchtigen jedoch die Führung und den Fortbestand des Unternehmens beträchtlich. Es besteht eine große Unsicherheit über die Eigentumsverhältnisse der beiden Familienstämme. Erst im Jahre 2003 kann der Streit mit einem Vergleich beigelegt werden und der Familienstamm Karls übernimmt die Anteile der alten Stiftung am Unternehmen und überführte einen Teil in eine neu gegründete Stiftung, um so den Einfluss des ungeliebten Familienstamms zu beenden. Die neu gegründete Stiftung der Familie Karl hält zwar nur einen Minderheitsanteil am Unternehmen, verfügt aber über ein Vetorecht bei strategischen Entscheidungen und einen Sitz im Aufsichtsrat der Gruppe. Ziel und Zweck der neu gegründeten Stiftung, ist der Erhalt der Werte Karls für zukünftige Generationen und die Sicherung des langfristigen Fortbestands des Unternehmens. Dazu wird insbesondere der Familieneinfluss in der Stiftung beschränkt, da nur Vorstand der Stiftung werden kann, wer keine Anteile am Unternehmen hält. Die Stiftung soll dennoch die Nachkommen der Familie unterstützen und ausbilden, jedoch als Korrektiv zur Familie wirken. Darüber hinaus ist sie eng mit dem Forschungs- und Entwicklungsbereich der Gruppe verbunden und finanziert Entwicklungs- und Innovationsprojekte. Neben dieser Veränderung wurde im Jahr 2004 das Unternehmen in eine Holding umstrukturiert und Karl wechselte von der Position des geschäftsführenden Gesellschafters in den Vorsitz des Aufsichtsrats. Nach seinem Tod im Jahre 2008 übernimmt der Justiziar des Unternehmens diese wichtige Rolle.

11.4.3 Struktur und Rolle der Gremien

Die Anteile an der Unternehmensgruppe verteilen sich heute auf Joseph, Karls einzigen Sohn, der als geschäftsführender Gesellschafter die Gruppe und die neue Stiftung führt, wobei Joseph mit 75 % der Geschäftsanteile den Großteil am Unternehmen hält. Die Gruppe verfügt über eine komplexe Gremienstruktur (vgl. Abb. 11.1).

Geschäftsführung
Die Unternehmensgruppe besteht aus einzelnen autarken Betrieben, die von einer zentralen Geschäftsführung kontrolliert werden. Dabei wird insbesondere die strategische Entwicklung der Gruppe durch die Geschäftsführung gesteuert und operative Aufgaben in den einzelnen Betrieben durch Prokuristen durchgeführt. Die Geschäftsleitung besteht neben Joseph aus einem Finanz- und einem Vertriebsgeschäftsführer. Der Vertrieb wird von einem langjährigen Mitarbeiter des Unternehmens, der seit mehr als 25 Jahren in der Gruppe beschäftigt ist, verantwortet. Der studierte Kaufmann, 54 Jahre alt, war vorher in verschiedenen Positionen in einzelnen Betrieben der Gruppe im Unternehmen beschäftigt. Mit dem Ausscheiden des jetzigen Aufsichtsratsmitglieds und ehemaligen Geschäftsführers Franz im Jahr 2011 steigt er in die Geschäftsführung auf. Der jetzige Finanzgeschäftsführer wird Anfang 2016 zum Geschäftsführer bestellt. Er beerbte den 2013 ausgeschiedenen

Abb. 11.1 Unternehmensstruktur 2017. (Quelle: Eigene Darstellung)

Ferdinand. Sein Vorgänger musste bereits nach kurzer Amtszeit aufgrund von Unstimmigkeiten mit der Familie aus dem Unternehmen ausscheiden.

Aufsichtsrat
Der Aufsichtsrat der Gruppe besteht aus sechs Mitgliedern. Neben den ehemaligen Ge-
schäftsführern Franz und Ferdinand, sind Leopold, ein Experte für Materialkunde und ein
Wirtschaftsprüfer Mitglieder des Aufsichtsrats. Konrad ist der Vertreter des Justiziars, dem
Vorsitzenden des Aufsichtsrats.

Stiftung
In der Stiftung selbst gibt es einen Vorstand und ein Aufsichtsorgan. Der Vorstand ist besetzt durch den Justiziar und Ferdinand (als seinen Stellvertreter). Ferdinand sitzt für die
Stiftung im Aufsichtsrat der Unternehmensgruppe und soll dort die Interessen der Stiftung
vertreten. Im Aufsichtsorgan ist, neben Konrad und Leopold, mit Joseph, ein Familienmitglied vertreten. 2018 wird seine Frau Sophie als weiteres Mitglied in der Stiftung aufgenommen. Josephs zweite Frau ist seit über 10 Jahren in der Gruppe in verschiedenen
Positionen beschäftigt. Sie ist knapp 40 Jahre alt und hatte im Unternehmen eine Ausbildung gemacht. Danach hatte sie, von der IT-Abteilung über verschiedene Projektstellen,
unterschiedliche Abteilungen des Unternehmens kennengelernt. Seit 2016 führt sie wichtige Auslandsbeteiligungen der Gruppe und verschiedene Entwicklungsprojekte.

11.4.4 Besetzung von Positionen in Gremien

Die bisherigen Mitglieder in den unternehmensnahen Gremien der Stiftung und des Unternehmens sind von langjährigen Weggefährten des Unternehmens besetzt. Vielfach haben sie sich für das Unternehmen verdient gemacht und die Werte des Unternehmens vertreten. Die hohe Einsatzbereitschaft und Loyalität der Mitglieder entsteht nicht aus der Entlohnung für die Tätigkeit, sondern aus einer gefühlten Verpflichtung gegenüber dem Unternehmen und der Unternehmerfamilie. Franz und Ferdinand haben beispielweise Jahrzehnte lang als Geschäftsführer gemeinsam mit Karl das Unternehmen aufgebaut. Die Mitglieder sind im Moment zwischen 64 und 85 Jahren alt. Die Satzung der Stiftung sieht eine Altersgrenze von 75 Jahren vor und in den letzten Jahren hatte sich die Besetzung des Aufsichtsrats an der Stiftung orientiert. Außerdem fordert die Satzung der Stiftung, wenn möglich, eine interdisziplinäre Besetzung der Stiftungsgremien. Es sollen neben kaufmännischen Disziplinen und Marktexperten immer ein Jurist, aber auch andere Professionen vertreten sein. Der Aufsichtsrat hat die klassischen Aufgaben, als Berater der Geschäftsleitung, als Personalentscheider und als Kontrollorgan zu fungieren. Somit obliegt es dem Aufsichtsrat, die Geschäftsleitung, und in Abstimmung mit dieser, die Prokuristen und die Besetzung des Aufsichtsrates zu bestimmen. Bei der Wahl von Aufsichtsratsmitgliedern reicht eine einfache Mehrheit und der Vorsitzende kann bei Parität die Wahl entscheiden. Die ständige Expansion der Gruppe stellt den Aufsichtsrat sowohl vor juristische und steuerliche Herausforderungen wie auch vor die Notwendigkeit, das Verständnis für das Marktumfeld und die Branche des Unternehmens zu behalten.

Die Stiftung fungiert traditionell als Mediator zwischen Familie und Unternehmen. Karl besteht darauf, dass die Unternehmens- vor den Familieninteressen zu wahren seien. Neben dieser Rolle als Traditionalist und Erhalter der Werte des Unternehmens, ist die Absicherung der Nachfahren Karls eine wichtige Aufgabe. Unter anderem die Personalentwicklung, Auswahl geeigneter Nachfolger und die finanzielle Förderung ist dabei ein wichtiges Anliegen. Für die Familienmitglieder mit Ambitionen in das Unternehmen einzusteigen, gilt der Anspruch, dass sie sich um das Unternehmen verdient gemacht haben sollen und auch im Vergleich zu einem fremden Dritten über gleiche oder bessere fachliche Qualifikationen verfügen müssen.

11.5 Aktuelle Situation

Konrad schaut sich um. Die Mitglieder der Stiftung sind vollzählig anwesend. Die Tagespunkte sehen zwei schwierige Entscheidungen vor. Zum einen soll in der heutigen Sitzung die Rolle Josephs für die Zukunft geregelt und zum anderen eine Entscheidung für die zukünftige Ausrichtung der Stiftung bestimmt werden. Joseph würde im kommenden Jahr 65 Jahre alt und plant aus dem aktiven Geschäft aussteigen. Außerdem hat Joseph einen Teil seiner eigenen Anteile am Unternehmen an die Stiftung übertragen, so dass die Stiftung nun über zusätzliche Geschäftsanteile am Unternehmen verfügt. Er plant insbesondere, dass die Stiftung sich über die Finanzierung von Forschungs- und Entwicklungsprojekten hinaus stärker für die Finanzierung des Wachstums der Unternehmensgruppe einbringen sollte.

Neben diesen beiden Punkten steht die Frage nach der Nachfolge von Konrad, Franz, Ferdinand und dem Justiziar im Raum. Der Justiziar eröffnet die Sitzung und stellt die heutige Agenda den Beteiligten vor. Es wird eine längere Sitzung mit ungewissem Ausgang werden.

11.6 Diskussionsfragen

1. Was macht den Erfolg des Unternehmens aus?
2. Welche Rollen spielen die Gremien und vor welchen Herausforderungen steht die Unternehmensgruppe?
3. Was könnten aus Perspektive einer „good governance" zukünftige Maßnahmen zur Sicherung der Unternehmensstruktur sein?

Quellenverzeichnis und weiterführende Literatur

Felden, B., Hack, A., & Hoon, C. (2019). *Management von Familienunternehmen: Besonderheiten – Handlungsfelder – Instrumente* (2. Aufl.). Wiesbaden: Springer Gabler.
Koeberle-Schmidt, A. (2011). *Family Business Governance: Aufsichtsgremium und Familienrepräsentanz*. Wiesbaden: Springer.

Die Unternehmensnachfolge in der Moritz GmbH

12

Birgit Felden und Antje Hagen-Franz

12.1 Fallstudie kompakt

Horst Moritz, Chef der Moritz GmbH, erleidet einen Herzinfarkt. Dank schneller Versorgung überlebt er, muss aber jetzt konkret die Nachfolge im Unternehmen regeln.

Das mittelständische Familienunternehmen mit 33 Mitarbeitern ist seit langen Jahren erfolgreich im Bereich der Stahlverarbeitung tätig. Der Schwerpunkt liegt in den Branchen Entsorgungstechnik und Katastrophenschutz. Das Unternehmen vertreibt seine Produkte sowohl national als auch international. Drei Kinder sowie zwei bereits beteiligte leitende Mitarbeiter stehen für eine Nachfolgeregelung zur Verfügung. Doch persönliche Befindlichkeiten untereinander, die Frage der passenden Qualifikation sowie finanzielle Themen lassen den Fall komplex werden. In Form von Familienkonferenzen sollen Schritt für Schritt alle relevanten Punkte besprochen werden.

Thematische Anbindung an das Lehrbuch
Nachfolge, Unternehmerfamilie, Nachfolgeprozess, Family Governance, Kommunikation

Industrie
Stahlbau

Ort
Deutschland, Hessen

B. Felden (✉) · A. Hagen-Franz
EMF-Institut der HWR Berlin, Berlin, Deutschland
E-Mail: felden@birgitfelden.de

© Springer Fachmedien Wiesbaden GmbH, ein Teil von Springer Nature 2020
B. Felden et al. (Hrsg.), *Fallstudien zum Management von Familienunternehmen*,
https://doi.org/10.1007/978-3-658-27721-5_12

12.2 Lernziele

Die vielfältigen Aspekte und Interdependenzen der Unternehmensnachfolge können am besten anhand möglichst konkreter Beispiele vermittelt werden. Die Fallbearbeitung als LARP (Life Action Role Play) ermöglicht es den Studierenden, diese Aspekte aus einer individuellen Perspektive kennenzulernen und sich intensiv mit den persönlichen Befindlichkeiten der Familienmitglieder in einer konkreten Nachfolgesituation im Familienunternehmen auseinanderzusetzen. Der vorliegende Fall ist für Bachelor- und Masterstudierende geeignet.

Jede Unternehmensnachfolge ist einzigartig, und jede Nachfolgeregelung erfordert eine eigene Lösung, die den beteiligten Personen und Unternehmen wirklich gerecht wird. Daher gibt es keine richtige oder gar ideale Lösung, sondern jede Spielgruppe wird ihre eigene Lösung finden. Die Fallstudie soll jedoch Schlaglichter auf bezeichnende Phänomene und gebräuchliche Strukturen werfen und damit zu einem vertieften Verständnis beitragen und die Materie visualisieren.

Das LARP basiert auf der (fiktiven) Unternehmerfamilie Moritz, die das Lehrbuch Unternehmensnachfolge begleitet. Dieselbe Unternehmerfamilie (allerdings in der Folgegeneration) visualisiert auch die Themen im Lehrbuch Familienunternehmen aktiv managen.

Mit der Fallstudie sind folgende Lernziele beabsichtigt:

1. Die Studierenden lernen eine komplexe Nachfolgesituation in einem Familienunternehmen kennen.
2. Die Studierenden erkennen die Wichtigkeit einer strukturierten Nachfolgeplanung.
3. Durch das Rollenspiel erfahren die Studierenden die persönliche Betroffenheit der beteiligten Personen unmittelbar und können sich in die emotionalen Beweggründe hineinversetzen.
4. Die Lernmethodik fördert die Kreativität der Lösungsfindung.
5. Die Studierenden erkennen die Hürden, die durch emotionale Beweggründe einer strukturierten Nachfolgeplanung im Wege stehen und müssen diese strategisch und kommunikativ überwinden.
6. Durch eine anschliessende Reflexion auf der Metaebene werden Wege ermittelt, die helfen, Hürden einer Nachfolgeplanung zu überwinden.

12.3 Einführung

Das mittelständische Familienunternehmen Moritz GmbH, ist seit 1946 im Bereich der Stahlverarbeitung tätig. Die Anfänge der Moritz GmbH lesen sich wie die typische deutsche Wirtschaftsgeschichte: Hugo Moritz übernimmt nach dem 2. Weltkrieg eine verwaiste alte Schmiedewerkstatt in Brückstadt und baut sie zu einem florierenden Betrieb auf. Seine beiden Söhne Hartmut und Horst werden 1976 beteiligt. 1983 verstirbt der älteste Sohn Hartmut tragisch aufgrund eines Verkehrsunfalls. Seit dem Tod seines Vaters im Jahr 1993 ist Horst alleine für das Unternehmen verantwortlich, unterstützt von seiner Frau Else.

Das Unternehmen besteht aus der Betriebs-GmbH und einer GbR, die die Betriebsimmobilie hält, ein großes Grundstück in attraktiver Stadtrandlage mit neuen Produktions- und Verwaltungsgebäuden. Horst hält 80 % der GmbH-Anteile, je 10 % hat er 2004 seinen beiden leitenden Mitarbeitern Groß und Wonschack übertragen. Die GbR gehört zu 50 % Horst Moritz und zu 25 % seiner Frau Else. Die restlichen 25 % des Immobilienbesitzes hält seine Schwägerin Anna-Maria (die Witwe seines Bruders Hartmut), die jedoch nie im Unternehmen tätig war. Die Besitzgesellschaft hat vor drei Jahren umfangreiche Kredite für den Neubau aufgenommen. Deren Bezug ist von allen Seiten als Ausdruck der ungebrochenen Kraft des Unternehmens und auch des inzwischen 64-jährigen Unternehmers aufgefasst worden. Dabei hat sich die Kreissparkasse von Brückstadt als langjähriger Partner stark engagiert, entschieden vom damaligen Vorstand Dr. Rolf Becherling, der Horst Moritz seit Jahrzehnten kennt. Seit zwei Jahren ist Dr. Becherling allerdings im Ruhestand.

Neben Containern mit militärischer Signal- und Nachrichtentechnik produziert die Moritz GmbH Komponenten für Bunker, LKW-Aufbauten und mobilen Nachschubeinrichtungen. Das Unternehmen selbst läuft zwar durchaus profitabel, die langfristige Perspektive scheint jedoch durch eine unklare Nachfolgesituation und die deutlich schwankenden Umsätze gefährdet, was – sehr zum Ärger von Horst Moritz – zu entsprechenden Abschlägen beim bankeninternen Rating führte.

Mit drei Kindern, davon zwei Söhnen, geht Horst Moritz wie selbstverständlich davon aus, dass mindestens eines davon das Unternehmen einmal weiterführen wird. Nachdem Heiko, der Älteste, eine passende berufliche Richtung einschlägt, scheint alles klar zu sein. Nach der Lehre tritt Heiko ins Unternehmen ein, verlässt es jedoch relativ bald darauf wieder nach einem Zerwürfnis mit dem Vater. Ein Jahr nach dem Ausscheiden von Heiko überträgt Horst Moritz seinen zwei leitenden Mitarbeitern jeweils 10 % der GmbH-Anteile und nimmt sie in die Geschäftsführung auf. Dennoch ist sich Horst Moritz darüber im Klaren, dass er sich mit der Nachfolgeregelung für die Moritz GmbH weiter auseinandersetzen muss.

12.4 Basisinformationen

Die Moritz GmbH entwickelt und produziert individuelle Kundenlösungen von Einzelprojekten bis zu Kleinserien. Ihr Schwerpunkt liegt in den Branchen Entsorgungstechnik und Katastrophenschutz. Das Unternehmen vertreibt seine Produkte sowohl national als auch international. Der Sitz des Unternehmens befindet sich in Brückstadt, einem Städtchen mit 25.000 Einwohnern, nördlich von Frankfurt am Main.

12.4.1 Das Unternehmen

Moritz beschäftigt 33 Mitarbeitende: drei Geschäftsführer, 18 gewerbliche Mitarbeiter und 12 Angestellte. Horst Moritz ist der Hauptgeschäftsführer. Seit 2004 sind Ludwig Wonschack für den kaufmännischen Bereich und Manfred Groß für den technischen Bereich als Geschäftsführer tätig. Herr Wonschack führt drei Beschäftigte in der Verwaltung, drei Beschäftigte, die für die Finanzen zuständig sind und einen Mitarbeiter im Qualitätsmanagement. Herr Groß hat insgesamt 15 Beschäftigte in der Produktion, drei im Lager und fünf in der Konstruktion (vgl. Abb. 12.1).

Lange Jahre hat die Moritz GmbH hohe Umsätze und Gewinne erwirtschaftet. Aber der Markt ist in den vergangenen drei Jahren schwieriger geworden. Zunehmender Wettbewerb und geändertes Kundenverhalten lassen erwarten, dass die goldenen Zeiten für das Unternehmen vorbei sind. Vor allem ein bayrischer Mitbewerber (Kruwinkel) macht Horst Moritz das Leben schwer. Dennoch stehen der gute Ruf und die langjährigen Kundenbeziehungen, die Herr Moritz systematisch pflegt, für eine solide Zukunft. Dem Unternehmen geht es wirtschaftlich sehr gut. Mit über 14 Mio. € Umsatzerlösen und einem Betriebsergebnis von über 600.000 € steht das Unternehmen solide im Markt. (vgl. Abb. 12.2).

Die Eigenkapitalquote beträgt über 30 Prozent und das Unternehmen erwirtschaftet hohe operative Cash-Flows (vgl. Abb. 12.3).

Der Hauptteil der Kredite steckt in Investitionen in moderne Maschinen und Anlagen aus den Jahren 2005–2007. Außerdem hat Horst Moritz ein Gesellschafterdarlehen privat eingebracht, das durch einen Rangrücktritt gegenüber den finanzierenden Banken gebunden ist (vgl. Abb. 12.4).

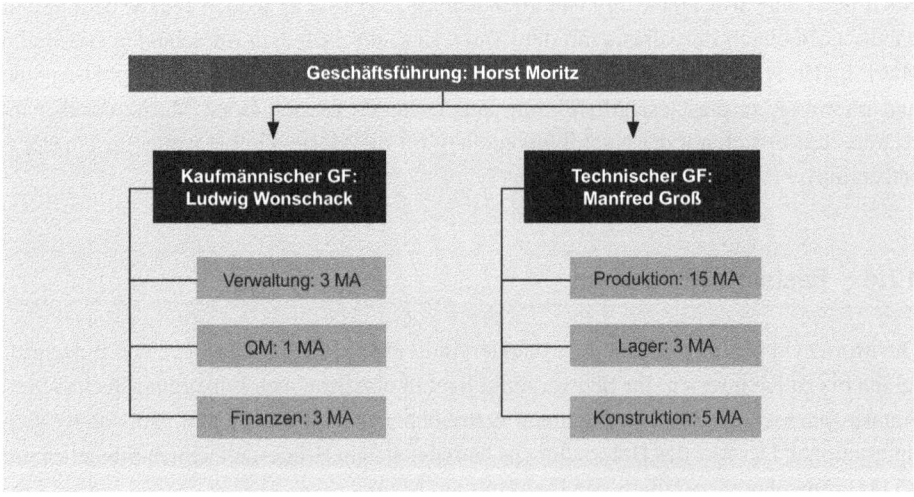

Abb. 12.1 Organigramm der Moritz GmbH. (Quelle: Felden und Pfannenschwarz 2008)

	2005		2006		2007		2007-2006		2007-2005	
	TEURO	%	TEURO	%	TEURO	%	TEURO	%	TEURO	%
Umsatzerlöse	17.364	105,8	10.645	108,6	9.698	91,2	-947	-8,9	-7.666	-44,1
Gesamtleistung	16.418	100,0	9.800	100,0	10.631	100,0	831	8,5	-5.787	-35,2
Materialeinsatz	11.663	71,0	6.404	65,3	7.180	67,5	776	12,1	-4.483	-38,4
Rohertrag = DB I	4.755	29,0	3.396	34,7	3.451	32,5	55	1,6	-1.304	-27,4
Personalaufwand	1.177	7,2	1.268	12,9	1.466	13,8	198	15,6	289	24,6
DB II	3.578	21,8	2.128	21,7	1.985	18,7	-143	-6,7	-1.593	-44,5
Abschreibung	70	0,4	67	0,7	137	1,3	70	104,5	67	95,7
Miet-/Leasingaufwand	265	1,6	283	2,9	309	2,9	26	9,2	44	16,6
sonst. betr. Aufwand	374	2,3	289	2,9	419	3,9	130	45,0	45	12,0
sonst. betr. Erlöse	145	0,9	79	0,8	41	0,4	-38	-48,1	-104	-71,7
Zinsaufwand	-60	-0,4	-39	-0,4	40	0,4	79	-202,6	100	-166,7
Betriebsergebnis	3.074	18,7	1.607	16,4	1.121	10,5	-486	-30,2	-1.953	-63,5
Neutrales Ergebnis	-1.373	-8,4	-652	-6,7	-452	-4,3	200	-30,7	921	-67,1
Unternehmensergebnis	1.701	10,4	955	9,7	669	6,3	-286	-29,9	-1.032	-60,7

Abb. 12.2 GuV der Moritz GmbH. (Quelle: Felden und Pfannenschwarz 2008)

12.4.2 Die Mitspielenden

Horst Moritz (65): Geschäftsführender Gesellschafter, Vater und Senior
Charaktermerkmale: dominant, stur, patriarchal
Ich bin Horst Moritz, der geschäftsführende Gesellschafter der Moritz GmbH. Ich führe
das Unternehmen seit 1993, nachdem ich es von meinem Vater übernommen habe. Manfred Groß und Ludwig Wonschack sind meine engsten und besten Mitarbeiter. Meine Frau
war bei uns für die Buchhaltung, das Personalwesen und die Lohnabrechnung zuständig
und hat mich im Aufbau des Unternehmens von Anfang an unterstützt. Auch jetzt ist sie
als Beraterin für mich noch sehr wichtig. Mein Unternehmen und ich sind eng miteinander
verbunden – kein Wunder, die Moritz GmbH wurde zu meiner Lebensaufgabe und ich bin
stolz auf dieses hart erarbeitete Werk. Oft arbeite ich sogar bis tief in die Nacht. Jetzt muss
ich leider aus gesundheitlichen Gründen anfangen, meine Nachfolge zu planen. Auch das
macht mir Sorgen.

Ob jemand heute noch bereit ist, eine so verantwortungsvolle Aufgabe mit vollstem
Engagement und unternehmerischen Kompetenzen zu erfüllen? Ich möchte schließlich
nicht, dass das, was ich über Jahrzehnte aufgebaut habe, am Ende zerstört wird. Schließlich stehen 33 Beschäftigte, deren Familien und unsere Kunden auf dem Spiel! Das

Aktivseite	2005		2006		2007		2007-2006		2007-2005	
	TEURO	%	TEURO	%	TEURO	%	TEURO	%	TEURO	%
Anlagevermögen	136	1,9	181	3,4	3.191	48,7	3.010	1663,0	3.055	2246,3
Vorräte	1.186	16,7	334	6,4	1.269	19,4	925	268,9	83	7,0
Forderungen	2.982	41,9	2.118	39,3	1.562	23,8	-556	-26,3	-1.420	-47,6
Kassenbestand/Bankguthaben	2.770	38,9	2.730	50,7	370	5,6	-2.360	-86,4	-2.400	-86,6
Restliches Umlaufvermögen	45	0,6	13	0,2	165	2,5	152	1169,2	120	266,7
Summe Umlaufvermögen	6.983	98,1	5.205	96,6	3.366	51,3	-1.839	-35,3	-3.617	-51,8
Negativkapital	0	0,0	0	0,0	0	0,0	0	0,0	0	0,0
Bilanzsumme	7.119	100,0	5.386	100,0	6.557	100,0	1.171	21,7	-562	-7,9
Passiveseite										
Wirtschaftliches Eigenkapital	3.334	46,8	1.727	32,1	2.119	32,3	392	22,7	-1.215	-36,4
Langfristige Rückstellungen	0	0,0	0	0,0	0	0,0	0	0,0	0	0,0
Lang-/mittelfr. Bankverbindlichkeiten	0	0,0	0	0,0	2.057	31,4	2.057	0,0	2.057	0,0
Kurzfr. Bankverbindlichkeiten	23	0,3	0	0,0	21	0,3	21	0,0	-2	-8,7
Lieferantenverbindlichkeiten	876	12,3	488	9,1	799	12,2	311	63,7	-77	-8,8
Erhaltene Anzahlungen	0	0,0	1.413	26,2	464	7,1	-949	-67,2	464	0,0
Akzepte	0	0,0	0	0,0	0	0,0	0	0,0	0	0,0
Kurzfr. sonstige Verbindlichkeiten	2.046	28,7	1.074	19,9	603	9,2	-471	-43,9	-1.443	-70,5
Restliches Fremdkapital	841	11,8	685	12,7	493	7,5	-192	-28,0	-348	-41,4
Summe Fremdkapital	3.786	53,2	3.660	67,9	4.437	67,7	777	21,2	651	17,2
Bilanzsumme	7.120	100,0	5.387	100,0	6.556	100,0	1.169	21,7	-564	-7,9

Abb. 12.3 Bilanz der Moritz GmbH. (Quelle: Felden und Pfannenschwarz 2008)

Unternehmen braucht auch nach mir eine Führungspersönlichkeit, die eine natürliche Autorität ausstrahlt und nie die Kontrolle verliert.

Mein Sohn Heiko ist ein Heißsporn und für so eine verantwortungsvolle Position leider zu naiv und unreflektiert. Wir kommen in unseren Vorstellungen über die Unternehmensführung einfach nicht zusammen.

Else Moritz (63): Ehefrau von Horst und „graue Eminenz" und Mutter
Charaktermerkmale: liebevoll, aktiv, umsorgend
Ich bin Else Moritz, wie Sie ja schon wissen. Ursprünglich hatte ich mir mein Leben anders vorgestellt. Deshalb heiratete ich einen „bloßen" Angestellten. Dann machte sich mein lieber Horst jedoch bald danach selbstständig. Natürlich war klar, dass ich ihm helfen würde. Ich stamme ja auch aus einer Unternehmerfamilie. Meine Bereiche wurden die Buchhaltung und das gesamte Personalwesen und die Lohnabrechnungen.

Kennzahlen der Rentabilität			
Gesamtkapitalverzinsung	42,3	29,1	17,7
Umsatzrentabilität (GL)	18,7	16,4	10,6
ROI (Eigenkapital)	0,51	0,55	0,32
ROCE	0,53	0,62	0,68
EBITDA (TEUR)	3.084	1.635	1.299
Gewinnschwelle (TEUR)	5.803	5.164	7.175
Kennzahlen zur Vermögensstruktur			
Umschlaghäufigkeit der Vorräte	9,8	18,6	5,7
Lagerdauer der Vorräte (Tage)	37	19	64
Kapitalbindung pro Lagertag (TEUR)	32	18	20
Debitorenlaufzeit (Tage)	53	61	50
Kapitalbindung pro Debitoren-Tag (TEUR)	56	35	31
Kennzahlen zur Kapitalstruktur			
Eigenkapitalquote	46,8	32,1	32,3
Kreditorenlaufzeit	23	23	33
Kapitalbindung pro Kreditoren-Tag (TEUR)	39	22	24
Verschuldungsgrad	113,5	211,9	209,4
Kennzahlen der Beschäftigung			
Mitarbeiter im Durchschnitt	26	28	33
Umsatz je Mitarbeiter (TEUR)	668	380	294
Gesamtleistung je Mitarbeiter (TEUR)	631	350	322
Rohertrag je Mitarbeiter (TEUR)	183	121	105
Personalkosten je Mitarbeiter (TEUR)	45	45	44
Individuelle Wertschöpfung (TEUR)	138	76	60
Kennzahlen der Liquidität			
Working capital (TEUR)	3.198	1.546	985
Anlagedeckung 1	2443,5	953,1	66,4
Anlagedeckung 2	2443,5	953,1	130,9
Betrieblicher Cashflow (BE) (TEUR)	0	1.673	1.259
Unternehmens Cashflow (TEUR)	0	1.021	807
Banken Cashflow (BE) (TEUR)	0	1.635	1.299
Kapitaldienstgrenze (TEUR)	0	-938	707
Dynamischer Verschuldungsgrad in Jahren	0,0	2,2	3,5

Abb. 12.4   Ausgewählte Kennzahlen der Moritz GmbH. (Quelle: Felden und Pfannenschwarz 2008)

Leider habe ich schon seit 2001 ein langwieriges Rückenleiden. Ich quälte mich noch einige Zeit im Unternehmen, musste mein Engagement jedoch mehr und mehr zurückfahren. Zum Glück lernte mein Mann auf einer Messe Herrn Wonschack kennen. Er hat mich entlastet und die kaufmännischen Aufgaben übernommen. Seitdem bin ich die Beraterin meines Mannes. Wenn es um wichtige Themen und Fragen geht, besprechen wir alles. So kann ich ihn bis heute unterstützen.

Heiko Moritz (32): Dipl.-Ing., ältester Sohn
Charaktermerkmale: ehrgeizig, stur, überheblich
Mein Name ist Heiko Moritz, ich bin 32 Jahre alt. Wir drei Geschwister sind quasi mit dem Unternehmen meines Vaters aufgewachsen. Er betont zwar immer, dass wir in unserer Berufswahl alle Freiheiten haben, doch war zu spüren, dass er sich eine Nachfolge innerhalb der Familie wünscht. Wir waren oft, wenn z. B. neue Maschinen für der Firma gekauft wurden, auch mal sonntags da und Vater hat uns stolz die neuen technischen Entwicklungen gezeigt.

Ich war von uns dreien am meisten involviert. Nach meiner Ausbildung zum Werkzeugmacher habe ich für zwei Jahre in der Firma gearbeitet. Ich kenne also alle Beschäftigten und alle Prozesse ziemlich gut. Leider war mein Vater nicht offen für neue Ideen, was ich sehr schwierig empfand. Ein Unternehmen muss schließlich auch mit der Zeit gehen. Ich hätte auch einen eigenständigen Verantwortungsbereich übernommen, um eine neue Richtung einzuschlagen. Doch das wolltest du, Vater, ja nicht, so dass es für uns beide besser war, dass ich ausgestiegen bin. Dann habe ich Ingenieurswesen studiert und bin nun als Führungskraft in einem großen Maschinenbaukonzern tätig. Da kann ich mich so richtig entfalten, auch wenn ich schon manchmal an diesen Konzern-Strukturen verzweifele.

In meiner Freizeit gehe ich gerne ins Fitnessstudio, um mich auszupowern und Kraft zu bekommen. Das tut mir gut und gibt mir einen Ausgleich zu meinem Berufsleben.

Veronika (30): Industriedesignerin, MBA, einzige Tochter
Charaktermerkmale: intelligent, eigenständig, kommunikativ
Mein Name ist Veronika, ich bin die mittlere der drei Kinder. Da ich in der Firma nicht so eingeplant war wie mein Bruder Heiko, bin ich erst einmal meinen eigenen Weg gegangen und als Au-Pair ein Jahr nach Kanada gezogen. Anschließend habe ich sehr erfolgreich Industrie-Design studiert und bei einem Start-Up-Unternehmen als Designerin angefangen. Dabei habe ich gemerkt, dass mir das Arbeitsumfeld zu „abgehoben" und zu wenig kreativ ist. Daraufhin bin ich ins Marketing gewechselt. Nebenbei habe ich berufsbegleitend ein MBA-Programm absolviert. Mittlerweile bin ich stellvertretende Leiterin der Marketing-Abteilung in einem größeren mittelständischen Unternehmen, in dem ich vor allem die wichtigsten Key Accounts betreue.

Nun, wo mein Vater den Herzinfarkt erlitten hat, bin ich bereit, bei uns einzusteigen, wenn ich helfen kann. Ich sehe es als Verantwortung von uns Kindern, für Papa und das Unternehmen da zu sein.

Kevin (25): Student und zweiter Sohn
Charaktermerkmale: kreativ, frech, unzuverlässig
Hallo an euch, ja, ich bin der Kevin und habe auch schon in unserem Betrieb gearbeitet. Wobei ich anders als Heiko bisher nicht plane, voll einzusteigen. Meine Idee von Unter-

nehmensführung und Zusammenarbeit ist da vielleicht etwas anders. Dieses starre Hierarchiedenken ist nicht meine Art. Wie ihr wisst, bin ich Musiker, da kommt es auf das Zusammenspiel in der Band an. Dabei müssen nicht immer alle die Besten sein, aber alle etwas beitragen. Ich würde hier alles ganz anders machen. Na gut, das nur mal nebenbei.

Also: meine Passion ist die Musik, ich studiere Klavier und Gitarre. Ich finde, das Leben braucht auch Schöngeist und Kunst, sonst hat es keinen Wert. Musik bringt einen in den richtigen Flow. Natürlich mache ich auch andere Dinge… ich bin echt fit im Motorsport, auch wenn man es mir vielleicht nicht so ansieht. Aber da kenne ich mich aus. Also, wenn ihr mal etwas über Autos wissen möchtet?

Anna-Maria Moritz (62): Gesellschafterin, Schwägerin von Horst Moritz
Charaktermerkmale: weltfremd, verbittert, gleichgültig
Also, ich bin Anna-Maria Moritz und Gesellschafterin im Unternehmen. Ich war verheiratet mit Hartmut, Horsts Bruder, den ich leider schon viel zu früh verlieren musste. Es ist schlimm, dass Hartmut so früh gestorben ist, er wäre sonst heute auch hier und hätte sicher Horst als Mitgeschäftsführer gut zur Seite gestanden. Ich bin die Tante der drei chaotischen Kinder da. Ich selbst habe leider keine Kinder. Auch ansonsten hat es das Leben nicht gut mit mir gemeint! Es ist nicht leicht, immer alles alleine machen zu müssen. Es tut mir weh, mit anzusehen, wie viel Unfrieden es hier gibt. Das war früher in der Familie nicht so. Da haben alle gut zusammengehalten. Statt mich mit diesen Streitereien auseinanderzusetzen, kümmere ich mich lieber um Wichtigeres. Ich engagiere mich im sozialen Bereich, kümmere mich um Schwache und bin sehr in der Kirche engagiert.

Manfred Groß (55): Betriebsleiter
Charaktermerkmale: energisch, bodenständig, treu
Guten Tag, mein Name ist Manfred Groß und ich bin Betriebsleiter der Moritz GmbH. Schon beim Vater von Horst habe ich das Schmiedehandwerk gelernt und bin somit der Dienstälteste hier. Der Betrieb ist mein Leben, kann auch ich sagen. Ich kenne buchstäblich jede Schraube und die Produktion wie kein anderer.

Mein Kollege, Ludwig Wonschack, mit dem ich schon seit 2004 zusammen in der Geschäftsleitung bin und ich stehen Horst Moritz zur Seite. Unsere Zusammenarbeit klappt gut, wir sind ein eingespieltes Führungsteam. Jeder hat seine Aufgabe. In der Produktion macht mir aber keiner etwas vor. Da habe ich das Sagen. Alles Wichtige besprechen wir mit Horst Moritz. Uns verbindet mittlerweile mehr als nur die Firma, da wir uns schon so lange kennen.

Wenn Horst mal ausfällt, können wir das Tagesgeschäft problemlos in seinem Sinne weiterführen. Die Beschäftigten akzeptieren uns, so dass alles wie gewohnt laufen kann. Wird es mal hektischer, kann ich sehr gut die Ruhe bewahren. Das macht auch die Erfahrung. Ich hoffe, dass wir hier gemeinsam gute Lösungen für die Zukunft des Unternehmens erarbeiten können.

Ludwig Wonschack (42): Kaufmännischer Leiter
Charaktermerkmale: ruhig, sachlich, zielstrebig
Ja, wie Manfred Groß schon gesagt hat, bilden wir gemeinsam mit Horst Moritz die Geschäftsführung. Ich bin für die Finanzen zuständig und der kaufmännische Leiter. Unsere

Zusammenarbeit klappt gut. Wichtige Entscheidungen werden meistens einstimmig getroffen. Die Mitarbeiter akzeptieren uns. Eigentlich bin ich gelernter technischer Zeichner. Ich war vorher im Vertrieb, als mich Horst bei einer Messe abgeworben hat. Meine betriebswirtschaftlichen Kenntnisse stammen voll aus der Praxis. Ich war zunächst dafür da, methodisch und akribisch das bis dahin recht hemdsärmelig geführte Rechnungswesen und den gesamten kaufmännischen Bereich der Firma mal auf Vordermann zu bringen. Jetzt mache ich noch viel mehr und kümmere mich um alles außer um die Produktion und die Kundenbetreuung.

Ruth Ehlers (63): Büroleiterin
Charaktermerkmale: sorgfältig, hilfsbereit, freundlich
Mein Name ist Ruth Ehlers. Ich bin Büroleiterin bei der Moritz GmbH und gehöre fast schon zum Inventar.

Eigentlich wollte ich mit 60 aufhören, aber nun arbeite ich noch Horst Moritz zuliebe im Unternehmen. Spätestens mit 65 möchte ich aber in den Ruhestand gehen. Also, in zwei Jahren muss dann wirklich Schluß sein.

12.5   Aktuelle Situation

Horst Moritz, Chef der Moritz GmbH, ist nicht mehr der Jüngste und lebt nicht sehr gesund. Zu viel Arbeit, zu wenig Schlaf, Zigarren und Alkohol kommen hinzu. Eines Tags kommt es wie es kommen muss: er erleidet einen Herzinfarkt. Dank schneller Versorgung überlebt er, wird aber nie mehr so arbeiten können wie bisher. Nachdem er sich ein halbes Jahr nicht entscheiden kann, wie es weitergehen soll, wird seine Frau Else aktiv. Else Moritz schreibt an ihre Familie und die beiden leitenden Mitarbeiter:

> Ihr Lieben,
>
> mein lieber Horst hat mit 65 einen Herzinfarkt erlitten, was uns alle geschockt hat, aber auch aufwachen lässt. Es ist ein deutliches und wichtiges Signal. Wir müssen jetzt über die Nachfolge im Unternehmen reden und konkret werden. Wir müssen Lösungen für uns als Familie und unsere Moritz GmbH finden. Lasst uns alle an einen Tisch setzen und gemeinsam die Zukunft der Firma klären. Horst ist damit einverstanden, auch wenn er es selbst nicht initiieren kann.
>
> Ich freue mich, dass Anita Rupolicz uns als Moderatorin während dieser schweren Zeit zur Seite steht und bin mir sicher, dass wir diese schwierigen Themen dadurch gut und erfolgreich miteinander besprechen können. Erst wollte sie nicht, aber ich bin sicher, sie kennt das Unternehmen als langjährige Beraterin gut und hat auch einen guten Draht zu Horst. Sie hat vorgeschlagen, dass wir in Form von Familienkonferenzen Schritt für Schritt alle relevanten Punkte besprechen. Und ich möchte, dass auch Manfred Groß und Ludwig Wonschack mit dabei sind, denn sie gehören zum Unternehmen und eigentlich ja auch zur Familie.
>
> Herzliche Grüße Eure Else

12.6   Diskussionsfragen

Teil 1:
Die Teilnehmer haben in diesem Teil des Spiels die Aufgabe, die Ausgangslage zu diskutieren und ein gemeinsames Verständnis für die wirtschaftliche Zukunft des Unternehmens zu gewinnen – soweit das möglich ist …

Teil 2:
In Teil 2 sollen die Teilnehmer ein gutes Konzept für die Führungs- und die Eigentumsübertragung entwickeln. Sie sollen sich gemeinsam auf eine Nachfolgelösung verständigen.

Teil 3:
Der 3. Teil kann abschließend zur Erarbeitung eines konkreten Maßnahmenkatalogs genutzt werden. Auch ein Notfallplan sollte erarbeitet werden, wenn einem der Beteiligten etwas passiert.

Quellenverzeichnis und weiterführende Literatur

Felden, B., & Pfannenschwarz, A. (2008). *Unternehmensnachfolge: Perspektiven und Instrumente für Lehre und Praxis*. München: Oldenburg.
Felden, B., Hack, A., & Hoon, C. (2019). *Management von Familienunternehmen: Besonderheiten – Handlungsfelder – Instrumente* (2. Aufl.). Wiesbaden: Springer Gabler.

Teil II

Lösungsvorschläge zu den einzelnen Fallstudien

In diesem Teil II des Fallstudienbuchs finden Sie die jeweiligen Teaching Manuals zu den einzelnen Fallstudien aus Teil I. Hier bieten die Autorinnen und Autoren der Fallstudien erste Hinweise auf die Beantwortung der Diskussionsfragen und ermöglichen Dozierenden ein gezieltes Auswählen der einzelnen Themen für den Unterricht.

Als Studierende lesen Sie bitte diese Musterlösungen nicht vorweg, sondern erarbeiten Sie zunächst Ihre eigenen Lösungen. Erst danach sollten Sie diese mit den hier abgedruckten Vorschlägen vergleichen. Vielleicht finden Sie ähnliche Gedanken, die Sie auch in Ihren Arbeitsgruppen entwickelt haben, vielleicht bieten die Ausführungen Ansatzpunkte für weitere Diskussionen, vielleicht haben Sie aber auch aus Ihrer Sicht geeignetere und innovativere Lösungen diskutiert.

Wie sind die Lösungsvorschläge aufgebaut?
Auch die Teaching Manuals folgen einer möglichst einheitlichen Struktur. Kap. 1 fasst die Fallstudie, sozusagen als Gedächtnisstütze, nochmals zusammen. Daran anschließend werden konkrete Diskussionsfragen für Studierende aufgezeigt, für die im weiteren Verlauf des Teaching Manuals beispielhafte Lösungsvorschläge erarbeitet werden Kap. 2. Ähnlich sind auch die in Kap. 3 vorgeschlagenen theoretischen Modelle und Konzepte zur Lösung der Fallstudie nur als erste Hilfestellung zu verstehen. Nichtsdestotrotz kann deren intensive Lektüre gute Ansatzpunkte für die Lösungsfindung bieten. Nach dieser Darstellung der aus Sicht der Autorinnen und Autoren wichtigen Theorien und Konzepte wird jeweils in Kap. 4 eine Musterlösung für die Diskussionsfragen abgedruckt. Zudem bietet Kap. 5 einen möglichen Ablauf- und Zeitplan für die Erarbeitung der Fallstudie. Dies kann für Sie als Dozierende bei der Konzeption der konkreten Lehrveranstaltung hilfreich sein, um deren Integration in das Curriculum auch zeitlich besser zu planen. Abschließend finden Sie neben den Quellenangaben auch weiterführende Literatur. Diese Literaturangaben sollen die thematische Bearbeitung des Falles unterstützen aber gleichzeitig auch dazu beitragen, gemeinsam mit den Studierenden alternative Lösungswege zu erarbeiten.

Wie und wann setze ich die einzelnen Fallstudien ein?

Für jede Diskussionsfrage stellen die Autorinnen und Autoren der Fallstudien eine Lösungsskizze zur Verfügung, welche aber stets nur als Vorschlag zu verstehen ist. Andere Interpretationen der vorliegenden Informationen oder andere Grundannahmen können zu alternativen Lösungen führen. Diese sind damit nicht falsch.

Wichtig ist: So wie die Diskussionsfragen nicht die einzig möglichen zu dem jeweiligen Fall sind, so handelt es sich bei den Inhalten der Teaching Manuals auch nicht um die einzig richtigen Lösungen, sondern um Vorschläge der Autorinnen und Autoren. Je nach Sichtweise, Erfahrungshintergrund und Interpretation der in der Fallstudie gezeigten Informationen können unterschiedliche Lösungswege entwickelt werden.

Auch dies ist ein großer Mehrwert der Fallstudienmethode: viele Wege führen zum Erfolg und a priori kann niemals ein Weg als der richtige oder der falsche identifiziert werden. Und nicht alle in der Fallstudie genannten Informationen sind für die Fallbearbeitung relevant. Auch in der Praxis müssen aus der überwältigenden Vielzahl an Informationen die wichtigen Informationshappen herausgefiltert werden. Es bedeutet aber auch, dass die Studierenden darüber hinaus die Möglichkeit haben, eigenständig auf Basis des Fallmaterials Konzepte oder komplexere Lösungsansätze zu entwickeln und eine breitere Thematik bearbeiten können. Eigene Erfahrungen in ähnlichen Branchen, weitere Recherchearbeiten oder nicht im Lehrbuch genannte Konzepte können vielfältige weitere Hilfestellungen leisten.

Neben den Untersuchungsfällen werden Sie auch zwei Fallstudien finden (s. Kap. 18 und 24), die als Rollenspiele konzipiert sind. Hier schlüpfen die Studierenden in die Rolle einer der beschriebenen Personen und sollen, gestützt durch Rollenkarten und individuelle Informationen, eine Lösung entwickeln. Diese Methode ist vor allem dann sinnvoll, wenn es darum geht, lebensnahe Beobachterpositionen einzunehmen und emotionale Befindlichkeiten zu reflektieren. Im Rollenspiel können insbesondere Empathie, Kooperations-, Kommunikations- und Problemlösungsfähigkeit entwickelt werden. Außerdem werden durch Rollenspiele vor allem Selbst- und Fremdbeobachtungsfähigkeiten geschult.

So bieten die folgenden Teaching Manuals immer einen klaren Hinweis, für welches Ausbildungsniveau (Bachelor oder Master) die jeweilige Fallstudie geeignet ist und ob es sich um eine klassische Fallanalyse oder um ein Rollenspiel handelt.

Geschwister-Teams in Familienunternehmen: Fluch oder Segen einer geteilten Kindheit?

Jana Bövers

13.1 Zusammenfassung

Diese Fallstudie beschäftigt sich mit einem Geschwisterpaar an der Spitze eines Familienunternehmens. Sie haben die Problematik der Nachfolge gemeistert, indem sich Bruder und Schwester dazu entschieden haben, gemeinsam das Erbe der Eltern anzutreten. Dabei war es eine große Herausforderung, dass die Nachfolge durch die Erkrankung des Vaters plötzlich kam. Aus der Ferne zurück in die Heimat geholt stand der Entschluss ein Team zu bilden für die Geschwister schnell fest. In dritter Generation leiten sie so das Unternehmen strategisch und operativ und vereinen ihre individuellen Talente. Im Alltag ist dies natürlich mit Problemen verbunden, vor allem da das Unternehmen stark wächst. Auch ist die Mutter immer noch aktiv im Unternehmen und beeinflusst die Handlungsfähigkeit der Geschwister. So werden sie immer wieder vor wichtige strategische Entscheidungen gestellt und müssen ihre teilweise unterschiedlichen Meinungen zusammenbringen um weiter harmonisch als Managementteam und Familie koexistieren zu können. Dabei bietet dieser Fall die Möglichkeit die Funktionsweise eines Familienunternehmens und besonders eines Geschwister-Teams auf vielfältige Weise zu betrachten. Auch wenn die Übergabe des Unternehmens durch den Tod des Vaters plötzlich kam, scheint die Teamführung für dieses Unternehmen die ideale Lösung zu sein.

J. Bövers (✉)
Stiftungslehrstuhl Führung von Familienunternehmen, Universität Bielefeld,
Wirtschaftswissenschaftliche Fakultät, Bielefeld, Deutschland
E-Mail: jana.boevers@uni-bielefeld.de

© Springer Fachmedien Wiesbaden GmbH, ein Teil von Springer Nature 2020
B. Felden et al. (Hrsg.), *Fallstudien zum Management von Familienunternehmen*,
https://doi.org/10.1007/978-3-658-27721-5_13

13.2   Diskussionsfragen

Der vorliegende Fall kann aus einer Vielzahl an Blickwinkeln betrachtet werden. Somit kann die folgende Liste als Anregung für die Fallbearbeitung gesehen werden. Zusätzlich können auch, angelehnt an eigene Schwerpunkte, weitere Themen abgedeckt werden.

1. Wie kann das Führungsteam charakterisiert werden und wie sollte die Entscheidungs-findung aussehen? a. Wann ist Nachfolge durch Geschwister eine Option? b. Warum funktioniert das Geschwister-Team in diesem Fall? c. Wie funktioniert die Kommunikation sowohl im Geschwister-Team als auch mit der übrigen Familie? d. Was sollte hinsichtlich Funktionsweise und Kommunikation noch verbessert werden?
2. Wie ist die strategische Position des Unternehmens zu bewerten? Welche strategischen Möglichkeiten haben die Geschwister? Nutzen Sie hierfür geeignete Instrumente der Strategischen Planung wie beispielsweise die SWOT Analyse oder den paralleler Plaungsprozess (Vgl. Felden, Hack & Hoon, 2019).
3. Wie kann auf dieser Basis die geeignete Strategie gewählt werden? a. Welche Strategie sollten die Geschwister umsetzen? b. Was raten Sie den Geschwistern, wie und von wem sie sich Hilfe und Unterstützung bei strategischen Entscheidungen einholen kön-nen? c. Sie sind ein Vertrauter des Geschwister-Teams und als solcher beraten Sie die Beiden gelegentlich. Sie raten ihnen zur Einrichtung eines freiwilligen Beirats. Wer könnte diese Rolle erfüllen und was muss beachtet werden?

13.3   Für die Fallanalyse relevante theoretische Modelle oder Konzepte

13.3.1 Geschwister-Teams in Familienunternehmen

Immer mehr Familienunternehmen werden an Geschwister-Teams und nicht an einzelne Nachfolger weitergegeben. Geschwister gelten als unterschiedlich genug um sich hin-sichtlich Wissen, Fähigkeiten und Fertigkeiten zu ergänzen, stehen sich aber trotzdem meist sehr nah. Diese enge Verbundenheit ist ein Vorteil für Vertrauen und Kommunika-tion. Die Forschung hat erst kürzlich begonnen, sich mit dieser besonderen Form eines Führungsteams auseinander zu setzen (vgl. Abb. 13.1).

Ein guter Einstieg und ausreichende Diskussionsgrundlage für die ersten beiden Fragen sind die Kap. 2, 3, 4 und 6 in dem Buch von Aronoff, 2011. Abb. 13.1 zeigt eine Übersicht über die Voraussetzungen für ein erfolgreiches Geschwister-Team. Das Buch ist sehr pra-xisorientiert und bietet somit viele Hilfestellungen für die Fallbearbeitung. Einen tieferen Einblick in die Voraussetzungen für ein erfolgreiches Geschwister-Team bietet beispiels-weise der Artikel von Farrington et al. 2012.

Ziele für Geschwister Teams

- Übernehmt das Steuer bei der Nachfolge. Wartet nicht auf die Erlaubnis eurer Eltern.
- Überwindet Geschwisterrivalitäten.
- Demonstriert eure Fähigkeit zusammen zu arbeiten.
- Überzeugt eure Eltern, dass es kein Blutbad geben wird, sobald sie das Unternehmen verlassen. (Sonst werden sie es nie verlassen.)
- Kommuniziert mit euren Eltern und Nicht-Familien Managern als eine Einheit.
- Kommuniziert offen miteinander.
- Entwickelt einen Verhaltenskodex.
- Werdet eine autonome, unabhängige Einheit.
- Etabliert Strukturen und Strategien, die dazu beitragen, dass das Unternehmen unter eurer Führung signifikant wächst.
- Positioniert die nächste Generation für einen nachhaltigen Erfolg.

Kernentscheidungen für Geschwister

- Wie treffen wir unsere Entscheidungen?
- Was wird unser Verhaltenskodex sein?
- Wie wird unser Führungsmodel sein? Wenn es ein einzelner CEO wird, dann wer?
- Wie erreichen wir gleichzeitig Familienzielen und Unternehmensziele?
- Wer sollen unsere Berater sein? Wer soll Teil unseres Vorstands sein?
- Wie erreichen wir Wachstum für unser Unternehmen? Was soll unsere Strategie sein?
- Wie kommunizieren wir mit unseren Eltern und mit Nicht-Familien Managern?
- Welche Politik verfolgen wir?

Abb. 13.1   Ziele für Geschwister-Teams. (Quelle: Aronoff et al. 2011, S. 15 f.)

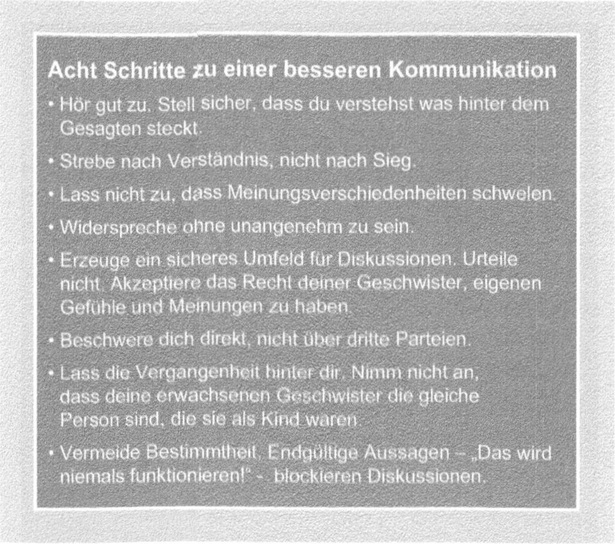

Abb. 13.2 Acht Schritte zur besseren Kommunikation. (Quelle: Aronoff et al. 2011, S. 77)

13.3.2 Kommunikation von Führungsteams in Familienunternehmen

Ein Kernpunkt für jedes Team und insbesondere für ein Geschwister-Team, bei dem Berufliches und Privates oft überlappen, ist die Kommunikation. Abb. 13.2 zeigt eine Liste mit acht Punkten zur besseren Kommunikation. Diese ist eine gute Grundlage zur Bearbeitung der Diskussionsfragen. Aronoff et al. 2011 erläutern hierzu erneut übersichtlich und praxisorientiert die Grundlagen der Kommunikation innerhalb des Teams und mit den Eltern in Kap. 9 (vgl. Abb. 13.2).

13.3.3 Strategieanalyse

Um die Situation des Familienunternehmens strukturiert analysieren zu können, ist es hilfreich, auf ein Management Instrument zurückzugreifen. Mit Hilfe der SWOT Methode (Learned et al. 1965) soll sowohl eine interne Analyse der Stärken (Strengths) und Schwächen (Weaknesses) als auch eine externe Analyse der Chancen (Opportunities) und Risiken (Threats) systematisch durchgeführt und visualisiert werden. Um die SWOT Analyse an die Besonderheiten von Familienunternehmen anzupassen (Felden 2013) sollten zusätzlich Potenziale und Lasten der Familie analysiert werden (vgl. Abb. 13.3). Da die SWOT Analyse allerdings immer wieder als zu kurzsichtig kritisiert wird (Dyson 2004), kann sie beispielsweise eingebettet in einen Ressourcenorientierten Ansatz (Wenerfelt 1984; Grant 1991) angewendet werden.

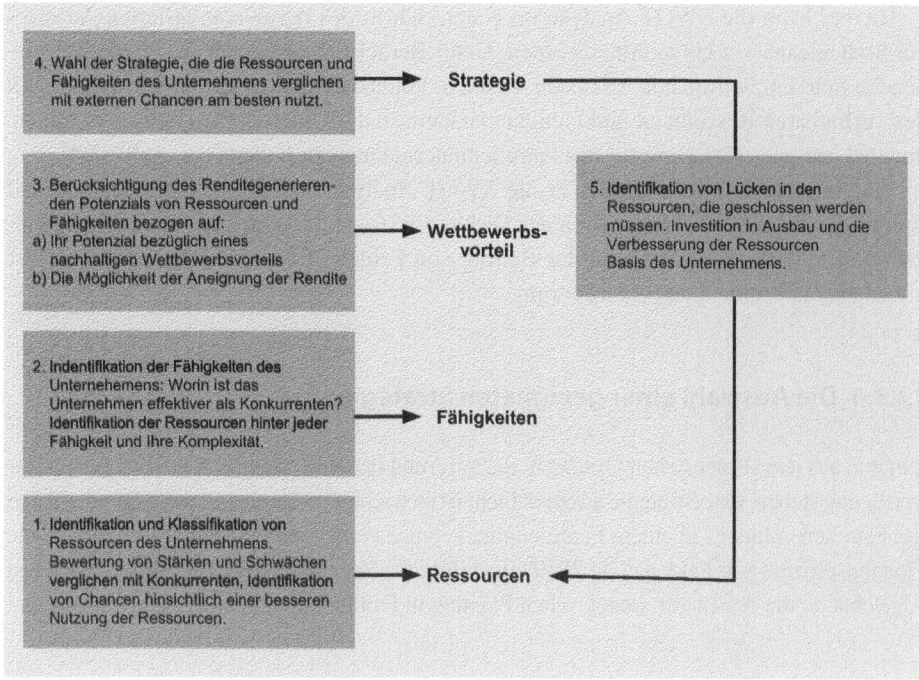

Abb. 13.3 Ressourcenbasierter Ansatz zur Strategieanalyse. (Quelle: Eigene Darstellung in Anlehnung an Grant 1991)

Abb. 13.4 SWOT Analyse Familienunternehmen. (Quelle: Eigene Darstellung)

Hierbei kann die SWOT Analyse im ersten Schritt des ressourcenbasierten Ansatzes zur Strategieanalyse eingeordnet werden. Unter Berücksichtigung der zur Verfügung stehenden Stärken, Schwächen, Chancen, Risiken, Potenziale und Lasten in Verbindung mit den verfügbaren Ressourcen und Fähigkeiten kann so das Unternehmen bewertet werden, um eine geeignete Strategie für das Familienunternehmen zu finden (vgl. Abb. 13.4).

Eine anschauliche Einführung in die SWOT Analyse für Familienunternehmen und somit Grundlage für das Bearbeiten der Diskussionsfrage 2 bieten das Lehrbuch von Felden et al. (2019), S. 395 ff. und der Beitrag von Felden 2013. Carlock und Ward 2001 bieten ebenfalls eine knappe Einführung.

13.3.4 Die Auswahl einer geeigneten Strategie

Um nun aus den strategischen Optionen, die aufgrund der Bewertung des Unternehmens zur Verfügung stehen, eine Strategie auszuwählen, ist es wichtig, noch einmal die Besonderheiten des Familieneinflusses in einem Familienunternehmen zu betrachten. Hierzu ist der parallele Planungsprozess von Felden et al. 2019 eine hilfreiche Visualisierung (vgl. Abb. 13.5). Er ist angelehnt an die Arbeit zur strategischen Planung in Familienunternehmen von Carlock und

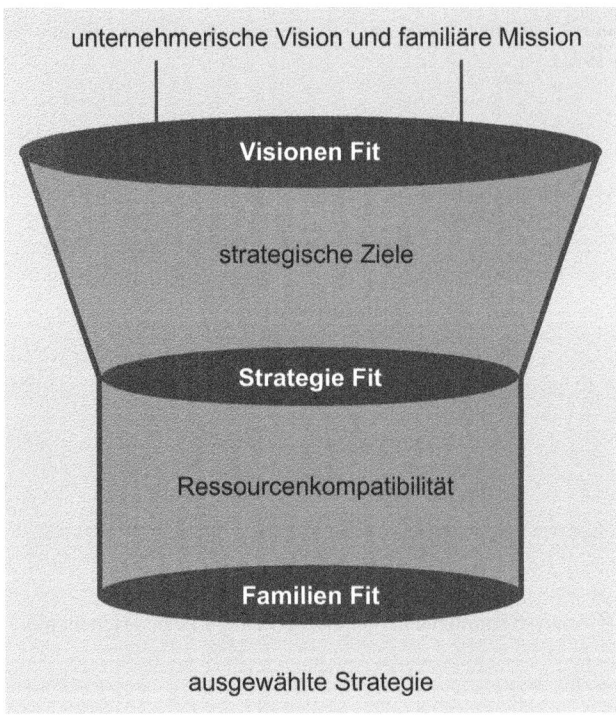

Abb. 13.5 Planungsprozess in Familienunternehmen. (Quelle: Felden et al. 2019, S. 295)

Ward 2001 und vollzieht einen Abgleich zwischen der Mission und den Zielen der Familie mit denen des Unternehmens. Diese Literatur kann zusätzlich zu den Grundlagen zur SWOT Analyse als Basis zur Beantwortung der Diskussionsfrage genutzt werden.

13.3.5 Beirat

Auch wenn sie gesetzlich nicht dazu verpflichtet sind, führen immer mehr Familienunternehmen einen freiwilligen Beirat ein. Es gibt Beiräte mit verschiedenen Funktionen von beratend und impulsgebend über kontrollierend bis hin zu moderierend. Auch werden Beiräte oft bei speziellen Problemen oder in bestimmten Situationen eingesetzt. Ein häufiges Beispiel hierfür ist die Nachfolge. Es müssen einige rechtliche Aspekte beachtet werden und auch ein Beirat sollte angemessen kontrolliert werden. Hierzu geben Felden et al. 2019 eine gute Übersicht in den Abschn. 10.3 und 10.4, S. 341–353. Auf Basis dessen können die Diskussionsfragen bearbeitet werden.

13.4   Antwortmöglichkeiten für die Diskussionsfragen

Die folgenden Ausführungen dienen als Orientierungshilfe für die Diskussion der Fallstudie. Dabei können je nach Auslegung und individueller Schwerpunktsetzung weitere Thematiken und Antwortmöglichkeiten für die Diskussion relevant sein.

Diskussionsfrage 1:
Wie kann das Führungsteam charakterisiert werden und wie sollte die Entscheidungsfindung aussehen?

a. Wann ist Nachfolge durch Geschwister eine Option?
Die Studierenden sollen sich mit dem Thema Nachfolge und Geschwister-Team auseinandersetzen, ohne ein konkretes Modell anzuwenden. Die Frage lässt eine Vielzahl an Schwerpunkten zu und kann auf Basis des Werkes von Aronoff et al. 2011 umfassend diskutiert werden. Es wird argumentiert (analog zur Forschungsströmung der geteilten Führung), dass unter bestimmten Voraussetzungen ein Führungsteam besser ist als eine einzelne Führungsperson. Geschwister sind hierbei besonders geeignet, da sie die Chancen des Führungsteams nutzen können und die Risiken durch ihre enge Beziehung überwinden können. Dabei gelten beispielsweise folgende Rahmenbedingungen, die Aronoff et al. 2011 in ihrem Buch schildern (Abb. 13.1):

- die Nachfolge selbst in die Hand nehmen.
- Geschwisterrivalitäten überwinden.
- zeigen, wie gut man zusammenarbeiten kann.
- die Eltern überzeugen, dass es nach der Übergabe kein Blutbad geben wird (Oder sie werden nicht gehen).
- als eine Einheit auftreten und mit den Eltern und Nicht-Familienmitgliedern als solche kommunizieren.

- offene Kommunikation.
- einen Verhaltenskodex erstellen.
- eine autonome und unabhängige Einheit werden.
- Struktur und Strategie sind essenziell, damit das Unternehmen in der Zeit, in der das Geschwisterpaar an der Macht ist, wächst.
- frühzeitig an die nächste Übergabe denken (Cousin Konsortium).
- Wie sollen wir Entscheidungen treffen?
- Wie sieht unser Verhaltenskodex aus?
- Wie sieht unser Führungsmodell aus? Wenn wir einen einzelnen Geschäftsführer haben – wen?
- Wie sollen wir die simultanen Ziele der Familie und des Unternehmens erreichen?
- Wer sollte uns beraten?
- Wie erreichen wir Wachstum? Was ist unsere Strategie?
- Wie wird die Kommunikation mit unseren Eltern und Nicht-Familienmitgliedern ausgestaltet?
- Welche Strategien werden wir einführen?

Hier ist es Ziel, die Rahmenbedingungen zusammen zutragen und ihre Sinnhaftigkeit sowie weitere Ergänzungen zu diskutieren. Dies sind Grundlagen für die folgenden Diskussionsfragen. Auch die in Kap. 2 von Aronoff et al. 2011 genannten Gründe können hier konkret diskutiert werden. Dies ist abhängig vom zeitlichen Umfang der Fallbearbeitung und vom Schwerpunkt des Lehrenden.

b. Warum funktioniert das Geschwister-Team in diesem Fall?
Hier können nun die im Vorfeld dargestellten Punkte konkret für den Fall diskutiert werden:

- **Die Nachfolge selbst in die Hand nehmen:** Die Nachfolge war in dem vorliegenden Fall, wenn überhaupt, wenig geplant und durch die Krankheit und den Tod des Vaters abrupt. Die Geschwister haben aber vorbereitet und bestimmt ihr Erbe angetreten und klar eingefordert, was ihnen zusteht.
- **Geschwisterrivalitäten überwinden:** Auch wenn die Geschwister in der Jugend wenig miteinander zu tun hatten, haben sie ein sehr enges Verhältnis und arbeiten Hand in Hand.
- **Zeigen, wie gut man zusammenarbeiten kann:** S.o, vor der Übergabe hatten die Geschwister keine Gelegenheit ihre Zusammenarbeit auszuprobieren und zu demonstrieren. Sie wurden ins kalte Wasser geschmissen, aber es war für sie selbstverständlich, zusammen zu arbeiten und die Beziehung ist ausgewogen.
- **Die Eltern überzeugen, dass es nach der Übergabe kein Blutbad geben wird (oder sie werden nicht gehen):** War in diesem Fall aufgrund der plötzlichen Übernahme schwierig. Schaffen die Geschwister scheinbar nicht, da die Mutter sich auch weiterhin nicht aus dem Unternehmen zurückzieht. Gibt es dafür andere Gründe?
- **Als eine Einheit auftreten und mit den Eltern und Nicht-Familienmitgliedern als solche kommunizieren:** Vor der Mutter treten sie nicht als eine Einheit auf. Den Mitarbei-

tern gegenüber und nach außen funktioniert dies sehr gut. Auch wenn jeder seine Rollen erfüllt, werden sie als das Geschwisterpaar hinter dem Familienunternehmen gesehen.

- **Offene Kommunikation:** Funktioniert gut, weitere Diskussion in 4.
- **Einen Verhaltenskodex erstellen:** Fehlt hier, vielleicht implizit durch gemeinsame Erziehung vorhanden.
- **Eine autonome und unabhängige Einheit sein:** Geschwister handeln autonom und als Einheit, aber Mutter hat weiterhin großen Einfluss.
- **Struktur und Strategie sind essenziell, damit das Unternehmen in der Zeit, in der das Geschwisterpaar an der Macht ist, wächst:** Struktur vorhanden, Team und Aufgaben aufgeteilt und offen kommuniziert. Strategie fehlt teilweise, viel nach Bauchgefühl.
- **Frühzeitig an die nächste Übergabe denken (Cousin Konsortium):** Nicht aus dem Fall ersichtlich.
- **Wie sollen wir Entscheidungen treffen?** Entscheidungen werden aus dem Bauch heraus getroffen. Das Geschwister-Team trifft sie, aber die Mutter ist involviert.
- **Wie sieht unser Verhaltenskodex aus?** Fehlt hier, vielleicht implizit durch gemeinsame Erziehung vorhanden.
- **Wie sieht unser Führungsmodell aus? Wenn wir einen einzelnen Geschäftsführer haben – wen?** Die Geschwister teilen sich die Führung gleichberechtigt. Dabei werden strategische Entscheidungen gemeinsam getroffen. Die Bereiche Küche und Hotel & Service sind aufgeteilt und damit auch die Führungsverantwortung im operativen Geschäft. Trotzdem stimmen sie sich auch hier ab und wichtige/schwierige Entscheidungen werden gemeinsam getroffen und kommuniziert (z. B. Kündigung).
- **Wie sollen wir die simultanen Ziele der Familie und des Unternehmens erreichen?** Familienziele und Unternehmensziele sind hier sehr eng verwoben.
- **Wer sollte uns beraten?** Diskussionsfrage 3
- **Wie erreichen wir Wachstum? Was ist unsere Strategie?** Das Geschwister-Paar erreicht Wachstum durch kontinuierliche Verbesserung und eine Anpassung an die Veränderungen der Branche. Durch eine Ausrichtung auf die Messe und auf Tagungen und durch die Einführung des Biergartens konnten neue Gäste gewonnen werden und somit die Marktposition weiter stabilisiert werden.
- **Wie wird die Kommunikation mit unseren Eltern und Nicht-Familienmitgliedern ausgestaltet?** Weiterentwicklung in Diskussionsfrage 3.
- **Welche Strategien werden wir einführen?** Diskussionsfrage 2 bzw. 3.

c. Wie funktioniert die Kommunikation sowohl im Geschwister-Team als auch mit der Familie?

Hierzu kann das Kap. 9 von Aronoff et al. 2011 genutzt werden und so beispielsweise anhand der Checkliste aus Abb. 13.2 die Situation im Fall analysiert werden. Die Studierenden lernen die kritische Auseinandersetzung mit dem Geschwister-Team auf der Kommunikationsebene, die selten betrachtet wird. Eine Beispiellösung ist in Abb. 13.6 dargestellt.

1. Gutes Zuhören:

(+) Sie nehmen sich die Zeit, Dinge öfter zu diskutieren

(-) Hört der Bruder wirklich zu oder beharrt er auf seiner Meinung

(-) Was ist mit der Akzeptanz der Mutter gegenüber der
Meinung der Kinder und umgekehrt?

(+) Die Meinung der anderen ist ihnen wichtig

2. Verständnis nicht Sieg fordern:

(-) Der Bruder will jetzt „auch mal was bekommen"

(-) Die Meinungen der Geschwister resultieren aus ihren unterschiedlichen
Rollen im Unternehmen, daraus resultiert eine Art Frontenbildung

(+) Sie versuchen weiterhin auf Fakten Basis zu argumentieren und
nennen jeweils Vor- und Nachteile

3. Versuchen Meinungsverschiedenheiten zu lösen

(+) Auch wenn sie unterschiedlicher Meinung sind, können sie
gut Hand in Hand arbeiten

(+) Sie können trotz ihrer Emotionalität die Diskussion „pausieren"

4. Anderer Meinung sein ohne verdrießlich zu werden

(+) Auch wenn sie unterschiedlicher Meinung sind, können sie
gut Hand in Hand arbeiten

(-) Die letzte Entscheidung schwingt immer noch mit,
Bruder entwickelt Ungerechtigkeitsempfinden

**5. Eine gute Diskussionsatmosphäre schaffen. Nicht urteilen, sondern die
Gefühle und Feststellungen des Geschwisterteils akzeptieren**

(+) Sie akzeptieren einander und die Meinung des anderen sehr

(+) Die Meinung der Mutter ist wichtig und ihre Erfahrung wird respektiert

6. Direkt Beschweren – nicht über Dritte

(+) Auch wenn sie unterschiedlicher Meinung sind und sicherlich jeweils ihr Team
hinter sich wissen – diese Dinge werden im Führungsteam besprochen

(0) Die Mutter steht immer auf einer Seite?

7. Die Vergangenheit der Kindheit hinter einem lassen

(+) Der Bruder spielt nicht die Rolle des älteren Geschwisterteils aus

(+) Auch wenn sie sich ganz unterschiedlich entwickelt haben und in ihrer Jugend
unterschiedlich engagiert im elterlichen Betrieb waren, jetzt sind sie gleichberechtigt

(0) Die Vergangenheit spielt immer eine Rolle – gemeinsame Erfahrungen prägen

8. Bestimmtheit vermeiden – das schließt Diskussionen

(-) Kommt hier auf, keine Kompromisse?

(-) Diskussionen oft aus Zeitmangel unvollendet geschlossen

Abb. 13.6 Checkliste zur Bewertung der Kommunikation im Fall. (Quelle: Eigene Darstellung in Anlehnung an Aronoff et al. 2011, S. 77)

> ### Beispiel für einen Verhaltenskodex
>
> Wir glauben an diese Prinzipien, mit denen wir eine gemeinsame Vision verfolgen:
>
> - Wir wissen, dass was gut für das Unternehmen ist, auch gut für die Familie als Ganzes ist.
> - Wir befolgen alle die Regeln des Unternehmens (z. B. Kleiderordnung, Pünktlichkeit, Spesenkonten etc.)
> - Wir wertschätzen unsere Reputation durch Ehrlichkeit und Integrität.
> - Wir tun alles was wir können um eine starke Familien-Loyalität zu entwickeln und zu fördern.
> - Wir erkennen an, dass es Differenzen geben wird. Wir diskutieren diese direkt und privat.
> - Wir respektieren immer die Meinung von Anderen. Wir sind engagiert darin unsere Uneinigkeiten konstruktiv zu lösen.
> - Wir bereiten uns auf Familientreffen sorgfältig vor und entwickeln eine Agenda für diese.
> - Währen der Familientreffen ermutigen wir alle Mitglieder ihre Meinung zu sagen.
> - Wir sprechen gegenüber Außenstehenden immer positiv voneinander. Wir streiten uns nicht in der Öffentlichkeit.
> - Wir fördern die Stärken der Anderen untereinander und mit unseren Partnern.
> - Wir halten unsere Beteiligungen innerhalb der Familie und schließen Eheverträge ab.
> - Wir übernehmen persönliche Verantwortung für eine effektive Nachlassplanung und teilen unsere Pläne offen mit den übrigen Familienmitgliedern.
> - Wir kennen die persönlichen Ziele der Familienmitglieder und suchen nach Möglichkeiten diese zu unterstützen.
> - Wir suchen nach Wegen der Gesellschaft und der Gemeinde etwas zurück zu geben.

Abb. 13.7 Beispiel für Verhaltenskodex für Familienunternehmen. (Quelle: Aronoff et al. 2011, S. 46)

d. Was sollte hinsichtlich Funktionsweise und Kommunikation noch verbessert werden?
Zu dieser Frage kann beispielhaft der Verhaltenskodex herausgegriffen werden:

Verhaltenskodex
Es wäre sinnvoll die oben genannten Punkte für ein gutes Team und gute Kommunikation in einen Verhaltenskodex zu überführen und diesen im Unternehmen zu implementieren. Ansprüche, die man an die Mitarbeiter hat, können ebenso aufgenommen werden wie deren Ansprüche an gute Führung. Hier können die Studierenden erneut

kreativ werden und auf eigene Erfahrungen sowie auf Kap. 6 von Aronoff et al. 2011 zurückgreifen (vgl. Abb. 13.7).

I. **Strategische Entscheidungen**

Auch wenn häufig wenig Zeit ist, sollten gezielt Zeiten für Diskussionen über strategische Entscheidungen eingeführt werden. Ein regelmäßiges Meeting in dem alle relevanten Aspekte ungestört und in konstruktiver Atmosphäre besprochen werden ist nötig, um in angemessener Zeit zu sinnvollen Ergebnissen zu kommen. Hierbei kann die Mutter als Beraterin involviert werden.

II. **Kommunikation**

Es ist nicht meine Küche und dein Hotel- wir teilen uns die Verantwortung und profitieren beide von Neuerungen. Hierzu kann es sinnvoll sein, sich in die Rolle des anderen zu versetzen und für die andere Position zu argumentieren.

Ein weiterer Punkt, der im Fall verbessert werden sollte, ist der **Strategiefindungsprozess**. Hierbei können sich die Studierenden an der eigenen Vorgehensweise zu Diskussion Frage 2 orientieren.

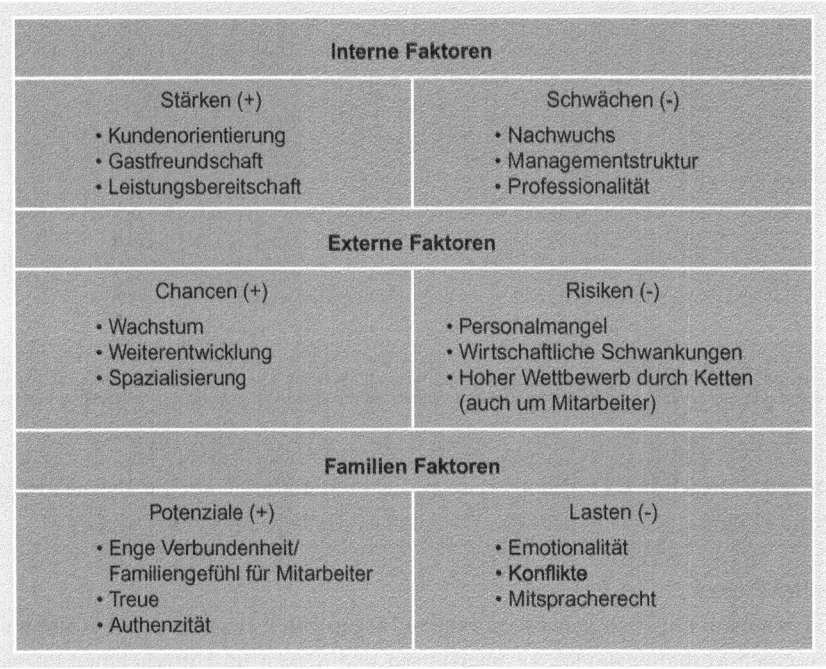

Abb. 13.8 Familienunternehmen-SWOT Analyse des Falls. (Quelle: Eigene Darstellung)

Diskussionsfrage 2:
Wie ist die strategische Position des Unternehmens zu bewerten? Welche strategi-schen Möglichkeiten haben die Geschwister? Nutzen Sie hierfür geeignete Instru-mente der Strategischen Planung wie beispielsweise die SWOT Analyse oder den paralleler Plaungsprozess (Vgl. Felden, Hack & Hoon, 2019).

Die Studierenden lernen hier das (theoretische) Management Instrument SWOT Ana-lyse mit der Erweiterung auf Familienunternehmen im Detail kennen und sollen versu-chen, es praktisch anzuwenden. Außerdem machen sie die Erfahrung, dass im Alltag in Familienunternehmen Informationen oft nur lückenhaft vorhanden sind und vieles aus dem Bauch heraus entschieden wird. So müssen sie mit wenigen Informationen auskom-men und eventuell selbst einschätzen lernen. Außerdem ist hier auch ihre Kreativität ge-fragt und die Abwägung, ob und wann das Bauchgefühl helfen kann. Ein kurze beispiel-hafte Lösungsskizze findet sich in Abb. 13.8.

Diese Faktoren sind im gesamten Fall zu finden und werden teilweise von den Akteuren direkt erwähnt. Dabei ist anzumerken, dass die Studierenden hier unterschiedliche Schwer-punkte setzen und somit verschiedene Punkte finden können.

Es ist schwer, hier eine Entscheidung zu treffen, da es immer Gewinner und Verlierer gibt. Diese Entscheidung wird die zukünftige Ausrichtung des Unternehmens maßgeblich

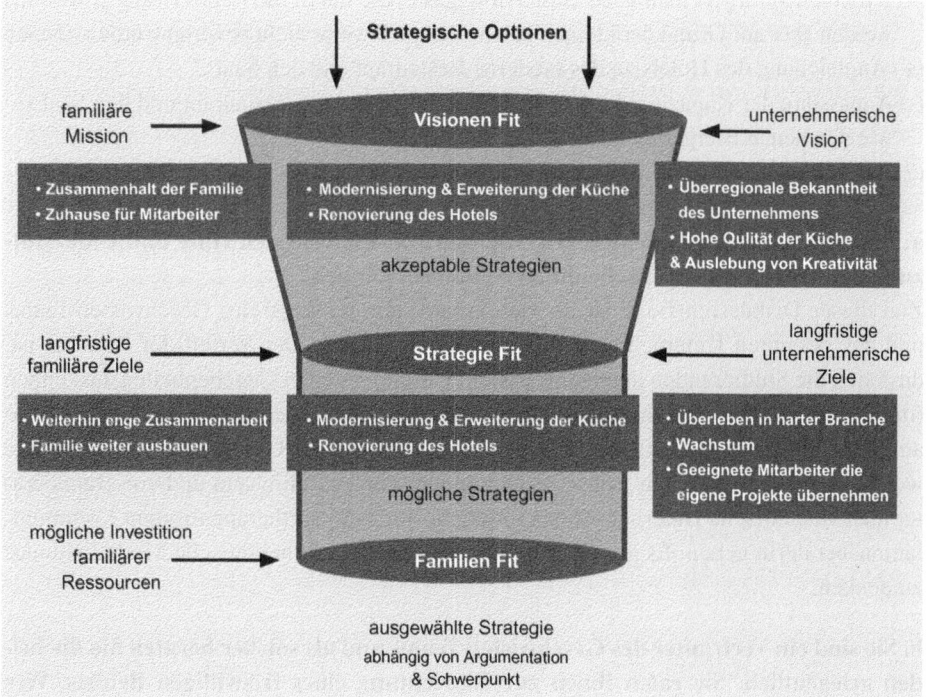

Abb. 13.9 Lösungsskizze paralleler Planungsprozess des Falls. (Quelle: Eigene Darstellung in An-lehnung an Felden et al. 2019, S. 295)

prägen. Auch das ist eine wichtige Erfahrung, die die Studenten hier machen. Je nachdem wie argumentiert wird, kommen beide Entscheidungen in Frage (vgl. Abb. 13.9).

Diskussionsfrage 3: Wie kann auf dieser Basis eine geeignete Strategie gewählt werden? Investition in Küche

(+) Anpassung der Kapazität der Küche auf gestiegene Nachfrage hinsichtlich Quantität (z. B. durch mehr Sitzplätze im Biergarten) und Qualität (eigene Ansprüche, neues Publikum durch Messen und Tagungen)

(-) Wegfall der Kegelbahn, Verärgerung von Stammgästen (Auswirkung auf deren zukünftige Restaurantwahl?)

(0) Notwendige Modernisierung

(-) Personal für größere Küche

Investition in Hotel

(0) Notwendige Investition um Hotel zu bewahren/den Standard zu heben und somit Umsätze zu halten oder zu steigern

(+) Vorerst werden keine Stammgäste verärgert, da die Kegelbahn weiter erhalten bleibt

(-) Eventuell verärgert man neue Gäste/Hotelgäste, die durch die Renovierung gewonnen werden aber auf Grund der kleinen Küche beispielsweise nicht bewirtet werden können

(+) Angleichung des Hotels an das moderne Restaurant und den Saal

(-) Anpassung der Kapazität der Küche an das modernisierte Restaurant und den Saal sowie den neuen Biergarten fehlt

(?) Ausrichtung eher auf Hotelgäste und Tagungen

a. Was raten Sie den Geschwistern, wie und von wem sie sich Hilfe und Unterstützung bei strategischen Entscheidungen einholen können?
Ziel dieser Diskussionsfrage ist es, sich kreativ mit der Lage des Geschwister-Teams und des gesamten Unternehmens auseinander zu setzten. Der Vorteil der Branche ist, dass sich die Studierenden in angemessenem Umfang mit den Gegebenheiten auskennen (durch eigene Arbeitserfahrungen, Urlaub, Freizeit…). Daher sollen die Studierenden an dieser Stelle frei diskutieren, welche Hilfestellungen die Geschwister brauchen und woher sie diese bekommen. Diese Ideen können sehr vielfältig sein und von Bankberater über studentische Unternehmensberatung bis hin zur paartherapeutischen Kommunikationsberaterin gehen. Es geht darum, über Textbuch und theoretische Modelle hinaus zu denken.

b. Sie sind ein Vertrauter des Geschwister-Teams und als solcher beraten Sie die beiden gelegentlich. Sie raten ihnen zur Einrichtung eines freiwilligen Beirats. Wer könnte diese Rolle erfüllen und was muss beachtet werden?

Aufgabe	Dauer	Gesamtdauer
Einarbeitung in die relevante Literatur		
Optional: als Leseaufgabe im Selbststuduim (Dauer sehr individuell)	ca. 180 Minuten	ca. 180 Minuten
Optional: als Einführung im Plenum	ca. 90 Minuten	ca. 270 Minuten
Einführung in die Fallstudie	ca. 45 Minuten	
Besprechung der Fakten des Falles und der Diskussionsfragen	ca. 45 Minuten	
Optional: Kleingruppenarbeit		
Bearbeitung des Falles in Kleingruppen	ca. 90 Minuten	
Diskussion der Ergebnisse	ca. 45 Minuten	ca. 180 Minuten
Zusammenfassung & Besprechung der lessons learned	ca. 45 Minuten	
Optional: Bearbeitung im Plenum		
Bearbeitung & Diskussion der Ergebnisse	ca. 90 Minuten	ca. 180 Minuten
Zusammenfassung & Besprechung der lessons learned	ca. 90 Minuten	

Abb. 13.10 Zeitplan zur Fallbearbeitung. (Quelle: Eigene Darstellung)

Hier geht es darum, sich noch einmal in die Lage des Unternehmens zu versetzen. Nachdem der Fall der Geschwister aus verschiedenen Blickwinkeln betrachtet wurde, soll nun eine besondere strategische Entscheidung getroffen werden – ein freiwilliger Beirat. Dazu soll überlegt werden, welche Vorteile dieser bringen kann und wie er angelegt werden soll. Auch sollen bei der Auswahl der Personen praktische Überlegungen ihren Platz finden. Wie kann dieser Beirat konkret in Entscheidungen involviert werden? Wie oft sollte er sich treffen und wo? Wie soll das Geschwister-Team Zeit dafür finden und ihn akzeptieren? Auch hier können die Studierenden kreativ Theorie und Praxis verbinden.

13.5 Ablauf und Zeitplan

Aufgrund der Vielfalt und Auslegung des Falles ist dieser für eine kurze Einzelvorlesung nur bedingt geeignet. Sicherlich ist es möglich, eine vereinfachte Diskussion mit einem oder wenigen Schwerpunkten im Rahmen einer 90-minütigen Vorlesung durchzuführen, eine gründliche Vorbereitung der Studierenden vorausgesetzt. Wenn allerdings die Reichhaltigkeit des Falles voll ausgenutzt werden soll und unterschiedliche Schwerpunkte betrachtet werden, sollte die Fallstudie langfristiger in eine Veranstaltung eingebettet werden. In einem solchen Rahmen bieten sich auch Gruppenarbeit und/oder -diskussion an. Insgesamt kann die beispielsweise Aufteilung wie in Abb. 13.10 dargestellt aussehen.

Je nach Konzeption der Veranstaltung können die Grundlagen für die Bearbeitung des Falles gemeinsam erarbeitet oder vermittelt werden (beispielsweise im Rahmen einer regulären Vorlesung zu Familienunternehmen, Führung oder Management) oder zur vorbereitenden Selbststudie angegeben werden.

Quellenverzeichnis und weiterführende Literatur

Aronoff, C. E., Astrachan, J. H., Mendoza, D. S., & Ward, J. L. (2011). *Making sibling teams work: The next generation*. New York: Palgrave Macmillan.

Carlock, R., & Ward, J. (2001). *Strategic planning for the family business: Parallel planning to unify the family and business*. Berlin: Springer.

Dyson, R. G. (2004). Strategic development and SWOT analysis at the University of Warwick. *European Journal of Operational Research, 152*(3), 631–640.

Farrington, S. M., Venter, E., & Boshoff, C. (2012). The role of selected team design elements in successful sibling teams. *Family Business Review, 25*(2), 191–205.

Felden, B. (2013). Mit der Family Business-SWOT Familienunternehmen analysieren. *NWB-BB, 11*, 336–340.

Felden, B., Hack, A., & Hoon, C. (2019). *Management von Familienunternehmen: Besonderheiten – Handlungsfelder – Instrumente* (2. Aufl.). Wiesbaden: Springer Gabler.

Grant, R. M. (1991). The resource-based theory of competitive advantage. *California Management Review, 33*(3), 114–135.

Learned, E. P., Christensen, C. R., Andrews, K. E., & Guth, W. D. (1965). *Business policy: Text and cases*. Homewood: Irwin.

Wenerfelt, B. (1984). A resource-based view of the firm. *Strategic Management Journal, 5*, 171–180.

Holz-Leidenschaft über Generationen hinweg

14

Jasmin Schiefer und Robert Füreder

14.1 Zusammenfassung

Walter Weber führt in dritter Generation sowohl ein erfolgreiches Holzunternehmens in Niederösterreich als auch eine zweite Firma für Kartonagen. Da er sich vor allem um das zweite Unternehmen kümmert, hat er einen externen Prokuristen im Holzunternehmen mit der Führung der Geschäfte beauftragt. Der eingesetzte Prokurist führt das Unternehmen operativ erfolgreich, jedoch wenig mitarbeiterorientiert und ohne die für ein Familienunternehmen benötigten Leidenschaft und das Interesse für eine langfristige Entwicklung.

Das Holzunternehmen hat ca. 50 Beschäftigte und ist ein beliebter, sowie wichtiger Arbeitgeber in dieser ländlichen Region. Die Anzahl der Beschäftigten ist seit mehreren Jahren konstant, das Unternehmen weist eine extrem niedrige Fluktuation auf. 15 % der Beschäftigten sind bereits mehr als 25 Jahre bei Weber Holz beschäftigt.

Mit Mitte 60 verkauft Walter Weber den überaus erfolgreichen Kartonagenbetrieb. Auch für das Holzunternehmen gibt es lukrative Kaufangebote. Doch Walter Weber sieht in dem von seinem Vater gegründeten Holzunternehmen immer noch das Herzstück seiner unternehmerischen Aktivitäten. Er ist sich allerdings bewusst, dass er die Nachfolge auch im Holzunternehmen regeln muss, da auch der Prokurist bereits im Rentenalter ist. Darüber hinaus gibt es in der Firma Weber einen Innovationsstau. Aufgrund der fehlenden langfristigen Orientierung des Prokuristen sind Maschinen und Strukturen veraltet. Dies wird zunehmend auch von Kunden kritisiert.

J. Schiefer (✉) · R. Füreder
FH Oberösterreich, Steyr, Österreich
E-Mail: jasmin.schiefer@gmx.at; Robert.fuereder@fh-steyr.at

© Springer Fachmedien Wiesbaden GmbH, ein Teil von Springer Nature 2020
B. Felden et al. (Hrsg.), *Fallstudien zum Management von Familienunternehmen*,
https://doi.org/10.1007/978-3-658-27721-5_14

Seine Tochter Sabrina ist bereits seit mehr als 20 Jahren engagiert im Holzunternehmen tätig. Mit zwei Kindern und ihrer beruflichen Tätigkeit ist sie gut ausgelastet. Die uneingeschränkte Unterstützung ihrer ganzen Familie hilft ihr, die doppelte Belastung gut zu meistern. Als mögliche Nachfolgerin wird sie jedoch weder nach außen, noch nach innen kommuniziert. Sabrina ist charakterlich ganz anders als ihr ruhiger und technikversierter Vater. Trotzdem haben die Zwei ein gutes Verhältnis.

Der Fall ist in zwei Bereiche aufgeteilt. Im Fall A (Bachelor Niveau) lernen Studierende verschiedene Managementformen von Familienunternehmen kennen, sowie die komplexe Herausforderung eine Unternehmensnachfolge analytisch aufzubereiten. Bei der Bearbeitung des Fall B (Master Niveau) sollen Studierende lernen, mit der komplexen Situation eines Veränderungsprozesses zur Umgestaltung der Unternehmenskultur nach einem Wechsel in der Geschäftsführung umzugehen.

14.2   Diskussionsfragen

Aufgrund der komplexen Thematik einer Unternehmensnachfogle in einem Familienunternehmen kann dieser Fall aus verschiedenen Blickwinkeln betrachtet werden. Folgende Fragen können dabei als Anregung dienen:

Fall A

1. Welche Formen der Unternehmensnachfolge gibt es?
2. Welche Modelle kann man heranziehen, um eine Unternehmensnachfolgeplanung zu optimieren?
3. Welche Herausforderungen und Konflikte können auftreten, die ein Scheitern der Unternehmensübergabe beeinflussen (z. B. zwischen Übergeber-Nachfolger; Nachfolger-Mitarbeiter; Mitarbeiter-Nachfolger)?

Fall B

1. Welche Besonderheiten zeichnen Familienunternehmen aus?
2. Frauen als Nachfolger – Wie beeinflusst das Rollenbild der Frau in der Gesellschaft eine Unternehmensnachfolge?
3. Wie sollte man einen Veränderungsprozess auf Grundlage der „Change-Management" Theorie einleiten?
4. Welche sozialen Maßnahmen kann man einführen, um die Zufriedenheit der Mitarbeiter zu steigern?

14.3   Für die Fallanalyse relevante theoretische Modelle oder Konzepte

14.3.1 Modelle zur Unternehmensnachfolge

Für Unternehmensübergaben und -nachfolgen gibt es verschiedene Modelle. Ein bekanntes Modell ist das „Wittener Modell einer familieninternen Nachfolge". Die Besonderheit dieses Modells ist, dass die Planung einer familieninternen Nachfolge bereits bei der Geburt des potenziellen Nachfolgers beginnt (vgl. Abb. 14.1).

Dieses Modell kann herangezogen werden, um eine optimale Planung im Sinne der bewussten und frühzeitigen Entscheidung und Einbeziehung der Tochter zu erstellen.

Das St. Galler Nachfolge-Modell ist ein integratives Rahmenkonzept für eine ganzheitliche Unternehmensnachfolge von familiengeführten KMUs. Das Modell eignet sich sehr gut, um die unterschiedliche „Logik" mit welcher ein Familienunternehmen geführt wird, zu begreifen. Diese „Logik", und die daraus resultierende Stärke eines Familienunternehmens lässt sich auch in der Firma Weber Holz erkennen. Das Modell bietet auch Zeitangaben für einzelne Aufgaben im Unternehmensübergabeplan (vgl. Abb. 14.2).

Zwei wesentliche Grundlagen des St. Galler Nachfolge-Modells sind das 5-Themen Rad und die 6-Gestaltungsdimensionen.

Das 5-Themen Rad stellt den 1. Teil des St. Galler Nachfolge-Modells dar. Es zeigt auf, wie die operativen Umsetzungsfragen auf der Grundlage von normativen und strategischen Fragen aufzubauen sind. Ohne Fundament ist es schwierig, dass eine Nachfolge nachhaltig tragbar ist und bleibt. (Halter und Schröder 2017).

Dieses Rad kann benutzt werden, um Studenten einen Denkanstoß zu geben, welche Faktoren berücksichtigt werden sollten. Solch ein „Rad" kann z. B. für eine familieninterne und familienexterne Übergabemöglichkeit verglichen werden (vgl. Abb. 14.3).

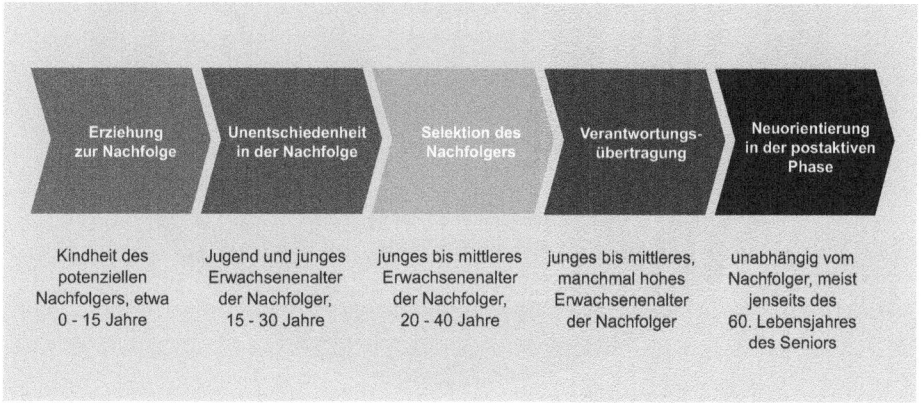

Abb. 14.1 Das Wittener Modell einer familieninternen Nachfolge. (Quelle: Groth et al. 2012)

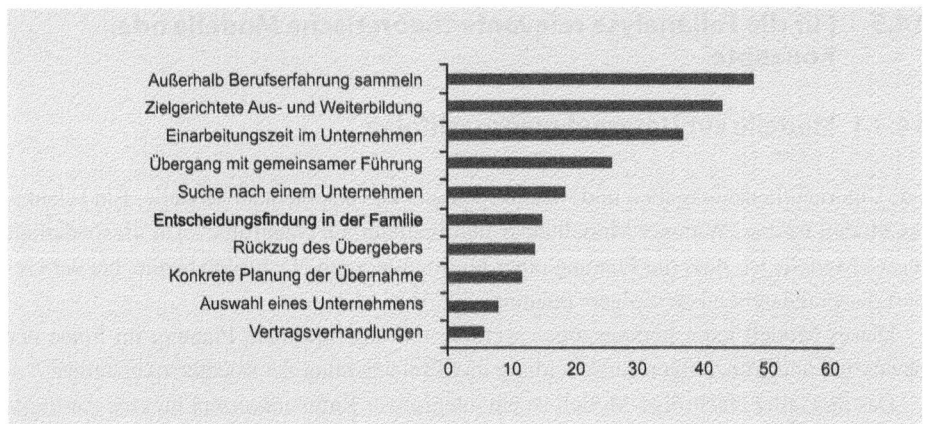

Abb. 14.2 Zeitdauer wichtiger Elemente in Monaten im Nachfolgeprozess. (Quelle: Halter und Schröder 2017, S. 161)

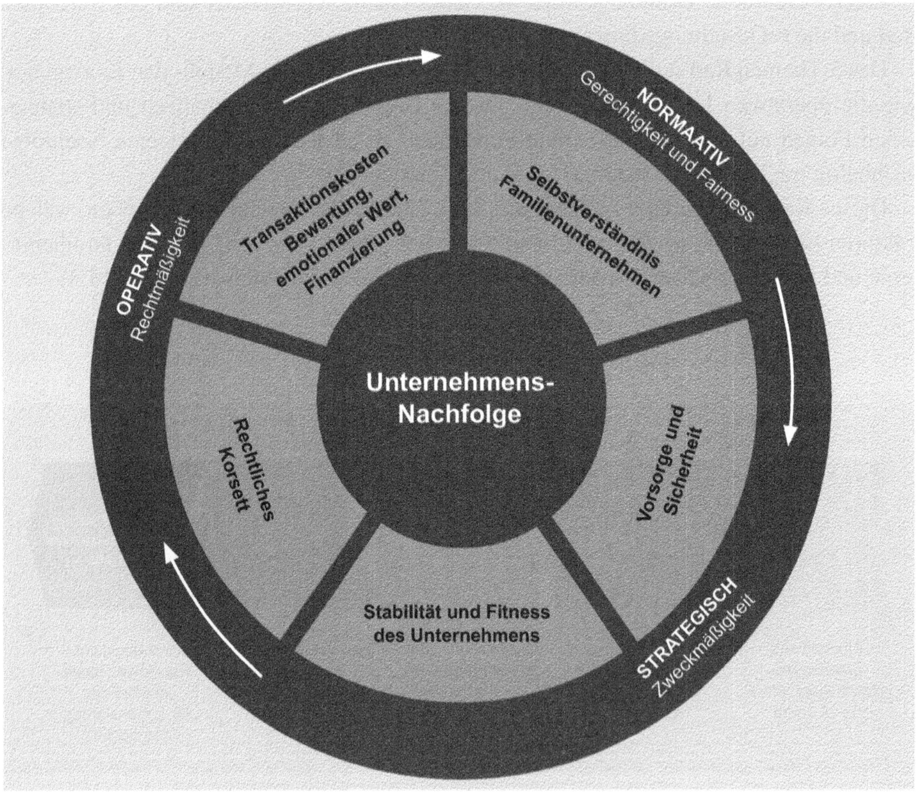

Abb. 14.3 St. Galler Nachfolge-Modell. Das 5-Themen Rad. (Quelle: Halter und Schröder 2017)

Die 6-Gestaltungsdimensionen des St. Galler Nachfolge-Modell sollten bei einer Unternehmensübergabe nacheinander berücksichtigt werden. Folgende Fragen und Antwortmöglichkeiten werden berücksichtigt (Halter und Schröder 2017, S. 117 ff.):

1. Dimension: Nachfolge-Optionen
   • An wen wollen wir übertragen?
   FBO, MBO, MBI, M&A, Liq.
2. Dimension: Übertragungs-Objekt
   • Was wollen wir übertragen?
   Asset-Deal / Share-Deal, Geschäftsmodell etc.
3. Dimension: Übertragungs-Ebene
   • Aus welcher Ebene wollen wir das Unternehmen übertragen?
   Eigentum/Führung/Vermögen
4. Dimension: Gerechtigkeit/Fairness
   • Verteilungsgerechtigkeit (Leistungs-/Gleichheits-/Bedürfnisprinzip)
   Prozessgerechtigkeit („Fair Process")
5. Dimension: Governance-Struktur, -Instrumente und -Prozess
   • Was wird von wem, wann, wo, warum und wie entschieden?
   Familienrat/Generalversammlung/VR/GL/Bereichsleitung
   Informationsfluss und Einfluss
6. Dimension: Projekt und Zeitmanagement
   • Wer macht was, wo und bis wann?
   Meilensteine (Entscheidungen)/Entwicklungsschritte

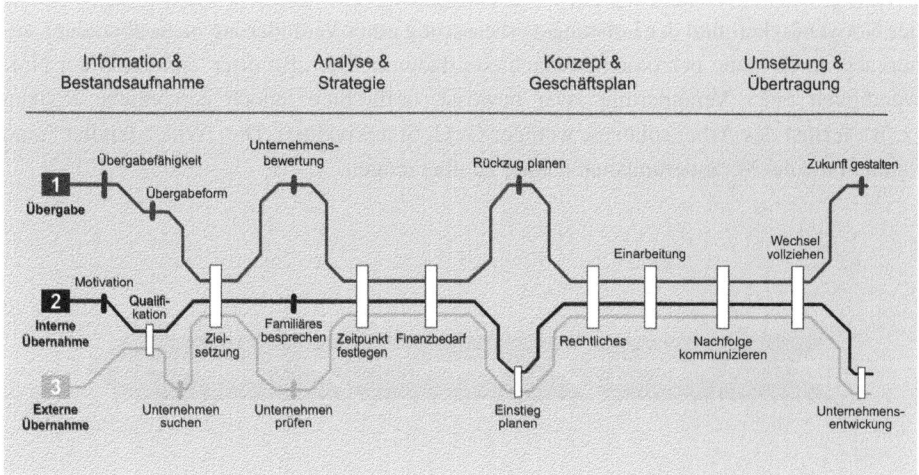

Abb. 14.4 Nachfolgefahrplan. (Quelle: www.nachfolge-in-deutschland.de)

Für den Prozess einer Nachfolge kann schließlich der Nachfolgeplan von „Nachfolge in Deutschland" herangezogen werden (vgl. Abb. 14.4). Dieser ist sowohl für familieninterne, als auch familienexterne Übergaben anwendbar.

14.3.2 Veränderungsmanagement

Für Fall B können Modelle und Konzepte des „Change Management" (Veränderungsmanagement) angewendet werden. Unternehmensberater beschäftigen sich mit Veränderungsmanagement bereits seit Ende des 19. Jahrhunderts. Eines der ersten erfolgreichen Konzepte wurde von Kurt Lewin in den 1940igern entwickelt. Dieses „Drei- Phasen-Modell" zeigt auf, dass Veränderungsvorhaben bei den Beschäftigten Widerstände auslösen können. In der ersten Phase müssen verhindernde Kräfte überwunden und fördernde Kräfte genutzt werden. In der nächsten Phase findet die Veränderung im Unternehmen statt. Alte Vorgehensweisen und Strukturen werden neu überarbeitet und ein neues Gleichgewicht soll etabliert werden. In der letzten Phase ist es wichtig, die funktionierenden Lösungen in die Unternehmenskultur zu integrieren und zu stabilisieren (Greif et al. 2004) (vgl. Abb. 14.5 und 14.6).

Da in dieser Fallstudie die „Veränderung" der Beschäftigten im Vordergrund steht, ist es wichtig, die „Change Management" Herausforderung zu betrachten. Die Widerstände des (ehemaligen) Prokuristen lassen bereits vor der Übergabe zukünftige Konflikte vermuten. Die Theorie von Mohr et al. (1998) „Widerstand erfolgreich managen. Professionelle Kommunikation in Veränderungsprojekten" widmet sich speziell dem Widerstand von Beschäftigten während eines „Change Management" Prozesses. Laut Mohr et al. (1998) gibt es während jedes Veränderungsprozesses vier verschiedene Mitarbeitertypen, bzw. Verhaltensmuster. Die „Promotoren", jene Beschäftigte welche einen Veränderungsprozess positiv unterstützen, stellen den geringsten Anteil dar. Die „Skeptiker" sind von der Notwendigkeit und der Leistungsverbesserung einer Veränderung nicht überzeugt, sehen aber auch keine persönlichen Nachteile dadurch. Die „Bremser" sind sich der Notwendigkeit einer Veränderung zwar bewusst, befürchten jedoch persönliche Risiken (z. B. Verlust des Arbeitsplatzes, weniger Geld, Statusverlust). Die „Widerständler" sind kaum von einer Veränderungsmaßnahme zu überzeugen.

Abb. 14.5 Drei-Phasen-Modell nach Kurt Lewin. (Quelle: Greif et al. 2004, S. 57)

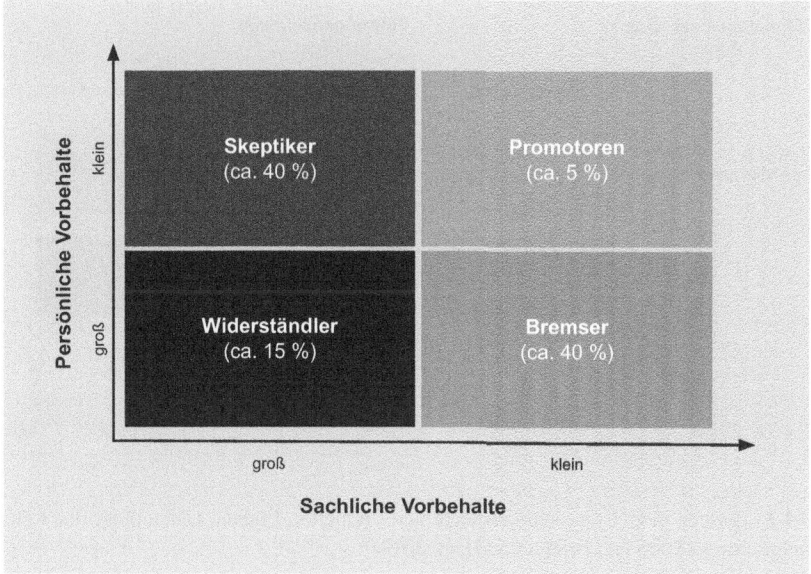

Abb. 14.6   Akzeptanzmatrix. (Quelle: Eigene Darstellung in Anlehnung an Mohr et al. 1998)

14.4   Antwortmöglichkeiten für die Diskussionsfragen

Die folgenden Ausführungen dienen als Orientierungshilfe für die Diskussion der Fallstudie.

Fall A:
Diskussionsfrage 1:
Welche Formen der Unternehmensnachfolge gibt es?

Lernziel: Studierende sollen verstehen, dass es mehrere Optionen gibt, wie ein Familienunternehmen geführt werden kann.

Bei Unternehmensnachfolgen unterscheidet man generell zwischen familienintern und familienextern. Häufig werden in Zusammenhang mit Unternehmensnachfolgen die Begriffe „Family buy out" (familieninterne Nachfolgeregelung), „Management Buy Out" (Übertragung des Unternehmens/Eigentum an Mitarbeiter/innen) und „Management buy in" für den Verkauf an eine familienexterne Person benutzt (Halter et al. 2013).

Traditionell geführte Unternehmen, in denen der Eigentümer auch der Geschäftsführer ist, sind in Österreichs mittelständischen Unternehmen trotz starken Rückgangs in den 1990er sehr häufig anzutreffen. Die Zahl der familienexternen Unternehmensübergaben hat sich seit 2006 bei ca. 50 % eingependelt (KMU Forschung Austria 2014).

Ein guter Überblick über die sieben verschiedenen Formen der Unternehmensnachfolge auf Basis des Eigentums und des Managements wurde von Pfannenschwarz (2006) ausgearbeitet (vgl. Abb. 14.7).

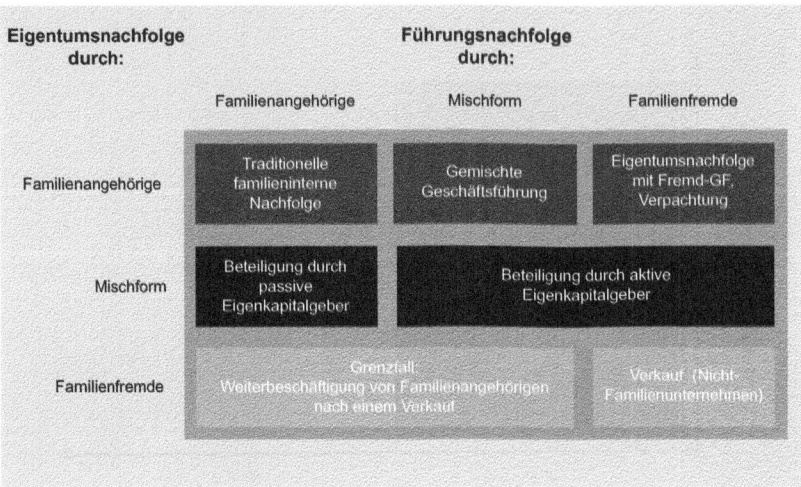

Abb. 14.7 Formen der Unternehmensnachfolge. (Quelle: Eigene Darstellung in Anlehnung an Pfannenschwarz 2006 und Felden und Hack 2014)

In der Fallstudie A wird eine Form, in der das Unternehmen von einem externen Prokuristen geführt wird, beschrieben. Auch die Möglichkeit eines Verkaufes des Unternehmens wird kurz angedeutet.

Diskussionsfrage 2:
Welche Modelle kann man heranziehen, um eine Unternehmensnachfolgeplanung zu optimieren?

Lernziel: Die Studierenden sollen eine analytische Unternehmensnachfolgeplanung verstanden haben und anwenden können.

Ein Kennzeichen von Unternehmensübergaben in Familienunternehmen ist die Individualität jeder Lösung. Dennoch gibt es Kernelemente, die in jedem Fall zu erfüllen sind. Vor allem das Vorhandensein eines fähigen Nachfolgers ist ein Kriterium, welches nur zum Teil beeinflussbar ist. Sehr oft haben vor allem Gründernachfolger eine Wunschvorstellung von ihrem Traumnachfolger, der einer „Kopie" des Gründers darstellt. Solch einen „Wunschkandidaten" gibt es jedoch meist nur sehr selten. Dies erschwert eine rationale Entscheidung, selbst wenn es potenzielle Nachfolger gibt und führt im schlimmsten Fall zur Schließung eines gut funktionierenden Unternehmens.

Um diese Frage zu beantworten, ist es außerdem wichtig festzustellen, welche Übergabeformen im jeweiligen Unternehmen zur Option stehen, da sich die Implementierung einer Übergabe für jede Form unterscheidet.

Eine optimale Unternehmensnachfolgeplanung kann helfen, alle Beteiligten frühzeitig auf eine Nachfolge einzustellen. In Fall A wird beschrieben, dass Herr Weber seine Übergabe eher herauszögert und nicht mit seiner Familie, Mitarbeitern oder Externen gesprochen hat. Eine fehlende Kommunikation über die Nachfolgeplanung ist in Familienunternehmen nicht selten. Einer der Hauptgründe dafür ist der Umfang des Tagesgeschäfts und die Routine eines Familienunternehmers.

Eine Lösung ist also, frühzeitig und aktiv die Übergabe in der Familie aber auch im Unternehmen zu diskutieren. Hier kann zum Beispiel auf das „Wittener Modell einer familieninternen Nachfolge" hingewiesen werden.

Auch soziale und rechtliche/administrative Aspekte welche während und nach einer Übergabe auftreten, müssen frühzeitig berücksichtigt werden. Für individuelle steuerliche und rechtliche Fragen sind Steuerberater oder Rechtsanwalt des Unternehmens einzubeziehen. Allgemeine Berücksichtigungen können gut mit dem „St. Galler Modell" inkludiert werden.

Diskussionfrage 3:

Welche Herausforderungen und Konflikte können auftreten, die ein Scheitern der Unternehmensübergabe beeinflussen (z. B. zwischen Übergeber-Nachfolger; Nachfolger-Mitarbeiter; Mitarbeiter-Nachfolger)?

Lernziel: Die Studierenden lernen Konflikte kennen, die während einer Übergabe auftreten können und verstehen, wie solche schon während der Planung verhindert werden können. Dieser Fall soll aber auch zeigen, dass es viele Lösungsmöglichkeiten der Nachfolge gibt – und dass der ideale Nachfolger nicht unbedingt die gleichen Kompetenzen benötigt, wie der Gründer bzw. Vorgänger.

Eine Unternehmensübergabe ist oft mit großen Herausforderungen verbunden, welche leicht unterschätzt werden. Ein Scheitern der Übergabe wird sehr oft durch „Konflikte" im Unternehmen und/oder in der Familie hervorgerufen. Vor allem die Abhängigkeit der unterschiedlichen Stakeholder in Familienunternehmen (Übergeber, Übernehmer und Mitarbeiter) voneinander beeinflusst Konflikte (vgl. Abb. 14.8).

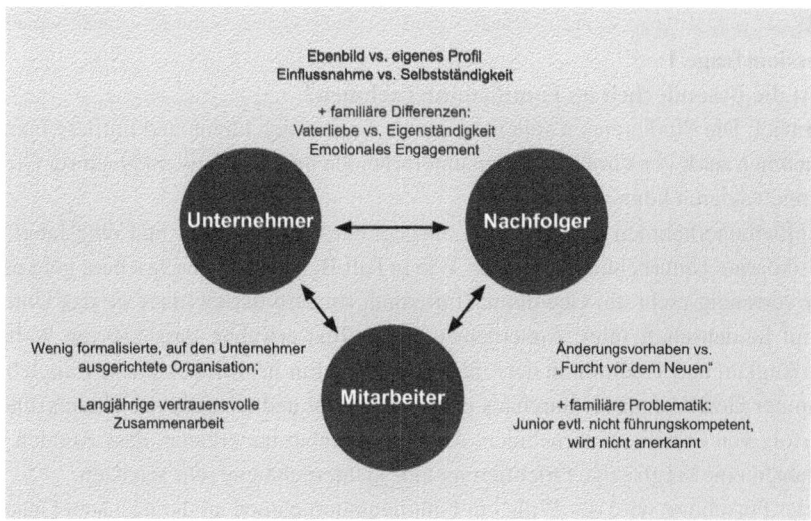

Abb. 14.8 Konfliktpozential zwischen den Beteiligten einer Unternehmensübergabe. (Quelle: Eigene Darstellung in Anlehnung an Seeghitz 2000, S. 101)

In Fall A wird beschrieben, dass Herr Weber seine Tochter beschützen will und sie nicht als Nachfolgerin anspricht, weil seine Tochter sich selbst verwirklichen und nicht ihr Leben für das Unternehmen opfern soll. Sabrina Weber will das Unternehmen jedoch übernehmen. Aufgrund des guten Verhältnisses der beiden sind keine Konflikte aufgetreten.

Außerdem liegt die Vermutung nahe, dass Herr Weber im Nachfolgeprozess nicht nach seinem „Ebenbild" gesucht hat. Nachfolgering wird seine Tochter Sabrina, die nicht nur Frau und „Nicht-Technikerin" ist, sondern auch in ihrem Auftreten und ihrer Art ganz anders als ihr Vater agiert. Sabrina muss gegenüber ihrem Vater niemals ihre Überlegenheit beweisen, sondern sie hat immer große Unterstützung durch ihren Vater erfahren. Zwei sehr konträre Charaktere können mitunter besser harmonieren und sich ergänzen.

Dieser Fall unterstreicht auch, dass es einen „idealen Nachfolger" nicht gibt und dieser auch nicht zwingend erforderlich ist. Ein Unternehmer kann sowohl aufgrund der hohen technischen Kompetenz erfolgreich sein (wie Herr Weber jun.), oder aus der Perspektive des Marktes/Verkaufs, als auch aufgrund der Kompetenz im Controlling (Sabrina Weber), sofern die anderen Kompetenzen durch qualifizierte und engagierte MItarbeiter abgedeckt werden.

Zu Beginn der Übergabe gab es Konflikte zwischen der Nachfolgerin Sabrina Weber und einigen Beschäftigten. Dazu gehört zunächst das schlechte Verhältnis zwischen dem Prokuristen und der Nachfolgerin. Der Prokurist war schon vor der Übergabe strikt gegen sämtliche „Änderungsvorhaben." Vertrauen zwischen dem Übergeber und den Beschäftigten war stets vorhanden. Auch wenn Herr Weber das Unternehmen nicht geleitet hat, hat er den autokratischen Führungsstil des Prokuristen aufgefangen. Obwohl sich die Beschäftigten immer wieder über den schlechten Stil des Prokuristen beschwert haben, haben sie das Verhalten des Prokuristen immer hingenommen, auch Herrn Weber zuliebe.

Fall B:
Diskussionsfrage 1:
Was ist die Besonderheit an Familienunternehmen?

Lernziel: Die Studierenden sollen erkennen, warum sich kleine und mittlere Familienunternehmen stark von Großkonzernen unterscheiden und trotz bzw. wegen ihrer Größe so erfolgreich agieren können.

Familienunternehmen haben oft ein ausgeprägtes Wertesystem und eine langfristige und risikoarme Unternehmensstrategie. Wie in Fall B, Absatz 1 beschrieben, geht es Frau Weber vorrangig nicht um Gewinnmaximierung, sondern darum, dass sie das Unternehmen mit Leidenschaft führt. Außerdem wird im Text erwähnt, dass Sabrina Weber die Langfristigkeit und Tradition in der Unternehmenskultur hervorhebt. Diese Langlebigkeit wird in der Gesellschaft als durchaus positiv bewertet und ist einer der Hauptgründe für den Erfolg von Familienunternehmen. Auch Frau Weber hat erkannt, dass Kunden sowie Lieferanten eine langfristige Orientierung eines Unternehmens sehr schätzen.

In der Forschung wird der Wille ein Familienunternehmen an die nächsten Generationen weiterzugeben als „transgenerational orientation" (TGO) bezeichnet. Dieser Wille zur Weitergabe an eine nächste Generation ist eines der bedeutendsten Merkmale von Familienunternehmen (Suess-Reyes 2017).

Baus (2016) nennt folgende Stärken von Familienunternehmen im Vergleich zu Publikumsgesellschaften:

- Flache Hierarchien
- Kurze Entscheidungswege
- Personelle Kontinuität
- Ausgeprägtes Kosten-Nutzen-Denken
- Verlässlichkeit gegenüber Kunden und Geschäftspartnern
- Starke Identifikation mit dem Unternehmen nach innen wie nach außen
- Gefühl der Verantwortung gegenüber Belegschaft und Region
- Gespür für Marktchancen.

Als größte Schwäche von Familienunternehmen wird die Familie selbst gesehen. Familienunternehmen scheitern weitaus häufiger aufgrund von internen Auseinandersetzungen als aus wirtschaftlichen Gründen (Baus 2016). Die Ursachen für solch kritische Auseinandersetzungen sind äußerst vielfältig und müssen daher sorgfältig analysiert werden.

Diskussionsfrage 2:
Frauen als Nachfolger – Wie beeinflusst das Rollenbild der Frau in der Gesellschaft eine Unternehmensnachfolge?
Lernziel: Das Ziel dieser Frage soll sein, mögliche Unterschiede bei der Übernahme durch Frauen bzw. Männer zu erkennen. Auch der Wandel von familiären Rollenbildern im Sinne einer „Work-Life Balance" in Familienunternehmen kann verglichen werden.

In Deutschland und Österreich verliert die „Primogenitur" immer stärker an Bedeutung und das Verhältnis zwischen männlichen und weiblichen Übernehmer/innen ist bereits ähnlich (Otten-Pappas und Jäckel-Wurzer 2017). Eine weibliche Unternehmensnachfolge wird für viele bereits als „Selbstverständlichkeit" betrachtet. In manchen Branchen (vor allem in MINT Bereichen) gibt es jedoch weit weniger weibliche Nachfolge.

In Fall B wird beschrieben, dass einzelne Stakeholder nicht akzeptieren wollen, dass eine Frau ein Holzunternehmen führt. Die Reaktionen, als sie die Firma übernommen hat, wäre bei einem Mann möglicherweise anders verlaufen. Sich als Frau in einem männerdominierten Unternehmen und Markt durchzusetzen, benötigt viel Kraft.

Doch die Unternehmensübergabe von einem Vater an eine Tochter kann auch Vorteile haben (Vergleiche auch Frage 3), da andere Erwartungshaltungen zu weniger innerfamiliären Konflikten führen können.

Die Studie „Weibliche Nachfolge: Ausnahme oder Regelfall" von Otten-Pappas und Jäckel-Wurzer (2017) hat gezeigt, dass sich traditionelle Rollenbilder auch bei Nachfolgerinnen halten. 63 % der Nachfolgerinnen übernehmen auch nach der Übernahme Familienaufgaben (Haushalt, Kinder), wohingegen dieser Anteil bei männlichen Nachfolgern nur bei 32 % liegt. Nachfolgerinnen mit Kindern verbringen dennoch ähnlich viel Zeit im Unternehmen wie Nachfolgerinnen ohne Kinder und sind dadurch einer Doppelbelastung ausgesetzt.

Dies ist auch in der Fallstudie zu erkennen. Frau Weber hat nach der Geburt ihrer Söhne zwar der Familie gewidmet, jedoch ihre Aufgaben in der Firma weiterhin erledigt (Fall A). Zahlen zu männlichen Nachfolgern über deren Verhalten fehlen.

Der Führungsstil von Sabrina Weber unterscheidet sich sehr von dem ihres Vaters – möglicherweise auch, weil sie Frau und Mutter ist. Sie möchte ein familienfreundliches Arbeitsumfeld schaffen und für familiäre Angelegenheiten der Beschäftigten Verständnis aufbringen. Die Beschäftigten verhalten sich dadurch ihr gegenüber anders als gegenüber ihrem Vater oder dem externen Prokuristen. „Meine Mitarbeiter sind richtige Gentleman und wollen mich beschützen wo und wie es nur geht". Dies Zugehörigkeitsgefühl der Beschäftigten zum Unternehmen ist offensichtlich deutlich besser geworden.

Diskussionsfrage 3:

Wie sollte man einen Veränderungsprozess auf Grundlage der „Change-Management" Theorie einleiten?

Lernziel: Da ein Führungswechsel oft auch einen Wechsel der Unternehmenskultur bedeutet, sollen die Studierenden lernen, welche Theorien es zu Veränderungsprozessen gibt.

In Fall B wird beschreiben, dass Sabrina Weber schnellstmöglich die Unternehmenskultur ändern möchte. Veränderungsprozesse sind ein kritischer Wendepunkt in einem Unternehmen und müssen sorgfältig geplant und begleitet werden.

In der Praxis ist zu beobachten, dass ein Teil einer Belegschaft auf einen Veränderungsprozess zunächst eher abwartend, aber offen reagiert. Zur Systematisierung des konkreten Falls kann die Theorie der vier Beschäftigtentypen (nach Mohr et al. 1998) während eines Veränderungsprozesses herangezogen werden (vgl. Abb. 14.6). Oft gibt es eine kleine Gruppe von Leuten, die massiv gegen den Veränderungsprozess vorgehen. Wichtig ist es, nicht alle Energie in die Überzeugung dieser Gruppe (bzw. einzelner Personen) zu stecken. Frau Weber ist von Anfang an klar, dass es weiterhin zu Konflikten mit dem Prokuristen kommen wird. Der offene Kampf gegen diesen „Gegenspieler" kann leicht den „offenen und abwartenden" Großteil verunsichern. Besser ist es, sich der kleineren Gruppe der Veränderungsförderer zu widmen und mit dieser gemeinsam die anderen mitzunehmen. Die „Gegner" des Veränderungsprozesses sollten ignoriert oder vom Unternehmen getrennt werden.

Diskussionsfrage 4:

Welche sozialen Maßnahmen kann man einführen, um im Veränderungsprozess zufriedene Mitarbeiter zu haben?

Lernziel: Soziale Maßnahmen können einen großen Einfluss auf die Mitarbeitermotivation haben, die für positive Stimmung und gute Leistungen sorgt.

Vor allem die „soft facts", schaffen ein positives Arbeitsumfeld und erleichtern so einen Veränderungsprozess enorm.

Wie in Fall B erwähnt, gab es vor der Übergabe bei Weber Holz eine klare Trennung zwischen Arbeitern und Angestellten. Sabrina Weber hat dies nach der Übernahme sofort aufgehoben und gemeinsame Aktivitäten veranstaltet. Auch bekommen Angestellte und

Arbeiter die gleichen Weihnachtsgeschenke und Sabrina Weber möchte auch die Gehälter anpassen. Außerdem hat sie im Rahmen der Investitionen Maßnahmen zum Schutz von Sicherheit und Gesundheit der Mitarbeiter umgesetzt.

In der Fallstudie wird beschreiben, dass das Ziel von Sabrina Weber „eigenverantwortliche, motivierte und gesunde Mitarbeiter" sind und sie daher bei wichtigen Entscheidungen stets auch die Meinungen der Beschäftigten berücksichtigt.

Zu den regelmäßigen sozialen Zusammenkünften wie zum Beispiel Sommergrillen, Weihnachtsfeiern oder Feiern für langjährige Beschäftigte werden stets auch enge Familienangehörige eingeladen. Einmal im Jahr wird eine Betriebsreise von den Beschäftigten selbst ausgesucht. Auf Hobbys, wie zum Beispiel Fußballspielen in einem Verein, wird Rücksicht genommen, sofern möglich. Ein Firmengarten wurde gestaltet, um den Erholungsprozess von Beschäftigten während der Pausen zu verstärken und auch hier den sozialen Austausch zu fördern.

14.5 Ablauf und Zeitplan

Diese Fallstudie unterscheidet in Fall A und Fall B. Es kann sowohl nur Fall A oder Fall B durchgeführt werden, als auch zuerst Fall A und anschließend Fall B. Pro Fall werden ca. 1,5 Stunden zur Bearbeitung und Diskussion benötigt. Die Fallstudie kann bearbeitet werden, um Unternehmensübergaben und Veränderungsprozesse im Familienunternehmen besser zu beleuchten. Die Fallstudie kann auch eingesetzt werden, um die Besonderheiten von Familienunternehmen näher kennen zu lernen.

Quellenverzeichnis und weiterführende Literatur

Aronoff, C. E., Astrachan, J. H., Mendoza, D. S., & Ward, J. L. (2011). *Making sibling teams work: The next generation*. New York: Palgrave Macmillan.
Barrick, M. R., & Mount, M. K. (1991). The big five personality dimensions and job performance: A- meta- analysis. *Personnel Psychology, 44*, 1–26.
Baus, K. (2016). *Die Familienstrategie – Wie Familien ihr Unternehmen über Generationen sichern* (5. Aufl.). Wiesbaden: Gabler.
FAS Research. (2015). BFI Wien Studie: *Auf der Suche nach dem gelungenen Leben*. FAS Nr. 303, 01/2015.
Felden, B., Hack, A., & Hoon, C. (2019). *Management von Familienunternehmen: Besonderheiten – Handlungsfelder – Instrumente* (2. Aufl.). Wiesbaden: Springer Gabler.
Greif, S., Runde, B., & Seeberg, I. (Hrsg.). (2004). *Erfolge und Misserfolge beim Change Management (Innovatives Management)*. Göttingen: Hogrefe.
Groth, T. (2011). Gute Lösungen von Generation zu Generation: Langlebige Familienunternehmen. In A. Schlippe, A. von Nischak & M. El Hachimi (Hrsg.), *Familienunternehmen verstehen – Gründer, Gesellschafter und Generationen* (2. Aufl.). Göttingen: Vandenhoeck & Ruprecht.
Halter, F., & Schröder, R. (2017). *Das St. Galler Nachfolge Modell. Ein Rahmenkonzept zum Planen, Gestalten und Umsetzen einer ganzheitlichen Unternehmensnachfolge* (4. und komplett überarb. Aufl.). Bern: Haupt.

KMU Forschung Austria. (2014). Unternehmensübergaben und -nachfolgen in Österreich Status quo 2014: Aktuelle Situation und zukünftige Entwicklungen. Wien. https://www.kmuforschung.ac.at/wp-content/uploads/2014/05/2014_11_04_-Endbericht-Unternehmensübergaben-und-nachfolgen.pdf. Zugegriffen am 26.05.2018.

Mohr, N., Woehe, J. M., & Diebold. (1998). *Widerstand erfolgreich managen. Professionelle Kommunikation in Veränderungsprojekten.* Frankfurt a. M./New York: Campus.

Otten-Pappas, D., & Jäckel-Wurzer, D. (2017). *Weibliche Nachfolge – Ausnahme oder Regelfall? Eine Studie zur aktuellen Situation im Generationswechsel deutscher Familienunternehmen* (WIFU Studie). Witten: Eigenverlag.

Pfannenschwarz, A. (2006). *Nachfolge und Nicht-Nachfolge im Familienunternehmen.* Heidelberg: Systematische Forschung im Carl Auer Verlag.

Seeghitz, N. (2000). *Nachfolgeproblematik in mittelständischen Familienunternehmen ein interdisziplinäres Handlungsfeld.* Dissertation Nürnberg.

Suess-Reyes, J. (2017). Understanding the transgenerational orientation of family businesses: The role of family governance and business family identity. *Journal of Business Economics, 87,* 749–777.

ALDI SÜD: Wandel der Unternehmenskommunikation in einem Familienunternehmen

15

Nicole Friedrichs und Cosima Winkelmann-Fietz

15.1 Zusammenfassung

Die Unternehmensgruppe Aldi mit Sitz in Mülheim an der Ruhr agiert seit etwa 100 Jahren am Markt. Beeinflusst durch die strenge und sparsame Erziehung hat sich die Unternehmenskultur von ALDI mit ihren Werten und Zielen gefestigt. Es entstanden drei Prinzipien, die das Unternehmen noch heute verfolgt und kommuniziert: Einfachheit, Sparsamkeit und Bescheidenheit.

Die seit Jahren durch einen Brüderstreit getrennt agierenden Discounter ALDI NORD und ALDI SÜD entwickeln sich sehr unterschiedlich. Die dezentrale Organisationsstruktur von ALDI SÜD ermöglicht den Mitarbeitern schnelle Handlungsmöglichkeiten und lässt Platz für selbstständige Entscheidungen. Mitarbeiter können sich im Unternehmen nach ihren individuellen Interessen entwickeln. ALDI SÜD lässt Mitarbeiter durch attraktive Vergütung am Unternehmenserfolg teilhaben und honoriert überdurchschnittliche Leistungen.

ALDI SÜD sieht die Schwerpunkte der Ausweitung der eigenen Marktsituation insbesondere in den Bereichen der internen Kommunikation sowie in der externen Kommunikation, inbesondere mit Blick auf Imagewandel, Angebotsausbau und Nachhaltigkeit. Die Markenführung des Discounters erreichte vor wenigen Jahren einen neuen Höhepunkt in der Geschichte von ALDI. Mit der Implementierung der eigenen Marketingabteilung bricht ALDI SÜD die Traditionen der Gründerbrüder auf und geht neue Wege.

Protagonist dieser Fallstudie ist der Leiter für „Marketing & Communications" Peter Wübben. Dieser wechselte 2016 vom Konzern METRO Group zum Familienunternehmen ALDI SÜD und verantwortet seither die Bereiche externe Kommunikation, interne

N. Friedrichs (✉) · C. Winkelmann-Fietz
Hochschule für Wirtschaft und Recht Berlin, Berlin, Deutschland
E-Mail: friedrichs.nicole@gmx.de

© Springer Fachmedien Wiesbaden GmbH, ein Teil von Springer Nature 2020
B. Felden et al. (Hrsg.), *Fallstudien zum Management von Familienunternehmen*,
https://doi.org/10.1007/978-3-658-27721-5_15

Kommunikation und Kundenservice. Mit der neu geschaffenen Abteilung erhofft sich das Unternehmen, einen Imagewandel und eine Stärkung ihrer Position am Markt herbeizuführen. Dazu werden in der Fallstudie kommunikative Maßnahmen und deren Einfluss auf den Markt, die Zielgruppe und das Unternehmen dargelegt.

Studierende erhalten mit der Fallstudie einen Einblick in die Komplexität der Unternehmenskommunikation in Familienunternehmen und die Kommunikationsmaßnahmen des Familienunternehmens ALDI SÜD. Sie verstehen die praktische Anwendung von Marketingmaßnahmen in Familienunternehmen und lernen unterschiedliche Maßnahmen des Marketings gegeneinander abzuwägen und zu diskutieren.

15.2   Diskussionsfragen

Themenfeld 1 – interne Kommunikation

1. Wie unterscheiden sich Familienunternehmen von Nicht-Familienunternehmen in Bezug auf die interne Kommunikation? Skizzieren Sie anhand des 3-Kreis-Modells (Gersick et al. 1997) welche zusätzlichen Kommunikationswege es in Familienunternehmen gibt.
2. Mitarbeiterbindung durch Kommunikation: Wie kann Wübben die interne Kommunikation nutzen, um Mitarbeiter langfristig zu binden? Nennen Sie Maßnahmen und berücksichtigen Sie dabei die Bedürfnisse der Mitarbeiter. Erarbeiten Sie Ansätze, die nicht in der Fallstudie genannt wurden.
3. Informationsaustausch durch Kommunikation: Welche Instrumente kann Wübben für die interne Kommunikation nutzen, um einen aktiven Informationsaustausch zwischen den Mitarbeitern und Abteilungen zu gewährleisten? Entwickeln Sie weitere Maßnahmen, die Wübben anwenden kann.

Themenfeld 2 – externe Kommunikation

1. Aus welchem Grund ist der Ausbau der externen Kommunikation aktuell notwendig? Welche Kommunikations- bzw. Werbekanäle müssen bespielt werden, um die relevante Zielgruppe zu erreichen?
2. Strategisches Marketing: Wie kann Wübben durch strategisches Marketing Neukunden bzw. Kunden der Mitbewerber gewinnen? Nutzen Sie dazu die Ansoff-Matrix und erläutern Sie anhand der Informationen aus der Fallstudie sein Vorgehen.
3. Imagewandel durch Marketing: Wie kann es Wübben durch Marketingmaßnahmen gelingen, das eingestaubte Image von ALDI zu verbessern? Welche Faktoren beeinflussen das Image eines Unternehmens?
4. Nachhaltigkeit kommunizieren: Erläutern Sie den Grund der Einführung nachhaltiger Produkte in das ALDI -Sortiment. Wie werden Themen wie Nachhaltigkeit und Verantwortung durch Wübben kommuniziert?

15.3 Für die Fallanalyse relevante theoretische Modelle oder Konzepte

15.3.1 Interne Kommunikation in Familienunternehmen

Die Abgrenzung von Familienunternehmen zu Nicht-Familienunternehmen kann durch das Drei-Kreise-Modell (vgl. Abb. 15.1) veranschaulicht werden. Es zeigt die drei Bereiche Eigentum, Familie und Unternehmen. Aus der Überlappung der drei Bereiche ergeben sich sieben Sektoren, in die die Struktur eines individuellen Unternehmens-/Familienmitglieds eingeordnet werden kann.

Erläuterung: (1) im Unternehmen tätig (2) Familienmitglied (3) Anteilseigner (4) Anteilseigner, im Unternehmen tätig (5) Familienmitglied, im Unternehmen tätig (6) Familienmitglied, Anteilseigner (7) Familienmitglied, Anteilseigner, im Unternehmen tätig.

15.3.2 Mitarbeiterbindung durch Kommunikation

Die Bindung der Mitarbeiter spielt für den Unternehmenserfolg eine große Rolle: Mitarbeiter, die sich mit dem Unternehmen identifizieren, arbeiten motivierter und handeln verantwortlicher. Einen theoretischen Ansatz der Mitarbeiterbindung liefert das nachstehende Schema (vgl. Abb. 15.2). Es unterscheidet hierbei in vier Bindungsarten: Normative, perspektive, rationale und emotionale Bindung.

15.3.3 Informationsaustausch durch Kommunikation

Kommunikationsmedien innerhalb eines Unternehmens sollen die interne Kommunikation zwischen den Angestellten verbessern und einen effizienten Informationsaustausch

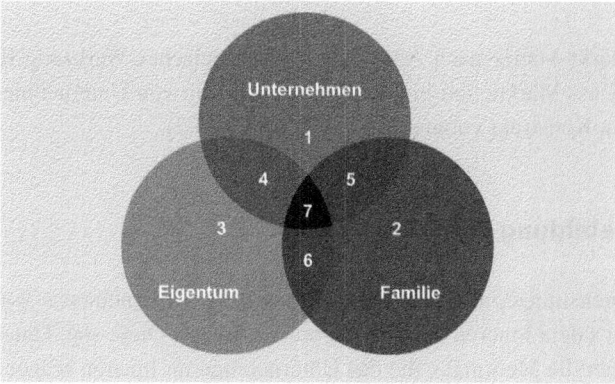

Abb. 15.1 Drei-Kreise-Modell. (Quelle: Eigene Darstellung in Anlehnung an Gersick et al. 1997)

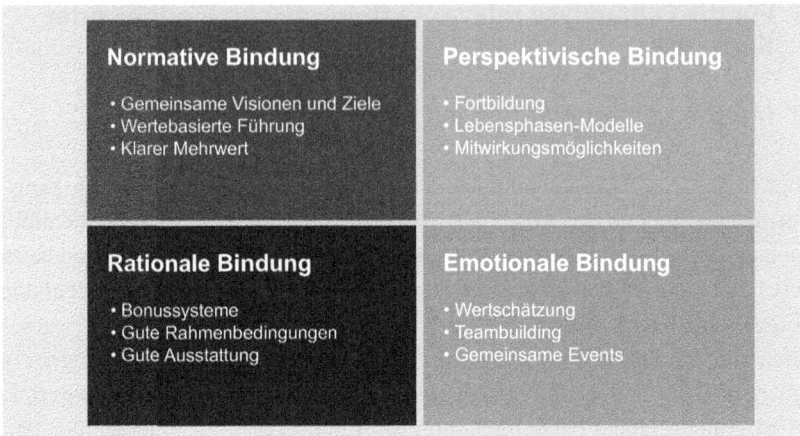

Abb. 15.2 Arten der Mitarbeitendenbindung. (Quelle: IMAP 2017)

gewährleisten. Jedoch bedeutet ein breites Portfolio an Kommunikationsinstrumente nicht, dass die Inhalte auch den Wünschen und Bedürfnissen der Mitarbeiter entsprechen und deren Fragen beantworten. Eine Übersicht möglicher Instrumente liefert Abb. 15.3.

15.3.4 Kommunikation mit der Zielgruppe

Die externe Kommunikation erstreckt sich ebenfalls über eine Vielzahl von Maßnahmen und wird je nach Zielsetzung und Zielgruppe entwickelt. Einen Überblick über mögliche Werbeformen bietet der nachstehende Kommunikationsmix und daraus folgende Werbekanäle (vgl. Abb. 15.4).

15.3.5 Strategisches Marketing

Die Produkt-Markt-Matrix nach Ansoff ist ein strategisches Werkzeug für eine Wachstumsstrategie. Dass Märkte und Produkte das Wachstum von Unternehmen beeinflussen, wird von diesem Konstrukt vorausgesetzt. (vgl. Abb. 15.5).

15.3.6 Imagebildung durch Marketing

Das Unternehmensimage, also die Wahrnehmung des Unternehmens von außen, bildet sich zunächst aus dem Inneren des Unternehmens heraus. Diese sog. Unternehmensidentität kennzeichnet die Merkmale, die das Unternehmen im inneren prägen und mit denen

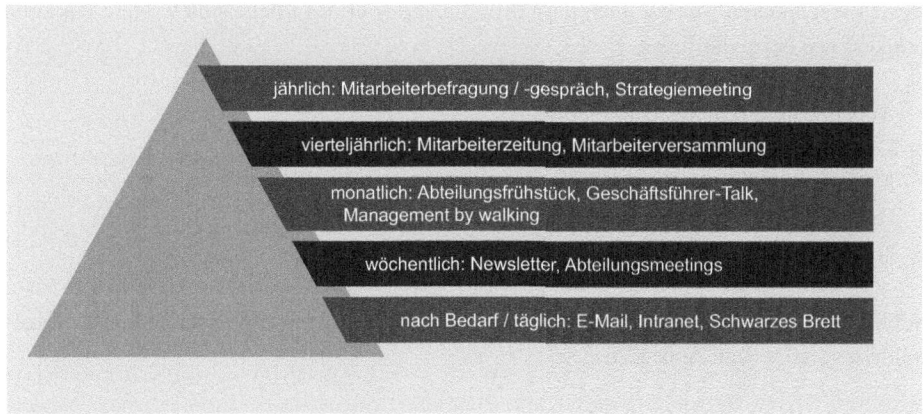

Abb. 15.3 Die verschiedenen Instrumente der internen Kommunikation. (Quelle: Wirtschaftswissen.de 2019)

Kommunikationsmix

Persönliche Komm.	Verkaufs-förderung	Public Relations	Mitarbeiter-komm.	Direct Marketing
Sponsoring	Event-Marketing	Media-werbung	Messen & Ausstellungen	Social Media-Komm.

Werbemix (Mediagattungen)

Außen-werbung	TV-Werbung	Print-Werbung	Direkt-werbung	etc.

Abb. 15.4 Kommunikations- und Werbemix. (Quelle: Schweizerisches Institut für Betriebsökonomie 2015)

	Bestehende Produkte	Neue Produkte
Bestehende Märkte	Marktdurchdringung	Produktentwicklung
Neue Märkte	Marktentwicklung	Diversifikation

Abb. 15.5 Produkt-Markt-Matrix nach Ansoff. (Quelle: Eigene Darstellung in Anlehnung an Ansoff 1957)

es sich von anderen Marktteilnehmern differenziert. Für das Image sind weitere Faktoren prägend wie beispielsweise:

- Angebot/Produkte des Unternehmens.
- Leistung und Qualität der Waren.
- Mitarbeiterführung, -bezahlung.
- Umgang mit Lieferanten/ Produzenten.
- Nachhaltigkeitsaspekte.

Schließlich wird das Unternehmensimage durch den Umgang mit den relevanten Stakeholdern geprägt (vgl. Abb. 15.6).

15.3.7 Nachhaltigkeit kommunizieren

Anpassungen oder Erweiterungen des Produktangebots haben nicht nur technologische Gründe. Sie werden insbesondere von den Erwartungen und Bedürfnissen der Zielgruppe initiiert. Die bei der Kommunikation über Nachhaltigkeit zu berücksichtigenden Faktoren liefert Abb. 15.7.

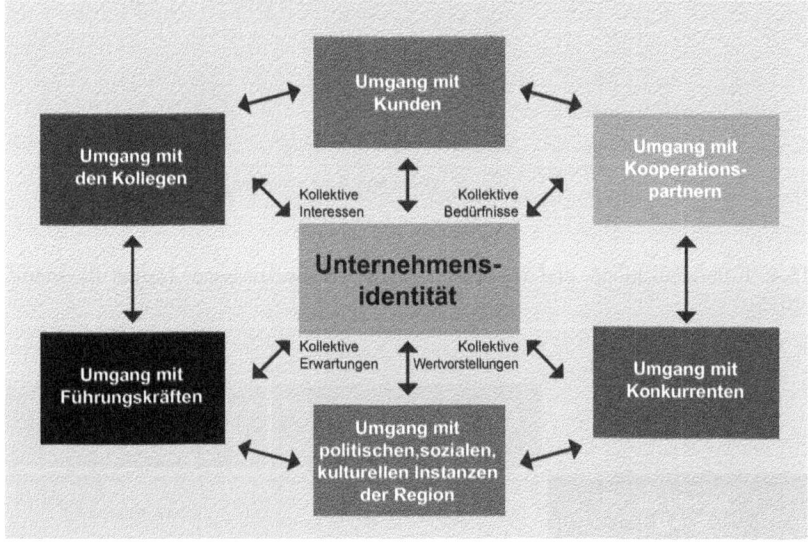

Abb. 15.6 Unternehmensidentität. (Quelle: teialehrbuch.de o.D.)

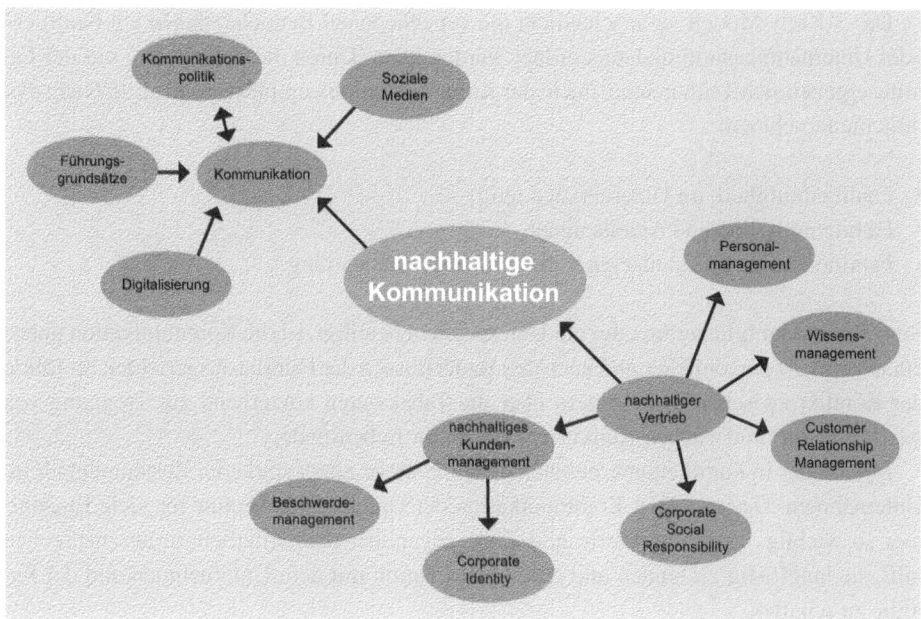

Abb. 15.7 Element der nachhaltigen Kommunikation. (Quelle: Gablers Wirtschaftslexikon o.D.)

15.4   Antwortmöglichkeiten für die Diskussionsfragen

Die folgenden Ausführungen dienen als Orientierungshilfe für die Diskussion der Fallstudie. Dabei können je nach Auslegung und individueller Schwerpunktsetzung weitere
Themen und Antwortmöglichkeiten für die Diskussion relevant sein.

Diskussionsfrage 1:
Wie unterscheiden sich Familienunternehmen von Nicht-Familienunternehmen in
Bezug auf die interne Kommunikation? Skizzieren Sie anhand des 3-Kreis-Modells
(Gersick et al. 1997) welche zusätzlichen Kommunikationswege es in Familienunter-
nehmen gibt.
    Ziel: Die Studierenden lernen Familienunternehmen von Nicht-Familienunternehmen
zu unterscheiden und erfahren, welche Unterschiede in der Kommunikation zu beachten
sind. Hinweise aus der Fallstudie finden sich in Kap. 3. Unternehmensstrukturen von
ALDI SÜD sowie 4. Interne Kommunikation.
    Durch zielgerichtete und transparente Kommunikation sollen Informationen verteilt
und Dialoge geschaffen werden.

Das 3-Kreis-Modell veranschaulicht die verschiedenen Bereiche, denen ein Familien-
oder Unternehmensmitglied zugeordnet werden kann. Durch die Verzahnung mit der Familie ergeben sich Teilbereiche, die in der Kommunikation komplexer sind als in Nicht-Familienunternehmen:

- Familienmitglied, im Unternehmen tätig.
- Familienmitglied und Anteilseigner.
- Familienmitglied, Anteilseigner und im Unternehmen tätig.

Sind Familienmitglieder im oder am Unternehmen beteiligt, ist die Kommunikation untereinander meist persönlicher und nach den Bedürfnissen der Familie ausgerichtet. So führte
der Konflikt zwischen den Brüdern über die Tabakwaren kurzerhand zur Trennung von
ALDI und zur brüderlichen Konkurrenz bis an ihr Lebensende.

Mitarbeiter in Familienunternehmen erfahren meist einen stärkeren Zusammenhalt im
Unternehmen. Deswegen ist Kommunikation der Unternehmenskultur für viele Eigentümer so wichtig. Tradition, Werte und Ziele gegenüber den Mitarbeitern auszusprechen
hilft, sie langfristig zu binden und eine Identifikation mit dem Unternehmen und der Familie zu schaffen.

Take Aways
Kommunikation in Familienunternehmen
    Durch Familienmitglieder komplexer als in Nicht-Familienunternehmen:

- Familienmitglied, im Unternehmen tätig.
- Familienmitglied und Anteilseigner.
- Familienmitglied, Anteilseigner und im Unternehmen tätig.

Interne Kommunikation:

- persönlichere Kommunikation
- stärkerer Zusammenhalt
- auf Bedürfnisse der Familie ausgerichtet

Unternehmenskultur:

- stärkt die Identifikation mit Unternehmen und Familie.
- kann Mitarbeiter binden.

Diskussionsfrage 2:
**Wie kann Wübben die interne Kommunikation nutzen, um Mitarbeiter langfristig
zu binden? Nennen Sie Maßnahmen und berücksichtigen Sie dabei die Bedürfnisse
der Mitarbeiter. Erarbeiten Sie Ansätze, die nicht in der Fallstudie genannt wurden.**

Ziel: Die Studierenden verstehen, wie wichtig die interne Kommunikation ist, um Mitarbeiter langfristig zu binden und erfahren, welche Kommunikationsmaßnahmen angewendet werden können, unter Berücksichtigung individueller Bedürfnisse. Hinweis aus der Fallstudie finden sich in Kap. 4. Mitarbeiterführung sowie ebenfalls 4. Interne Kommunikation – Mitarbeiterkommunikation.

Kommunikationsmaßnahmen zur Mitarbeiterbindung müssen auf die jeweiligen Bedürfnisse der Mitarbeiter abgestimmt sein. Zu den Hauptgründen der Mitarbeiterunzufriedenheit gehört das Verhältnis zu Vorgesetzten und Kollegen. ALDI stellt seinen Mitarbeitern dafür einen Vertrauensanwalt zur Verfügung, der helfen soll, interne Konflikte anzusprechen und zu lösen. Das unternehmensinterne Ideenmanagement „IDEE@ALDI-SÜD" gibt Mitarbeitern die Möglichkeit, zur Weiterentwicklung des Unternehmens beizutragen. Dies steigert die Identifikation mit dem Unternehmen und kann Mitarbeiter langfristig binden.

Weitere Ansätze

- Regelmäßige Personal-/Feedbackgespräche.
- Vorhandene Förderprogramme gezielter an die Mitarbeiter kommunizieren bzw. Anreiz zur aktiven Teilnahme schaffen.
- Weiterbildungsmaßnahmen für Führungspersonal, um die Kommunikation zu den Angestellten zu verbessern.
- transparente Kommunikation an die Mitarbeiter über Erfolge und Misserfolge.

Take Aways

Bedürfnis des Mitarbeiters	Maßnahme zur Mitarbeiterbindung
Konflikte beseitigen/ lösen	Interner Vertrauensanwalt
Zugehörigkeit zum Unternehmen	(bedingt) transparente Kommunikation über Erfolge und Misserfolge an die Mitarbeiter
Mitbestimmung/ gehört werden	Aufforderung Verbesserungswünsche/ Ideen mitzuteilen
Feedback und Weiterentwicklung	regelmäßige Personal-/ Feedbackgespräche
Eigene Entwicklung/ Weiterbildung	Förderungsprogramme kommunizieren, Anreiz geben
Gute Kommunikation zu Vorgesetzten	Weiterbildung des Führungspersonals in der Kommunikation mit den Angestellten
Informationsfluss/ Miterleben	(bedingt) transparente Kommunikation über Erfolge und Misserfolge

Diskussionsfrage 3:
Welche Instrumente kann Wübben für die interne Kommunikation nutzen, um einen aktiven Informationsaustausch zwischen den Mitarbeitern und Abteilungen zu ge-

währleisten? Geben Sie weitere, Ihnen bekannte Maßnahmen an, die Wübben anwenden kann.

Ziel: Die Studierenden lernen die Vielfalt der internen Kommunikationsmöglichkeiten kennen, die Familienunternehmen nutzen, um formell sowie informell miteinander zu kommunizieren. Hinweise zu den Fallstudien finden sich in Kap. 4. Interne Kommunikation – Mitarbeiterkommunikation.

Die interne Kommunikation wird bei ALDI SÜD sehr ernst genommen, deswegen gibt es dafür auch eine separate Abteilung. Mitarbeiter der „internen Kommunikation" beschäftigen sich unter anderem mit dem Verfassen redaktioneller Texte für interne Medien der Kommunikationsabteilung, u. a. für die Mitarbeiterzeitung und das Intranet.

Auch führt ALDI SÜD einen Unternehmensblog, auf dem Mitarbeiter über die Insights anderer Abteilungen informiert werden, Erfolgsgeschichten von Azubis erfahren oder unternehmerische Nachhaltigkeitsprojekte nachverfolgen können.

Weitere Maßnahmen

Die interne Kommunikation kann in formelle und informelle Kommunikation eingeteilt werden. Formelle Maßnahmen sind z. B. planmäßige Gespräche wie Besprechungen, Telefonkonferenzen oder jährlich stattfindende Mitarbeiterbefragungen und Auswertungsgespräche.

Zu der informellen Kommunikation zählen Online-Instrumente wie E-Mail, Messenger, Intranet oder Newsletter (online), sowie ein Schwarzes Brett, um (im Alltag) formlos miteinander zu kommunizieren.

Take Aways

Informationsaustausch

Informelle Kommunikation:
  - E-Mail, Messenger, Intranet, Newsletter, Blog
  - Schwarzes Brett, Mitarbeiterzeitschrift

Formelle Kommunikation:
  - Besprechungen, Telefonkonferenzen
  - Mitarbeitergespräche, – befragungen, – auswertungen

Diskussionsfrage 4:
Aus welchem Grund ist der Ausbau der externen Kommunikation aktuell notwendig? Welche Kommunikations- bzw. Werbekanäle müssen bespielt werden, um die relevante Zielgruppe zu erreichen?

Ziel: Die Studierenden nutzen vorhandene Kenntnisse aus dem Kommunikationsmix und können einschätzen, mit welchen Kanälen welche Zielgruppe bestmöglichst erreicht werden kann. Hinweis aus der Fallstudie finden sich in Kap. 4. Kommunikation mit der Zielgruppe.

Bisherige Werbemaßnahmen erreichten Konsumenten von ALDI SÜD lediglich als wöchentlich erscheinenden Prospekt (ALDI informiert), ausgelegt in den Filialen oder über „Direct Mailings" als Werbepost.

Jedoch hat ALDI SÜD erkannt, dass Sparsamkeit und Kosteneffizienz nicht mehr den aktuellen Anforderungen am Markt entsprechen. Zu groß ist mittlerweile die Konkurrenz. Discounter wie Lidl, Penny oder Netto können mit den Preisen von ALDI SÜD mithalten und nutzen zusätzliche Kommunikationskanäle wie das Internet, um (potenzielle) Konsumenten von ihrem Warensortiment und den Angeboten zu überzeugen.

Daher entschied sich ALDI SÜD für den Ausbau der Marketingabteilung. Neben Printmedien investierte ALDI SÜD in Audio- und Videomedien. Mit verschiedenen Motiven visualisierte ALDI SÜD die Botschaft „einfach einkaufen" auf Plakaten, Displays und Bussen und erhöhte mit einer passenden Webseite seine Reichweite. Das über Jahrzehnte aufgebaute Vertrauen in die Marke ALDI SÜD und ihre Werte soll mit der Kampagne bestätigt werden und neue Kunden gewinnen.

Take Aways

Ausbau der externen Kommunikation aufgrund:
- Wettbewerbsfähigkeit
- Konsumentenverhalten
- Reichweite

Relevante Kommunikationskanäle:
- Internet/ Websites
- Audio- und Videomedien
- Plakate, Display, Busse (Out-of-Home)

Diskussionsfrage 5:
Wie kann Wübben durch strategisches Marketing Neukunden bzw. Kunden der Mitbewerber gewinnen? Nutzen Sie dazu die Ansoff-Matrix und erläutern anhand der Informationen aus der Fallstudie sein Vorgehen.

Ziel: Die Studierenden können die Matrix nach Ansoff richtig anwenden und erarbeiten Strategien zur Marktdurchdringung für ALDI SÜD. Sie lernen, Empfehlungen über Maßnahmen zur Gewinnung neuer Zielgruppen zu geben. Hinweise aus der Fallstudie finden sich in Kap. 4. Kommunikation mit der Zielgruppe – Chancen der Neukundengewinnung.

Die Ansoff-Matrix dient als Werkzeug für die Entscheidung, wie Wachstum des Unternehmens umgesetzt werden kann. Zur Gewinnung von Neukunden bzw. Kunden der Mitbewerber zieht Wübben die Marktdurchdringungsstrategie vor. Ziel ist es dabei, ALDI SÜD mit bestehenden Produkten an eine bekannte Zielgruppe zu vermarkten.

Neukunden sind hierbei Nicht-Verwender, die aus verschiedenen Gründen bisher nicht bei ALDI SÜD einkauften. Dazu zählen Personen, welche die Marke noch nicht kannten oder zu wenig durch Werbemittel erreicht wurden. Durch den Einsatz neuer, zeitgemäßer Medien schafft es Wübben, potenzielle Konsumenten auf die Marke und das Angebot aufmerksam zu machen. Passende Medien für das Familienunternehmen sind beispielsweise eine stärkere Präsenz in den Online-Medien sowie erhöhte TV- und Außenwerbung, um die Reichweite zu vergrößern.

Kunden von Mitbewerbern müssen hingegen überzeugt werden, vom Konkurrenten zu ALDI SÜD zu wechseln. Das Unternehmen hebt sich von der Konkurrenz ab, beispielsweise mit seinem Youtube- Kanal. Anstelle von Produkt- und Angebots-Videos zeigt ALDI SÜD Einblicke in das Arbeiten im Unternehmen, Tipps oder Rezeptvorschläge zum Nachkochen.

Take Aways

Maßnahmen der Marktdurchdringung	
Neukunden gewinnen	Bekanntheit/Reichweite steigern durch den Einsatz zielgruppenrelevanter Medien, wie: - Onlinepräsenz - TV- und Außenwerbung
Kunden der Konkurrenz gewinnen	Überzeugen durch Angebot und Attraktivität, Benefits anbieten, wie: - Unternehmenseinblicke - Tippgeber - Kochrezepte

Diskussionsfrage 6:

Wie kann es Wübben gelingen durch Marketingmaßnahmen das eingestaubte Image von ALDI SÜD zu verbessern? Welche Faktoren beeinflussen das Image eines Unternehmens?

Ziel: Die Studierenden lernen, wie Instrumente des Marketings angewendet werden können, um das Image eines Unternehmens zu beeinflussen. Hinweise aus der Fallstudie finden sich in Kap. 4. Imagewandel von ALDI SÜD.

Das passende Image eines Unternehmens ist ein qualitatives Ziel und lässt sich im Gegensatz zu quantitativen Zielen wie Umsatz oder Marktanteil nicht in Zahlen messen.

Um ein modernes Image für das Unternehmen zu etablieren, müssen alle Stakeholder (Kunden, Mitarbeiter, Lieferanten etc.) in ihrer Meinung über ALDI entsprechend beeinflusst werden. Dies gelingt Wübben durch die emotionale direkte Kommunikation, wie z. B. Werbespots mit glücklichen Familien, aber auch durch klare Kommunikation der günstigen Preise. In den vergangenen Jahren stiegen die Ansprüche der Stakeholder an nachhaltiges Verhalten von Unternehmen. Daher kommuniziert ALDI nicht nur offener als vorher, woher die Produkte stammen, sondern platziert auch aktiv mehr nachhaltige Produkte im Warensortiment. Diese Transparenz schafft Vertrauen – und Vertrauen ist für das Image unabdingbar. Auch durch die Aufnahme von Markenprodukten und Delikatessen passt sich der Discounter den Trends der Konsumenten an und verhalf ALDI zu einem weniger „billigen" Image.

Take Aways

Imagebildung/ Imagewandel	
Ziel: Stakeholder in ihrer Meinung über das Unternehmen beeinflussen	- Identifikation mit dem Unternehmen - Berücksichtigung der Werte/Bedürfnisse - transparente und vertrauensschaffende Kommunikation

Diskussionsfrage 7:
Erläutern Sie den Grund der Einführung nachhaltiger Produkte in das ALDI-Sortiment. Wie werden Themen wie Nachhaltigkeit und Verantwortung durch Wübben kommuniziert?

Ziel: Die Studierenden erfahren, inwiefern wirtschaftliche und gesellschaftliche Anforderungen das Unternehmen in Bezug auf ihre Produktpalette beeinflussen und welche Vorteile sich aus der Kommunikation der Nachhaltigkeit ergeben. Hinweise aus der Fallstudie ergeben sich aus Kap. 4. Imagewandel von ALDI SÜD – Nachhaltigkeit kommunizieren.

Das Bewusstsein für Qualität, Nachhaltigkeit und regionalen Bezug bei Lebensmitteln ist bei den Konsumenten stark angestiegen. Das hat auch ALDI erkannt und kommuniziert offener denn je, wie wichtig auch dem Unternehmen diese Themen sind.

Nicht zuletzt die mediale Transparenz zwingt Unternehmen wie ALDI SÜD dazu, das Warensortiment bestmöglich auf die Anforderungen und Bedürfnisse relevanter Stakeholder abzustimmen. Dazu zählen mehr und mehr biologisch angebautes Obst und Gemüse oder Fair-Trade-Produkte, die aus nachweislich kontrolliertem Anbau und durch gerechte Vergütung der Bauern erwirtschaftet werden. In einer großangelegten Kampagne, die sich besonders an junge Kunden wendet, wirbt der Discounter für die wichtigsten Nachhaltigkeitssiegel – von Bio über Fairtrade bis zu weniger bekannten Labels wie UTZ oder PEFC. Bei der qualitativen Optimierung der Produkte versucht ALDI, diese über ihren gesamten Lebenszyklus hinweg möglichst sozial verträglich sowie ressourcen- und umweltschonend zu gestalten. In den von ALDI definierten Corporate Responsibility Grundsätzen wurde definiert, was verantwortliche Unternehmensführung für das Familienunternehmen bedeutet. Die CR-Grundsätze geben Leitlinien für Kunden, Umwelt, Mitarbeiter, Lieferkette und Gesellschaft vor.

Ziel ist es, den Kunden bewusste Kaufentscheidungen durch transparente und klare Produktkennzeichnung sowie direkter Kommunikation zu ermöglichen.

Take Aways

Nachhaltigkeit	

Gesellschaftliche/wirtschaftliche Anforderungen wie:
  - Biologischer Anbau, „Fair Trade"
  - Gerechte Vergütung
	Umsetzung/ Kommunikation:
	  - Transparente Informationen
	  - Erklärung der Nachhaltigkeitssiegel
	  - Corporate Responsibility Grundsätze

15.4.1 Ablauf und Zeitplan

Die Fallstudie sollte innerhalb von zwei Veranstaltungen mit einer Dauer von je 90 Minuten durchgeführt werden. Dazu werden die Studierenden in sieben Gruppen eingeteilt, um jeweils eine Fragestellung genauer zu lösen und zu präsentieren. Der nachstehende Plan liefert eine Empfehlung der Kursgestaltung:

Aufgabe	Dauer	Gesamtdauer
Einführung durch den Dozierenden Ausgabe und Lesen der Fallstudie Rückfragen zur Fallstudie	ca. 45 Minuten	ca. 90 Minuten
Einteilung der Gruppen, Ausgabe der Fragen Gruppenarbeit (eine Fragestellung je Gruppe)	ca. 45 Minuten	

Die **Hausaufgabe** besteht darin, zusätzliche Informationen zur Bearbeitung der Fragestellung zu recherchieren und die Problemlösung in einer 5 bis 7-minütigen Kurzpräsentation vorzubereiten.

Aufgabe	Dauer	Gesamtdauer
Zusammenkunft in den jeweiligen Gruppen, Vorbereitung der Präsentationsmedien Präsentation der Fragestellung und Problemlösung, inkl. Rückfragen (Gruppe 1–3)	ca. 45 Minuten	ca. 90 Minuten
Präsentation der Fragestellung und Problemlösung, inkl. Rückfragen (Gruppe 4–7) Abschluss der Veranstaltung	ca. 45 Minuten	

Quellenverzeichnis und weiterführende Literatur

Anon. (2018a). *Albrecht (Unternehmerfamilie)*. https://de.wikipedia.org/wiki/Albrecht_(Unternehmerfamilie). Zugegriffen am 24.03.2018.

Anon. (2018b). *Aldi*. https://de.wikipedia.org/wiki/Aldi. Zugegriffen am 24.03.2018.

Anon. (2018c). *ALDI SÜD – Unser Unternehmen*. https://unternehmen.aldi-sued.de/de/ueber-aldi-sued/unser-unternehmen/. Zugegriffen am 24.03.2018.

Anon. (2018d). *Die Ursprünge von Aldi: 100 Jahre Familienunternehmen Albrecht*. https://www.wa.de/nordrhein-westfalen/ispruenge-aldi-jahre-familienunternehmen-albrecht-2686650.html. Zugegriffen am 24.03.2018.

Anon. (2018e). *Nachrichten aus Politik, Kultur, Wirtschaft und Sport – Süddeutsche.de*. http://www.sueddeutsche.de/deutschland/artikel/953/58895/5/34. Zugegriffen am 24.03.2018.

Anon. (n.d.). *Gerichtsurteil: Die Aldi-Familie verliert an Macht*. http://www.faz.net/aktuell/wirtschaft/unternehmen/die-aldi-familie-verliert-an-macht-15330033.html. Zugegriffen am 24.03.2018.

Ansoff, H. I. (1957). Strategies for diversification. *Harvard Business Review, 35*(5), 113–124.

Bassu, G. (2018). *Wie sich Aldi als „Volksmarke" inszeniert | W&V*. https://www.wuv.de/marketing/wie_sich_aldi_als_volksmarke_inszeniert. Zugegriffen am 24.03.2018.

Bauer, B. (2018). *Aldi startet erste Imagekampagne | W&V.* https://www.wuv.de/marketing/aldi_startet_erste_imagekampagne. Zugegriffen am 24.03.2018.

Brandes, D. (2018). *Management: Das Geheimnis des Aldi-Erfolgs – manager magazin.* http://www.manager-magazin.de/unternehmen/karriere/a-291316.html. Zugegriffen am 24.03.2018.

Camillo-Lundbeck, S. (2018). *Umbau: Wübben übernimmt Aldi-Süd-Marketing / Kommt die Zusammenlegung mit Aldi Nord?* http://www.horizont.net/marketing/nachrichten/Aldi-Sued-Der-Discounter-reorganisiert-sein-Marketing-und-stellt-Peter-Wuebben-an-die-Spitze-164875. Zugegriffen am 24.03.2018.

Felden, B., Hack, A., & Hoon, C. (2019). *Management von Familienunternehmen: Besonderheiten – Handlungsfelder – Instrumente* (2. Aufl.). Wiesbaden: Springer Gabler.

Gablers Wirtschaftslexikon (o.D.). Nachhaltige Kommunikation. https://wirtschaftslexikon.gabler.de/definition/nachhaltige-kommunikation-53886. Zugegriffen am 09.12.2019.

Gersick, K., Davis, J., McCollom Hampton, M., & Lansberg, I. (1997). *Generation to generation.* Boston: Harvard Business School Press.

Hautkapp, D. (2018). *Aldi ändert Werbestrategie.* https://www.morgenpost.de/wirtschaft/article208209813/Aldi-aendert-Werbestrategie.html. Zugegriffen am 24.03.2018.

IMAP (2017). Mitarbeiterbindung in der Pflege - Vier Wege zum Erfolg. https://www.imap-institut.de/de/blog/mitarbeiterbindung-der-pflege-%E2%80%93-vier-wege-zum-erfolg. Zugegriffen am 24.03.2019.

Jobs, A., SHAKEDRY™, G., & State, E. (2018). *Personalentwicklung: Vom Praktikanten zum Verkaufsleiter.* [online] ZEIT. http://www.zeit.de/karriere/2010-07/weiterbildung-discounter-mitarbeiter/seite-2. Zugegriffen am 24.03.2018.

Parth, S. (2013). *Fallstudie aldi – philosophie und unternehmenskultur, strategische analyse.* München/Ravensburg: Grin Verlag.

Röhrig, J., & Posche, U. (2018). *Aldi-Erbe bricht sein Schweigen – Der Streit um Macht und Milliarden.* https://www.stern.de/wirtschaft/news/aldi-nord%2D%2Dmilliarden-erben-streiten-um-geld%2D%2Dmacht-und-ehre-6865036.html. Zugegriffen am 24.03.2018.

Schweizerisches Institut für Betriebsökonomie (2015). Kommunikations- und Werbemix. http://slideplayer.org/slide/2865659/. Zugegriffen am 24.03.2019.

teialehrbuch.de (o.D.). https://www.teialehrbuch.de/Kostenlose-Kurse/Unternehmensfuehrung/23077-Unternehmensidentitaet.html. Zugegriffen am 08.05.2018.

Unternehmensgruppe Aldi. (2018a). *Das Unternehmen ALDI Nord – Geschichte und praktische Infos.* https://www.aldi-nord.de/unternehmen.html. Zugegriffen am 24.03.2018.

Unternehmensgruppe Aldi. (2018b). *Institut für Einfachheit.* http://www.konsequent-einfach.com/. Zugegriffen am 24.03.2018.

Unternehmensgruppe Aldi. (2018c). *Mitarbeiter Archive – Unser Unternehmensblog.* https://blog.aldi-sued.de/category/mitarbeiter/. Zugegriffen am 24.03.2018.

Unternehmensgruppe Aldi. (2018d). *Work-Life-Balance – ALDI SÜD: Einfach. Erfolgreich.* https://karriere.aldi-sued.de/de/Wir-als-Arbeitgeber/Warum-zu-ALDI-S%C3%9CD/Work_Life_Balance. Zugegriffen am 24.03.2018.

Unternehmensgruppe ALDI SÜD. (2018). *ALDI SÜD – Mitarbeiter – Unternehmenskultur.* https://unternehmen.aldi-sued.de/de/verantwortung/mitarbeiter/unternehmenskultur/. Zugegriffen am 24.03.2018.

Wirtschaftswissenschaften.de (2019). Interne Kommunikation: Intakter Informationsfluss verbessert auch das Betriebsklima. https://www.wirtschaftswissen.de/marketing-vertrieb/public-relations/unternehmenskommunikation/interne-kommunikation-intakter-informationsfluss-verbessert-auch-das-betriebsklima/. Zugegriffen am 09.12.2019.

Die Roelink-Brüder: Nachfolge in der Landwirtschaft

Jelle Bouma

16.1 Zusammenfassung

Die Fallstudie begleitet die Brüder Gijs und Bart Roelink, die einen landwirtschaftlichen Betrieb (Milchhof) in den östlichen Niederlanden betreiben. Ihre Zusammenarbeit beginnt im Jahr 2009, als ihr Vater aus altersbedingten und gesundheitlichen Gründen aus dem Betrieb aussteigen muss und Gijs sich entschließt, seine Stelle als Finanzberater aufzugeben. Das Unternehmen, d. h. der Hof, ist seit vier Generationen im Besitz der Familie Roelink. Die Brüder erzeugen ungefähr 1,5 Mio. Liter Milch pro Jahr und besitzen 70 ha Land. Im Rahmen der Übertragung gibt der zuständige Notar zu bedenken, dass er eine erfolgreiche Übergabe des Betriebs nur sähe, wenn die anderen Geschwister, die nicht in den elterlichen Betrieb einsteigen (Saskia und Martin), der ungleichen Aufteilung des Vermögens zustimmen und die Eltern eine angemessene Rentenabsicherung erhielten. Trotz ihrer Bedenken stimmen die Eltern der ungleichen Aufteilung und der Übertragung des Geschäfts zu.

Der Milchhof hat sich nie an Diversifizierung gewagt. Vielleicht war dies auch gar nicht notwendig, es könnte aber auch das Resultat von Unfähigkeit oder Unverständnis sein. Der Hof liegt in einer wunderschönen ländlichen Gegend, und die Brüder sind in ihrer Arbeit weitestgehend frei und unabhängig. Die ganze Familie trägt zum Erfolg des Familienbetriebes bei, auch wenn es manchmal Unstimmigkeiten gibt.

Inzwischen sind die Brüder verheiratet, haben Kinder und leben einen Katzensprung voneinander entfernt auf dem Hof. Die Ehefrauen der beiden helfen gerne auf dem Hof, sind aber nicht am Betrieb beteiligt. Die Frau von Gijs liebt ihre Arbeit außerhalb des Betriebs. Die Frau von Bart möchte sich am Hof beteiligen und eine Reitschule eröffnen.

J. Bouma (✉)
Windesheim University of Applied Sciences, Zwolle, Niederlande
E-Mail: Jelle.bouma@windesheim.nl

© Springer Fachmedien Wiesbaden GmbH, ein Teil von Springer Nature 2020
B. Felden et al. (Hrsg.), *Fallstudien zum Management von Familienunternehmen*,
https://doi.org/10.1007/978-3-658-27721-5_16

Die Gespräche könnten in einer Sackgasse enden, wenn Gijs sich weiterhin weigert, seine Schwägerin zur Teilhaberin zu machen. Obwohl die Brüder einander brauchen, könnte dies das Ende der Zusammenarbeit bedeuten. Der Betrieb ist zu groß, um von nur einer Person geführt zu werden. Gijs ist Unternehmer und hat einen Teilzeitjob außerhalb des Betriebs, und Bart ist für die tägliche Arbeit zuständig. Dass seine Frau ein eigenes Einkommen hat, gibt Gijs mehr Flexibilität.

16.2   Diskussionsfragen

Der Fall zeigt eindrücklich, dass familiengeführte landwirtschaftliche Betriebe einen speziellen Lebensstil der Eigentümer erfordern. Dieser „bäuerliche" Lebensstil spielt eine wichtige Rolle für strategische Entscheidungen und den gesamten Nachfolgeprozess. Der Fall gibt einen vertieften Einblick in den Aufbau der gemeinsamen Partnerschaft der Roelink-Brüder und geht der Frage nach, wie sich diese in der nahen Zukunft weiter entwickeln kann. Warum sträubt Gijs sich mit Händen und Füßen dagegen, Lies zur Teilhaberin zu machen?

Der Fall ist insbesondere für Studierende relevant, die ihr erstes Studienjahr abgeschlossen haben und bereits über Grundwissen in anderen Geschäftsbetrieben verfügen. Bekannte Geschäftspraktiken aus der Perspektive des familiengeführten Landwirtschaftsbetriebs zu untersuchen, wird ihren Horizont erweitern. Was passiert, wenn ein landwirtschaftlicher Unternehmer strategisch und operativ denkt und handelt? Was bedeutet es für die persönliche Entwicklung, wenn man an einem Ort aufwächst, an dem man sowohl wohnt als auch arbeitet? Was zieht die Menschen in ihrer Freizeit aufs Land, und warum reagieren einige landwirtschaftliche Betriebe auf diese Nachfrage und andere nicht?

Folgende vertiefende Fragen können diskutiert werden:

1. Warum sind und bleiben die meisten Landwirtschaftsbetriebe im Familienbesitz?
2. Nennen Sie die Vor- und Nachteile eines familiengeführten Landwirtschaftsbetriebs als räumliche und physische Einheit von Familie und Arbeit.
3. Wie kann ein familiengeführter Landwirtschaftsbetrieb seinen Fortbestand sicherstellen?
4. Warum möchte Gijs nicht, dass auf dem Hof eine Reitschule betrieben wird?
5. Warum ist die Wahrscheinlichkeit größer, dass Lies Teilhaberin wird als Jeannette?
6. Ist davon auszugehen, dass die Brüder in Zukunft getrennte Wege gehen?

16.3   Für die Fallanalyse relevante theoretische Modelle oder Konzepte

Für einen tieferen Einblick können die Studierenden folgende Ansätze und Konzepte im Vorfeld oder im Nachgang lesen. Diese sind jedoch nicht als Vorbereitung für die Bearbeitung der Fallstudie erforderlich.

16.3.1 Die Familienfarm als Idealtypus

Abb. 16.1 zeigt eine Zwiebel mit sechs Schichten – eine Metapher, um den Idealtypus eines familiengeführten Landwirtschaftsbetriebs darzustellen (Gasson und Errington 1993).

1. Die Geschäftsführer sind zugleich Inhaber des Unternehmens und haben die betriebliche Leitung inne.
2. Sie sind entweder verwandt oder angeheiratet.
3. Familienmitglieder stellen das Kapital für das Unternehmen bereit.
4. Familienmitglieder arbeiten auch auf der Farm, einschließlich der Geschäftsführer.
5. Im Laufe der Zeit werden die Geschäftsführerschaft und die betriebliche Leitung von einer Generation an die nächste weitergegeben.
6. Die Familie lebt auf dem Hof.

Der Kern dieses Modells besteht darin, dass sowohl die Geschäftsinhaberschaft als auch die betriebliche Leitung in den Händen der Geschäftsführer des Familienunternehmens liegen. Verwandtschaft impliziert, dass mindestens zwei Familienmitglieder auf dem Hof leben: zusammenlebende Ehepartner, ein Elternteil und ein Kind, Geschwister oder entferntere Verwandte. Inhaberschaft und Leitung liegen bei einer Person aus der Familie, die meist auch die Arbeit macht: Die Bewohner sind die alleinigen Eigentümer, die darüber

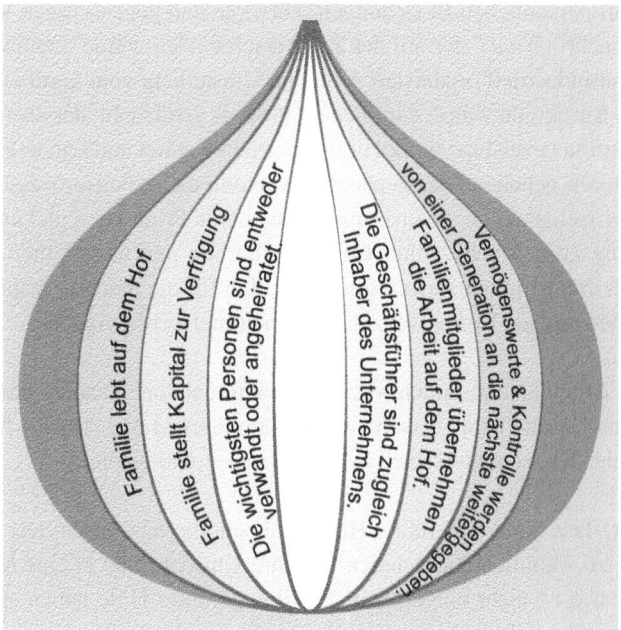

Abb. 16.1 Der Familienhof als Idealtypus. (Quelle: Gasson und Errington 1993)

hinaus den Großteil der manuellen Arbeit übernehmen. Die Familie verwaltet die Vermögenswerte des Unternehmens: Gebäude, Maschinen, Vieh, Nutzpflanzen, Milchquoten.

Es ist notwendig, dass der Landwirt mit der Familie auf dem Hof lebt und arbeitet. Eine dauerhafte, unmittelbare Beaufsichtigung ist erforderlich und vor allem in Bezug auf Vieh oder Nutzpflanzen unerlässlich. Für ein effektives Management ist es wichtig, dass das Zuhause und der Arbeitsplatz für den Bauern identisch sind. Auch die Konsum- und Freizeitaktivitäten der Familie drehen sich üblicherweise rund um den Hof, so dass es schwierig ist, das Unternehmen vom Lebensstil zu trennen.

Wenn sich das organisatorische Prinzip des Familienunternehmens von Arbeit in Richtung Kapital verschiebt, verliert das Kriterium der Arbeitskraft an Bedeutung: In dieser Konstellation arbeiten nicht alle Familienmitglieder auf dem Hof, oder zumindest nicht in Vollzeit. Neben der ursprünglichen Arbeit auf dem Hof entsteht eine Diversifizierung auf dem Gelände selbst (Camping-Angebot für Touristen) oder abseits des Hofs (externe Teilzeitbeschäftigung). Die Familienmitglieder sind für den Haushalt zuständig, da die Familie sowohl produziert als auch konsumiert.

16.3.2 Familiengeführte Landwirtschaft ist kein Anachronismus

Seit der Industriellen Revolution, in der das Land die Rolle als wichtigster Produktionsfaktor verloren hat, haben sowohl Marxisten als auch liberale Ökonomen das Ende der familiengeführten Landwirtschaft vorausgesagt. Für sie war der organisatorische Grundsatz, welcher auf persönlichen Beziehungen, Fürsorge und gegenseitigen Verpflichtungen basierte, ein Anachronismus, der mit der Zeit verschwinden würde. Landwirtschaft sollte bürokratisch und industriell organisiert sein. Die Umstellung vom familiengeführten Hof auf industrielle Bürokratie wurde durch einen Prozess verursacht, der als (direkte und indirekte) Subsumtion bezeichnet wird. Hierbei wurden Kapital und Ländereien von institutionellen Investoren geliehen oder gepachtet, während die Arbeitsprozesse revolutioniert wurden. Landwirtschaft sollte zu einer umfangreicheren Produktion und einer komplexen Arbeitsaufteilung zwischen bezahlter Geschäftsführung und angestellten Arbeitskräften werden. Aus der Industriellen Revolution haben sich für die moderne kapitalistische Gesellschaft drei bedeutende Konsequenzen für Arbeit und Leben ergeben:

1. Familie und Arbeit sind räumlich wie auch funktional voneinander getrennt.
2. Trennung von Geschäftsinhaberschaft, Geschäftsführung und Arbeitskräften.
3. Fundamentaler Klassenunterschied zwischen Arbeit und Kapital.

Abb. 16.2 zeigt, dass familiengeführte Höfe dennoch überlebt haben. Der Untergang der Landwirtschaft als Familienunternehmen und ihre Umwandlung in eine bürokratisch organisierte Industrie ist nicht eingetreten! Familiengeführte Höfe haben spezielle Eigenschaften und konnten sich dagegen wehren, von einer industriell organisierten Wirtschaft geschluckt zu werden (vgl. Abb. 16.3).

	Subsumtion	Überleben
Wesentliche Aussage	Familiengeführte Höfe unterliegen wirtschaftlichen Strukturen.	Bauern im Familienbetrieb passen sich innerhalb dieser wirtschaftlichen Strukturen an.
Mechanismen	Externe Kontrolle von Schulden, Einsätzen, Technologie: Makrofaktoren	Anpassung durch Flexibilität der Verwaltung, einschließlich Beziehungen innerhalb des Haushaltes: Mikrofaktoren
Rolle des Staates	Unterstützt mit externem Kapital oder vereinfachte kapitalistische Prozesse.	Kann familiengeführten Höfen helfen oder diese behindern.
Geringerer Schutz vor Marktkräften	Es ist für familiengeführte Höfe schwierig, zu überleben.	Es ist für familiengeführte Höfe einfacher, zu überleben.
Ergebnisse	Mehr Genossenschaftshöfe Mehr Arbeit außerhalb des Hofes Mehr Teilzeit-Bauern Weniger, aber größere Höfe Mehr Lohnarbeiter, Verträge Genossenschaftshöfe erschließen neue Produktionsarten	Größtenteils familiengeführte Höfe Mehr Arbeit außerhalb des Hofes Mögliche Weiterentwicklung der Teilzeit-Hofarbeit Geringe Veränderungen der Anzahl an Höfen Familiengeführte Höfe erschließen neue Produktionsbereiche

Abb. 16.2 Schlüsselelemente der Subsumtion und des Überlebens. (Quelle: Gasson und Errington 1993)

1. Familiengeführte Höfe können mit geringeren Kapital- und Arbeitserträgen leben als industrielle Unternehmen, die maximale Gewinne erzielen müssen.
2. Es gibt keine Trennung zwischen Eigentum und Arbeit, da es keine Lohnarbeit gibt.
3. In schwierigen wirtschaftlichen Zeiten können sich familiengeführte Höfe durch Selbstbewirtschaftung leichter anpassen. Dieses bestärkt die Familienmitglieder darin, im Namen „der Familie" für geringere Löhne zu arbeiten. Ein negativer Aspekt ist jedoch: Familienmitarbeiter, die keine gute Arbeit leisten, kann man nicht so einfach entlassen.
4. Geringere Transaktionskosten, da die Rekrutierung und Einstellung von Arbeitskräften weniger Kosten verursachen. Ein weiterer negativer Aspekt: Der Familienzyklus kann auch zu geringer Produktivität führen, da Höfe sehr von der Arbeit abhängig sind, die die Familie leisten kann (Altersunterschiede, Gesundheitszustand, Unfälle und Todesfälle, Ehesituation, Anzahl der Kinder, Geschlecht).
5. Die Langsamkeit des Landmarktes: Die Industrie kann sich bewegen, doch Land ist stationär und somit unbeweglich.
6. Die Produktionszeit ist deutlich länger als die Arbeitszeit. Es gibt Zeiten des Hochbetriebs und Zeiten, in denen weniger zu tun ist, und beide hängen miteinander zusammen.
7. Nachteile durch Entfernung und Unwirtschaftlichkeit: Der Hof kann nicht von externen Managern und angestelltem Personal geführt werden, weil permanent Tätigkeiten an verschiedenen Stellen koordiniert werden müssen.

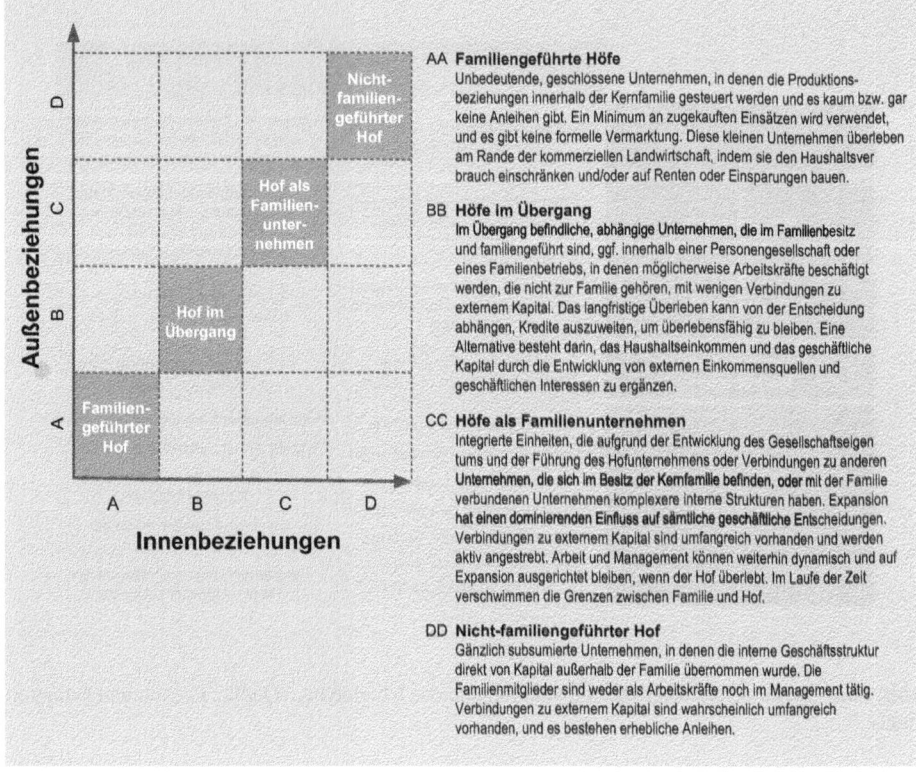

Innenbeziehungen

AA Familiengeführte Höfe
Unbedeutende, geschlossene Unternehmen, in denen die Produktions-
beziehungen innerhalb der Kernfamilie gesteuert werden und es kaum bzw. gar
keine Anleihen gibt. Ein Minimum an zugekauften Einsätzen wird verwendet,
und es gibt keine formelle Vermarktung. Diese kleinen Unternehmen überleben
am Rande der kommerziellen Landwirtschaft, indem sie den Haushaltsver-
brauch einschränken und/oder auf Renten oder Einsparungen bauen.

BB Höfe im Übergang
Im Übergang befindliche, abhängige Unternehmen, die im Familienbesitz
und familiengeführt sind, ggf. innerhalb einer Personengesellschaft oder
eines Familienbetriebs, in denen möglicherweise Arbeitskräfte beschäftigt
werden, die nicht zur Familie gehören, mit wenigen Verbindungen zu
externem Kapital. Das langfristige Überleben kann von der Entscheidung
abhängen, Kredite auszuweiten, um überlebensfähig zu bleiben. Eine
Alternative besteht darin, das Haushaltseinkommen und das geschäftliche
Kapital durch die Entwicklung von externen Einkommensquellen und
geschäftlichen Interessen zu ergänzen.

CC Höfe als Familienunternehmen
Integrierte Einheiten, die aufgrund der Entwicklung des Gesellschaftseigen-
tums und der Führung des Hofunternehmens oder Verbindungen zu anderen
Unternehmen, die sich im Besitz der Kernfamilie befinden, oder mit der Familie
verbundenen Unternehmen komplexere interne Strukturen haben. Expansion
hat einen dominierenden Einfluss auf sämtliche geschäftliche Entscheidungen.
Verbindungen zu externem Kapital sind umfangreich vorhanden und werden
aktiv angestrebt. Arbeit und Management können weiterhin dynamisch und auf
Expansion ausgerichtet bleiben, wenn der Hof überlebt. Im Laufe der Zeit
verschwimmen die Grenzen zwischen Familie und Hof.

DD Nicht-familiengeführter Hof
Gänzlich subsumierte Unternehmen, in denen die interne Geschäftsstruktur
direkt von Kapital außerhalb der Familie übernommen wurde. Die
Familienmitglieder sind weder als Arbeitskräfte noch im Management tätig.
Verbindungen zu externem Kapital sind wahrscheinlich umfangreich
vorhanden, und es bestehen erhebliche Anleihen.

Abb. 16.3 Beziehungstypologie eines Landwirtschaftsunternehmens. (Quelle: Gasson und Errington 1993)

16.3.3 Die Zyklen von Familie und Geschäftsleben in der familiengeführten Landwirtschaft

Die Zyklen von Familie und Geschäftsleben sind miteinander verwoben. Geburt, Anzahl
der Kinder, Geschlecht, Gesundheit, Unfälle und Todesfälle, Eheschließung und Scheidung sind Aspekte, die sich auf die Fortführung des Unternehmens auswirken können.
Besonders der Nachfolgeprozess ist vom Status des Familienzyklus abhängig. Abb. 16.4
zeigt ein Beispiel der Wechselbeziehung zwischen den Zyklen von Familie und Geschäftsleben.

Bedingt durch den Familienzyklus sind immer wieder andere Interessenvertreter am
Zug. Eltern werden älter und ihre Kinder werden erwachsen. Im jungen Alter werden sie
darauf vorbereitet, auf dem Hof zu arbeiten. Der Nachfolgeprozess beginnt bereits dann:
Wer hat die Qualitäten und die Motivation, der künftige Landwirt zu werden? Wenn der
potenzielle Nachfolger ernannt wird, sind die Eltern meist noch zu jung, um aufzuhören.
Möglicherweise hat der Ehepartner des Landwirts einen Job außerhalb des landwirtschaftlichen Betriebs, oder der Landwirt selbst arbeitet außerhalb des Hofs in Teilzeit.

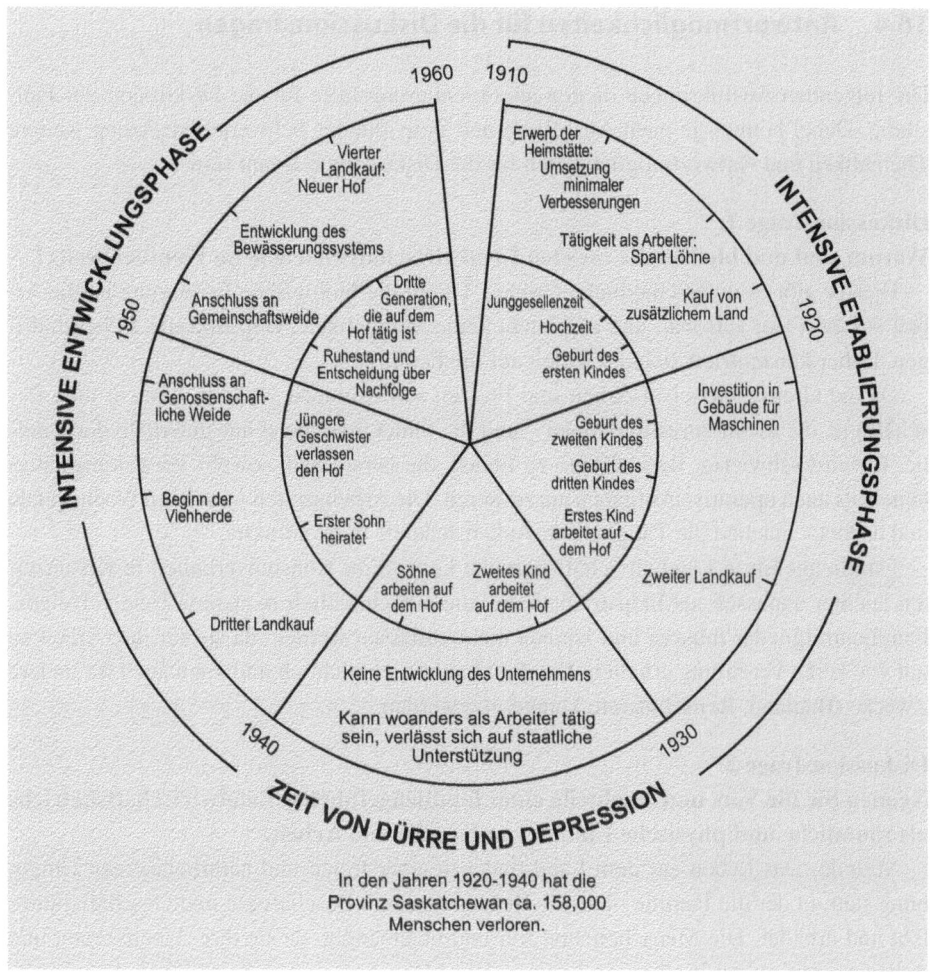

Abb. 16.4 Beispiele für die Lebenszyklen von Familie und Geschäftsleben. (Quelle: Gasson und Errington 1993)

Wenn die Kinder zu jung sind, müssen die Eltern Leih- oder Saisonarbeiter beschäftigen. Haben die Kinder, die nicht die Nachfolge antreten, Anspruch auf irgendwelche Rechte, wenn man berücksichtigt, dass sie unbezahlt auf dem Hof arbeiten? Welche Position hat ein angeheiratetes Familienmitglied auf dem Hof? Hat er oder sie Anspruch auf Nachfolgerechte? Werden geschäftliche Innovationen dadurch ermöglicht, dass der Ehepartner, der außerhalb des Hofs arbeitet, Einkommen mit einbringt? Verdient dieser Ehepartner das Geld für den Haushaltsbedarf der Familie, während der Landwirt das Geld für geschäftliche Innovationen verdient?

16.4   Antwortmöglichkeiten für die Diskussionsfragen

Die folgenden Ausführungen dienen als Orientierungshilfe für die Diskussion der Fallstudie. Dabei können je nach Auslegung und individueller Schwerpunktsetzung weitere Thematiken und Antwortmöglichkeiten für die Diskussion relevant sein.

Diskussionsfrage 1:
Warum sind und bleiben die meisten Landwirtschaftsbetriebe im Familienbesitz?

Hierfür gibt es unterschiedliche Gründe. Durch die biologische Erzeugung ist die Arbeit auf dem Hof saisonal, und es besteht keine Möglichkeit, Vollzeitkräfte zu beschäftigen. Daher konzentriert sich die Arbeit auf die Familie.

Da die Grenze zwischen Arbeit und Freizeit schwimmend verläuft, braucht man Beschäftigte, die damit zurechtkommen – und die findet man meist nur innerhalb der Familie. Es wird schwierig, Beschäftigte zu finden, die bereit sind, sowohl Verwaltungstätigkeiten als auch operative Aufgaben auszuführen. Die Arbeitszeiten – auch am Wochenende und nachts – machen die Tätigkeit für Außenstehende nicht attraktiv.

Familiengeführte Landwirtschaftsbetriebe können ihr Konsumverhalten in Krisenzeiten leichter anpassen als Industriebetriebe, die ausschließlich monetäre Ziele verfolgen. Familienmitglieder müssen und können nicht entlassen werden, da sie für ihre Arbeit so gut wie keine Vergütung erhalten. Das Land nutzt sich nicht ab und kann auch für andere Zwecke (Bauland, Reitschule etc.) eingesetzt werden.

Diskussionsfrage 2:
Nennen Sie die Vor- und Nachteile eines familiengeführten Landwirtschaftsbetriebs als räumliche und physische Einheit von Familie und Arbeit.

Vorteile: Das Leben auf dem Land findet in einer freien und naturbelassenen Umgebung statt, in der die Familie ohne die Belastung durch Beschäftigte und Geschäftsführer lebt und arbeitet. Die Menschen sind frei und unabhängig, da sie ihre Arbeitszeiten und Arbeitsweisen selbst bestimmen können. Die Menschen sind in beruflichen Angelegenheiten selbstbestimmt. Der tägliche Weg zur Arbeit entfällt. Kinder wachsen mit beiden Elternteilen auf. Die Erziehung findet dauerhaft und unmittelbar statt.

Nachteile: Die Arbeit greift in das Privatleben ein. Die Menschen leben auf engem Raum. Isolation und Einsamkeit können auftreten. Für Kinder, die in einer landwirtschaftlichen Umgebung aufwachsen, können Erziehung und Sozialisierung zum Problem werden, wenn sie im späteren Leben in einer nicht von Landwirtschaft geprägten Gesellschaft leben. Es ist kein Automatismus, dass die Kinder den Betrieb fortführen.

Diskussionsfrage 3:
Wie kann ein familiengeführter Landwirtschaftsbetrieb seinen Fortbestand sicherstellen?

Kleine Betriebe können diversifizieren und Familienmitglieder können Teilzeitstellen außerhalb des Hofes annehmen. Große Betriebe können weiter expandieren und/oder ihre Tätigkeiten intensivieren. Der Standort spielt ebenfalls eine Rolle, insbesondere in Bezug auf Diversifizierung. Das Leben in einem urbanen Umfeld (wie in den meisten Teilen der Niederlande) hat den Vorteil, dass es außer der landwirtschaftlichen Tätigkeit noch anderswo

Teilzeitstellen gibt und dass Freizeitmöglichkeiten für Städter angeboten werden können. Die Familien können am selben Ort wohnen bleiben, aber andere Tätigkeiten ausüben.

Diskussionsfrage 4:
Warum möchte Gijs nicht, dass auf dem Hof eine Reitschule betrieben wird?
Eine Reitschule passt möglicherweise nicht zur Strategie eines Milchhofs. Eine Reitschule ist kein landwirtschaftlicher Betrieb und könnte von Personen außerhalb der „Kernfamilie" betrieben werden, die keine Landwirte sind. Gijs hat das Gefühl, dass seine Unabhängigkeit und Freiheit beschnitten werden könnten, wenn Lies Teilhaberin wird. Außerdem sieht es so aus, als hielte Gijs nicht viel von Lies' Fähigkeiten.

Diskussionsfrage 5:
Warum ist die Wahrscheinlichkeit größer, dass Lies Teilhaberin wird als Jeannette?
Lies hat bereits Erfahrungen mit dem Betrieb einer Reitschule, und ihr aktueller Wohnort ist für die Eröffnung einer Reitschule optimal geeignet. Außerdem kann sie weiterhin auf dem Hof arbeiten, z. B. die Kälber füttern. Es würde schwierig für sie, andere Arbeit zu finden, im Gegensatz zu Jeannette, die wenig Interesse an der Arbeit auf dem Hof zeigt. Ihr Grund für den Wunsch nach einer Partnerschaft ist, dass sie mitbestimmen möchte, was im Haus passiert. Durch ihren Arbeitsplatz auf dem Hof mit einem eigenen Bereich, ist ihre unabhängige Position gesichert.

Diskussionsfrage 6:
Ist davon auszugehen, dass die Brüder in Zukunft getrennte Wege gehen?
Es ist tendenziell unwahrscheinlich. Der Betrieb kann nicht von einer Person geführt werden. Gijs könnte das Unternehmen verlassen. Er hat es bereits einmal getan. Ihm ist bewusst, dass er seinen Bruder, der weniger Sinn für das Geschäft hat, alleine zurücklassen würde. Er weiß auch, dass er außerhalb des Hofes bessere Chancen hat als sein Bruder. Sein Bruder Bart möchte Lies zur Teilhaberin machen. Der Betrieb würde immer noch von zwei Personen geführt, aber durch die Diversifizierung entstünde eine zusätzliche Einnahmequelle. Bart kann das ländliche Leben weiterführen, wenn er den Betrieb gemeinsam mit seiner Frau führt. Der Sohn seiner Schwester Saskia ist jeden Tag auf dem Hof und könnte seine Nachfolge antreten. Wenn Gijs das gemeinsame Unternehmen verlässt, hat sein Sohn weniger Chancen, eines Tages den Betrieb zu übernehmen. Gijs mag die friedliche und unabhängige Art und Weise, einen Betrieb zu führen, wie es auf dem Hof möglich ist. Trotz ihrer unterschiedlichen Charaktere verstehen sich die Brüder gut. Gijs findet, das Problem liegt in den angeheirateten Familienmitgliedern und nicht bei den Mitgliedern der Kernfamilie.

Nächste Schritte
Diese Fallstudie zeigt, dass die Fortführung eines Familienunternehmens nicht nur von einer soliden Geschäftsstrategie abhängig ist. Außer einem funktionierenden Geschäftsmodell braucht es auch eine starke und gesunde Beziehung der Familienmitglieder untereinander. Ein nächster Schritt in der Fallanalyse könnte ein thematischer Input über Family Governance sein. Eine sich daran anschließende Aufgabe für die Studierenden könnte dann darin bestehen, einen Plan zur Family Governance der Familie Roelink zu erarbeiten.

16.5   Ablauf und Zeitplan

Der Fall kann innerhalb von drei Stunden in Gruppen unter Aufsicht des Dozenten bearbeitet werden. Die Studierenden können den Text im Selbststudium lesen und die Fragen zur Diskussion in Gruppen erarbeiten. Die Ergebnisse werden dann im Plenum unter Moderation des Dozenten erörtert. Insgesamt kann die Erarbeitung der Fallstudie wie folgt aussehen:

Aufgabe	Dauer	Gesamtdauer
Einarbeitung in die relevante Literatur		
Optional: als Leseaufgabe im Selbststudium (Dauer sehr individuell)	ca. 180 Minuten	ca. 180 Minuten/
Optional: als Einführung im Plenum	ca. 90 Minuten	ca. 270 Minuten
Einführung in die Fallstudie und Besprechung der Lernziele	ca. 45 Minuten	
Besprechung der Fakten des Falles und der Diskussionsfragen	ca. 45 Minuten	
Optional: Kleingruppenarbeit		
Bearbeitung des Falles in Kleingruppen	ca. 90 Minuten	ca. 180 Minuten
Diskussion der Ergebnisse	ca. 45 Minuten	
Zusammenfassung & Besprechung der *lessons learned*	ca. 45 Minuten	
Optional: Bearbeitung im Plenum		
Bearbeitung und Diskussion der Ergebnisse	ca. 90 Minuten	ca. 180 Minuten
Zusammenfassung & Besprechung der *lessons learned*	ca. 90 Minuten	

Je nach Konzeption der Veranstaltung können die Grundlagen für die Bearbeitung des Falles gemeinsam erarbeitet oder vermittelt werden (beispielsweise im Rahmen einer regulären Vorlesung zu Familienunternehmen, Führung oder Management) oder zur vorbereitenden Selbststudie angegeben werden.

Quellenverzeichnis und weiterführende Literatur

AAE VIDEO PRODUCTIONS. (2014). *A history of agriculture*. https://www.youtube.com/watch?v=Uv3lMRyOUus. Zugegriffen am 24.03.2019.

All Histories. (2009). *Turning points in history – Industrial revolution*. https://www.youtube.com/watch?v=3Efq-aNBkvc. Zugegriffen am 24.03.2019.

Alsos, G. A., & Ljunggren, E. (2003). Farm-based entrepreneurs: What triggers the start-up of new business activities? *Journal of Small Business and Enterprise Development, 10*(4), 435–443.

Evans, N. J., & Ilbery, B. W. (1993). The pluriactivity, part-time farming, and farm diversification de-bate. *Environment and Planning A, 25*(7), 945–959.

Felden, B., Hack, A., & Hoon, C. (2019). *Management von Familienunternehmen: Besonderheiten – Handlungsfelder – Instrumente* (2. Aufl.). Wiesbaden: Springer Gabler.

Gasson, R., & Errington, A. J. (1993). The farm family business. Wallingford: Cab International.

Gasson, R., Crow, G., Errington, A., Hutson, J., Marsden, T., & Winter, D. M. (1988). The farm as a family business: A review. *Journal of Agricultural Economics, 39*(1), 1–41.

Grande, J. (2011). New venture creation in the farm sector—Critical resources and capabilities. *Journal of Rural Studies, 27*(2), 220–233.

Reinhardt, N., & Barlett, P. (1989). The persistence of family farms in United States agriculture. *Sociologia Ruralis, 29*(3–4), 203–225.

„Zukunft ernten": Personalrekrutierung beim Landtechnikhersteller CLAAS

17

Julia Brinkmann und Janina Ostendorf

17.1 Fallzusammenfassung

Die Beschäftigten stellen für CLAAS die zentrale Ressource für den Unternehmenserfolg dar. Jedoch ist es eine Herausforderung, auch zukünftig geeignete Mitarbeiter für das Unternehmen zu begeistern und zu gewinnen. Die Kandidaten müssen sowohl zu der vakanten Stelle passen als auch eine Identifikation mit dem Familienunternehmen entwickeln. Ziel des Personalmarketings ist es, einerseits die bestehenden Beschäftigten an das Unternehmen zu binden, um diese nicht an Wettbewerber zu verlieren, und gleichzeitig potenzielle Beschäftigte von dem Unternehmen als hervorragenden Arbeitgeber zu überzeugen. Zur Zielerreichung kann eine Employer Branding Strategie dienen.

Im vorliegenden Fall soll die Personalmarketingstrategie und der Maßnahmenmix zur Übermittlung eines Employer Branding erarbeitet und mit aktuellen, neuen Konzepten kombiniert werden. Insbesondere im Bereich der Nutzung Sozialer Medien, wie dem CLAAS-Instagram Auftritt, sieht CLAAS für sich klare Potenziale.

Der vorliegende Fall thematisiert wie das Familienunternehmen CLAAS diesen Herausforderungen begegnet und animiert sogleich, Konzepte zu gestalten. Bei diesem in der dritten Generation geführten Familienunternehmen handelt es sich um eine international tätige Unternehmensgruppe aus dem Bereich der Landtechnik mit rund 11.000 Mitarbeitenden

J. Brinkmann (✉)
Fakultät für Wirtschaftswissenschaften, Stiftungslehrstuhl Führung von Familienunternehmen, Bielefeld, Deutschland
E-Mail: julia.brinkmann1@uni-bielefeld.de

J. Ostendorf
Senior Referentin Hochschulmanagement Corporate HR Marketing, CLAAS KGaA mbH, Harsewinkel, Deutschland
E-Mail: janina.ostendorf@claas.com

© Springer Fachmedien Wiesbaden GmbH, ein Teil von Springer Nature 2020
B. Felden et al. (Hrsg.), *Fallstudien zum Management von Familienunternehmen*,
https://doi.org/10.1007/978-3-658-27721-5_17

weltweit und einem Jahresumsatz von 3,8 Mrd. Euro. Bis heute wurden 3.700 Patente angemeldet. Die Investitionen in Forschung und Entwicklung erreichten 2018 mit 233 Millionen Euro einen neuen Höchststand und haben sich in den letzten zehn Jahren verdoppelt.

Dieses Unternehmen ist beispielhaft für viele international tätige Familienunternehmen,
die ihren Hauptsitz am Gründungsort, häufig ländliche Regionen, erhalten haben. Diese Unternehmen leben von innovativen Entwicklungen mit dem Aufbau neuer strategischer Geschäftsfelder, deren Personalbedarf nicht nur aus den eigenen Reihen gedeckt werden kann.

Ziel ist es, die CLAAS Arbeitgebermarke noch bekannter zu machen, insbesondere
durch die zielgerichtete und zeitgemäße Wahl geeigneter Kommunikationsinstrumente im
Bereich der Sozialen Medien. CLAAS hat bereits langjährige Erfahrungen mit dem Einsatz eines Instagram-Accounts (@claas_careers), der eine hohe Verbreitung und Akzeptanz erfährt. Hier und an dem bestehenden Personalmarketingmix soll angeknüpft werden,
um die Bekanntheit des Traditionsunternehmens CLAAS als innovatives Familienunternehmen weiter voranzutreiben. Die Zielgruppen bilden neben Agrar- und Wirtschaftswis-
senschaftlern sowie Ingenieuren bzw. Agrartechnikern insbesondere Informatikabsolven-
ten, die im Zuge der Digitalisierung eine knappe Ressource darstellen. Deshalb liegt auf
dieser Zielgruppe auch ein besonderer Fokus des Personalmarketings. Abschließend sei
darauf hinzuweisen, dass bei allen Personalmarketingaktivitäten das Verhältnis zwischen
Kosten und Nutzen zu berücksichtigen ist.

17.2 Diskussionsfragen

Die folgenden Diskussionsfragen dienen als Leitfaden, ein ganzheitliches Employer-
Branding Konzept mit interner als auch externer Stahlkraft auszuarbeiten. Dabei soll ein
besonderer Fokus auf die Nutzung von sozialen Medien (u. a. Instagram) im Personalmarketing gelegt werden. Während es sich bei den ersten zwei Fragen lediglich um Verständnisfragen handelt, sind die übrigen Fragen zur Diskussion geeignet.

1. Was ist Employer Branding? Wie kann es aufgebaut und gegebenenfalls wieder angepasst werden?
2. Welche Zielgruppen sollen durch die Personalmarketingstrategien fokussiert werden
   und warum (z. B. Hochschulabgänger, Berufseinsteiger)?
3. Finden Sie heraus, was einen attraktiven Arbeitgeber ausmacht. Nutzen Sie bei Ihrer
   Recherche Internetquellen, wie z. B. das Bewertungsportal *Kununu* (https://www.kun-
   unu.com/de/claasaa-mbh) sowie aktuelle Forschungsergebnisse aus der Familienunternehmensforschung.
4. Suchen Sie sich einen Wettbewerber der Region und/oder der Branche aus, der Ihrer
   Meinung nach eine gute Employer Branding Strategie umsetzt. Was könnte sich
   CLAAS davon abschauen und warum? Analysieren Sie dazu die Internetpräsenz.
5. Welche Maßnahmen können zur Steigerung der Bekanntheit von CLAAS als attraktiven Arbeitgeber an überregionalen Standorten durchgeführt werden?

6. Untersuchen Sie den aktuellen Instagram-Auftritt (Account: @claas_careers), die Homepage sowie weitere Internetpräsenz (Youtube-Videos) im Hinblick auf Wahrnehmung von Aufgabenfeldern, Familienunternehmenscharakter, Arbeitsatmosphäre, Internationalität, etc. Wie lässt sich der Social-Media-Auftritt von CLAAS gezielt nutzen? (Beantworten Sie dazu auch folgende Fragen im Vorfeld: Welches sind die Attribute, auf die Absolventen reagieren? Wer ist interessiert daran, in Familienunternehmen langfristig zu arbeiten? Wie kann man sich von seinen Wettbewerbern im Kampf um qualifizierte Beschäftigte abgrenzen?)
7. Entwickeln Sie innovative Ideen für einen zielgruppengerechten Content auf dem CLAAS Instagram-Account.

Vertiefende Aufgabe (optional)
Sie haben nun viele Erkenntnisse für ein ideales Employer Branding Konzept mit Einsatz von Social Media kennengelernt. Verfassen Sie nun ein 5-seitiges Lösungskonzept, womit Sie die Geschäftsführung bei CLAAS überzeugen wollen. Beachten Sie, dass die Geschäftsführung auch sehr interessiert daran ist eine Kosten-Nutzen-Analyse zu erhalten. Seien Sie kreativ bei Ihrer Ausarbeitung. Die Geschäftsführung hat nicht viel Zeit. Deshalb überzeugen Sie durch kurze, prägnante Informationen und eine zielgruppenorientierte Darstellung.
   Abb. 17.1 fasst die Lerninhalte noch einmal zusammen.

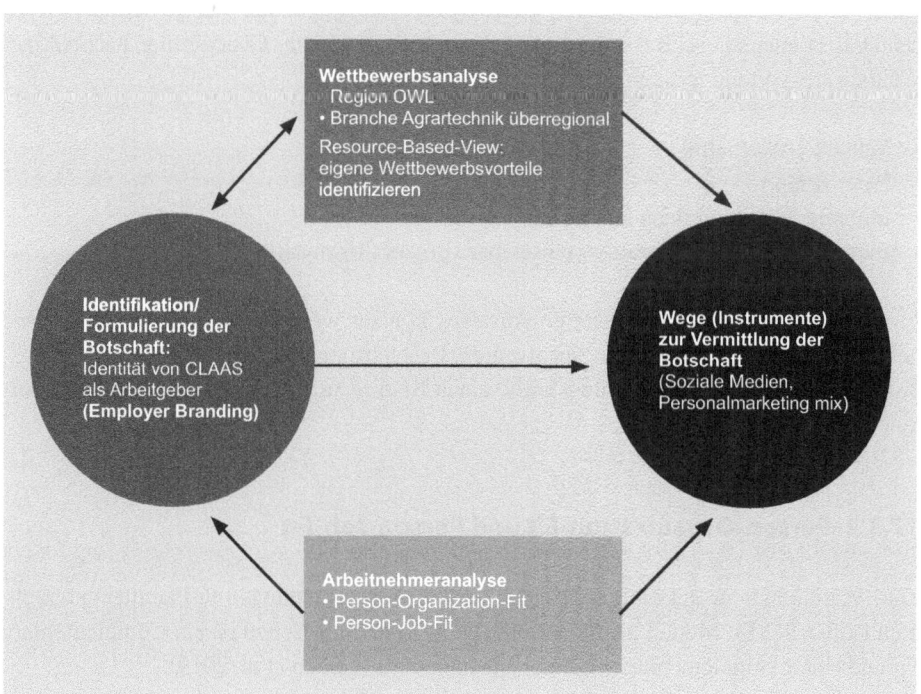

Abb. 17.1 Zusammenfassung der Lerninhalte

17.3   Für die Fallanalyse relevante theoretische Modelle und Konzepte

Im Folgenden werden der ressourcen-basierte Ansatz und der Ansatz des Person-Organization/Job-Fits (PO/PJ-Fit) erklärt, welche als theoretische Basis zur Bearbeitung dieser Fallstudie empfohlen werden. Die Tiefe in der Betrachtung obliegt den Dozentinnen und Dozenten.

17.3.1 Ressourcen-basierter Ansatz

Der theoretisch konzeptionelle Zusammenhang liegt vor allem im ressourcen-basierten Ansatz und im speziellen in der Familiness (Abschn. 3.4 Lehrbuch Felden et al. 2019).

Aus Perspektive des ressourcen-basierten Ansatzes liegt der langfristige und nachhaltige Erfolg von Familienunternehmen in der Qualität ihrer Ressourcen und Ressourcenbündel (Habbershon und Williams, 1999). Daraus resultiert der Grundgedanke, die Ressourcen so zu gestalten, dass Mitbewerber nicht in der Lage sind, diese ohne Weiteres zu imitieren. Hierbei handelt es sich also um ein Inside-Out-Vorgehen, da die inneren Strukturen des Unternehmens seine Wirkung nach Außen festlegen. Beschäftigte gelten als Human Ressourcen, die bei Erfüllung spezifischer Kriterien zu einem nachhaltigen Wettbewerbsvorteil beitragen können. Wenn Ressourcen die folgenden vier Kriterien (VRIO) erfüllen, können diese Ressourcenbündel einen Beitrag zur Generierung nachhaltiger Wettbewerbsvorteile leisten (Barney, 2002) :

- Valuable: Werthaltig
- Rare: Knapp
- Imitable: Nicht durch andere imitierbar
- Exploited by the organization: einsetzbar von der Organisation

Im Sinne eines ressourcen-basierten Ansatzes können wertvolle Humanressourcen wie beispielsweise hochqualifizierte Absolventen, Beschäftigte mit „knappen" Qualifikationsprofilen sowie Nachwuchsführungskräfte einen Beitrag zu nachhaltigen Wettbewerbsvorteilen leisten.

17.3.2 Person-Organization-Fit und Person-Job-Fit

Zum Verständis von Rekrutierungs- und Selektionsentscheidungen in Familienunternehmen ist das PO-Fit Modell nach Kristof (1996), in dem zwischen einem Complementary Fit und einem Supplementary Fit unterschieden wird (Felden et al. 2019).

Person-Organization-Fit: Kompatibilität zwischen einem Individuum und einer Arbeitsumgebung, die auftritt, wenn die Charakteristika gut zueinander passen (Abb. 17.2).

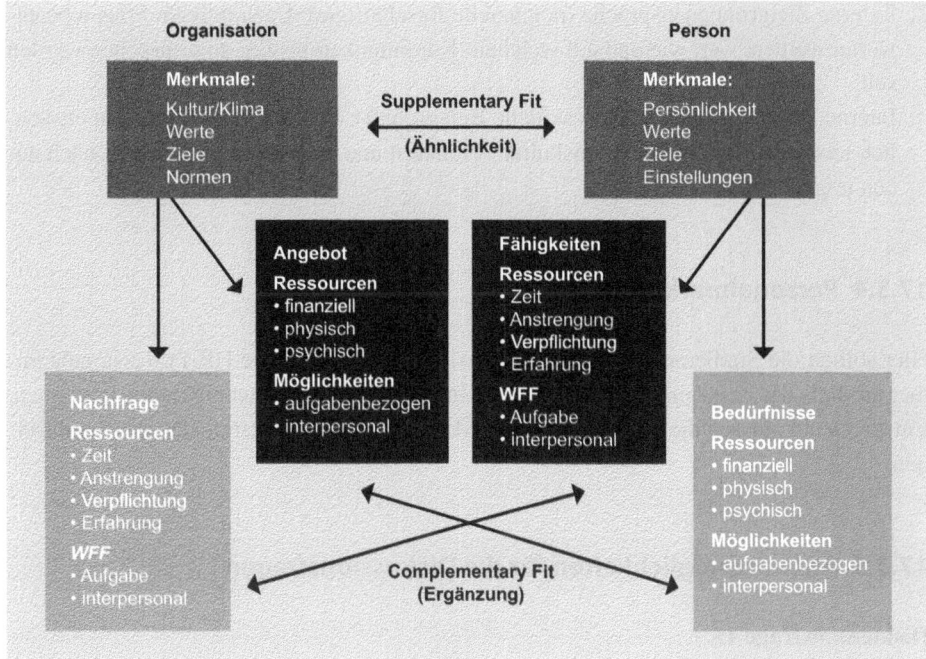

Abb. 17.2 Person-Organization Fit. (Quelle: Kristof 1996, S. 4)

Person-Job-Fit: Charakteristika eines Individuums und denen eines Jobs oder Aufgaben, die in einen Job ausgeführt werden.
Angebot-Bedürfnisse Fit: Wünsche, Bedürfnisse & Präferenzen mit Ressourcen & Möglichkeiten.
Nachfrage-Fähigkeiten Fit: Wissen, Fähigkeiten und Fertigkeiten sowie Ressourcen mit den Jobanforderungen.

Complementary Fit = Ergänzung
Supplementary Fit = Ähnlichkeit

17.3.3 Employer Branding

Bei der Entwicklung einer Arbeitgebermarke (Employer Brand) empfiehlt es sich einen 3-schrittigen Prozess anzuwenden:

1. Die zentrale Botschaft als „Employer Value Proposition" formulieren. Hierzu zählen Informationen zur Unternehmenskultur, dem Managementstil, der (Qualitäts-) Merkmale aktueller Beschäftigter, die Wahrnehmung der aktuellen Arbeitnehmer durch das Unternehmen sowie die Erfassung von Eindrücken des Produktportfolios.

2. Externe Zielgruppenansprache (potenzielle Beschäftigte): Dazu müssen Fragen beantwortet werden, wer, wie und auf welchem Kommunikationsweg angesprochen werden
   soll.
3. Interne Zielgruppenansprache (aktuelle Belegschaft): Das Markenversprechen tatsächlich leben, in der Unternehmenskultur verankern und von den Beschäftigten nach außen tragen lassen.

17.3.4 Personalmarketing

Hier sollten die Studierenden dafür sensibilisiert werden, dass die HR Professionals immer am Puls der Zeit sein müssen, wie z. B. Instagram zielgerichtet einsetzen zu können.
Entsprechend müssen die HR Professionals Skills wie Kommunikationsfähigkeit mitbringen.

17.3.5 Antwortmöglichkeiten für die Diskussionsfragen

Diskussionsfrage 1:
Die Studierenden sollen die Bedeutung von Humanressourcen für den langfristigen Erfolg
von Unternehmen diskutieren. Zielgruppen wie z. B. Hochschulabgänger und Berufseinsteiger stellen wertvolle Humanressourcen dar, die durch Personalmarketingaktivitäten
besonders umworben werden müssen. Es lohnt sich daher, in Employer Branding zu investieren.

Diskussionsfrage 2:
Die Studierenden sollen den „Fit"-Gedanken diskutieren. Nur wenn es den Unternehmen
gelingt, Beschäftigte zu rekrutieren, die eine Passung zum Unternehmen/zum Job haben,
gelingt eine erfolgreiche Integration. Es soll deutlich werden, dass eine unspezifizierte,
„wahllose" Rekrutierung von Beschäftigten langfristig nicht erfolgreich ist.

Diskussionsfrage 3:

1. Rekrutierung hat sich in den letzten Jahren stark verändert, die Ansprache neuer Beschäftigter über Stellenanzeigen reicht nicht mehr aus.
2. Der Standort des möglichen Arbeitgebers nimmt immer stärker Einfluss auf die Entscheidung, sich bei einem Unternehmen zu bewerben. Unternehmen in ländlichen Regionen erfahren einen Standortnachteil.
3. Potenzielle Beschäftigte informieren sich detailliert über das Unternehmen, bevor sie
   sich bewerben. Dazu ziehen Sie Kriterien wie Karrieremöglichkeiten, aber auch Stand-
   ortinformationen, heran.

4. Die Recherche der Bewerbenden bezieht sich nicht nur auf die Internetseite des Unternehmens, sondern auch auf weitere Internetquellen, wie z. B. das Bewertungsportal Kununu (https://www.kununu.com/de/claasaa-mbh), oder Auszeichnungen/Labels für „gute Arbeitgeber":

- Great-Place-to-Work: https://www.greatplacetowork.de/
- Top Job (die besten Arbeitgeber im Mittelstand): http://www.topjob.de/
- Focus Top nationale Arbeitgeber: https://www.focus.de/finanzen/karriere/job-ranking-von-focus-und-kununu-adidas-google-bayer-das-sind-deutschlands-beste-arbeitgeber-2018_id_8383808.html

Diskussionsfrage 4:
Hier sollen die Studierenden ihr erlerntes Wissen auf andere Unternehmen anwenden und zeigen, was ihnen bei der Employer Branding Strategie dieser frei zu wählenden Unternehmen auffällt (z. B. John Deere; Miele, Dr. Oetker).

Diskussionsfrage 5:

1. *Active Sourcing:* Bündel an Beschaffungsmaßnahmen zur Identifizierung und Ansprache potenziell geeigneter Arbeitnehmer v. a. auf dem externen Arbeitsmarkt, wie z. B. durch Youtube, Kununu, Xing, LinkedIn.
2. Hier die Begründung über den *Resource-Based View* wählen: Welche Merkmale/Ressourcen grenzen CLAAS von anderen Unternehmen ab und wie können diese Ressourcen besser eingesetzt werden, um auf dieser Basis Wettbewerbsvorteile erzielen zu können? (z. B. die diversen Corporate Social Responsibility Aktivitäten); denn solche Themen können in Sozialen Medien für ein positives Unternehmensimage eingesetzt werden.

Diskussionsfrage 6:
Hier sollen der Instagram Account analysiert und Kriterien für einen erfolgreichen Instagram Auftritt entwickelt werden, z. B. sollte auf die Erfolgsmessung bei Maßnahmen hingewiesen werden, wofür folgendes zu beachten ist:

- der konsistente Einsatz von eindeutigen Hashtags,
- eine klare Strategie (wie soll die Seite gestaltet werden, wer ist zuständig für die Pflege der Seite, wer darf posten, etc.),
- stringente und klare visuelle Gestaltung,
- Regelmäßigkeit,
- klar definierte Key Performance Indicators (KPIs).

Diskussionsfrage 7:
Hier können die Studierenden kreativ werden und Fotos machen oder kleine Filmbeiträge drehen.

17.4   Ablauf und Zeitplan

Diese Fallstudie ist durch die flexible Nutzung der Diskussionsfragen sehr vielfältig einsetzbar. Auf Bachelorniveau kann die Fallstudie auf einem allgemeineren Niveau Anwendung finden, während mit Master-Studierenden ein detaillierteres und tieferes Vorgehen
gewählt werden kann. Aus diesem Grund werden zwei Varianten der Bearbeitung vorgeschlagen. Neben der Anwendung im universitären Kontext, bietet diese Fallstudie auch
viele Potenziale zur Nutzung in der Praxis, z. B. im Rahmen von Lehrgängen. Erfahrene
Manager, angehende Führungskräfte oder Interessierte in Familienunternehmen können
diesen Fall nutzen, um sich selber, ihr Unternehmen und den Markt zu hinterfragen und
Potenziale im Bereich des (Human Resource) Managements zu erarbeiten. Insbesondere
werden durch diesen Fall die Besonderheiten von generationsübergreifenden Familienunternehmen aufgegriffen und deren Herausforderungen im Kontext des Employer Brandings aufbereitet.

Es empfiehlt sich die Fallstudie in Gruppenarbeit (2 bis maximal 4 Teilnehmer pro
Gruppe) bei einer Gesamtseminargröße zwischen 10 bis 20 Personen anzuwenden. Indem
die einzelnen Teilfragen einzeln oder innerhalb eines über etwa 2–3 Monate andauernden
Seminars bearbeitet werden können, sind Umfang und Schwierigkeitsgrad variierbar. Hier
zwei Vorschläge:

1. Kurze Fallbearbeitung

Hinweis: Die Kursteilnehmenden sollten genügend Raum für Gruppenarbeit sowie
Möglichkeiten zur Internetrecherche haben.

Phase	Zeitlicher Aufwand	Beschreibung
Einführung und Zielsetzung	20 Minuten	Der Kursleiter erklärt die Zielsetzung der Fallstudie; die Kursteilnehmenden lesen die Fallstudie.
Kleingruppenarbeit	30 Minuten	Die Kursteilnehmenden erarbeiten die Aufgaben 1, 2 und 5.
Zusammentragen der Ergebnisse im Plenum	20 Minuten	Eine Gruppe trägt ihre Ergebnisse an einem Flipchart vor, die anderen Gruppen diskutieren und ergänzen die Ergebnisse.
Kleingruppenarbeit	30 Minuten	Die Kursteilnehmenden erarbeiten die Aufgabe 6.
Zusammentragen der Ergebnisse im Plenum	20 Minuten	Eine Gruppe trägt ihre Ergebnisse an einem Flipchart vor, die anderen Gruppen diskutieren und ergänzen die Ergebnisse.
Zusammenfassung des Erlernten	15 Minuten	

2. Der längere Weg

Phase	Zeitlicher Aufwand	Beschreibung
Lesen und verstehen der Fallstudie	1 Stunde in Eigenarbeit	Die Kursteilnehmenden bekommen eine Woche vor der ersten Veranstaltung die Fallstudie zum Vorbereiten zur Verfügung gestellt.
Erste Seminarstunde	1,5 Stunden	Durchsprache der Fallstudie, Klärung von Fragen; Einteilung der Gruppen (Gruppengröße: 2–4 Personen); Klärung der Forschungsfrage, die in Teilaufgaben (Diskussionsfragen) zu beantworten ist. Die Diskussionsfragen sollten im Wochenrhythmus in Kleingruppen bearbeitet werden. Der Lehrende gibt einen thematischen und konzeptionellen Input. Aushändigung/ Bereitstellung der empfohlenen Literatur mit Hinweisen, weitere Literaturrecherche während des Arbeitsprozesses zu betreiben.
Erste Gruppenarbeitsphase	Dauer: 2 Wochen	Bearbeitung der ersten Aufgabenstellung (Diskussionsfragen 1, 2 und 3) mit Vorbereitung von einer Kurzpräsentation (max. 7 Minuten); idealerweise 2 Powerpointfolien pro Gruppe.
Zweite Seminarstunde	1,5 Stunden	Die erste Gruppe präsentiert ihre Arbeit, indem sie ihre Ergebnisse an eine Pinnwand hängt; alle anderen Gruppen ergänzen bzw. diskutieren die Ergebnisse und hängen ihre Ergebnisse dazu. Es dürfen auch während der Diskussion noch Punkte modifiziert werden.
Zweite Gruppenarbeitsphase	Dauer: 2 Wochen	Bearbeitung der zweiten Aufgabenstellung (Diskussionsfragen 4 und 5) mit Vorbereitung von einer Kurzpräsentation (max. 7 Minuten); idealerweise 2 Powerpointfolien pro Gruppe.
Dritte Seminarstunde	1,5 Stunden	Die erste Gruppe präsentiert ihre Arbeit; alle anderen Gruppen ergänzen bzw. diskutieren die Ergebnisse. Es dürfen auch während der Diskussion noch Punkte modifiziert werden.
Dritte Gruppenarbeitsphase	4 Wochen	Bearbeitung Diskussionsfragen 6 und 7 mit Vorbereitung von einer Kurzpräsentation (max. 20 Minuten); idealerweise 2 Powerpointfolien pro Gruppe.
Vierte Seminarstunde	3 Stunden	Vorstellung der Gruppenergebnisse.
Vierte Gruppenarbeitsphase	2 Wochen	Verfassen des Lösungskonzepts; Einreichung beim Dozenten; der Dozent verschickt die Konzeptpapiere an die anderen Gruppen
Fünfte Seminarstunde	1,5 Stunden	Abschluss der Fallstudie: Kurze Besprechung und Bewertung der Konzeptpapiere durch die Gruppen unter Moderation des Lehrenden.

Quellenverzeichnis und weiterführende Literatur

Backhaus, K., & Tikoo, S. (2004). Conceptualizing and researching employer branding. *Career Development International, 9*(5), 501–517.

Barney, J. B. (2002). Gaining and sustaining competitive advantage. Upper Saddle River: Prentice Hall.

Berthel, J., & Becker, F. G. (2017). *Personal-Management. Grundzüge für Konzeptionen betrieblicher Personalarbeit. Kapitel 2.2 „Personalbeschaffung"* (11. Aufl., S. 330–360). Stuttgart: Schäffer Poeschel.

Bondarouk, T., Ruël, H., Axinia, E., & Arama, R. (2014). What is the future of employer branding through social media? Results of the delphi study into the perceptions of HR professionals and academics. In T. Bondarouk & M. R. Olivas-Luján (Hrsg.), *Social media in human resources management* (S. 23–57). Bingley: Emerald Group Publishing Limited. Published online: 20.08.2014.

Felden, B., Hack, A., & Hoon, C. (2019). *Management von Familienunternehmen: Besonderheiten – Handlungsfelder – Instrumente* (2. Aufl.). Wiesbaden: Springer Gabler.

Habbershon, T. G., & Williams, M. L. (1999). A resource-based framework for assessing the strategic advantages of family firms. *Family Business Review, 12*(1), 1–25.

IHK Bielefeld. „*Ostwestfalen-Starke Wirtschaft in einer starken Region*". https://www.ostwestfalen.ihk.de/region/. Zugegriffen am 24.05.2019.

Kristof, A. L. (1996). Person-organization fit an integrative review of its conceptualizations, measurement and implications. *Personnel Psychology, 49*, 1–49.

Sivertzen, A.-M., Ragnhild, E., & Olafsen, A. H. (2013). Employer branding: Employer attractiveness and the use of social media. *Journal of Product and Brand Management, 22*(7), 473–483.

Spitzenclusters „It's OWL". https://www.its-owl.de/index.php?id=home. Zugegriffen am 24.05.2019.

Unternehmensgruppe CLAAS. http://www.claas.de/. Zugegriffen am 24.05.2019.

Nischenstrategien in Familienunternehmen: Neue Optionen durch Digitalisierung?

18

Sven Cravotta, Sinikka Gusset-Bährer und Markus Grottke

18.1 Zusammenfassung

Sehr viele Familienunternehmen sind auf eng begrenzten Nischenmärkten tätig. Deren Absatzvolumina sind stark beschränkt. Dadurch sind sie häufig über die Zeit in Abhängigkeitsstrukturen geraten (z. B. als Zuliefererbetrieb in der Automobilindustrie, als Zuliefererbetrieb für den Lebensmitteleinzelhandel etc.). Durch sich ändernde Geschäftsmodelle im Rahmen der Digitalisierung eröffnen sich indes neue Möglichkeiten für diese Unternehmen. Vorliegende Fallstudie basiert auf realen Strategien in Familienunternehmen, welche die Möglichkeiten der Digitalisierung nutzen, um sich neue, alternative Vertriebskanäle im Rahmen von Verfügbarkeitsgeschäftsmodellen zu erschließen, um weiterhin erfolgreich zu sein und über zukünftige Generationen hinweg existieren zu können. Die Fallstudie kann dadurch eine Illustration der Möglichkeiten der Digitalisierung bieten. Hierbei geht es darum zu ermitteln, welche neuen alternativen Absatzkanäle für einen eigenen Nischenmarkt existieren, um bislang vorherrschende Abhängigkeitsstrukturen abzumildern, und welche Chancen, aber auch Herausforderungen sich für diesen Fall bedingt durch familiäre Strukturen stellen können.

S. Cravotta (✉)
SRH Hochschule Heidelberg, Heidelberg, Deutschland
E-Mail: Sven.Cravotta@srh.de

S. Gusset-Bährer
SRH-Akademie für Hochschullehre, SRH Hochschule Heidelberg, Heidelberg, Deutschland

M. Grottke
AKAD University Stuttgart, Stuttgart, Deutschland

© Springer Fachmedien Wiesbaden GmbH, ein Teil von Springer Nature 2020
B. Felden et al. (Hrsg.), *Fallstudien zum Management von Familienunternehmen*,
https://doi.org/10.1007/978-3-658-27721-5_18

18.2   Diskussionsfragen

Der vorliegende Fall kann aus einer Vielzahl an Blickwinkeln betrachtet werden. Somit kann die folgende Liste als Anregung für die Fallbearbeitung gesehen werden. Da die Fallstudie sich in mehrere Phasen gliedert, werden hier typische Fragestellungen für jede Phase angegeben. Ferner wird ein Hinweis gegeben, welche didaktische Methode sich für die Umsetzung jeweils nutzen ließe (zu einer ausführlichen didaktischen Erläuterung der jeweiligen Methode sei verwiesen auf Rosza, 2012):

Nach Phase I

1. Welche Implikationen weisen strategische Abhängigkeiten in Familienunternehmen auf?
2. Welche alternativen Gründe für derartige Implikationen lassen sich noch denken?
3. Welche Ansätze gäbe es, derartige Abhängigkeiten in Ihren Wirkungen mittel-, aber auch langfristig abzumildern?
4. Wie können sich Familienunternehmen langfristig davor schützen, in Abhängigkeitsverhältnisse zu gelangen?

Ergebnis:
One-Minute-Paper-Präsentation zu den Fragen von der jungen geschäftsführenden Gesellschafterin, vom Senior, dem Mitarbeiter Produktion, dem Mitarbeiter Kundenbetreuung und den Großkunden.

Nach Phase II

1. Welche Möglichkeiten und Risiken bieten die in der Digitalisierung üblichen Verfügbarkeitsgeschäftsmodelle?

Ergebnis:
Debatte nach der Präsentation, Markt der Möglichkeiten mit verschiedenen Informationsständen seitens der Zuhörer.

Nach Phase III

1. Wie lassen sich die Möglichkeiten auf das eigene Unternehmen übertragen?
2. Welche Risiken bestehen mit Blick auf den Großkunden?

Ergebnis:
Präsentation individueller Kurzkonzepte.

Nach Phase IV

1. Welche Probleme treten in der jeweiligen Rolle auf? Welche Problemlösungen funktionieren und welche nicht? Was folgt daraus (für aktive Rollen)?
2. Inwieweit weicht die Außensicht von der Innensicht ab? Was folgt daraus (für passive
Beobachterrollen)?

Ergebnis:
Präsentation mit der aktivierenden Lehrmethode Blitzlicht.

18.3 Für die Fallanalyse relevante theoretische Modelle oder Konzepte

18.3.1 Verfügbarkeitsgeschäftsmodelle

Unter Verfügbarkeitsgeschäftsmodellen versteht man Geschäftsmodelle, in deren Rahmen
der Kauf eines physischen Produktes durch den Kauf von konkreten, zielgenauen Nutzun-
gen (d. h. nicht einfach Nutzungsmöglichkeiten wie bei einer Miete) dieses physischen
Produktes abgelöst wird. Beispielsweise kann der Kauf eines Bohrers durch die Nutzungs-
möglichkeit des Bohrers zur Erzeugung gebohrter Löcher oder direkt den Erwerb von
gebohrten Löchern abgelöst werden (vgl. hierzu und zum weiteren auch Boll, Grottke und
Cravotta, 2019). Verfügbarkeitsgeschäftsmodelle werden im Rahmen der Digitalisierung
einerseits durch die zusätzlich verfügbaren Daten ermöglicht, welche eine Kontrolle, z. B.
der Nutzung des Bohrers erlauben. Andererseits werden Verfügbarkeitsgeschäftsmodelle
durch Datenanalyse wertvoll, dann nämlich, wenn ungenutzte Zeiten, z. B. die Zeit, welche ein Bohrer von einer Person ungenutzt im Keller lagert, gezielt durch eine Nutzung
durch andere Personen verwendet werden können. Hierdurch kommt es zu einer signifi-
kanten Steigerung des Auslastungsgrads des genutzten physischen Produkts. Verfügbarkeitsgeschäftsmodelle lassen sich übrigens auch gedanklich auf das menschliche Miteinander übertragen. Beispielsweise kann eine Raumnutzung dann optimiert werden, indem
eigene Räumlichkeiten für die Nutzung durch andere Personen freigegeben werden.

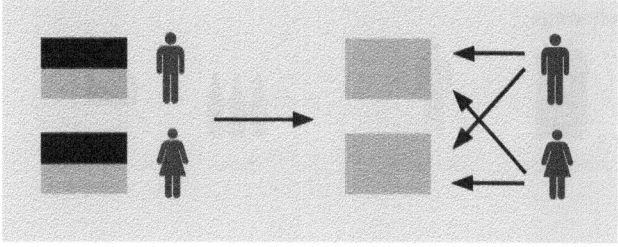

Abb. 18.1 Kerngedanke von Verfügbarkeitsgeschäftsmodellen. (Quelle: Eigene Darstellung)

Hierdurch kann die Arbeitsproduktivität deutlich gesteigert werden. Ein Beispiel hierfür sind z. B. in heißen Sommertagen schattige und sonnige Zimmer. Ist der schattige Raum in der Zeit der brennenden Mittagssonne frei und der sonnige belegt, so ist evident, dass die Person in dem sonnigen Zimmer sinnvollerweise temporär in das schattige Zimmer umziehen sollte. Im Winter mag umgekehrtes gelten. Kern ist folglich immer, dass ein Teilungsgedanke „kostenlos" zusätzliche Ressourcen verfügbar werden lässt (vgl. Abb. 18.1).

In der Abbildung wird rot die aktuell existierende Ineffizienz markiert, welche dadurch zustande kommt, dass jeder Teilnehmer das Gut allein für sich nutzt und eine Nutzung durch andere verhindert, selbst wenn keine Nutzung stattfindet. Im Verfügbarkeitsgeschäftsmodell beschränkt sich die Nutzung nicht mehr allein auf das eigene Gut, sondern durch eine digitale Organisation werden nicht genutzte Zeiten für die Nutzung durch andere freigegeben.

18.3.2 Multi-Channel-Distribution

Durch die digitale Vernetzung multiplizieren sich die Vertriebswege, welche verfügbar sind. Beispielsweise kann ein Lebensmittel nicht mehr nur über den Supermarkt vertrieben werden, sondern auch über eine Nachbestellung über smarte Kühlschränke, smarte Küchengeräte etc. Mit anderen Worten kommt es zu einer Multi-Channel-Distribution über den Weg von Komplementärgütern (vgl. hierzu und zu dem folgenden auch Cravotta, Posselt und Steiff, 2018). Absatztechnisch kommen so indes völlig neue, disruptive Absatzkanäle zustande, welche traditionelle Abhängigkeitsstrukturen aufbrechen (vgl. Abb. 18.2).

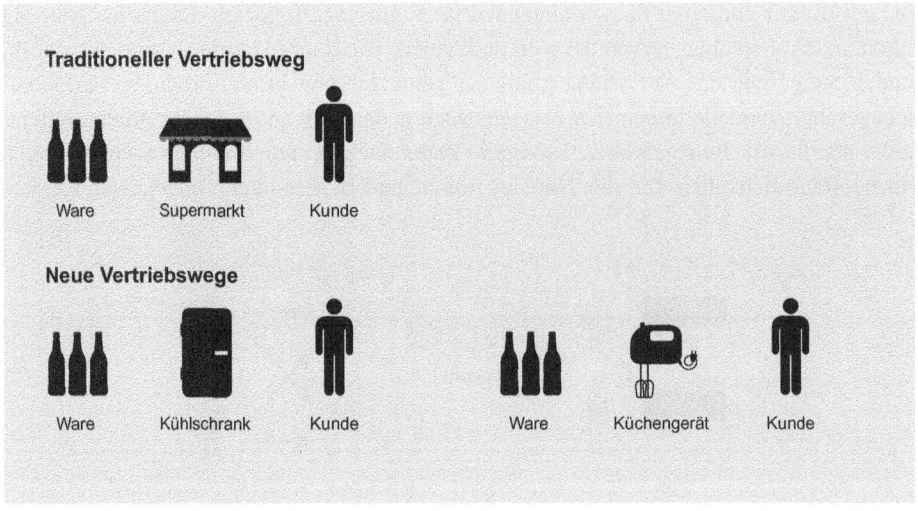

Abb. 18.2 Multi-Channel-Distribution. (Quelle. Eigene Darstellung)

18.4   Antwortmöglichkeiten für die Diskussionsfragen

Die folgenden Ausführungen dienen als Orientierungshilfe für die Diskussion der Fallstudie. Sie zeigen auf, wo in den Materialien der Fallstudie Antwortmöglichkeiten zu finden sind und in welcher Beziehung diese zu den Lernzielen stehen. Dabei können je nach Auslegung und individueller Schwerpunktsetzung weitere Thematiken und Antwortmöglichkeiten für die Diskussion relevant sein.

Nach Phase I
Welche Implikationen weisen strategische Abhängigkeiten in Familienunternehmen auf?

Lernziele:

1. Die Studierenden können Abhängigkeitsbeziehungen bzw. -verhältnisse von Familienunternehmen im Absatz erkennen und hinreichend beschreiben.
2. Die Studierenden beteiligen sich aktiv bei der Selektion von Informationen.
3. Die Studierenden wiederholen die erarbeiteten Ergebnisse und fassen sie zusammen.
   a) Hinweise, wo in der Fallstudie der für die Lösung relevante Text zu finden ist:
      relevanter Text ergibt sich aus Phase I, den Rechtsvorschriften, dem Unternehmensaufbau (Abschn. 18.3) sowie den Rollenkarten.
   b) Kernergebnisse (familienunternehmensspezifisch):
      Abhängigkeitsbeziehungen sorgen dafür, dass einem Großkunden auch dann gefolgt werden muss, wenn dieser nur bedingt sinnvoll aus der Perspektive der Ressourcen des Familienunternehmens handelt, abhängig ist dies von der Ressourcenlage des spezifischen Familienunternehmens. Gleichzeitig haben solche Abhängigkeiten meist eine mit dem Inhaber/der Inhaberin verbundene lange Historie, welche es familienunternehmensspezifisch ausfallen lässt, wie sich auf Abhängigkeiten reagieren lässt.

Welche alternativen Gründe für derartige Implikationen lassen sich noch denken?

Lernziele:

1. Die Studierenden können die Ursachen von Abhängigkeitsverhältnissen von Familienunternehmen im Absatz aufzeigen.
2. Die Studierenden können die Abhängigkeitsverhältnisse der Familienunternehmen nach ausgewählten Kriterien bewerten und einordnen.
3. Die Studierenden beteiligen sich aktiv bei der Selektion von Informationen.
4. Die Studierenden wiederholen die erarbeiteten Ergebnisse und fassen sie zusammen.
   a) Hinweise, wo in der Fallstudie der für die Lösung relevante Text zu finden ist:
      relevanter Text ergibt sich aus Phase I, den Rechtsvorschriften, dem Unternehmensaufbau (Abschn. 18.3 – Aktuelle Situation) sowie den Rollenkarten.
   b) Kernergebnisse (familienunternehmensspezifisch):

c) Ursachen für Abhängigkeitsrelationen basierend auf typischen familienunternehmensspezifischen Kriterien wie geringe Ressourcen, Rolle von Familienmitgliedern und deren Netzwerken, regionale Bindung.

Welche Ansätze gäbe es, derartige Abhängigkeiten in ihren Wirkungen noch abzumildern?

Lernziel:

1. Die Studierenden können aufgrund der Abhängigkeitsverhältnisse erste Lösungsansätze auf Familienunternehmen übertragen.
2. Die Studierenden beteiligen sich aktiv bei der Selektion von Informationen.
3. Die Studierenden wiederholen die erarbeiteten Ergebnisse und fassen sie zusammen.
   a) Hinweise, wo in der Fallstudie der für die Lösung relevante Text zu finden ist: relevanter Text ergibt sich aus Phase I, den Rechtsvorschriften, dem Unternehmensaufbau sowie den Rollenkarten.
   b) Kernergebnisse (familienunternehmensspezifisch):
      z. B. mehr Diversifikation, neue Märkte, Abhängigkeit der Familie durch den Einbezug von Mitarbeitenden mindern.

Nach Phase II
Welche Möglichkeiten und Risiken bietet die Digitalisierung für Familienunternehmen?

Lernziel:

1. Die Studierenden können Chancen und Risiken der Digitalisierung auf Familienunternehmen aufzeigen.
2. Die Studierenden können (digitale) Verfügbarkeitsgeschäftsmodelle für Familienunternehmen zur Lösung von deren Abhängigkeitsbeziehungen im Absatz aufzeigen und die sich daraus ergebenden Möglichkeiten skizzieren.
3. Die Studierenden können Multi-Channel-Ansätze im Rahmen der Digitalisierung und die sich daraus ergebenden Möglichkeiten skizzieren.
4. Die Studierenden lernen Argumentationsstrategien kennen und wenden sie an.
5. Die Studierenden …
   … strukturieren Inhalte.
   … antizipieren Gegenpositionen.
   … vertreten den eigenen Standpunkt gegen Widerstand.
   … können inhaltliche und persönliche Argumente voneinander trennen.
   … halten Kommunikationsregeln ein.
   … verschaffen sich einen Überklick über komplexe Zusammenhänge und behalten diesen.
   … zeigen ihre Selbstständigkeit, Interaktions-, Kooperations- und Kommunikationsfähigkeit.

6. Die Studierenden beteiligen sich aktiv bei der Selektion von Informationen.
7. Die Studierenden wiederholen die erarbeiteten Ergebnisse und fassen sie zusammen.
   a) Hinweise, wo in der Fallstudie der für die Lösung relevante Text zu finden ist: relevanter Text ergibt sich aus Phase II, den Rechtsvorschriften, dem Unternehmensaufbau sowie den Rollenkarten.
   b) Theoretisch konzeptioneller Zusammenhang: Verfügbarkeitsgeschäftsmodelle (Abschn. 18.3.1), Multi Channel Distribution (Abschn. 18.3.2).
   c) Problemlösung: Neue Möglichkeiten der Digitalisierung auf Problemlösungspotenziale untersuchen.
   d) Kernergebnisse (familienunternehmensspezifisch):
   Verfügbarkeitsgeschäftsmodelle und Multi-Channel-Distribution als Lösungsansätze typischer Probleme von Familienunternehmen (Nischenanbieter, Abhängigkeitsbeziehungen) kennenlernen.

Nach Phase III
Wie lassen sich die Möglichkeiten auf das eigene Familienunternehmen übertragen (vgl. für weiterführende Ansätze auch Cravotta, Grottke und König, 2017, 2018)?

Lernziel:

1. Die Studierenden sind in der Lage, passende Verfügbarkeitsgeschäftsmodelle bzw. Multi-Channel-Strategien auf das eigene Familienunternehmen zur Lösung deren Abhängigkeitsverhältnisse im Absatz zu übertragen.
2. Die Studierenden können auf dieser Grundlage ein Konzept einer Implementierung eines Verfügbarkeitsgeschäftsmodells oder einer Multi-Channel-Strategie für das eigene Familienunternehmen erarbeiten.
   a) Hinweise, wo in der Fallstudie der für die Lösung relevante Text zu finden ist.
   b) Theoretisch konzeptioneller Zusammenhang: Verfügbarkeitsgeschäftsmodell (Abschn. 18.3.1).
   c) Problemlösung: individuell.
   d) Vergleich mit Problemlösungen in der Praxis.
   e) Etablierung eigene Onlinemarke.
   f) Flexibilisierung der eigenen Produktionsprozesse auf Basis von Big Data (internes Verfügbarkeitsgeschäftsmodell).
   g) Eingliederung in Verfügbarkeitsgeschäftsmodelle anderer Hersteller.
   h) Kernergebnisse (familienunternehmensspezifisch): Herausforderungen und Lösungsansätze für diese bei der Nutzung neuer digitaler Potenziale im Familienunternehmen kennenlernen.

Welche Risiken bestehen mit Blick auf den Großkunden?

Lernziele:

1. Die Studierenden können im Rahmen des Konzeptes des Verfügbarkeitsgeschäftsmodelles die Risiken hinsichtlich der Haupt-/Großkunden der Familienunternehmen abschätzen.
2. Die Studierenden lernen Argumentationsstrategien kennen und wenden sie an.
3. Die Studierenden …
   … strukturieren Inhalte.
   … antizipieren Gegenpositionen.
   … vertreten den eigenen Standpunkt gegen Widerstand.
   … können inhaltliche und persönliche Argumente voneinander trennen.
   … halten Kommunikationsregeln ein.
   … verschaffen sich einen Überklick über komplexe Zusammenhänge und behalten diesen.
   … zeigen ihre Selbstständigkeit, Interaktions-, Kooperations- und Kommunikationsfähigkeit.
4. Die Studierenden beteiligen sich aktiv bei der Selektion von Informationen.
5. Die Studierenden wiederholen die erarbeiteten Ergebnisse und fassen sie zusammen.
   a) Hinweise, wo in der Fallstudie der für die Lösung relevante Text zu finden ist. Text ist in Ergebnis der Phase I sowie in den Präsentationsfolien der Phase II zu finden.
   b) Theoretisch konzeptioneller Zusammenhang: Multi-Channel Distribution (Abschn. 18.3.2).
   c) Kernergebnisse (familienunternehmensspezifisch): Herausforderungen bei Gegenstrategien derjenigen kennenlernen, von welchen man abhängig ist, sofern diese die Abhängigkeitsbeziehungen abzumildern trachten. Rolle der Familie bei derartigen Gegenstrategien kennenlernen.

Nach Phase IV
Welche Probleme treten in der jeweiligen Rolle auf? Welche Problemlösungen funktionieren und welche nicht (für aktive Rollen)?

Lernziel:

1. Die Studierenden sind in der Lage, die Fallstudienbearbeitung nach ausgewählten Kriterien kritisch zu reflektieren.
2. Die Studierenden können die Ergebnisse auf Familienunternehmen verschiedener Branchen übertragen.
3. Die Studierenden können ihre Einschätzungen, Bewertungen, Stimmungen, momentane Befindlichkeiten, Eindrücke, Wahrnehmungen und die eigene Meinung prägnant formulieren.
4. Die Studierneden beteiligen sich aktiv.

5. Die Studierenden lernen die Meinung anderer Teilnehmer kennen und wertschätzen.
6. Die Studierenden können …
   … die Situation in einer Gruppe angemessen einschätzen.
   … Konflikte und Störungen in der Gruppe erkennen, ansprechen und klären.
   … Kritik sach- und personenbezogen artikulieren.
   … offene Fragen in Erfahrung bringen und klären.
   … die Zusammenarbeit verbessern.
   … konstruktive Rückmeldung geben.
a) Hinweise, wo in der Fallstudie der für die Lösung relevante Text zu finden ist: Ergebnisse aus den gesamten Vorphasen.
b) Kernergebnisse (familienunternehmensspezifisch): Diese hängen von den Ergebnissen der Vorphasen ab. Es wird deutlich, dass die resultierenden Ergebnisse sich ganz individuell abhängig von den beteiligten Playern und der Struktur bzw. Historie des Familienunternehmens ergeben.
Inwieweit weicht die Außensicht von der Innensicht ab (für passive Beobachterrollen)?

Lernziel:

1. Die Studierenden können ihre Wahrnehmungen bzw. Beobachtungen und die eigene Meinung prägnant formulieren und den anderen Studierenden mitteilen.
2. Die Studierenden lernen die Meinung anderer Teilnehmer kennen und wertschätzen.
3. Die Studierenden können …
   … die Situation in einer Gruppe angemessen einschätzen.
   … Konflikte und Störungen in der Gruppe erkennen, ansprechen und klären.
   … Kritik sach- und personenbezogen artikulieren.
   … offene Fragen in Erfahrung bringen und klären.
   … die Zusammenarbeit verbessern.
   … konstruktive Rückmeldung geben.
4. Kernergebnisse (familienunternehmensspezifisch): Gewinnen eines Bewusstseins für rollenspezifisch geprägte Verhaltensweisen und für individuell gestaltbare Verhaltensweisen. Bewusstsein für Abweichungen zwischen Eigenwahrnehmung und Fremdwahrnehmung.

18.5   Ablauf und Zeitplan

Aufgrund der Vielfalt und Auslegung des Falles ist dieser für eine kurze Einzelvorlesung nicht geeignet. Insgesamt kann der Ablauf wie in Abb. 18.3 dargestellt aussehen, wobei Ablauf und Zeitplanung nachfolgend aufgeschlüsselt sind.

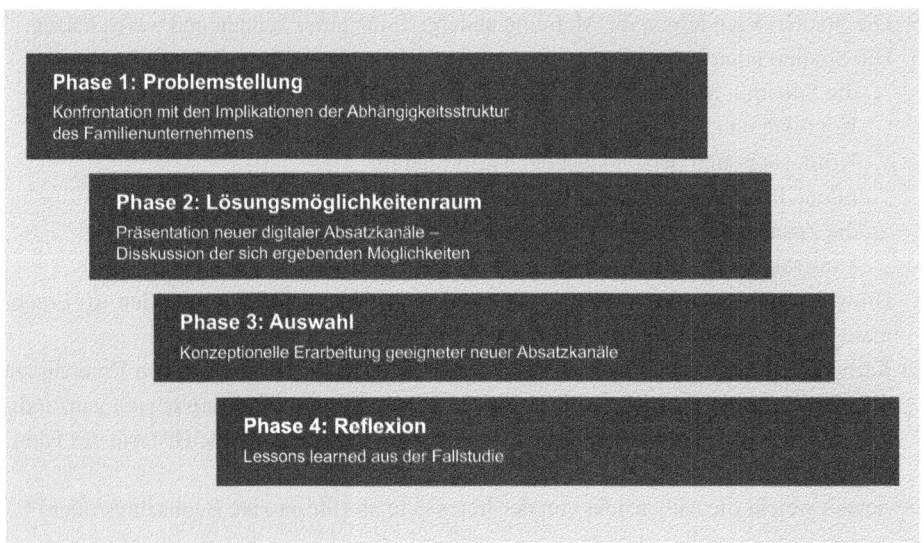

Abb. 18.3 Fallbearbeitung: 4 Phasen. (Quelle: Eigene Darstellung)

Ein korrespondierender Zeitplan kann wie folgt gefasst werden:

Aufgabe	Dauer	Gesamtdauer
Phase I: Problemstellung Einführung in Fallstudie: Kennenlernen des Unternehmens, der Produktion, der Unternehmensstruktur Konfrontation mit Problem: Konfrontation mit Großkunde, welcher Expansion in die USA fordert	ca. 120 Minuten ca. 120 Minuten	ca. 240 Minuten
Phase II: Lösungsmöglichkeitenraum Digitale Absatzkanäle: Präsentation digitaler Absatzkanäle Übertragungsmöglichkeiten: Diskussion Anknüpfungspunkte zur Übertragung auf das eigene Unternehmen	ca. 60 Minuten ca. 120 Minuten	ca. 180 Minuten
Phase III: Auswahl passender Lösungen Erarbeitung konzeptioneller Lösung: Konzeptionelle Ausarbeitung der Ergebnisse aus Phase II und Auswahl für das Unternehmen passender Lösungen Präsentation der Konzeptionen: Diskussion Anknüpfungspunkte zur Übertragung auf das eigene Unternehmen	ca. 480 Minuten ca. 120 Minuten	ca. 600 Minuten
Phase IV: Reflektion Lessons learned: Reflektion des Fallstudienablaufs, sich ergebender Möglichkeiten für Familienunternehmen sowie weiterer Übertragungsmöglichkeiten auf andere Industriezweige Feedback: Feedbackrunde unter den Teilnehmenden	ca. 120 Minuten ca. 30 Minuten	ca. 150 Minuten

Quellenverzeichnis und weiterführende Literatur

Boll, F., Grottke, M., & Cravotta, S. (2019). Familienunternehmen 4.0. *FuS – Zeitschrift für Familienunternehmen und Stiftungen, Recht, Management, Familie und Vermögen, 2*, 36–44.

Cravotta, S., Grottke, M., & König, A. (2017). Neue Geschäftsmodelle für Familienunternehmen – Identifikation, Evaluation und Optimierung mit Hilfe von Lean Startup-Ansatz und Design Thinking (Teil I). *FuS – Zeitschrift für Familienunternehmen und Stiftungen, Recht, Management, Familie und Vermögen, 6*, 196–199.

Cravotta, S., Grottke, M., & König, A. (2018). Neue Geschäftsmodelle für Familienunternehmen – Identifikation, Evaluation und Optimierung mit Hilfe von Lean Startup-Ansatz und Design Thinking (Teil II). *FuS – Zeitschrift für Familienunternehmen und Stiftungen, Recht, Management, Familie und Vermögen, 1*, 10–14.

Cravotta, S., Posselt, E., & Steiff, P. (2018). *Instrumente und Methoden der digitalen Markenführung. Präsentationsfoliensatz.* SRH Hochschule Heidelberg: Campus Calw.

Felden, B., Hack, A., & Hoon, C. (2019). *Management von Familienunternehmen: Besonderheiten – Handlungsfelder – Instrumente* (2. Aufl.). Wiesbaden: Springer Gabler.

Grottke, M., & Boll, F. (2019). *Unternehmerische Gestaltungsoptionen im Rahmen der Digitalisierung– Einsichten aus einer Interviewstudie mit Entscheidungsträgern im Nordschwarzwald.* SRH Hochschule Heidelberg: Campus Calw/IHK Nordschwarzwald 2019.

Grottke, M., & Obermaier, R. (2018). Unternehmerische Herausforderungen bei Industrie 4.0-Projekten – Einsichten aus zwei Prozessstudien. In R. von Obermaier (Hrsg.), *Industrie 4.0 als unternehmerische Gestaltungsaufgabe – Betriebswirtschaftliche, technische und rechtliche Herausforderungen* (2. Aufl., S. 309–322). Wiesbaden: Springer Gabler.

Rósza, J. (2012). *Aktivierende Methoden für den Hochschulalltag. Lernen und Lehren nach dem CORE-Prinzip.* Heidelberg: Heidelberger Hochschul.

Strategieprozesse in Familienunternehmen: Strategische Implikationen einer dynamischen Umwelt

19

Sabrina Schell

19.1 Zusammenfassung

Das Schweizer Medizintechnik-Unternehmen Ypsomed AG hat die Nachfolge von der ersten in die zweite Generation erfolgreich realisiert. Der Gründer, ein innovativer Unternehmer, hat das Unternehmen vor allem durch die weltweit erste Insulinpumpe geprägt und vorangetrieben. Der Markt der Medizintechnik gerät immer stärker unter Druck. Die Digitalisierung verändert die Kundenanforderungen auch im Bereich des Gesundheitswesens. Der Familien CEO steht vor der Entscheidung, wie sich das Unternehmen zukünftig aufstellen muss, um am Markt bestehen zu können und besonders auch um die Innovationsführerschaft nicht zu verlieren. Das unternehmerische Erbe des Gründers soll genauso erhalten bleiben wie die Innovations- und Erneuerungskraft des Unternehmens. Die Innovationsstrategie des Unternehmens soll offen für neue Ideen und Impulse sein, aber auch strukturierten Prozessen folgen. Da das Unternehmen an der Schweizer Börse gelistet ist, müssen auch die Shareholder, welche eine Internationalisierungsstrategie bevorzugen, berücksichtigt werden. Welche Maßnahmen des strategischen Managements genutzt werden können, um dieses Ziel zu erreichen beschäftigt den Unternehmer tagtäglich und erfordert entsprechende Entscheidungen.

S. Schell (✉)
Universität Bern, Bern, Schweiz
E-Mail: sabrina.schell@iop.unibe.ch

© Springer Fachmedien Wiesbaden GmbH, ein Teil von Springer Nature 2020
B. Felden et al. (Hrsg.), *Fallstudien zum Management von Familienunternehmen*,
https://doi.org/10.1007/978-3-658-27721-5_19

19.2   Diskussionsfragen

Übergeordnete Diskussionsfrage 1
„Selbstbehandlung wird mit Ypsomed-Produkten zur Selbstverständlichkeit." Das ist die
Vision der Ypsomed AG. Welche Strategien kann Simon Michel grundsätzlich wählen, um
diese Vision zu verwirklichen?
   Hier bieten sich folgende Diskussionsfragen an:

1. Welche Maßnahmen nutzt die Ypsomed AG laut Text bisher, um der Vision gerecht zu
   werden?
2. Welche Strategien und Maßnahmen fallen ihnen zusätzlich ein, um diese Vision zu erfüllen. Führen Sie ein Brainstorming durch und bündeln Sie Ihre Ergebnisse in einer
   Mindmap.

Übergeordnete Diskussionsfrage 2
„Innovation ist teuer." Ein Teil der Minderheitsaktionäre und Investoren bevorzugt eine
Internationalisierungsstrategie. Simon Michel zweifelt, ob das alleine der richtige Weg ist.
Führt eine Internationalisierungsstrategie oder eine Innovationsstrategie zum Erfolg? Und
welche Strategie könnte wie umgesetzt werden?
   Hier bieten sich folgende weitere Diskussionsfragen an:

1. Was sind die Unterschiede zwischen einer Internationalisierungs- und einer Innovationsstrategie? Notieren Sie sich Stichpunkte und stellen Sie die beiden Strategien gegenüber.
2. Welche Strategie hat die Ypsomed AG bisher verfolgt und wie schätzen Sie diese Strategie ein?
3. Wenn die Yposmed AG bei ihrer aktuellen Strategie bleibt, wie würden Sie diese optimieren?
4. Was glauben Sie warum Simon Michel an einer Internationalisierungsstrategie zweifelt? Wie schätzen Sie das ein?

Übergeordnete Diskussionsfrage 3
„It's all about people." Die Ypsomed AG sieht sich immer noch als mittelständisches Unternehmen, welches sich am Markt behaupten muss. Der Gründer Willy Michel hat das
Unternehmen geprägt. Familienmitglieder werden im Unternehmensfilm gezeigt. Dennoch ist Simon Michel überzeugt, dass es keinen direkten Einfluss auf das Unternehmen
hat, dass es sich um ein Familienunternehmen handelt, sondern Mitarbeitende generell die
wichtigste Ressource im Unternehmen darstellen. Welche Rolle spielt die Familie für das
Unternehmen und das Unternehmen für die Familie und welche Bedeutung hat insbesondere Simon Michel für das strategische Innovationsmanagement?

Hier bieten sich folgende weitere Diskussionsfragen an:

1. Warum spielt die Familie im Familienunternehmen eine Rolle? Und wie wirkt sich das auf den Innovationsprozess aus?
2. Über welche Ressourcen verfügt ein Familienunternehmen und können Sie sich vorstellen, dass diese einen Einfluss auf Innovation haben?

19.3 Für die Fallanalyse relevante theoretische Modelle oder Konzepte

19.3.1 Allgemeine Hinweise

Die Fallstudie bezieht sich auf die Wahl einer geeigneten Strategie, nach einer Unternehmensnachfolge. Die Fallstudie greift dabei vor allem auf die strategischen Handelungsfelder in Familienunternehmen zurück und bezieht sich vornehmlich auf den Unterschied zwischen einer Internationalisierungs- und einer Innovationsstrategie. Damit die Studierenden die Fallstudie erfassen und bearbeiten können bieten sich folgende Kapitel im Lehrbuch von Felden et al. (2019) zur Vorbereitung an: Kapitel 2: Werte und Ziele in Familienunternehmen (S. 39–72), Kapitel 3: Die Ressourcen des Familienunternehmens (S. 77–105) und Kapitel 9: Strategische Handlungsfelder von Familienunternehmen (S. 279–319).

Zudem empfiehlt es sich folgende wissenschaftlichen Studien diskutiert bzw. den Studierenden als Vorbereitungsmaterial zur Verfügung gestellt zu haben (Carnes und Ireland (2013); Habbershon und Williams (1999); Kotlar und De Massis (2013)).

19.3.2 Der Auswahl- und Planungsprozess

Für die Bearbeitung und Diskussion der ersten Frage bietet es sich an, den Auswahl- und Planungsprozess von Strategien tiefergehend zu betrachten. Für den Auswahl- und Planungsprozess ist es sinnvoll, das Modell „Der parallele Planungsprozess in Familienunternehmen; in Anlehnung an Carlock und Ward (2001)" (Abschn. 9.3 Lehrbuch Felden et al. (2019)) vorzubereiten (vgl. Abb. 19.1).

Das Modell eignet sich zum einen dazu, generell die Vision des Unternehmens zu hinterfragen und einzuordnen, aber auch die Besonderheiten des Familieneinflusses tiefergehend zu betrachten. Es bietet sich an, die Studierenden nochmals explizit darauf hinzuweisen, dass Sie nach Maßnahmen suchen sollen, die familienunternehmensspezifisch sein könnten.

Abb. 19.1 Der parallele
Planungsprozess in
Familienunternehmen. (Quelle:
Felden et al. 2019, S. 295)

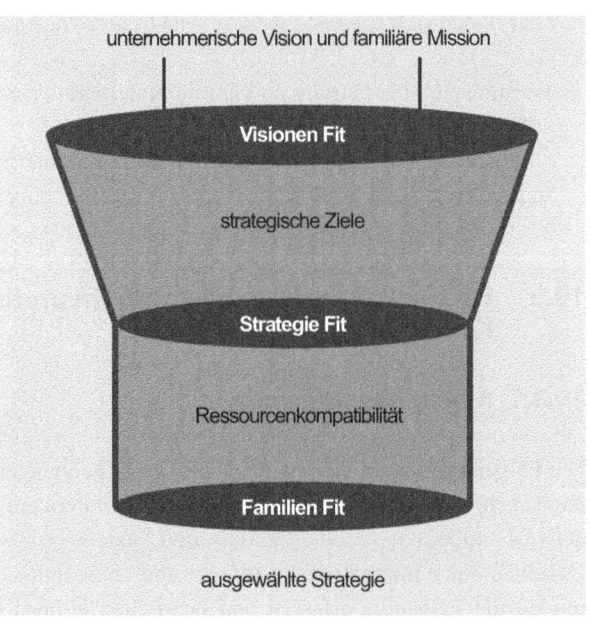

Abb. 19.1 Der parallele Planungsprozess in Familienunternehmen. (Quelle: Felden et al. 2019, S. 295)

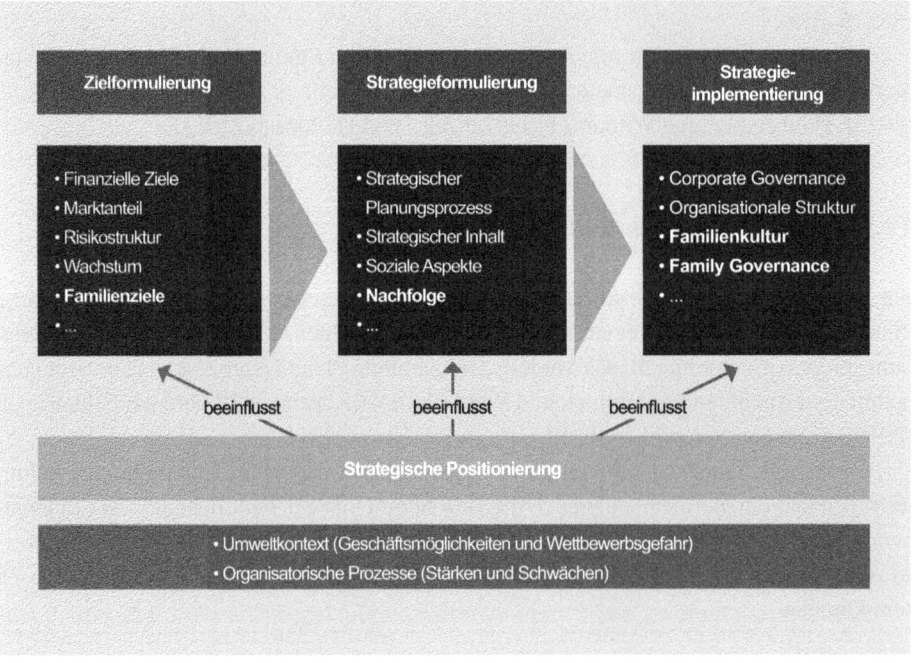

Abb. 19.2 Der strategische Managementprozess in Familienunternehmen. (Quelle: Felden et al. 2019, S. 285)

19.3.3 Die Wahl einer geeigneten Strategie

In einem ersten Schritt können sich Studierende generell mit der Thematik der Strategie-formulierung auseinandersetzen, indem zum Beispiel der strategische Managementpro-zess in Familienunternehmen (vgl. Abb. 19.2) wiederholt und auf das vorliegende Fall-beispiel angewendet wird.

Dieses Prozessmodell kann von den Studierenden genutzt werden, um die vorliegenden Informationen zu systematisieren und sich damit der Fragestellung zu nähern. Die erste Unterfrage leitet die Studierenden dazu an, dass es sich bei der Ypsomed AG entweder um eine Innovationsstrategie oder eine Internationalisierungsstrategie handelt, was den Dis-kussions- und Entscheidungsrahmen einschränkt. Abschn. 9.2 im Lehrbuch von Felden et al. (2019) behandelt die Internationalisierungsstrategie tiefergehend und bietet ein Mo-dell an, mit dem Studierende die Informationen zur Internatuinalisierungsstrategie syste-matisieren und analysieren können (vgl. Abb. 19.3).

Die Informationen der Fallstudie sprechen dafür, dass die Ypsomed AG eine Innovati-onsstrategie anwendet und diese auch weiter ausbauen sollte. Um diese Strategie weiter zu verfolgen und ggf. zu optimieren, bietet es sich an, auf Kenntnisse aus dem Innovations-management zurückzugreifen. Studierende können sich ein gängiges Innovationsmanage-ment Modell aussuchen und an diesem Möglichkeiten aufzeigen, wie z. B. weitere Inno-vationsquellen oder Methoden des Ideenmanagements gefunden werden können. Geeigenete Modelle für das Innovationsmanagement finde sich z. B. in (Hauschildt und Salomo (2007); Vahs und Burmester (2015)).

19.3.4 Die Familie im Familienunternehmen

Die Familie kann durch Management und Eigentum einen zentralen Einfluss auf das Fa-milienunternehmen auswirken. Dies ist besonders in kleinen und mittleren Unternehmen der Fall. Auch in der vorliegenden Fallstudie zeigt sich, dass der Gründer Willy Michel aber auch der aktuelle CEO einen Einfluss auf das Innovationsverhalten haben. Zum einen

	Bestehende Produkte	Neue Produkte
Bestehende Märkte	Marktdurchdringung	Produktentwicklung (Innovation)
Neue Märkte	Marktentwicklung (Internationalisierung)	Diversifikation

Abb. 19.3 Produkt-Markt Matrix. (Quelle: Felden et al. 2019, S. 290)

präge sie die strategische Ausrichtung erheblich, zum anderen greifen sie auch aktiv in den Innovationsprozess ein, indem Sie Ideen entwickeln und einbringen. Es bietet sich an, nochmals auf ein gängiges Innovationsmanagementmodell zurückzugreifen und anhand dieses Modells den Einfluss der Familie bzw. des Familien-CEO zu beleuchten.

Um die Bedeutung der Familie im Familienunternehmen, vor allem dann, wenn das Eigentum in Familienhand liegt, zu analysieren, bietet es sich an, mit dem Konzept der Familiness von Habbershon und Williams (1999) zu arbeiten. Familiness wird in Abschn. 3.4. des Lehrbuchs von Felden et al. (2019) eingehend erläutert. „Familiness" wird definiert als „… the idiosyncratic firm level bundle of resources and capabilities resulting from the systems interactions between the family, its individual members, and the business" (Habbershon et al. 2003, S. 451).

Wenn das Lernziel erreicht werden soll, das Familinesskonzept tiefergehend zu beleuchten bzw. zu wiederholen, eignet es sich zudem die FIFS-Scale zu diskutieren, da diese die Ressourcen des Familienunternehmens gliedert, die dann wiederum in Zusammenhang mit der Innovationstätigkeit gebracht werden können. Es ist zudem zu beachten, dass die Studierenden auch zentral auf die Erkenntnis kommen können, dass die zentrale Rolle des CEOs Simon Michel die Ressourcenallokation ist und er genau deshalb eine Entscheidung treffen muss (Frank et al. 2017).

19.4   Antwortmöglichkeiten für die Diskussionsfragen

Die folgenden Ausführungen dienen als Orientierungshilfe für die Diskussion der Fallstudie. Dabei können je nach Auslegung und individueller Schwerpunktsetzung weitere Antwortmöglichkeiten für die Diskussion relevant sein. Es ist zudem wichtig, dass den Studierenden aufgezeigt wird, dass während der Bearbeitung von Fallstudien auch begründete Annahmen getroffen werden können und sollen. Auch diese Annahmen können dazu führen, dass Antwortmöglichkeiten variieren und die Diskussionen unterschiedliche Verläufe annehmen.

Übergeordnete Diskussionsfrage 1
„Selbstbehandlung wird mit Ypsomed-Produkten zur Selbstverständlichkeit." Das ist die Vision der Ypsomed AG. Welche Strategien kann Simon Michel grundsätzlich wählen, um diese Vision zu verwirklichen?
    Hier bieten sich folgende Diskussionsfragen an:

1. Welche Maßnahmen nutzt die Ypsomed AG laut Text bisher, um der Vision gerecht zu werden?

Ziel der Diskussionsfrage ist es, dass die Studierenden den Text kritisch lesen und vor allem folgende aktuelle Maßnahmen (Hinweise) identifizieren:

- Die Ypsomed AG hat Pumpen und eine App im Sortiment, die die Selbstbehandlung stetig verbessern.
- Die Ypsomed AG ermöglicht es zum Beispiel Eltern in die Medikation ihrer Kinder einzugreifen, ohne diese offensichtlich zu kontrollieren, was die Eigenständigkeit und Selbstbehandlung der Kinder fördert. Dies hat auch Potenzial für ältere Patienten.
- Die Ypsomed AG nutzt neue Innovationsverfahren wie zum Beispiel: Trendscouts etc., um der Vision immer näher zu kommen.

Der theoretisch konzeptionelle Zusammenhang liegt vor allem im Bereich des Planungs- und Konzeptionsprozesses in Familienunternehmen (Abschn. 9.3 Lehrbuch Felden et al. 2019).

Problemlösung: Studierende sollen ein Verständnis für die Vision und die aktuellen Maßnahmen entwickeln, diese erfassen und notieren können.

2. Welche Strategien und Maßnahmen fallen Ihnen zusätzlich ein, um diese Vision zu erfüllen. Führen Sie ein Brainstorming durch und bündeln Sie Ihre Ergebnisse in einer Mindmap.

Ziel ist es, dass Studierende sich vom Text lösen und in der Lage sind „begründete Annahmen" zu treffen. Studierende sind in der Lage Informationen aufzubereiten, zu erweitern und mit einer Mind-Map zu sortieren, um diese anschließend zu präsentieren. Hierbei können Sie zum Beispiel darauf kommen, dass das Innovationsmanagement an sich umgebaut werden kann. Methoden wie Scrum etc. könnten helfen, schneller Innovationen auszubauen. Open Innovation kann ebenfalls ein Schlüssel sein.

Hinweise darauf sind zum Beispiel hier zu finden: „Im Bereich der IT-Entwicklung werden in einzelnen Bereichen Methoden wie Scrum eingesetzt. Bisher liegt der Fokus vor allem darin, intern Innovationen voranzutreiben, z. B. durch ein internes Ideenmanagement."

Der theoretisch konzeptionelle Zusammenhang a) im Innovationsmanagement begründet. Studierende können hier ein Innovationsmanagement-Modell Ihrer Wahl hinzuziehen. Und b) im Bereich des Planungs- und Konzeptionsprozesses in Familienunternehmen (Abschn. 9.3 Lehrbuch Felden et al. 2019).

Übergeordnete Diskussionsfrage 2

„Innovation ist teuer." Ein Teil der Minderheitsaktionäre und Investoren bevorzugt eine Internationalisierungsstrategie. Simon Michel zweifelt, ob das alleine der richtige Weg ist. Führt eine Internationalisierungsstrategie oder eine Innovationsstrategie zum Erfolg? Und welche Strategie könnte wie umgesetzt werden?

Hier bieten sich folgende weitere Diskussionsfragen an:

1. Was sind die Unterschiede zwischen einer Internationalisierungs- und einer Innovationsstrategie im Fallbeispiel? Notieren Sie sich Stichpunkte und stellen Sie die beiden Strategien gegenüber.

Ziel ist es, dass Studierende den Unterschied zwischen einer Internationalisierungs- und einer Innovationsstrategie ausarbeiten, notieren und gegenüberstellen.

Hinweise sind vor allem im Kap. 3 der Fallstudie zu finden. Wichtig ist, dass Studierende erkennen, dass es externen Druck gibt, der den Protagonisten in seinem Entscheidungsprozess beeinflusst.

Der theoretisch konzeptionelle Zusammenhang: Die theoretische Grundlage für die Bearbeitung dieser Diskussionsfrage ist in Kap. 9 im Lehrbuch Felden et al. (2019) zu finden.

2. Welche Strategie hat die Ypsomed AG bisher verfolgt und wie schätzen Sie diese Strategie ein?

Ziel ist es auch hier, dass Studierende in der Lage sind mit den bestehenden Informationen begründete Annahmen zu treffen. Die Argumente für eine Innovationsstrategie sollten überwiegen.

Hinweise sind, dass die Vision, in Kombination mit den Ausführungen zum „visionären" Gründer, sowie der Druck und die Möglichkeiten der Digitalisierung, für eine Innovationsstrategie sprechen.

Der theoretisch konzeptionelle Zusammenhang, ist in Kap. 9 im Lehrbuch Felden et al. (2019) zu finden.

3. Wenn die Yposmed AG bei ihrer aktuellen Strategie bleibt, wie würden Sie diese optimieren?

Ziel ist es, über den Tellerrand hinauszuschauen und eigene Maßnahmen zu entwickeln. Studierende sollen angeregt werden Ihre Kreativität und Argumentationskompetenz anzuwenden.

Hinweise finden sich vor allem im Bereich der Visionsformulierung, sowie den Angaben zu Digitalisierungsmaßnahmen.

Der theoretisch konzeptionelle Zusammenhang, findet sich hier vor allem in Kap. 9 im Lehrbuch Felden et al. (2019) und insbesondere im Bereich Systematik und Formalität der Planung. Studierende sollen herausarbeiten, dass Ressourcen entsprechend genutzt werden können und müssen, um sich für eine Innovations- bzw Internationalisierungsstrategie zu entscheiden.

4. Was glauben Sie warum Simon Michel an einer Internationalisierungsstrategie zweifelt? Wie schätzen Sie das ein?

Ziel der Frage ist es, Entscheidungsdeterminanten aus dem Text zu identifizieren, die auf externen Druck, der sich jedoch „gegen" die „eigentliche" Unternehmensstrategie auswirkt, zu identifizieren. Den Studierenden soll die eigentliche DNA des Familienunternehmens als innovatives Unternehmen mit visionären Unternehmensführern verdeutlicht werden.

Hinweise finden sich zum Beispiel in Sätzen wie „der Innovationsdruck steigt", aber auch in den Charakterisierungen des CEOs als „visionär" und „innovativ". Zudem eignet sich hier der Anhang, in dem die digitalen Produkte aufgeführt sind. Studierende können daraus ableiten, dass die zunehmende Digitalisierung zusätzliche Innovationen erfordert und dass es nur mit diesen Innovationen möglich ist, nachhaltig zu wachsen.

Der theoretisch konzeptionelle Zusammenhang liegt auch hier in einer Abwägung von Innovations- und Internationalisierungsstrategie, die in Abschn. 9.2 Lehrbuch Felden et al. (2019) nachzulesen ist. Zudem eignet sich als Argumentation der ressourcenbasierte Ansatz.

Wenn Studierende das Konzept der Entrepreneurial Legacy schon kennen, könnten sie auch damit argumentieren, dass das unternehmerische Erbe in der Innovationstätigkeit besteht, die in jedem Fall erhalten bleiben muss. Weitere vertiefende Literatut bieten z. B. (Jaskiewicz et al. 2015).

Übergeordnete Diskussionsfrage 3

„It's all about people." Die Ypsomed AG sieht sich immer noch als mittelständisches Unternehmen, welches sich am Markt behaupten muss. Der Gründer Willy Michel hat das Unternehmen geprägt. Familienmitglieder werden im Unternehmensfilm gezeigt. Dennoch ist Simon Michel überzeugt, dass es keinen direkten Einfluss auf das Unternehmen hat, dass es sich um ein Familienunternehmen handelt, sondern Mitarbeitende generell die wichtigste Ressource im Unternehmen darstellen. Welche Rolle spielt die Familie für das Unternehmen und das Unternehmen für die Familie und welche Bedeutung hat insbesondere Simon Michel für das strategische Innovationsmanagement?

Hier bieten sich folgende weitere Diskussionsfragen an:

1. Warum spielt die Familie im Familienunternehmen eine Rolle? Und wie wirkt sich das auf den Innovationsprozess aus?

Ziel der Frage ist es, Studierenden zu verdeutlichen, dass es zentrale strategische Entscheidungen gibt, aber auch zentrale strategische Prozesse, wie zum Beispiel das Innovationsmanagement, in die Familien mitglieder aktiv eingreifen können.

Die Familie trägt das unternehmerische Risiko und kann bzw. muss sich deshalb in zentrale Prozesse einbringen.

Der Innovationsprozess kann dadurch begünstigt aber auch behindert werden, je nachdem wie innovativ die Unternehmerfamilie ist. Im vorliegenden Fall, ist davon auszugehen, dass der Prozess eher begünstigt wird.

Hinweise finden sich schon im ersten Absatz des Falls, in dem deutlich wird, dass der Familien-CEO mit in die USA reisen wird, um sich über die neusten Trends zu informieren. Auch das Zahnbürstenbeispiel zeigt, dass Simon Michel sich selbst mit Ideen einbringt und diese auch umsetzt.

Der theoretisch konzeptionelle Zusammenhang, liegt auch hier in Kap. 9 des Lehrbuchs Felden et al. (2019) in Kombination mit einem Innovationsmanagementprozess. Zudem ist es relevant, dass Studierende die Unterscheidung zwischen Management und Eigentum herausarbeiten und aufzeigen welchen Einfluss beides haben kann (Kap. 1 Lehrbuch Felden et al. 2019).

2. Über welche Ressourcen verfügt ein Familienunternehmen und können Sie sich vorstellen, dass diese einen Einfluss auf Innovation haben?

Ziel ist das Konzept der Familiness zur Beantwortung der Frage zu nutzen und anhand der „einzigartigen Ressourcen" aufzuzeigen, dass die Familie das Unternehmen prägt und damit auch den Innovationsprozess, vor allem durch die Familien-CEOs (Abschn. 3.4 Lehrbuch Felden et al. 2019). Dennoch kann es eben nur mit der unternehmerischen Ausrichtung auf Innovation und Wachstum zu einem nachhaltigen Erfolg kommen.

Hinweise finden sich in der Darstellung der Nachfolge, dem Einfluss der Familien-CEOs und der Tatsache, dass sich beide Familien-CEOs aktiv in den Innovationsprozess eingebracht haben.

Der theoretisch konzeptionelle Zusammenhang, liegt vor allem im ressourcenbasierten Ansatz und im Speziellen in der Familiness (Abschn. 3.4 Lehrbuch Felden et al. 2019). Auch hier kommen Ressourcen aus dem Eigentum und dem Management durch Familienunternehmen zum Tragen. Siehe hierzu auch: (Habbershon und Williams 1999).

19.5 Ablauf und Zeitplan

Die Bearbeitung der Fallstudie ist besonders dann sinnvoll, wenn Studierende schon Vorkenntnisse in den Bereichen der Familienunternehmensforschung und des strategischen Managements haben. Die Fallstudie eignet sich demnach primär zur Reflektion und zum Festigen der Lerninhalte, zum Beispiel im Rahmen einer Übung oder in einem Blended Learning Format.[1] Es wird davon ausgegangen, dass den Studierenden, die Inhalte vor allem zu Kap. 3, 7 und 9 des Lehrbuchs im Vorfeld vermittelt wurden.

Zudem wird davon ausgegangen, dass die Fallstudie in Teams bearbeitet wird und die Bearbeitung in 90- minütigen Veranstaltungen erfolgt. Eine Bearbeitung durch eine Einzelperson ist jedoch auch möglich, und kann zum Beispiel in Form einer schriftlichen Ausarbeitung oder eines (elektronischen) Lernportfolios[2] erfolgen.

---

[1] https://www.e-teaching.org/lehrszenarien/blended_learning.

[2] https://www.e-teaching.org/lehrszenarien/pruefung/pruefungsform/eportfolio.

Zeitplan bei einer Bearbeitung durch eine Gruppe

Aufgabe	Dauer	Gesamt-dauer
Einteilung der Gruppen	ca. 30 Minuten	Ende Übung 1
Framing der Fallstudie		
Organisatorisches (Ablauf, Abgabeformen, Erwartungen)		
Einarbeitung in die Fallstudie		
Von der Gruppe eigenständig zu organisieren im Selbststudium		
Besprechung der Fakten des Falls und Klärung von Unklarheiten	ca. 30 Minuten	Übung 2
Bearbeitung der Diskussionsfragen in Kleingruppen	ca. 60 Minuten	Übung 2
Aufbereitung auf Flip-Charts oder mit Moderationskarten		
Besprechung und Diskussion der Ergebnisse	ca. 60 Minuten	Übung 3
Es stellt immer eine Gruppe ihre Ergebnisse zu einer Frage vor und die anderen Gruppen ergänzen und/oder widersprechen.		
Pro Diskussionsfrage ca. 20 Minuten.		
Gemeinsame Reflektion der Ergebnisse/Fallstudie mit a) One Minute Paper Was nehme ich heute mit? Was sollte ich noch mal nachlesen? b) Blitzlicht Wie hat die Bearbeitung der Fallstudie ihren Lernprozess beeinflusst? Was könnte beim nächsten Mal anders gemacht werden? Zusammenfassung der Lessons Learned/Take aways	ca. 30 Minuten	Übung 3

Kann wahlweise auch durch Powerpoint-Präsentationen ersetzt werden, die ebenfalls außerhalb der Übung erstellt werden.

Quellenverzeichnis und weiterführende Literatur

Carlock, R., & Ward, J. (2001). *Strategic planning for the family business: Parallel planning to unify the family and business*. Berlin: Springer.

Carnes, C. M., & Ireland, R. D. (2013). Familiness and innovation: Resource bundling as the missing link. *Entrepreneurship Theory and Practice, 37*(6), 1399–1419.

Felden, B., Hack, A., & Hoon, C. (2019). *Management von Familienunternehmen: Besonderheiten – Handlungsfelder – Instrumente* (2. Aufl.). Wiesbaden: Springer Gabler.

Frank, H., Kessler, A., Rusch, T., Suess-Reyes, J., & Weismeier-Sammer, D. (2017). Capturing the familiness of family businesses: Development of the family influence familiness scale (FIFS). *Entrepreneurship Theory and Practice, 41*(5), 709–742.

Habbershon, T. G., & Williams, M. L. (1999). A resource-based framework for assessing the strategic advantages of family firms. *Family Business Review, 12*(1), 1–25.

Habbershon, T. G., Williams, M., & MacMillan, I. C. (2003). A unified systems perspective of family firm performance. *Journal of Business Venturing, 18*(4), 451–465.

Hauschildt, J., & Salomo, S. (2007). *Innovationsmanagement (5., überarb., erg. u. Ak. Aufl.)*. München: Vahlen.

Jaskiewicz, P., Combs, J. G., & Rau, S. B. (2015). Entrepreneurial legacy: Toward a theory of how some family firms nurture transgenerational entrepreneurship. *Journal of Business Venturing, 30*(1), 29–49.

Kotlar, J., & De Massis, A. (2013). Goal setting in family firms: Goal diversity, social interactions, and collective commitment to family-centered goals. *Entrepreneurship Theory and Practice, 37*(6), 1263–1288.

Vahs, D., & Burmester, R. (2015). *Innovationsmanagement*. Berlin: Schäffer-Poeschel.

Ordnung muss sein: Unternehmensnachfolge in dysfunktionalen Familien

20

Philipp Julian Ruf, Konrad Meisner und Petra Moog

20.1 Zusammenfassung

Die Papier GmbH vertreibt Mittel zur Erleichterung des Dokumentenmanagements. Diese werden sowohl aus Papier, als auch aus Kunststoff hergestellt. Die Papierprodukte fertigt das Unternehmen in Deutschland selbst, Plastik-Produkte werden zugekauft. Es geht hierbei um „offline-Lösungen", das heißt, die Archivierung und Optimierung von Arbeitsabläufen am Arbeitsplatz. Mit der Digitalisierung hat sich im Laufe der Jahre der Bedarf analoger Archivierung geändert, sodass frühere Projektgrößen jetzt nur noch bei Unternehmen durchgeführt werden, deren Dokumente den gesetzlichen Aufbewahrungsfristen unterliegen. Die oft komplexen Produkte und Systeme werden den Kunden von speziell geschulten Vertriebsmitarbeitern individuell erklärt. Das Produkt wird daher nicht über Einzelhändler sondern über den eigenen Außendienst verkauft.

Der langjährige Geschäftsführer Herr Münster hat das Unternehmen Ende der 1990er von einem Investor übernommen. Hermann Münster, sein Sohn, arbeitet inzwischen seit mehreren Jahren im Unternehmen und kümmert sich neben der kaufmännischen Verwaltung um die Produktion. Seine Frau ist ebenfalls in Teilzeit angestellt. Seine Schwester, Claudia Dahl, befindet sich momentan in ihrem Masterstudium und arbeitet nur an freien Tagen sowie in den Ferien in der Marketingabteilung der Firma.

Das Unternehmen steht vor mehreren Herausforderungen:
Ein veraltetes Produktportfolio und der steigende Druck der Digitalisierung führen zu sinkendem Umsatz. Der Archivierungs- und Bürobedarfsmarkt, der von den 1970er- bis 1990er-Jahre seine Hochphase hatte, wird immer kleiner, was auch die Papier-GmbH spürt.

P. J. Ruf (✉) · K. Meisner · P. Moog
Universität Siegen, Siegen, Deutschland
E-Mail: Julian.Ruf@uni-siegen.de; Konrad.Meisner@uni-siegen.de; Petra.Moog@uni-siegen.de

© Springer Fachmedien Wiesbaden GmbH, ein Teil von Springer Nature 2020   223
B. Felden et al. (Hrsg.), *Fallstudien zum Management von Familienunternehmen*,
https://doi.org/10.1007/978-3-658-27721-5_20

Eine interne Übergabe an die Kinder wäre möglich, wird jedoch durch unterschiedliche Zielsetzungen und Verhaltensweisen der einzelnen Parteien erschwert. Die Tochter, motiviert das Unternehmen weiterzuführen, wünscht sich aufgrund ihres akademischen Hintergrunds radikale Änderungen, welche nicht mit dem Unternehmensleitbild des patriarchalen Vaters übereinstimmen. Der Sohn, bereits im Unternehmen etabliert, genießt eine komfortable Stellung im Unternehmen und hinterfragt den Status Quo nicht. Die Familiensituation und das Unternehmen ist gezeichnet durch den Konflikt zwischen der Übernehmerin und dem Übergeber.

Diese Fallstudie bietet somit die Möglichkeit, die eng verknüpften Systeme von Familienunternehmen – Eigentum, Management und Familie – einzeln sowie in ihrer Wechselwirkung zu analysieren.

20.2 Diskussionsfragen

Der vorliegende Fall kann aus einer Vielzahl von Blickwinkeln betrachtet werden. Somit kann die folgende Auflistung als Anregung für die Fallbearbeitung herangezogen werden. Die Probleme des Familienunternehmens lassen sich in drei miteinander verbundene Bereiche einteilen: die Situation der bevorstehenden Nachfolge, die familiären Konflikte und die Sicherung der Zukunftsfähigkeit des Unternehmens. Zusätzlich können auch, angelehnt an eigene Schwerpunkte, weitere Themen abgedeckt werden.

1. Wie ist die Marktsituation des Unternehmens zu bewerten und welche organisationalen Handlungsempfehlungen können Sie anhand einer Marktanalyse abgeben.
2. Welche Möglichkeiten bieten sich für die Neustrukturierung des Unternehmens in Hinsicht auf innere Weiterentwicklung und Umstrukturierung? Wie müsste ein Wandel vollzogen werden?
3. Welche Möglichkeiten der Unternehmensnachfolge gibt es?
4. Wie würde eine optimale Nachfolge für das Unternehmen aussehen? Wie würde eine optimale Nachfolge für die Familie aussehen?
5. Zeigen Sie eine finale Lösungsoption mit Handlungsempfehlung auf, welche Ihrer Meinung nach alle der hier angesprochenen Probleme gesamtheitlich löst.

20.3 Für die Fallanalyse relevante theoretische Modelle oder Konzepte

20.3.1 Dimensionen und interne Unternehmensnachfolge in Familienunternehmen

Auf Familienunternehmen wirken, wie in Abb. 20.1 dargestellt, unterschiedliche Dimensionen gleichzeitig. Die im Familienunternehmen involvierten Personen lassen sich in

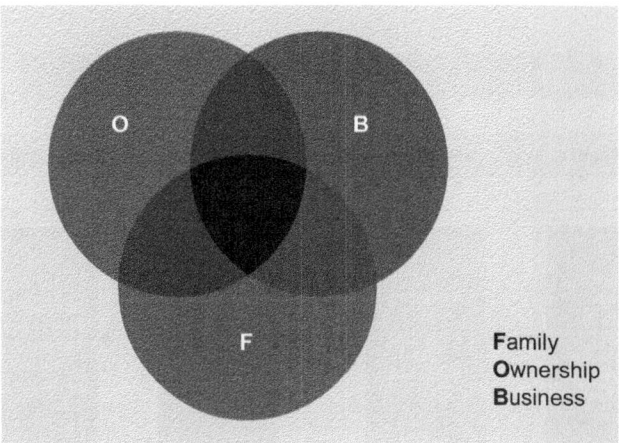

Abb. 20.1 Drei Dimensionen in Familienunternehmen. (Quelle: Eigene Darstellung in Anlehnung an Tagiuri und Davis 1996, S. 200)

diese unterschiedlichen Dimensionen unterteilen. Ob man Familienmitglied, Eigentümer oder Angestellter ist, definiert oftmals den Umgang mit den Personen in den anderen Feldern. Eine Identifizierung der involvierten Personen nach diesem Muster sollte dazu führen, die Individuen im gegebenen Netzwerk, ihre Motive und Handlungsmuster besser kennenzulernen. Ebenso kann man dadurch die direkten Verbindungen zwischen den Personen verstehen und gegebenenfalls aufarbeiten.

Oft erfüllen Personen nicht nur eine Rolle, sondern mehrere gleichzeitig. Die simultanen Rollen, in welchen sich die Familienmitglieder finden, werden sowohl positiv als auch negativ empfunden. Spannungen und Konflikte entstehen in simultanen Rollen deutlich leichter. Sie führen einerseits zu interessanten, fruchtbringenden Diskussionen, können jedoch auch eskalieren und zu dauerhaften Zerwürfnissen führen (Tagiuri und Davis 1996).

Besonders während der Übergabe ist die Kenntnis der Rollen wichtig, da Verantwortung, Unternehmensanteile und Entscheidungsgewalt auf neue Personen übertragen werden müssen. Damit dies möglichst reibungslos abläuft, entwickelte Le Breton-Miller im Jahr (2004) ein integratives Modell zur Nachfolge in Familienunternehmen, welches auf alle wichtigen Aspekte einer Unternehmensnachfolge eingeht. Abb. 20.2 zeigt ein vereinfachtes Modell der Übergabe.

Für eine detailliertere Darstellung verweisen wir auf Le Breton-Miller et al. (2004) S. 318. Eine Möglichkeit, den gegebenen Fall zu bearbeiten ist, das Modell mit Studierenden durchzusprechen und abzugleichen, welche Schritte verpasst oder durchgeführt wurden.

Das Modell zeigt auf, dass die Nachfolge einerseits durch die unternehmerische Dimension beeinflusst wird. Diese wird durch die Industrie, in welcher sich das Unternehmen befindet, bestimmt. Die Industrie bestimmt Umweltaspekte, welche den Übergeber

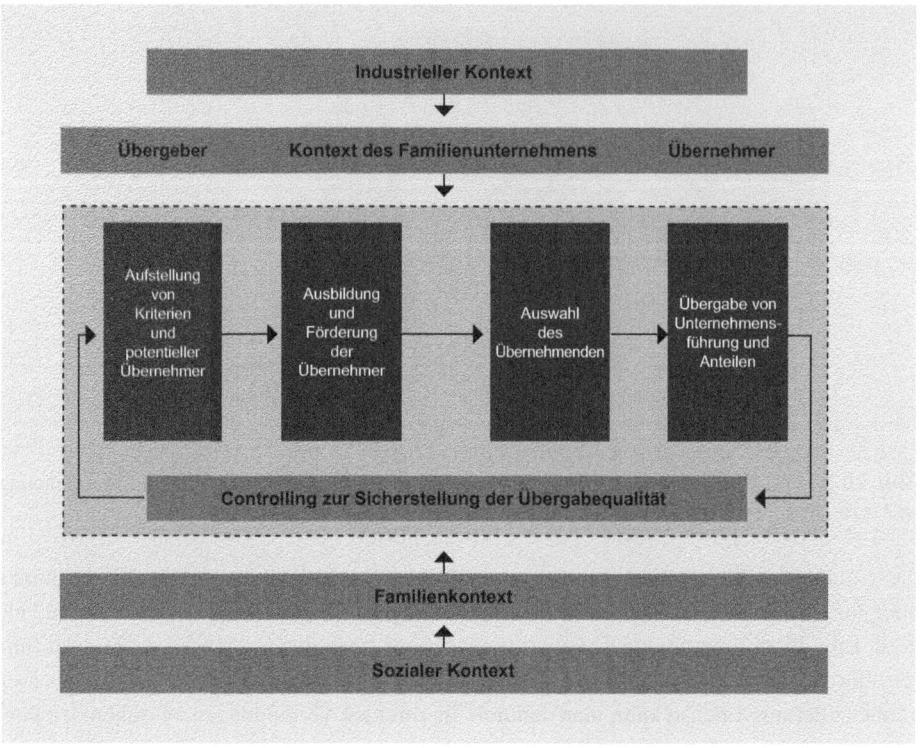

Abb. 20.2 Integratives Übergabemodell. (Quelle: Eigene Darstellung in Anlehnung an Le Breton-Miller et al. 2004, S. 318)

aber auch die Anforderungen an den Übernehmer betreffen. Andererseits wird die Nach-folge durch den lokalen sozialen Kontext geprägt. Soziokulturelle Einflüsse bestimmen den Umgang in der Familie und ebenso den Umgang mit Mitmenschen. Der Prozess der Nachfolge selbst lässt sich letztlich in vier Teilprozessen darstellen. Zuerst stellt der Über-geber generelle Kriterien zur Übernahme sowie potenzielle Übernehmer auf. Dieser Schritt sollte früh vorgenommen werden, um die rechtzeitige Übergabe zu sichern. Im nächsten Schritt soll der Übernehmer geprägt werden. Durch eine vom Familienunterneh-men unabhängige Ausbildung und zusätzliche Erfahrungen soll sichergestellt werden, dass der Übernehmer bestehende Wissenslücken schließt. Im dritten Schritt soll der finale Übernehmer anhand zuvor bestimmter Kriterien ausgewählt werden. Zuletzt ist es not-wendig die Übergabe zu initiieren. Dies kann durch einen fließenden Übergang der Unter-nehmensführung sichergestellt werden. Falls notwendig kann auch ein Interimsmanage-ment bis zur finalen Übergabe eingesetzt werden. Gleichzeitig erfolgt die Übergabe von Unternehmensanteilen. Damit die Übergabe zufriedenstellend vollzogen werden kann, ist auf allen Stufen des Nachfolgeprozesses ein Controlling notwendig, um evtl. Korrekturen vorzunehmen.

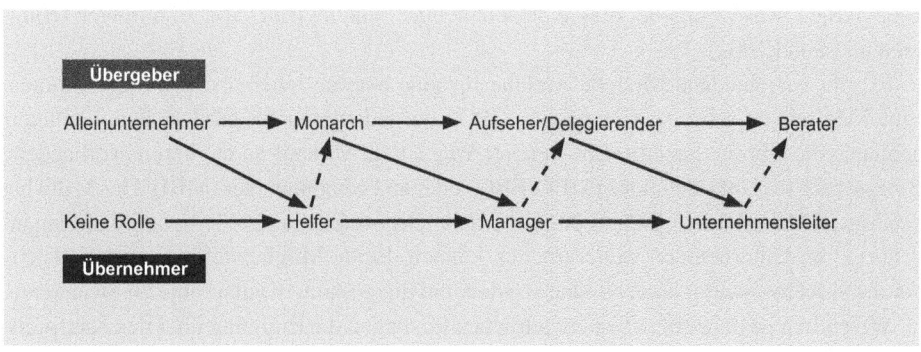

Abb. 20.3 Gegenseitige Rollenanpassung in Familienunternehmen. (Quelle: Eigene Darstellung in Anlehnung an Handler 1990, S. 43)

Es ist zu konstatieren, dass auch bei Beachtung aller Aspekte in diesem Modell eine erfolgreiche Nachfolge nicht garantiert ist. Dies liegt unter anderem an den beteiligten Akteuren. Wie auch in diesem Fall, fällt es Übergebern oft schwer, von ihrer Tätigkeit im Unternehmen loszulassen und so verpassen sie es, die nötigen Rahmenbedingungen für eine erfolgreiche Übergabe zu schaffen (Dyer 1988; Handler und Kram 1988; Schein 1985).

Dies kann mit mehreren Faktoren zusammenhängen. Unter anderem der starken Identifikation mit dem Unternehmen, Angst vor dem Alter, Rente und letztlich dem Tod (Handler und Kram 1988). Um dem Übergeber diese Angst zu nehmen, schlägt Handler (1990) ein langsames Ausscheiden aus der Firma vor. Nachfolge sollte unter anderem als gegenseitige Rollenannäherung zwischen dem Übergeber und dem Übernehmer verstanden werden. Diese Rollenverteilung wird in Abb. 20.3 verdeutlicht. Laut Handler (1990) kann das Modell als Diagnoseverfahren in Nachfolgesituationen helfen, sich seiner Rolle bewusst zu werden und Diskussionen anzuregen.

Diese theoretischen Grundlagen liefern einen guten Einstieg und ausreichend Diskussionsgrundlage für die erste Frage. Die Artikel, welche die aufgezeigten Theorien thematisieren, bieten einen tieferen Einblick und können bei Bedarf den Studierenden zur Verfügung gestellt werden.

20.3.2 Andere Möglichkeiten der Unternehmensnachfolge

Auch wenn eine interne Übergabe von vielen Familienunternehmen favorisiert wird, zeigt eine Studie von Royer, Simons, Boyd und Rafferty (2008) anhand eines Kontingenz-Modells, dass auch eine externe Nachfolge eine erfolgreiche Lösung sein kann. Dies ist der Fall, wenn die Erfolgsaussichten einer Übergabe an Externe deutlich höher sind als in der eigenen Familie. Unabhängig von der Form der Nachfolge ist der Übergabeprozess ein langwieriger, was Übergeber oft davon abhält, eine Planung frühzeitig zu initiieren (Bjuggren und Sund 2002).

Es gibt verschiedene Modelle, welche für eine externe Übergabe in Frage kommen. Eine Möglichkeit wäre der Börsengang (IPO), der jedoch nur für größere Familienunternehmen eine Option darstellt. Ein weiterer Weg ist ein Verkauf an die bereits vorhandene Belegschaft des Unternehmens (MBO/EBO) oder an Fremdmanager (MBI). Der MBO hat den Vorteil, dass die Belegschaft des Unternehmens oftmals intakt bleibt und Familienangehörige im Unternehmen weiterarbeiten können. Beide Möglichkeiten setzen meistens voraus, dass Investoren eingebunden werden, um die gesamte Kaufsumme zu finanzieren.

Wesentlich ist daher bei allen entgeltlichen Lösungen die Einigung über den Kaufpreis. Oft wird dabei ein Kaufpreis vom Übergeber vorgeschlagen. Dieser erscheint zunächst adäquat, kann jedoch leicht durch erfahrene Verhandlungspartner nach unten korrigiert werden (Scholes et al. 2008).

20.3.3 Konfliktmanagement in Familienunternehmen

Die Nähe von Familie und Unternehmen führt oftmals zu Konflikten zwischen den involvierten Personen. Meist wird der Umgang mit Konflikten durch den Übergeber/das Familienoberhaupt vorgegeben. Allgemein kann man zwischen fünf verschiedenen Konflikttypen unterscheiden. Diese sind wettbewerbsorientiert, entgegenkommend, kollaborativ, kompromissvoll oder vermeidend (vgl. Abb. 20.4).

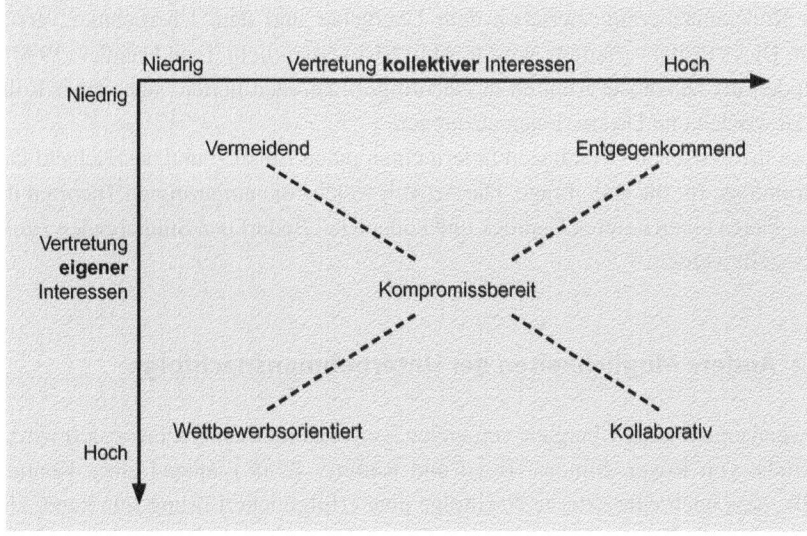

Abb. 20.4 Typen von Konfliktmanagement in Familienunternehmen. (Quelle: Eigene Darstellung in Anlehnung an Sorenson, 1999, S. 327)

1. Wettbewerbsorientiert: Die meisten Familienunternehmen mit einer autoritären Führungskultur leben eine wettbewerbsorientierte Konfliktlösung. Dieser Umgang ist stark fokussiert auf das Ego und sieht nicht vor, Kompromisse einzugehen. Zwar führt eine solche Konfliktkultur meist zu unternehmerischem Erfolg, vergisst jedoch die Dimension der Familie, was zu Leid innerhalb der Familie führen kann.
2. Entgegenkommend: Die entgegenkommende Konfliktlösung ist losgelöst von der einzelnen Person und versucht stets nach einer Lösung zu suchen, welche alle Parteien des Konflikts befriedigt. Da die vorgelebte Kultur adaptiert wird, führt dies auch bei anderen Personen zu Nachahmungen. Sollten alle Involvierten des Familienunternehmens so handeln, kommt es seltener zu Konflikten und schneller zu Lösungen.
3. Kollaborativ: Kollaborationen ähneln der entgegenkommenden Strategie insofern, dass versucht wird, jede Partei zufrieden zu stellen. Sie unterscheidet sich jedoch dadurch, dass Personen nicht auf eigene Bedürfnisse verzichten. Diese Art mit Konflikten umzugehen benötigt jedoch viel Zeit und Vertrauen unter den Beteiligten. Wenn diese Art des Umgangs angewandt wird, führt sie meistens zu stabilen Ergebnissen.
4. Kompromissbereit: Kompromisse sehen der Kollaboration sehr ähnlich. Sie unterscheiden sich dadurch, dass mindestens eine Partei den Konflikt unzufrieden verlässt. Zwar eignet sich diese Art des Konfliktmanagements durchaus, um ein Familienunternehmen zu führen, allerdings ist eine Kollaboration stets effektiver.
5. Vermeidend: Konflikte zu vermeiden ist weder für das Unternehmen noch für die Familie zielführend. Vermeidet man Konflikte unter allen Umständen, können Diskussionen nicht geführt werden und somit nicht konstruktiv genutzt werden. Vertrauensverlust und Ignoranz sind mögliche Folgen. Lediglich bei unwichtigen Problemen kann die Vermeidung effektiv sein. Ansonsten lässt diese Strategie Konflikte eher eskalieren. Eine Strategie, welche die Bedürfnisse von anderen Personen beinhaltet ist weit zielführender für das Familienunternehmen (Sorenson 1999).

Es ist schwierig das Verhalten von Personen zu verändern, da dieses inhärent ist und seit Jahren bereits gelebt wird. Daher ist es notwendig zu verstehen, welche Art des Konfliktmanagements von den einzelnen Personen genutzt wird.

Um einen Konflikt zu lösen ist es notwendig seine Natur zu verstehen. Ein Modell welches Konflikte typisiert und zugleich Lösungsansätze bietet wurde von Harvey und Evans (1994) gestaltet. Konflikte entstehen laut den Autoren an jedem Punkt, an dem sich Menschen begegnen. In einem Familienunternehmen findet man demnach zwischen den drei Dimensionen der Familie, der Eigentümer und der Belegschaft auf allen Ebenen und darüber hinaus im Arbeitsumfeld des Unternemens Konflikte. Je mehr Dimensionen des Familienunternehmens involviert sind, desto komplexer kann der Konflikt sein. Harvey und Evans unterscheiden dabei die folgenden Komplexitätsstufen:

Stufe 1 Konflikt

Ein solcher Konflikt kann leicht bewältigt werden. Im Mittelpunkt steht hierbei eine Person oder eine Personengruppe, welche direkt einer Dimension zugeordnet werden

kann. Zur Konfliktlösung reicht meistens das Handeln des Oberhauptes. Unter normalen Umständen muss auch keine nachfolgende Kontrolle der Konfliktlösung gestaltet
werden.

Stufe 2 Konflikt
Diese Konfliktart weitet sich auf zwei Dimensionen aus und führt daher zu einer erhöhten
Komplexität, welche nicht durch eine Person zu bewältigen ist. Um einen solchen Konflikt
nachhaltig lösen zu können hilft es, ein Team aus beiden Dimensionen zu bilden. Im Gegensatz zur vorherigen Stufe empfiehlt es sich, einen Kontrollmechanismus einzubinden,
um den Erfolg der Konfliktlösung in der Zukunft zu messen.

Stufe 3 Konflikt
Die Komplexität eines solchen Konfliktes beruht auf der Tatsache, dass alle Dimensionen
angesprochen werden. Oftmals handelt es sich hierbei um tiefliegende Probleme. Um eine
adäquate Lösung zu finden, sollte auf externe Hilfe (sog. Mediation) zurückgegriffen werden. Auch hierbei helfen Kontrollmaßnahmen, zukünftige Ausbrüche des Konfliktes zu
lenken.

Die Bewältigung eines solchen Konfliktes ist laut Harvey und Evans (1994) dem Chan-
gemanagement nach Lewin sehr ähnlich. Zuerst muss festgestellt werden, dass es notwendig ist, etwas zu verändern. Anhand von Strategien und Handlungen wird das Problem
daraufhin gelöst und zum Abschluss muss das Ergebnis vom Kollektiv akzeptiert sowie
gelebt werden, um eine nachhaltige Veränderung zu erreichen.

20.3.4 Analysemethoden für Unternehmen und Umfeld

Zur Beurteilung, ob ein Produkt am Markt überlebensfähig ist, gibt es verschiedene Ana-
lysemethoden. Einige Modelle werden hier kurz genannt. Es ist zu beachten, dass diese
Modelle nur einige von vielen Möglichkeiten darstellen, ein Unternehmen und sein Umfeld zu analysieren.

Ein erster Blick auf das Makroumfeld des Unternehmens lässt sich durch die
PEST(EL)-Analyse erstellen. Es werden sechs Dimensionen analysiert, um Chancen und
Risiken zu identifizieren. Die politischen, ökonomischen, soziokulturellen, technologi-
schen und ggf. ökologischen und gesetzgebenden Dimensionen werden betrachtet, um
zielführende Aussagen treffen zu können. Durch die Ferne dieser Dimensionen kann das
Unternehmen zwar selten direkten Einfluss nehmen, deren Analyse hilft jedoch, Makro-
Trends zu erkennen und entsprechend zu reagieren (Steuernagel 2017; Yüksel 2012).

Zur Analyse des Arbeitsumfeldes kann die Branchenstrukturanalyse nach Porter (1991)
verwendet werden (vgl. Abb. 20.5). ·

In diesem Modell wird einerseits betrachtet, inwiefern die Verhandlungsmacht der
Kunden und Zulieferer ein Unternehmen beeinflussen. Andererseits kann erarbeitet werden, ob das eigene Produkt durch Substitute oder den Markteintritt eines neuen Konkur-

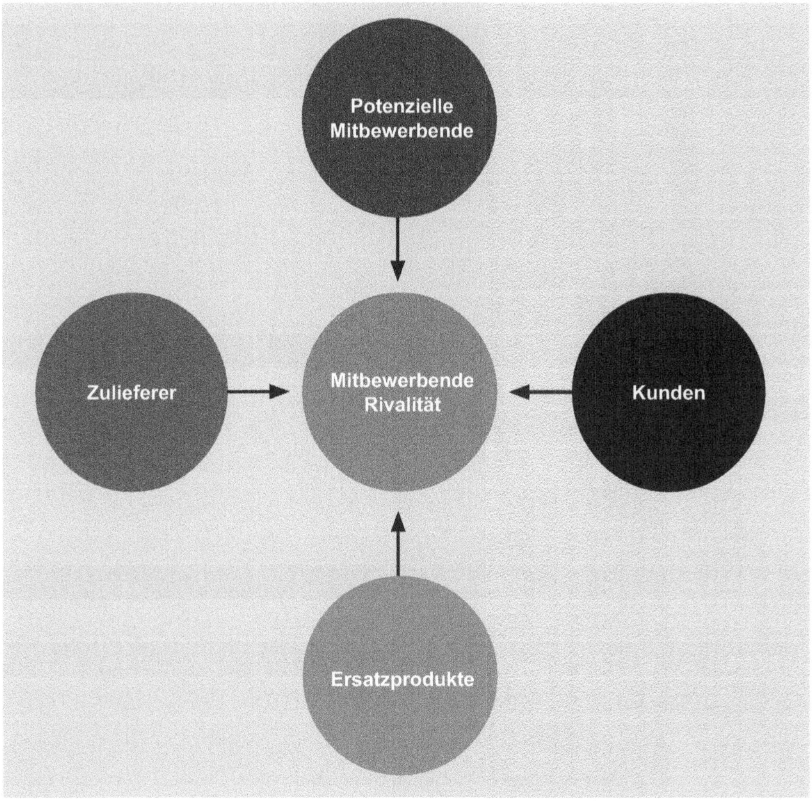

Abb. 20.5   Porter's 5 forces. (Quelle: Eigene Darstellung in Anlehnung an Porter 1991, S. 101)

renten gefährdet wird. Schlussendlich wird der bereits bestehende Wettbewerb analysiert. Auf diese Dimensionen kann effektiv durch Verhandlungen oder eigene Marktmacht Einfluss genommen werden.

Abb. 20.6 kann den Studierenden als Hilfe vorgelegt werden. Erkenntnisse aus dieser Analyse werden für die Chancen und Risiken der SWOT Analyse verwendet.

Ein Instrument zur Tiefenanalyse von Problemen ist das 5-Why Modell. Der Ursprung von diesem Tool lässt sich im Lean-Management finden. Es wurde ursprünglich verwendet, um Probleme oder Fehler in Produktionsprozessen zu finden und auf die eigentliche Ursache zu stoßen. Das Modell kann jedoch auch auf andere Gebiete im Unternehmen angewendet werden. Zunächst werden Fragen zu offensichtlichen Problemen aufgestellt. Sind die daraus resultierenden Antworten zufriedenstellend, kann die Ursachensuche beendet werden. Andernfalls kann eine Kette an Fragen entstehen, bis eine zufriedenstellende Lösung gefunden wurde. Andernfalls kann auch auf das Ishikiwa-Modell zurückgegriffen werden (Ōno 1988).

Die Daten, welche durch die Analysen gefunden werden, müssen in einen Kontext gebracht werden, um strategische Entscheidungen treffen zu können (Dobbs 2014).

PapierGmbH	Hoch	Neutral	Gering
Potenzielle Mitbewerber			
Produktdifferenzierung			
Kapitalbedarf			
Umstellungskosten			
Zugang zu Vertriebskanälen			
Skalierbarkeit des Produkts			
Politische Regulierung			
Kunden			
Abnehmerkonzentration			
Abhängigkeit der Kunden			
Umstellungskosten für den Kunden			
Einfluss der Kunden			
Empfindlichkeit der Kunden			
Ersatzprodukte			
Anzahl Ersatzprodukte			
Zulieferer			
Konzentration an Zulieferern			
Abhängigkeitsverhältnis			
Produktportfolio			
Umstellungskosten für wechselnde Zulieferer			
Substitute			
Mitbewerberrivalität			
Anzahl der Mitbewerber			
Wachstum des Marktes			
Ähnlichkeit der Produkte auf dem Markt			
Umstellungskosten für den Kunden			
Anteil von fixen und variablen Kosten			

Abb. 20.6 Bewertungskriterien. (Quelle: Eigene Darstellung in Anlehnung an Porter 2004)

Stärken und Schwächen können mithilfe der Fallinformationen und des 5-Why Modells herausgearbeitet werden. Chancen und Risiken können mithilfe der PEST(EL) Analyse und Porter's 5 Forces identifiziert werden. Dieser vier Dimensionen gilt es dann gegeneinander abzuwägen, um so neue strategische Ausrichtungen zu identifizieren (Hill und Westbrook 1997).

Abb. 20.7 SWOT Analyse.
(Quelle: Eigene Darstellung)

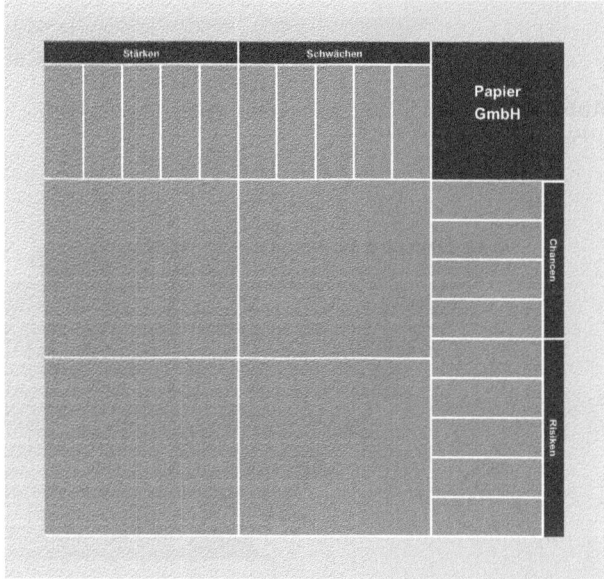

Die SWOT Analyse (vgl. Abb. 20.7) bei Familienunternehmen beinhaltet darüber hinaus die Potenziale und Lasten, die durch die Familie in das Unternehmen eingebracht werden (Felden et al. 2019).

20.3.5 Methoden zur Implementierung neuer Strategien

Change-Management wird dazu benutzt, nachhaltige Veränderungen in einem Unternehmen einzuführen. Ein heute noch gängiges 3-Phasen Change-Management Modell stammt von Lewin (1958) (vgl. Abb. 20.8). Diese Phasen nennt er Unfreeze, Moving und Refreeze. Ziel der ersten Phase ist das „Auftauen" von alten Handlungsmustern. Typischerweise wird in diesem Zusammenhang verdeutlicht, dass der aktuelle Status nicht mehr gilt und Kritik sowie Verbesserungsvorschläge erwünscht sind. In der zweiten Phase ist es nötig, neue Schritte zu konzipieren und diese umzusetzen. Parallel sollte eine Kontrolle der Veränderungen erfolgen, um Korrekturen zu ermöglichen. Die letzte Phase dient dazu, einheitliche Handlungsmuster festzusetzen. Dies gelingt nur, wenn das Kollektiv diese auch akzeptiert und anwendet. Alle Betroffenen müssen dazu bereit sein, diese neuen Normen und Muster anzunehmen, um die Veränderungen erfolgreich zu implementieren (Burnes 2004).

Für eine differenzierte Darstellung kann das Change-Management Modell von Kotter (Kotter 1996) verwendet werden (vgl. Abb. 20.9). Hier werden die einzelnen Phasen stärker herausgearbeitet und Handlungsempfehlungen aufgezeigt.

Abb. 20.8 Change Management nach Lewin. (Quelle: Eigene Darstellung in Anlehnung an Lewin 1958)

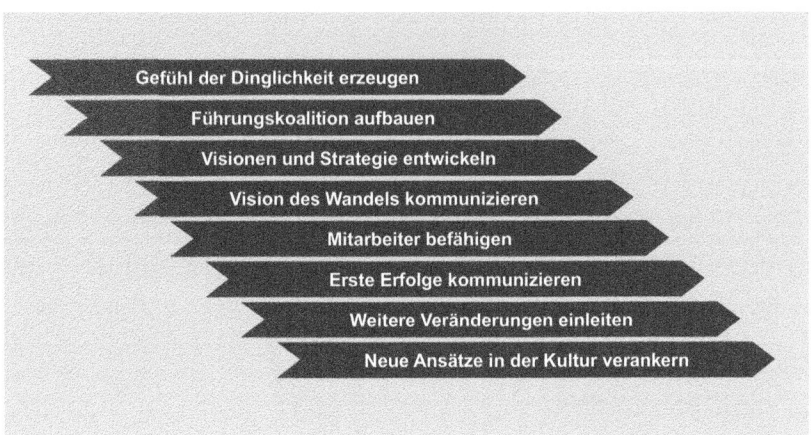

Abb. 20.9 Change Management nach Kotter. (Quelle: Eigene Darstellung in Anlehnung an Kotter 1996)

20.4   Antwortmöglichkeiten für die Diskussionsfragen

Um die Aufgaben der Fallstudie adäquat zu lösen, sollten die folgenden Diskussionsfragen schon während des Kurses besprochen werden. Selbstverständlich ist es möglich je nach Einsatzpunkt spezifische Fragen gesondert zu bearbeiten. Dabei lassen sich die Schwerpunkte Nachfolge, Familie und Unternehmen unterscheiden und gesondert bearbeiten.

Diskussionsfrage 1:
Ist eine interne Nachfolge (einzeln oder als Team) möglich?
  Ziel der Frage ist, dass sich die Studierenden mit dem Modell der Nachfolge (Le Breton-Miller et al. 2004) und der Rollenverteilung in diesem Falle auseinandersetzen.
  Die interne Nachfolge ist besonders dann interessant, wenn die Übernehmer einen starken Willen zur Übernahme haben und die hierfür benötigten Voraussetzungen mitbringen (Breton-Miller et al. 2004). Die Studierenden sollen sich mit den einzelnen Akteuren auseinandersetzen und evaluieren, welche Konstellation am besten für das Unternehmen und die Familie ist.

- **Der Übernehmer:** Hermann Münster hat eine umfassende praktische Ausbildung im technischen Bereich. Aktuell leitet er die Produktion. Dadurch ist er nicht nur technisch versiert, sondern bereits in einer Führungsposition aktiv. Allerdings ist auch zu erkennen, dass betriebswirtschaftliche Kenntnisse fehlen. Ebenso mangelt es dem Übernehmer zumindest aktuell an Einsatzwillen, was bereits im Unternehmen spürbar ist. Zusätzlich fehlt dem potenziellen Übernehmer der Wille, das Unternehmen alleine zu führen. Seine Rolle im Unternehmen ist auch durch die starke Präsenz des Übergebers nie über die eines Managers hinausgewachsen (Handler 1990). Insgesamt erscheint eine alleinige Übernahme ohne weiterführende Maßnahmen unrealistisch.

- **Die Übernehmerin:** Claudia Dahl hat ein betriebswirtschaftliches Studium absolviert und war vor dem Konflikt hochmotiviert, das Unternehmen zu übernehmen. Sie ist durch ihre Arbeit in den Ferien im Unternehmen bekannt und kennt das Unternehmen gut. Allerdings fehlt ihr derzeit Führungserfahrung. Ihre Rolle im Unternehmen ist die eines Helfers (Handler 1990). Zum jetzigen Zeitpunkt bringt sie daher nicht alle notwendigen Fähigkeiten mit, um das Unternehmen zu übernehmen.
- **Gemeinsame Übernahme:** Eine gemeinsame Übernahme wäre eine gute Möglichkeit für die Zukunft des Familienunternehmens. Die Geschwister ergänzen sich in ihren Fähigkeiten und könnten voneinander lernen. Die Zweifel des Übergebers müssten dafür überwunden werden.

In diesem Fall sind die ersten beiden Phasen des Nachfolgemodells nach Breton-Miller (2004) bereits erfolgt. Allerdings ist der Übergeber noch nicht zufrieden mit der Entwicklung seiner Kinder und deswegen nicht gewillt, die tatsächliche Übergabe einzuleiten. Praktische (Führungs-) Erfahrung in einem fremden Unternehmen ist für die Übernehmerin zu empfehlen. Gleichzeitig wäre es notwendig, die Angleichung der Rollen nach Handler (1990) voranzutreiben. Der Übergeber sollte eine Rolle als Aufseher einnehmen und seinem Sohn mehr Entscheidungsmacht überlassen. Bei der Rückkehr der Tochter, sollte sie eine Management Rolle übernehmen, um in absehbarer Zeit neben ihrem Bruder Geschäftsführungsaufgaben zu übernehmen.

Eine weitere Möglichkeit wäre eine temporäre oder dauerhafte externe Nachfolge, um die Zukunft des Unternehmens und der Familie zu sichern.

Diskussionsfrage 2:
Welche Alternativen zur internen Nachfolge gibt es und welche sind für das Unternehmen sinnvoll?

Zusätzlich zur internen Nachfolge in einem Familienunternehmen sollten auch externe Nachfolgeoptionen in Betracht zu gezogen werden. Dabei ist zu unterscheiden, ob lediglich das Management und/oder das Eigentum übergeben wird. Es ergeben sich verschiedene Möglichkeiten mit den jeweiligen Vor- und Nachteilen.

- **MBI/MBO:** In beiden Fällen wird das Management (entweder auf die bisherige Belegschaft oder auf andere Personen) und das Eigentum am Unternehmen übertragen. Das wird der Übergeber nur machen, wenn er überzeugt ist, dass diese Personen das Unternehmen besser führen als mögliche interne Nachfolger. Im vorliegenden Fall ist sich die Belegschaft zwar bewusst, dass es Probleme innerhalb der Firma gibt, allerdings werden diese nicht diskutiert, sondern oftmals hingenommen. Ein proaktives und unternehmerisches Auftreten der Belegschaft ist nicht erkennbar. Inwiefern Betriebsfremde das Unternehmen übernehmen würden, ist nicht bekannt. Aufgrund des Marktes kann man jedoch vermuten, dass Interessenten für den Einstieg in einen schwindenden Markt eher unwahrscheinlich sind.

- **IPO:** Der Börsengang ist regulatorisch sehr komplex. Für die Papier GmbH ist ein Börsengang schon alleine aufgrund dieser Anforderungen nicht möglich.
- **Fremdmanagement:** In diesem Fall verbleibt das Eigentum (die Anteile am Unternehmen) bei der Familie und es wird lediglich die Führungsposition extern vergeben. Diese Option ist für die Papier-GmbH interessant: Durch das Einstellen eines externen Geschäftsführers kann neues Wissen in das Unternehmen eingebracht werden. Ebenso könnte ein zusätzlicher familieninterner Übernehmer von einem erfahrenen Manager fehlende Qualifikationen erlernen.

Diskussionfrage 3:
Wie lassen sich die bestehenden Konflikte einordnen und welche Möglichkeiten gibt es, diese zu lösen (Abb. 20.10)?

- **Der Übergeber:** Sein Verhalten ist wettbewerbsorientiert. Als einzige Autorität im Familienunternehmen ist er gewohnt, dass seine Entscheidungen nicht hinterfragt werden. Seine Art führt zu Problemen innerhalb der Familie, hat aber gleichzeitig den Unternehmenserfolg der letzten Jahre ermöglicht.
- **Die Übernehmerin:** Sie gleicht ihrem Vater und vertritt ihre eigene Meinung genauso vehement wie dieser. Da sie jedoch versucht, mit ihrem Bruder zu kollaborieren und gemeinsam die Firma zu übernehmen, ist ihr Verhalten zwischen wettbewerbsorientiertem und kollaborativem Konfliktmanagement einzuordnen.

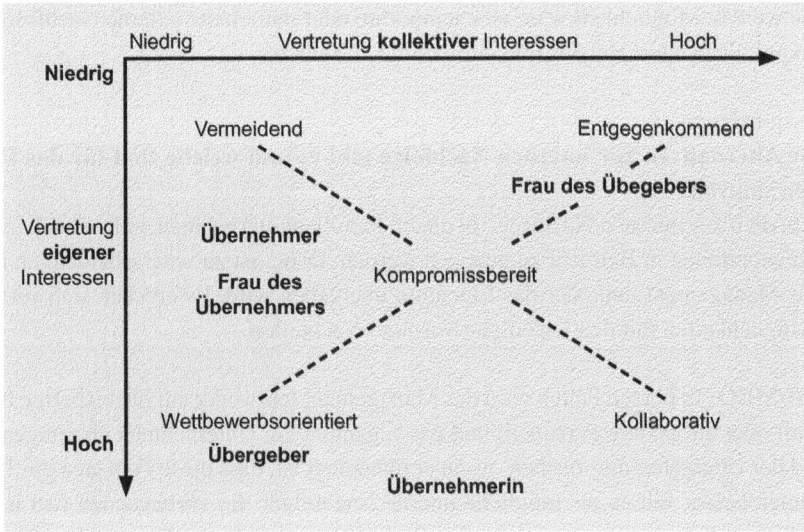

Abb. 20.10 Einordung der Familie. (Quelle: Eigene Darstellung in Anlehnung an Sorenson 1999, S. 327)

- **Der Übernehmer:** Sein Ziel ist, möglichst wenig Komplikationen zu haben. Er ist nicht mit allen Entscheidungen des Vaters einverstanden, vermeidet eine Konfrontation jedoch. Letztlich unterstützt er so die Meinung seines Vaters.
- **Die Frau des Übernehmers:** Aufgrund ihrer Haltung gegenüber der Übernehmerin ist ihr Verhalten zwischen vermeidend und wettbewerbsorientiert einzustufen.
- **Die Frau des Übergebers:** Das Verhalten der Frau des Übergebers kann zwischen entgegenkommend und kompromissbereit eingestuft werden. Sie sorgt sich um ihre Familie, versucht allerdings es allen recht zu machen und moderiert zwischen den einzelnen Parteien. Wenn sie sich jedoch endgültig hinter jemanden stellen muss, nimmt sie die Haltung ihres Mannes ein.

Die Analyse der Dimensionen (Tagiuri und Davis 1996) und die Einordnung der unterschiedlichen Charaktere in ihr jeweiliges Konfliktverhalten (Sorenson 1999) lässt erahnen, das ein Stufe 3 Konflikt nach Harvey und Evans (1994) vorliegt. Daher sollte auf externe Hilfe zurückgegriffen werden.

Nachdem die Studierenden die Situation analysiert und richtig eingeordnet haben, können Lösungsvorschläge erarbeitet werden. Zwei Möglichkeiten wären zum Beispiel.

- **Familientherapie:** Eine der Möglichkeiten könnte sein, dass die Familie gemeinsam eine Familientherapie besucht. Dort könnten die Konflikte aufgearbeitet werden und es wäre möglich, nach Lösungen zu suchen. Es ist wichtig anzumerken, dass es dem Übernehmer schwerfällt, unbekannten Personen Vertrauen zu schenken. Er ist besorgt um den guten Namen der Familie und möchte nicht riskieren, dass solche Details an die Öffentlichkeit geraten könnten.
- **Mediatoren:** Mediation ist ein strukturierter Prozess, in dem gemeinsam tragfähige Lösungen ohne therapeutische Aktivitäten mit den Beteiligten erarbeitet werden. Gerne werden bekannte Personen genutzt, denen man vertraut und die man wertschätzt. In der Papier GmbH könnte zum Beispiel der zweite Geschäftsführer als Mediator agieren, in der Familie die Frau des Übergebers. Nachteilig ist, dass beide nicht neutral und in finanzieller Hinsicht abhängig vom Übergeber sind und ihm näherstehen. Um zu bestmöglichen Vereinbarungen zu kommen, sollte stets auf unabhängige Mediatoren zurückgegriffen werden (Tagiuri und Davis 1996).

Die hier dargestellten Ansätze sind nur Beispiele. Auch hier gibt es keine optimale Lösung und ein Mix aus verschiedenen Ansätzen erscheint für eine tragfähige Lösung notwendig.

Diskussionsfrage 4:
Ist die Papier GmbH auf dem aktuellen Markt zukunftsfähig? (Auf Basis einer durchgeführten Marktanalyse)
Zur Beantwortung dieser Frage werden strategische Managementtools verwendet. Die PESTEL-Analyse und Porter's 5 forces eignen sich dazu, Chancen und Risiken zu identi-

PapierGmbH	Hoch	Neutral	Gering
Potenzielle Mitbewerber			
Produktdifferenzierung		x	
Kapitalbedarf		x	
Umstellungskosten			
Zugang zu Vertriebskanälen	x		
Skalierbarkeit des Produkts	x		
Politische Regulierung	x		
Kunden			
Abnehmerkonzentration		x	
Abhängigkeit der Kunden			x
Umstellungskosten für den Kunden			x
Einfluss der Kunden		x	
Empfindlichkeit der Kunden			
Ersatzprodukte			
Anzahl Ersatzprodukte	x		
Zulieferer			
Konzentration an Zulieferern	x		
Abhängigkeitsverhältnis	x		
Produktportfolio		x	
Umstellungskosten für wechselnde Zulieferer			x
Substitute	x		
Mitbewerberrivalität			
Anzahl der Mitbewerber			x
Wachstum des Marktes			x
Ähnlichkeit der Produkte auf dem Markt	x		
Umstellungskosten für den Kunden			x
Anteil von fixen und variablen Kosten		x	

Abb. 20.11 Bewertungskriterien. (Quelle: Eigene Darstellung in Anlehnung an Porter 2004)

fizieren. Mit der 5-Why Analyse oder dem Ishikawa Modell lassen sich die Schwächen der Firma ausarbeiten. Eine SWOT-Analyse bewertet die Position des Unternehmens nach innen, zum Markt und den Einfluss der Gesellschafter und zeigt Wege für eine strategische Ausrichtung. Im Folgenden wird daher exemplarisch auf die wichtigsten Dimensionen der Tools eingegangen (vgl. Abb. 20.11).

- **PESTEL:** Innerhalb der PESTEL-Analyse sollten die Studierenden die technologische, ökologische und gesetzgebende Ebene hervorheben. Technologisch verändert sich die Welt durch die Digitalisierung rasant. Methoden, auf der die Papier GmbH ihr Geschäftsmodell aufgebaut hat, sind mittlerweile überholt und werden nur noch selten benötigt. Auf der ökologischen Ebene ist auszuarbeiten, dass das Umweltbewusstsein der Gesellschaft im Umbruch ist und Produkte aus Papier ggf. besser vermarktet werden können als solche aus Kunststoff. Schlussendlich sind gesetzgeberische Änderungen zur Lagerung von Dokumenten relevant für die Papier GmbH. Die Globalisierung bietet jedoch auch Vorteile: zum Beispiel das Potenzial eines internationalen Marktausbaus. Ein Produkt Made-in-Germany hat im Ausland noch immer Gewicht und könnte bei einer Expansions-Strategie helfen.
- **Branchenstrukturanalyse:** In der Branchenstrukturanalyse ist die Marktmacht von Kunden und Lieferanten herauszustellen. Das Produkt der Papier GmbH ist durch ein eigenes (digitales) Dokumentenmanagement leicht zu substituieren. Rohstoff wie Holz oder Zellulose und Produkte wie Kunststoffmappen und Möbel finden viele Abnehmer. Vor neuen Markteintritten in den Markt des analogen Dokumentenmanagements muss sich die Papier GmbH eher nicht sorgen, da der Markt schrumpft. Die Ähnlichkeit der Produkte ist jedoch hoch und die Umstellungskosten gering. Unter den bestehenden (wenigen) Anbietern ergibt sich daher eine steigende Mitbewerberrivalität.
- **SWOT:** Durch eine betriebsexterne und eine kritische interne Analyse wird eine Gegenüberstellung von Stärken und Schwächen sowie Risiken und Chancen ermöglicht. Durch die Kontextualisierung zweier Dimensionen lassen sich so konkrete Handlungsempfehlungen ablesen.

So könnte exemplarisch abgeleitet werden: Einerseits ist das Unternehmen nur auf dem lokalen Markt vertreten, daher wäre eine Internationalisierung, in Länder deren Dokumentenmanagement nocht nicht so entwickelt ist, wie in Deutschland, denkbar. Andererseits scheint es dennoch notwendig, die Kernkompetenz durch Innovationen zu digitalisieren. Solche Handlungsempfehlungen sollte die Papier GmbH zu einer Strategie formulieren. Um den Erfolg einer solchen Strategie zu gewährleisten, sollten die Ziele zusätzlich durch konkrete Kennzahlen in einem zeitlichen Rahmen kontrolliert werden. Eine solche Zielformulierung könnte „3 % Umsatzwachstum durch internationale Kunden in den nächsten fünf Jahren" oder „Entwicklung eines digitalen Äquivalents in drei Jahren" sein (Abb. 20.12).

Diskussionsfrage 5:
Wie kann man Veränderungen nachhaltig in das Unternehmen einbringen und welche strukturellen Veränderungen sind nötig, damit die Geschäftsführung und die Belegschaft eine bessere Kommunikation gewährleisten kann?
Um eine solche Veränderung im Betrieb zu ermöglichen, eignet sich ein Change management nach Kotter in dem 8-Phasen Model. In die Phasen des Modells sollten bereits bekannte Fakten integriert werden, um Handlungsoptionen vorzuschlagen.

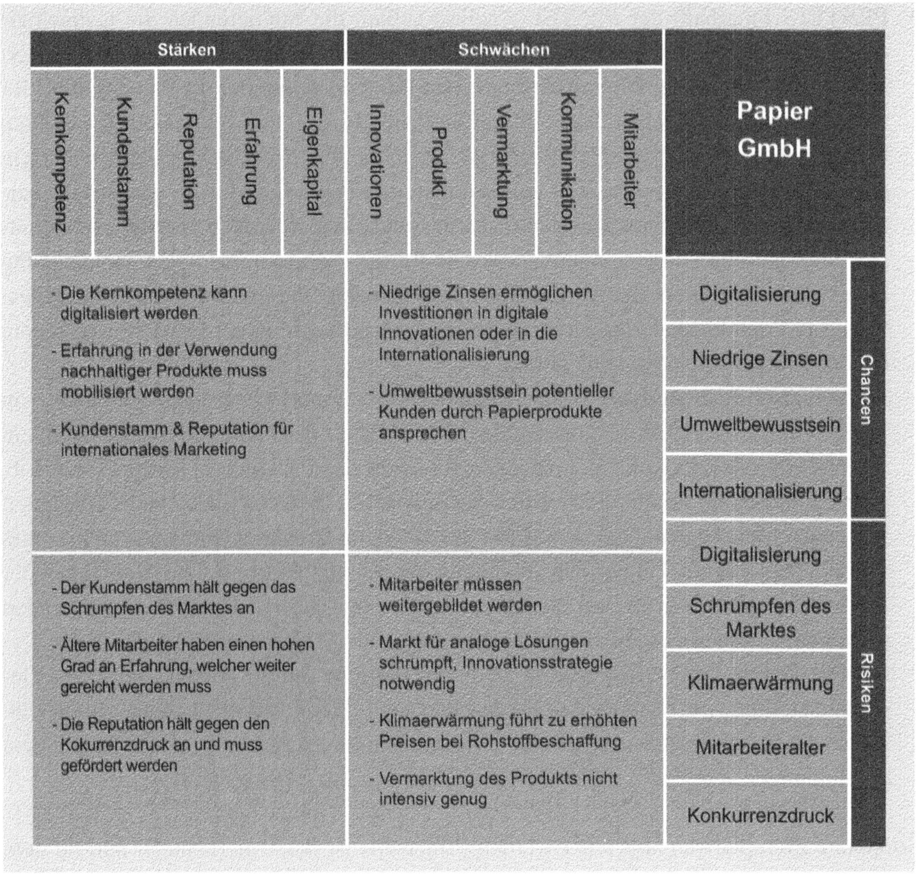

Papier GmbH

Stärken	Schwächen	
Kernkompetenz · Kundenstamm · Reputation · Erfahrung · Eigenkapital	Innovationen · Produkt · Vermarktung · Kommunikation · Mitarbeiter	
- Die Kernkompetenz kann digitalisiert werden - Erfahrung in der Verwendung nachhaltiger Produkte muss mobilisiert werden - Kundenstamm & Reputation für internationales Marketing	- Niedrige Zinsen ermöglichen Investitionen in digitale Innovationen oder in die Internationalisierung - Umweltbewusstsein potentieller Kunden durch Papierprodukte ansprechen	Digitalisierung Niedrige Zinsen Umweltbewusstsein Internationalisierung — **Chancen**
- Der Kundenstamm hält gegen das Schrumpfen des Marktes an - Ältere Mitarbeiter haben einen hohen Grad an Erfahrung, welcher weiter gereicht werden muss - Die Reputation hält gegen den Kokurrenzdruck an und muss gefördert werden	- Mitarbeiter müssen weitergebildet werden - Markt für analoge Lösungen schrumpft, Innovationsstrategie notwendig - Klimaerwärmung führt zu erhöhten Preisen bei Rohstoffbeschaffung - Vermarktung des Produkts nicht intensiv genug	Digitalisierung Schrumpfen des Marktes Klimaerwärmung Mitarbeiteralter Konkurrenzdruck — **Risiken**

Abb. 20.12 Exemplarische SWOT-Analyse der Papier GmbH. (Quelle: Eigene Darstellung)

- **Gefühl der Dringlichkeit erzeugen:** Die Mitarbeiter der Papier GmbH sind über die Umstände im Unternehmen nur teilweise informiert. Die Fehlkommunikation bei der Überweisung, die ausbleibende Kommunikation der Missstände im Lager oder in der Marketingabteilung sind der Belegschaft bekannt. Auch die sinkenden Umsatzzahlen sind kommuniziert. Jedoch ist der Belegschaft nicht klar, welche existenziellen Folgen sich daraus ergeben können.
- **Führungskoalition aufbauen:** Für die Ausarbeitung und Implementierung einer Strategie sollten Schlüsselpersonen ein Team bilden. Optimaler Weise besteht diese Gruppe aus Personen, die in ihrer Gesamtheit alle Erfahrungen mitbringen, um die richtigen Schlüsse für eine erfolgreiche Lösung zu ziehen. In der Papier GmbH könnte diese Gruppe aus Familienmitgliedern der alten und neuen Generation sowie erfahrenen Mitarbeitern bestehen.

- **Visionen und Strategie entwickeln:** In dieser Phase ist anhand der erarbeiteten Probleme nach passenden Zielen zu suchen. Im Fall der Papier GmbH könnten klare Kommunikationswege in horizontaler und vertikaler Ausrichtung definiert werden. Ein weiteres Ziel könnte eine Erneuerung der Kommunikationskultur sein. So könnte man regelmäßige, abteilungsübergreifende Meetings schaffen um die Schnittstellen zu optimieren oder über die Einführung einer Matrix-Organisationsstruktur diskutieren.
- **Vision des Wandels kommunizieren:** Innerhalb eines betriebsweiten Meetings oder durch ein Pilotprojekt können der Belegschaft die neuen Ziele vermittelt werden. Ziel ist es, ein Umfeld zu schaffen, in dem alte Strukturen verändert und neue Ideen implementiert werden können. In dieser Phase sollten auch genaue Wege dargestellt werden, wie die neuen Ziele zu erreichen sind (Workshops, Fortbildungen, Policen, etc.).
- **Mitarbeiter befähigen:** Damit die Ziele erreicht werden können, sollten möglichst früh Hindernisse erkannt und ausgeräumt werden. Diese sollten offen angesprochen werden und nicht wie momentan vermieden werden. Wenn mehr Verantwortung auf die Mitarbeiter übertragen wird, kann eine offene Fehlerkultur entstehen, bei der alle mehr mitdenken und hinterfragen. So wird z. B. die Gefahr einer Fehlüberweisung unwahrscheinlicher.
- **Erste Erfolge kommunizieren:** Das positive Feedback an die Belegschaft ist ein Ansporn, an den neuen Wegen festzuhalten und diese nicht zu vernachlässigen.
- **Weitere Veränderungen einleiten:** Bei fortlaufender Implementierung werden einzelne Ziele überprüft. Probleme bei der Umsetzung der Veränderung dürfen nicht hingenommen werden. Eine Methode ist es, mit „Verhinderern" gemeinsam nach Lösungen zu suchen.
- **Neue Ansätze in der Kultur verankern:** Changeprozesse müssen ein definiertes Ende haben und dieses muss kommuniziert werden, um zu gewährleisten, dass auch in Zukunft keine Abweichungen oder gar Rückschritte entstehen.

Die Studierenden können die einzelnen Schritte und Maßnahmen in kleinen Gruppen erarbeiten und präsentieren.

20.5 Ablauf und Zeitplan

Aufgrund der Vielfalt und Auslegung des Falles ist dieser für eine kurze Einzelvorlesung nur bedingt geeignet. Sicherlich ist es möglich, eine vereinfachte Diskussion mit einem oder wenigen Schwerpunkten im Rahmen einer 90-minütigen Vorlesung durchzuführen, eine gründliche Vorbereitung der Studierenden vorausgesetzt. Wenn allerdings die Reichhaltigkeit des Falles voll ausgenutzt werden soll und unterschiedliche Schwerpunkte betrachtet werden, sollte die Fallstudie langfristiger in eine Veranstaltung eingebettet werden. In einem solchen Rahmen bieten sich auch eine Gruppenarbeit und/oder -diskussion an. Insgesamt kann die Aufteilung beispielsweise wie folgt aussehen:

Aufgabe	Dauer	Gesamtdauer
Einarbeitung in die relevante Literatur		ca. 360 Minuten/ ca. 420 Minuten
Optional: als Leseaufgabe im Selbststudium (Dauer sehr individuell)	ca. 240 Minuten	
Optional: als Einführung im Plenum	ca. 180 Minuten	
Einführung in die Fallstudie und Besprechung der Lernziele	ca. 90 Minuten	
Besprechung der Fakten des Falles und der Diskussionsfragen	ca. 90 Minuten	
Optional: Kleingruppenarbeit		ca. 225 Minuten
Bearbeitung des Falles in Kleingruppen	ca. 90 Minuten	
Diskussion der Ergebnisse	ca. 90 Minuten	
Zusammenfassung und Besprechung der lessons learned	ca. 45 Minuten	
Optional: Bearbeitung im Plenum		ca. 180 Minuten
Bearbeitung und Diskussion der Ergebnisse	ca. 90 Minuten	
Zusammenfassung und Besprechung der lessons learned	ca. 90 Minuten	

Je nach Konzeption der Veranstaltung können die Grundlagen für die Bearbeitung des Falles gemeinsam erarbeitet oder vermittelt werden (beispielsweise im Rahmen einer regulären Vorlesung zu Familienunternehmen, Führung oder Management) oder zur vorbereitenden Selbststudie angegeben werden.

Quellenverzeichnis und weiterführende Literatur

Bjuggren, P. O., & Sund, L. G. (2002). A Transaction Cost Rationale for Transition of the Firm within the Family. *Small Business Economics, 19*, 123–133.
Breton-Miller, I. L., Miller, D., & Steier, L. P. (2004). Toward an integrative model of effective FOB succession. *Entrepreneurship Theory and Practice, 28*(4), 305–328.
Burnes, B. (2004). Kurt Lewin and the Planned Approach to Change: A Re-appraisal. *Journal of Management Studies, 41*(6), 977–1002.
Dobbs, M. E. (2014). Guidelines for applying Porter's five forces framework: a set of industry analysis templates. *Competitiveness Review, 24*(1), 32–45.
Dyer, W. G. (1988). Culture and continuity in family firms. *Family Business Review, 1*(1), 37–50.
Felden, B., Hack, A., & Hoon, C. (2019). *Management von Familienunternehmen: Besonderheiten – Handlungsfelder – Instrumente* (2. Aufl.). Wiesbaden: Springer.
Handler, W. C. (1990). Succession in family firms: A mutual role adjustment between entrepreneur and next-generation family members. *Entrepreneurship Theory and Practice, 15*(1), 37–52.
Handler, W. C., & Kram, K. E. (1988). Succession in family firms: the problem of resistance. *Family Business Review, 1*(4), 361–381.
Harvey, M., & Evans, R. E. (1994). Family business and multiple levels of conflict. *Family Business Review, 7*(4), 331–348.
Hill, T., & Westbrook, R. (1997). SWOT analysis: It's time for a product recall. *Long Range Planning, 30*(1), 46–52.
Kotter, J. P. (1996). *Leading change*. Boston: Harvard Business School Press.
Lewin, K. (1958). In E. E. Maccoby, T. M. Newcomb & E. L. Hartley (Hrsg.), *Group Decision and Social Change* (3. Aufl., S. 197–211). New York: Holt, Rinehart & Winston.

Ōno, T. (1988). *Toyota production system: beyond large-scale production.* Cambridge: Productivity Press.

Porter, M. E. (1991). Towards a dynamic theory of strategy. *Strategic Management Journal, 12*(S2), 95–117.

Porter, M. E. (2004). *Competitive strategy: Techniques for analyzing industries and competitors.* New York/London/Toronto/Sydney: Free Press.

Royer, S., Simons, R., Boyd, B., & Rafferty, A. (2008). Promoting family: A contingency model of family business succession. *Family Business Review, 21*(1), 15–30.

Schein, E. H. (1985). *Organizational Culture and Leadership.* San Francisco: Jossey - Bass Publishers.

Scholes, L., Westhead, P., & Burrows, A. (2008). Family firm succession: the management buy-out and buy-in routes. *Journal of Small Business and Enterprise Development, 15*(1), 8–30.

Sorenson, R. L. (1999). Conflict management strategies used by successful family businesses. *Family Business Review, 12*(4), 325–339.

Steuernagel, A. (2017). *Strategische Unternehmenssteuerung im digitalen Zeitalter: Theorien, Methoden und Anwendungsbeispiele.* Wiesbaden: Springer.

Tagiuri, R., & Davis, J. (1996). Bivalent attributes of the family firm. *Family Business Review, 9*(2), 199–208.

Yüksel, I. (2012). Developing a Multi-Criteria Decision Making Model for PESTEL Analysis. *International Journal of Business and Management, 7*(24), 52.

Lenka Machková und Jiří Hnilica

21.1 Zusammenfassung

Die Fallstudie betrachtet ein Familienunternehmen, das kurz vor der Übergabe an die nächste Generation steht. Zusammen mit seinem Schwiegervater gründet Libor Musil in 1992 ein Bauunternehmen, das erste Unternehmen in Privatbesitz in Tschechien. Mit zwei Angestellten gestartet, wächst LIKO-S zu einem weltweiten Unternehmen mit 235 Beschäftigten. Libor Musils Frau, Jana Musilová, arbeitet als HR-Leiterin. Ihre Tochter, Hana Williams Musilová, ist als HR-Managerin im Unternehmen tätig und ihr Ehemann, Orraine Williams, verantwortet die Forschungs- und Entwicklungsabteilung sowie das Marketing. Libors and Janas Sohn, Jan Musil, leitet den Bereich Innendesign. Libor und Jana denken schon seit längerem darüber nach, ihr Unternehmen an die Kinder weiterzugeben. Jetzt ist es Zeit, den Nachfolgeprozess zu starten und einen Plan für die Übergabe des Unternehmens an die nächste Generation zu erarbeiten. Allerdings ist dieser Nachfolgeprozess mit vielen Herausforderungen verbunden. Dabei steht nicht nur die Frage im Mittelpunkt, wie der Nachfolgeprozess systematisch durchgeführt werden sollte, sondern auch, wie die Nachfolge für beide Kinder fair gestaltet werden kann. Zudem ist fraglich, welche Governance-Instrumente eingesetzt werden können, um den Nachfolgeprozess zu unterstützen und die Familie auch langfristig stabil zu halten und an das Unternehmen zu binden.

L. Machková (✉) · J. Hnilica
University of Economics, Prag, Tschechien
E-Mail: lenka.machkova@vse.cz; hnilica@vse.cz

© Springer Fachmedien Wiesbaden GmbH, ein Teil von Springer Nature 2020
B. Felden et al. (Hrsg.), *Fallstudien zum Management von Familienunternehmen*,
https://doi.org/10.1007/978-3-658-27721-5_21

21.2 Diskussionsfragen

1. Erstellen Sie auf Basis des Fallstudientextes ein Familiengenogramm mit den einzelnen Führungspositionen.
2. Libor bittet Sie, ihm mögliche Konfliktpotenziale aufzuzeigen, die aus der spezifischen Familienkonstellation im Unternehmen resultieren. Er bittet Sie, verschiedene Szenarien für unterschiedliche Personen und Situation zu erstellen.
3. Familienunternehmen lassen sich anhand von drei Achsen darstellen. Wenn das eine System die anderen überlagert, wird dieses als family-first, management-first oder ownership-first-Orientierung verstanden.
   a) Erläutern Sie, warum Sie LIKO-S als family-first, management-first oder ownership-first klassifizieren.
   b) Diskutieren Sie die Vor- und Nachteile dieser einzelnen Priorisierungen.
   c) In welchem Stadium des 3D-Modells befindet sich LIKO-S? Wie könnte die zukünftige Entwicklung anhand dieser drei Achsen verlaufen?
4. Nachfolge ist in tschechischen Familienunternehmen kein starkes Thema. Die Mehrzahl der Gründer verkauft ihr Unternehmen. Libor allerdings hat eine starke Intention, sein Unternehmen in seiner Familie weiterzugeben.
   a) Welche Empfehlungen geben Sie Libor bezüglich der Gestaltung des Nachfolgeprozesses? Begründen Sie einzelne Schritte.
   b) Wie sollten die Anteile auf die beiden Geschwister verteilt werden? Warum? Sollte Libor seine Gesellschafteranteile behalten, um weiterhin das Unternehmen kontrollieren zu können? Was spricht dafür, was dagegen?
   c) Welche Instrumente der Family Business Governance sind hilfreich, um den Nachfolgeprozess der LIKO-S zu unterstützen? Warum?

21.3 Antwortmöglichkeiten für die Diskussionfragen:

Diskussionsfrage 1:
Erstellen Sie auf Basis des Fallstudientextes ein Familiengenogramm mit den einzelnen Führungspositionen.

Für die Bearbeitung des Falles bietet es sich an, zunächst den Kontext dieses Familienunternehmens – die wirtschaftliche Entwicklung der Tschechischen Republik seit den 90er-Jahren – genauer zu erläutern. In einem nächsten Schritt ist die Erstellung eines Familiengenogramms hilfreich. Dieses kann entweder vorgegeben werden oder die Studierenden können dieses als Vorbereitung auf die eigentliche Fallanalyse bereits im Vorfeld erstellen. Die einzelnen Rollen und Funktionen der Mitglieder der Unternehmerfamilie Musil können dann gemeinsam diskutiert werden (Abb. 21.1 und 21.2).

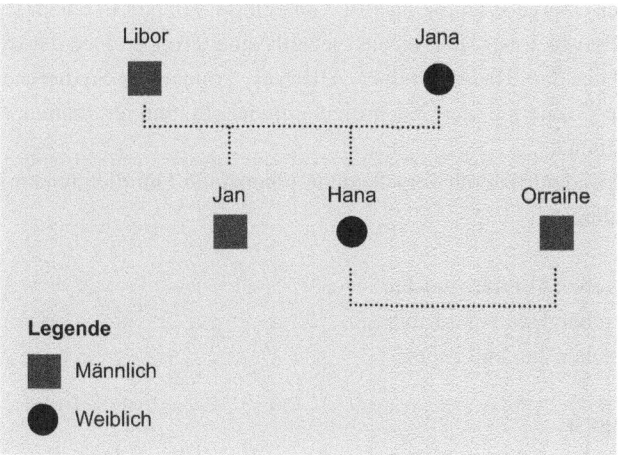

Abb. 21.1   Musil's Geneaologie (Quelle: Eigene Darstellung)

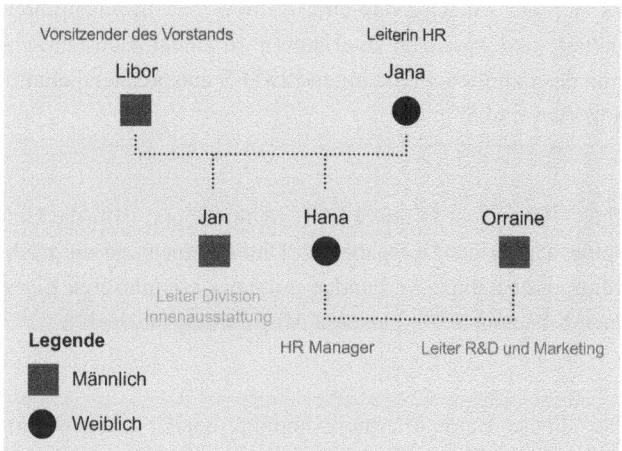

Abb. 21.2   Musil's Genogramm mit den Managementpositionen. (Quelle: Eigene Darstellung)

Diskussionsfrage 2:

Libor bittet Sie, ihm mögliche Konfliktpotenziale aufzuzeigen, die aus der spezifischen Familienkonstellation im Unternehmen resultieren. Er bittet Sie, verschiedene Szenarien für unterschiedliche Personen und Situation zu erstellen.

Ziel der Diskussionsfrage ist es, dass die Studierenden den Fall kritisch lesen und vor allem folgende Konstellationen erkennen und kritisch reflektieren. Mögliche Lösungsansätze:

Wie stellen sich die Beziehungen der Familienmitglieder dar, die nicht nur Familie sind, sondern auch Tag für Tag zusammen im Unternehmen arbeiten. Mögliche Konfliktquellen für die Phase der Übergabe an die nächste Generation, können in einem Rollenspiel erarbeitet werden. Hier bietet es sich an, dass jeweils eine Gruppe einen der Charaktere übernimmt (Libor, Jana, Jan, Hana, Orraine). Alternativ können die Studierenden jeweils drei unterschiedliche Szenarien der Nachfolge entwickeln und erarbeiten, wo sich Konfliktquellen ergeben.

Die Studierenden identifizieren verschiedene potenzielle Familiendynamiken und fokussieren insbesondere:

- Konflikt zwischen Orraine und Jan
- Konflikt zwischen Hana und Libor
- Konflikt zwischen Jan und Libor

Diskussionsfrage 3:
Familienunternehmen lassen sich anhand von drei Achsen darstellen. Wenn das eine System die anderen überlagert, wird dieses als family-first, management-first oder ownership-first-Orientierung verstanden.

Hier bietet es sich an, zunächst das Drei-Achsen-System einzuführen und kurz die zentralen Bestandteile und Aussagen zu erläutern. In einem nächsten Schritt können die Studierenden dann das Familienunternehmen LIKO-S entsprechend einordnen.

Folgende Antworten sind möglich:

Ownership

„controlling owner"-Phase: Der Gründer ist Eigentümer und trifft die Unternehmensentscheidungen alleine. Durch die Übergabe des Unternehmens an die nächste Generation entsteht ein „sibling partnership", verbunden mit einer komplexeren Eigentümerstruktur, damit verbundenen Kosten und komplexeren Abstimmungsprozessen.

Family

„working together"-Phase: Beide Elternteile und ihre Kinder arbeiten gemeinsam im Unternehmen. In diesem Stadium besteht das Risiko von intergenerationalen Konflikten und es ist kritisch zu prüfen, ob die Ertragskraft des Unternehmens ausreicht, um allen Familienmitgliedern ein Auskommen zu ermöglichen. Zudem ist fraglich, ob das Unternehmen allen Mitgliedern die Möglichkeit bietet, sich entsprechend der individuellen Expertise und Karriereerwartungen im Unternehmen zu entwickeln. Schließlich stellt sich die Frage, wie das Eigentum unter den Kindern aufgeteilt werden soll.

Business

„maturity"-Phase: das Unternehmen ist auf dem Markt etabliert, dennoch steht es vor der Herausforderung, weiterhin neue Märkte und Geschäftsfelder zu entwickeln, um weiter wachsen zu können. Dieses ist mit der Notwendigkeit verbunden, innovativ zu sein und in die Entwicklung von neuen Projekten und Geschäftsfeldern zu investieren.

Diskussionsfrage 4:
Nachfolge ist in tschechischen Familienunternehmen kein starkes Thema. Die Mehrzahl derGründer verkauft ihr Unternehmen. Libor allerdings hat eine starke Intention, sein Unternehmen in seiner Familie weiterzugeben.

a. Welche Empfehlungen geben Sie Libor bezüglich der Gestaltung des Nachfolgeprozesses (vgl. Abb 21.3)?
b. Wie sollten die Anteile auf die beiden Geschwister verteilt werden? Sollte Libor seine Gesellschafteranteile behalten?

Ziel der Frage ist es, den Studierenden zu verdeutlichen, dass es keinen „besten Weg" der Nachfolge gibt, der für alle Unternehmen erfolgsversprechend ist. Die Studierenden sollen unterschiedliche Möglichkeiten der Nachfolge für das Unternehmen LIKO-S entwickeln und diese gemeinsam gegeneinander abwägen. Dennoch soll deutlich werden, dass es zentrale Aspekte und Entscheidungen im Nachfolgeprozess gibt, die getroffen werden müssen. Dieses gilt insbesondere für Entscheidungen bezüglich der Eigentumsübergabe sowie der Führungsübergabe. Diese zentralen Entscheidungen müssen in der Unternehmerfamilie getroffen und von allen akzeptiert werden. Hier bietet sich eine Diskussion bezüglich der Frage an, welche Kriterien eine „gute Nachfolgelösung" ausmachen. Hier sind unterschiedliche Aspekte möglich, beispielsweise eine Nachfolgelösung, die gerecht ist, die von allen akzeptiert ist, die im Sinne des Unternehmens getroffen worden ist etc.

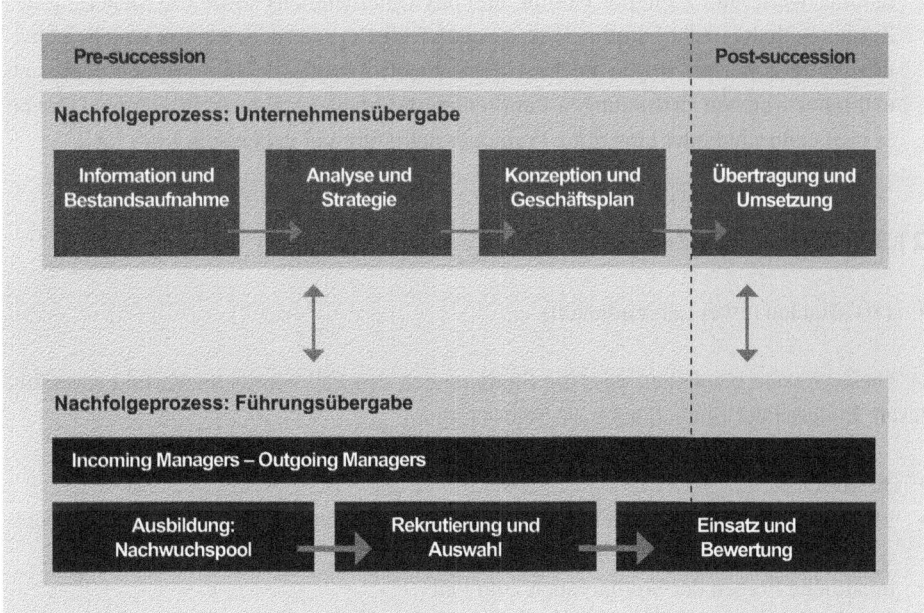

Abb. 21.3 Prozess der Unternehmensübergabe (Quelle: Felden, Hack und Hoon 2019, S. 244)

Der theoretisch konzeptionelle Zusammenhang liegt in Kap. 7 und 8 des Lehrbuchs Felden et al. (2019) zu Nachfolge und Nachfolgeprozess. Zudem ist es relevant, dass Studierende die Unterscheidung zwischen Management und Eigentum herausarbeiten und aufzeigen, welchen Einfluss beides haben kann (Kap. 1 Lehrbuch Felden et al. (2019)).

c. Welche Instrumente der Family Business Governance sind hilfreich, um den Nachfolgeprozess der LIKO-S zu unterstützen?

Diese Frage bezieht sich auf die dauerhafte Gestaltung der Schnittstelle zwischen Familie und Unternehmen. Folgende Lösungsansätze können hier erarbeitet werden:

- Die Beziehung zwischen Familie und Unternehmen lässt sich durch die Einrichtung eines Gremiums strukturieren. In Unternehmen, in denen kein Aufsichtsrat vorgeschrieben ist, kann ein freiwilliger Beirat die Belange der Familie im Unternehmen wahrnehmen. Die Studierenden sollen erarbeiten, dass eine kontrollierende, beratende oder eine primär informierende Funktion sinnvoll sein kann, die jeweils durch unterschiedliche Gremien erfüllt werden kann.
- Die Einrichtung eines Familienrats oder eines Gesellschafterausschusses, der sich insbesondere auch um die Belange der einzelnen Familienmitglieder kümmert.
- Die Erarbeitung einer Familienverfassung kann Streitpunkte, die den Bestand des Unternehmens existenziell gefährden könnten, von vornherein in zielgerichtete Bahnen lenken. Hierzu gehören beispielsweise die Mitgliedschaft zum Kreis der Unternehmerfamilie, Werte und Ziele der Familie und des Unternehmens sowie die Sicherung des Zusammenhalts in der Familie. Es kann auch festgelegt werden, wer mit welchen Qualifizierungsvoraussetzungen in die Unternehmensführung berufen werden sollte, ob und unter welchen Bedingungen familieninterne Manager eingestellt werden oder ob es eine gemischte oder eine reine Fremdgeschäftsführung geben soll.

21.3.1 Ablauf und Zeitplan

- 180 Minuten (zwei Lehreinheiten)

Dieser Ansatz beinhaltet, dass die Studierenden den Fall bereits im Vorfeld sorgfältig lesen. Einlesen der Studierenden als Selbststudium.

- 30 Minuten:
- Erläuterung des wirtschaftlichen Kontextes von Familienunternehmen in der Tschechischen Republik Anfang der 90er-Jahre
- inhaltliche Fragen der Studierenden zum Fall
- Einteilung der Arbeitsgruppe
- Klärung der Fragen des Falls

- 45 Minuten:
- Gruppenarbeit mit Bearbeitung der einzelnen Fragestellungen des Falls
- Gemeinsame Diskussion:
- 15-20 Minuten – Frage 1
- 30-45 Minuten – Frage 2
- 20-30 Minuten – Frage 3
- 10-15 Minuten – Frage 4
- Zusammenfassung der Ergebnisse und Visualisierung

Quellenverzeichnis und weiterführende Literatur

Felden, B., Hack, A., & Hoon, C. (2019). *Management von Familienunternehmen: Besonderheiten – Handlungsfelder – Instrumente* (2. Aufl.). Wiesbaden: Springer Gabler.

Gersick, K., Davis, J., McCollom Hampton, M., & Lansberg, I. (1997). *Generation to generation*. Boston: Harvard Business School Press.

Gewaschen wird immer: Management mit mehreren Familiengesellschaften

Jan Klaus Tänzler und Annegret Hauer

22.1 Zusammenfassung

Die Mr. Wash Autoservice AG (Mr. Wash) ist ein Familienunternehmen in der zweiten Generation und betreibt derzeit 30 Autowaschanlagen für die Innen- und Außenpflege im gesamten deutschen Bundesgebiet. Darüber hinaus bietet das Unternehmen weitere Servicedienstleistungen in ausgewählten Anlagen an.

Mr. Wash wurde 1964 von Joseph Enning gegründet und befindet sich seit dieser Zeit bis auf einen kleinen Anteil, der von familienfremden Personen gehalten wird, in Familienhand. Familienmitglieder des Gründers sind operativ sowohl in der Führung als auch im Aufsichtsrat vertreten. Zudem gibt es passive Familiengesellschafter, die weder im Unternehmen noch im Aufsichtsrat tätig sind. Das Unternehmen wird derzeit von Richard Enning, einem Sohn des Gründers, geführt. Die Auswahl der Familienmitglieder im Unternehmen erfolgte in der Vergangenheit nach keinen festgelegten Auswahlkriterien. Wichtig ist der Familie vor allem die Befähigung der Familienmitglieder für eine Führungsaufgabe im Unternehmen. Die strategischen Entscheidungen werden bei der Mr. Wash Autoservice AG maßgeblich vom Vorstandsvorsitzenden Richard Enning getroffen.

Vor diesem Hintergrund thematisiert die vorliegende Fallstudie einerseits die allgemeinen Charakteristika der Organisationsform Familienunternehmen und andererseits die Einbindung der Gesellschafter bei der Mr. Wash Autoservice AG. Zunächst soll die Einordnung des Fallunternehmens als Familienunternehmen diskutiert werden. Dabei soll herausgearbeitet werden, welche Möglichkeiten bestehen, die Schnittstelle zwischen Familie und Unternehmen zu gestalten. Die herausgearbeiteten Lösungen sollen

J. K. Tänzler (✉) · A. Hauer
Universität Mannheim, Institut für Mittelstandsforschung, Mannheim, Deutschland
E-Mail: taenzler@ifm.uni-mannheim.de; hauer@ifm.uni-mannheim.de

© Springer Fachmedien Wiesbaden GmbH, ein Teil von Springer Nature 2020
B. Felden et al. (Hrsg.), *Fallstudien zum Management von Familienunternehmen*,
https://doi.org/10.1007/978-3-658-27721-5_22

dabei vor dem Hintergrund allgemein bekannter Konzepte der Einbindung von Gesellschaftern diskutiert werden.

22.2 Diskussionsfragen

Der vorliegende Fall behandelt in erster Linie die Notwendigkeit, die Führungsorganisation in Familienunternehmen zu regeln und die Möglichkeiten, Gesellschafter an ein Familienunternehmen zu binden und für dessen Belange zu interessieren. Hier könnte auch die Notwendigkeit einer derartigen Bindung diskutiert werden. Als Grundlage sollte eine Diskussion der unterschiedlichen Facetten zur Definition eines Familienunternehmens erfolgen, um den Studierenden mögliche Aspekte der Differenzierung zwischen Unternehmensformen näherzubringen und so die unterschiedlichen Einflussfelder der Familie im Unternehmen zu erfassen.

1. Wie kann die Mr. Wash AG im Drei-Achsen-Modell als Familienunternehmen verortet werden?
2. Beurteilen Sie den Einfluss der Familiengesellschafter der Mr. Wash Autoservice AG anhand der Dimensionen des Socio-emotional-Wealth Ansatzes (SEW).
3. Diskutieren Sie anhand gängiger Familienunternehmensdefinitionen, warum die Mr. Wash Autoservice AG ein Familienunternehmen ist.
4. Welche Strukturen sind in Familienunternehmen hilfreich, um die Kontrolle zu gewährleisten und Entscheidungsbefugnisse zwischen Familie und Unternehmen zu regeln?
5. Welche Bereiche kann eine Familienverfassung regeln?
6. Wie kann die Mr. Wash AG in Bezug auf die Entwicklung ihrer Gesellschafterkompetenz eingeordnet werden? Diskutieren Sie auch vor dem Hintergrund der Einordnung des Unternehmens im Drei-Achsen-Modell.
7. Diskutieren Sie die Unterschiede einer familieninternen und einer externen Geschäftsführung im Verhältnis zur Eigentümerfamilie.
8. Wie kann die Unternehmensführung bei Mr. Wash gesichert und zukunftsfähig gestaltet werden?

22.3 Für die Fallanalyse relevante theoretische Modelle und Konzepte

22.3.1 Entwicklungsdimensionen für Familienunternehmen

Das Modell (vgl. Abb. 22.1) zeigt die drei Dimensionen eines Familienunternehmens, die Familie, das Unternehmen und das Eigentum, in drei bzw. vier Phasen im Zeitablauf. Dies schafft die Möglichkeit, Familienunternehmen in Bezug auf die drei Dimensionen spezi-

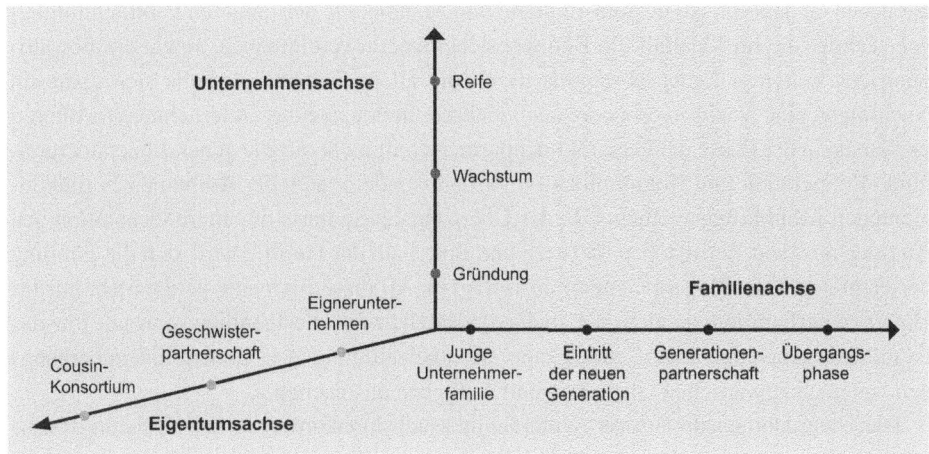

Abb. 22.1 Das Drei-Dimensionen Entwicklungs-Modell für Familienunternehmen. (Quelle: Eigene Darstellung in Anlehnung an Gersick et al. 1997, S. 17)

fisch zu betrachten und festzustellen, in welchem Entwicklungsstadium bezogen auf die jeweilige Dimension sich das einzelne Unternehmen befindet. Für jede dieser Entwicklungsstadien definierten die Autoren unterschiedliche Charakteristika und besondere Anforderungen, die in der jeweiligen Phase gemeistert werden müssen:

Auf der Eigentumsachse muss der Eigenerunternehmer vor allem die Kapitalausstattung regeln. Er muss eine Balance zwischen der Kontrollhoheit im Unternehmen und den Geldgebern finden und er sollte eine zukunftsfähige Eigentumsstruktur für die nächste Generation wählen. Die Geschwisterpartnerschaft benötigt die Regelung der gemeinsamen Kontrollfunktion unter den Eignern und die Festlegung der Rolle von nicht im Unternehmen beschäftigten Eigentümern. Weiterhin sollte die Sicherung des Kapitals gewährleistet werden und das Verhalten der einzelnen Familienzweige bzw. Stämme beachtet werden. Das Cousinkonsortium schließlich erfordert das Management einer komplexen Familien- und Eigentümerstruktur und tendenziell auch die Schaffung eines familieninternen Kapitalmarktes.

Die Familienachse ist sehr komplex. Gersick et al. (1997) formulieren diese Achse für jede Generation neu, d. h. jede Generation fängt mit dem Eintritt in das Unternehmen und mit der Familiengründung immer wieder von neuem als junge Unternehmerfamilie an. Ob dies auch in vollem Maße für Mehrgenerationenunternehmen zutrifft, ist noch fraglich. Die Autoren gehen zunächst vom „normalen" Lebenszyklus einer Familie aus. So ist diese Achse die einzige, die trotz aller möglichen Abweichungen einen unabwendbaren Verlauf zeigt und grundsätzlich immer die gleiche Reihenfolge beibehält, während die anderen Achsen auch Sprungstellen aufweisen können. Die Autoren starten mit der jungen Unternehmerfamilie. Hier sollten bereits grundsätzliche Regelungen getroffen werden, die das Verhältnis von Familie und Unternehmen festlegen. Dies gilt sowohl für die Kernfamilie mit Ehepartner und Kindern als auch für die erweiterte Verwandtschaft. Für den Eintritt der neuen Generation ist die Selbstfindung und Abnabelung der jüngeren Familienmitglieder wichtig, die im Idealfall die Berufsentscheidungen vereinfachen, sowie die Bewältigung des mittleren Lebensabschnitts durch die ältere Generation. Falls sich dann ein Nachfolger, eine Nachfolgerin oder auch mehrere finden, die das Unternehmen fortführen wollen, ist in der Phase der Generationenpartnerschaft nicht nur die generationenübergreifende Kooperation und Kommunikation gefragt, sondern auch der Aufbau eines funktionierenden Konfliktmanagements. In der Übergangsphase muss die ältere Generation den Ausstieg aus dem Berufsleben meistern und innerhalb der Familie wird sich die Führung der Familie auf die jüngere Generation verlagern. All diese Elemente gelten nicht nur für Unternehmerfamilien, sondern sie sind grundsätzlich für alle Familien relevant. Für das Familienunternehmen kann jedoch eine Nichtbewältigung des Generationenübergangs den Unterschied zwischen Überleben und Aufgeben ausmachen.

Die Unternehmensdimension (Unternehmensachse) erfordert in der Gründungsphase zunächst das reine Überleben und die zielgerichtete Entwicklung der Unternehmensvision. In der Wachstums- und Festigungsphase sollte der strategischen Planung und den organisationalen Systemen und Methoden große Aufmerksamkeit gewidmet werden. Zudem sollte sich die Rolle des Eigentümermanagers einspielen und die Professionalisierung des Unternehmens vorangetrieben werden. Die Reifephase schließlich sehen Gersick et al. (1997) als den Zeitpunkt, Strategien neu zu überdenken, die Bindung zwischen Eigentümern und Managern zu festigen und über die Größenordnung von Reinvestitionen zu entscheiden. Diese Dimension unterscheidet sich in Familienunternehmen in dieser Form kaum von Nicht-Familienunternehmen.

May (2012) modifiziert das Modell, indem die Familienachse durch eine Governanceachse ersetzt wird, auf der die unterschiedlichen Formen der Unternehmensführung mit unterschiedlichem Einfluss der Unternehmerfamilie dargestellt werden (vgl. Abb. 22.2). Die vollständige Identität von Inhaberschaft und Führungsmacht liegt beim inhaberge-

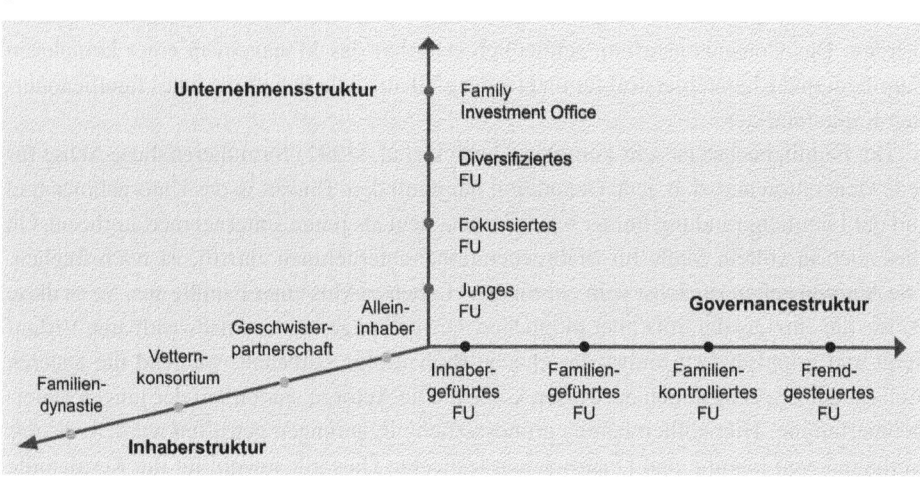

Abb. 22.2 Entwicklungsmodell nach May. (Quelle: Eigene Darstellung in Anlehnung an May 2012, S. 180)

führten Familienunternehmen vor, während es bei familiengeführten Unternehmen bereits mehrere Eigentümer gibt, die aber nicht alle in der Unternehmensführung tätig sind. Das familienkontrollierte Unternehmen hat die Führungsmacht bereits vollständig an familienfremde Personen abgegeben und steuert das Unternehmen über ein Kontrollorgan. Im fremdgesteuerten Familienunternehmen liegt auch die Kontrollfunktion bei familienfremden Personen (May 2012, S. 201). In diesem Fall stellt sich die Frage, ob es sich immer noch um ein Familienunternehmen im Sinne der oben vorgestellten Definitionskriterien handelt.

22.3.2 Die F-PEC Skala

Einen umfassenderen Klassifikationsansatz für Familienunternehmen, die sogenannte F-PEC-Skala (vgl. Abb. 22.3), entwickelten Astrachan et al. (2002). Der F-PEC ist eine Bewertungskennzahl für Familienunternehmen, die auf den drei Säulen Macht (Power), Erfahrung (Experience) und Kultur (Culture) beruht und den möglichen Einfluss einer

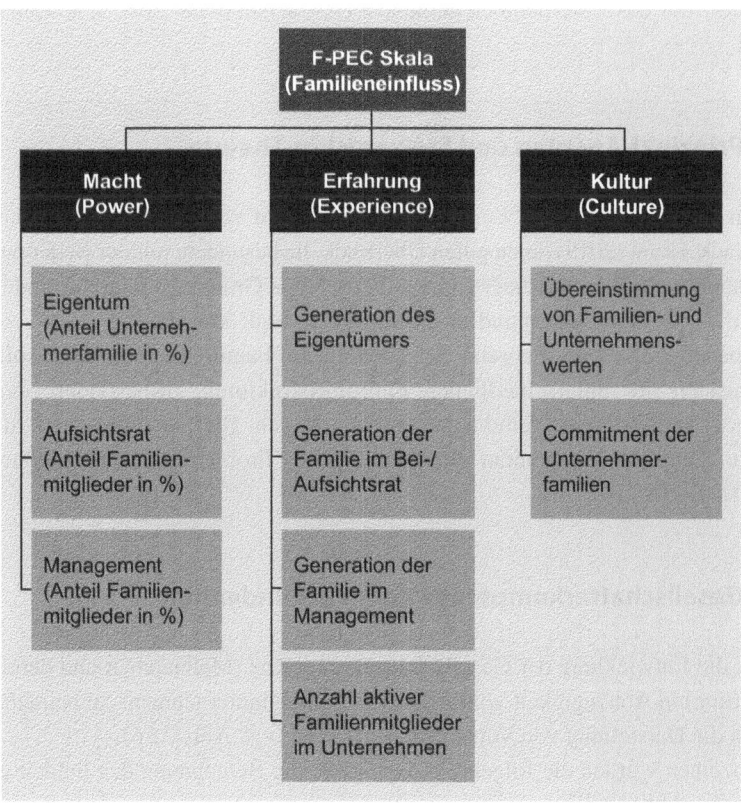

Abb. 22.3   F-PEC Skala. (Quelle: Stietencron 2013, S. 24, nach Astrachan et al. 2002)

Familie auf ein Unternehmen beschreibt. F-PEC steht für „Family Influence through Power, Experience and Culture".

Diese drei Säulen werden mittels mehrerer Indikatoren konkretisiert:

- Der Familieneinfluss durch Macht wird durch die Einflussmöglichkeiten der Familie an der Geschäftsführung und dem Aufsichtsgremium im Unternehmen und durch ihre Eigenkapitalanteile bewertet.
- Die Erfahrung bestimmt sich durch die Anzahl der Generationen, die ein Unternehmen bereits von einer Familie geführt und besessen wird. Dabei wird davon ausgegangen, dass sich in jeder Generation Erfahrungswissen aufbaut, das weitergegeben werden kann. Dies wird auch durch die Anzahl der Familienmitglieder bestimmt, die im Unternehmen arbeiten, bzw. Interesse zeigen.
- Die Unternehmenskultur schließlich ist vor allem in den letzten Jahren verstärkt in den Mittelpunkt gerückt. Beim F-PEC wird diese anhand des Grades gemessen, in dem das Wertesystem eines Unternehmens von der Familie beeinflusst wird. Dies wird anhand unterschiedlicher Kriterien, wie Einfluss des Wertesystems der Familie auf das Unternehmen, der Loyalität der Familienmitglieder, deren Interesse am Unternehmen oder dem Stolz auf das Unternehmen gemessen (Astrachan et al. 2002, s. a. Tänzler 2013, S. 14).

22.3.3 Prinzipal-Agenten und Stewardship-Theorie

Zu beiden Theorien bietet das Lehrbuch „Management von Familienunternehmen" von Felden, Hack, Hoon (2019) einen guten Überblick, insbesondere mit der Bedeutung dieser beiden Theorien für Familienunternehmen. Vertiefende Grundlagenliteratur finden Sie bei Davis et al. (1997) und Jensen und Meckling (1976) (vgl. Abb. 22.4).

Die Übertragung dieser theoretischen Modelle auf Familienunternehmen sollte durch die Diskussion der unterschiedlichen Führungsstrukturen, insbesondere der Unterschiede bei Familien- und Fremdmanagement erfolgen. Hier ist zu beachten, dass auch bei reinem Familienmanagement durchaus Agency-Probleme entstehen können (vgl. Abb. 22.5).

22.3.4 Gesellschafterkompetenz und -verbundenheit

Weiter ist die Entwicklung der Gesellschafterkompetenz (Maßnahmen und deren Institutionalisierung) in Abhängigkeit vom Alter des Familienunternehmens zu betrachten. Hier bietet sich die Darstellung von Vöpel et al. (2013) an (vgl. Abb. 22.6).

Im Einzelnen wurden die folgenden Aspekte in die Berechnung des Indikators aufgenommen (vgl. Abb. 22.7):

Verhalten des Prinzipals

	Agent	Steward
Verhalten des Managers — Agent	• Minimierung potenzieller Agency-Kosten • Gegenseitige Agentur-Beziehung	• Agent verhält sich opportunistisch • Fehlende Überwachung des Prinzipals • Prinzipal wird betrogen
Verhalten des Managers — Steward	• Prinzipal verhält sich opportunistisch • Fehlender Freiraum • Manager wird betrogen	• Maximierung der potenziellen Unternehmensleistung • Gegenseitige Stewardship-Beziehung

Abb. 22.4 Agent-/Steward-Verhaltensmodell. (Quelle: Eigene Darstellung in Anlehnung an Davis et al. 1997, S. 39)

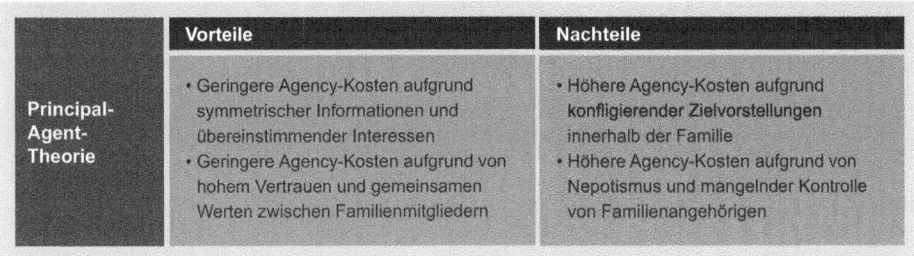

	Vorteile	Nachteile
Principal-Agent-Theorie	• Geringere Agency-Kosten aufgrund symmetrischer Informationen und übereinstimmender Interessen • Geringere Agency-Kosten aufgrund von hohem Vertrauen und gemeinsamen Werten zwischen Familienmitgliedern	• Höhere Agency-Kosten aufgrund konfligierender Zielvorstellungen innerhalb der Familie • Höhere Agency-Kosten aufgrund von Nepotismus und mangelnder Kontrolle von Familienangehörigen

Abb. 22.5 Principal-Agent-Theorie. (Eigene Darstellung in Anlehnung an Berthold 2010, S. 48)

1. Die Gesellschafterkompetenzentwicklung wird bereits systematisch durchgeführt.
2. Beide Generationen werden gleichermaßen in die Kompetenzentwicklung integriert.
3. Maßnahmen richten sich an die komplette Gesellschafterfamilie.
4. Das Familiengremium ist für die Planung und Organisation der Maßnahmen verantwortlich.
5. Ein oder mehrere Family-Governance-Instrumente sind implementiert.
6. Es ist bekannt, wie viele Ressourcen in Maßnahmen zur Gesellschafterkompetenz investiert werden.

Darüber hinaus sollte die Verbundenheit zum Familienunternehmen in Abhängigkeit von der Gesellschafterzahl bewertet werden (vgl. Abb. 22.8).

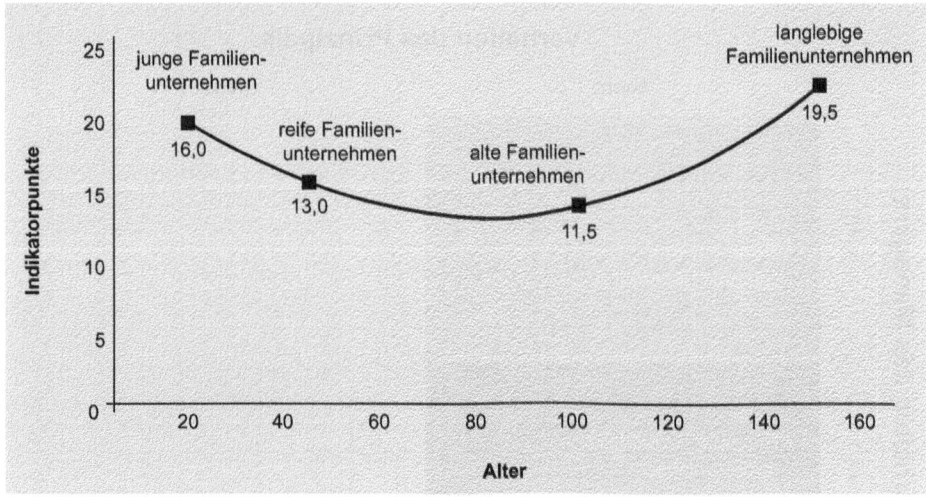

Abb. 22.6 Entwicklung der Gesellschafterkompetenz. (Quelle: Vöpel et al. 2013, S. 40)

Berechnung des Indikators Gesellschafterkompetenz:

1. Die Gesellschafterkompetenzentwicklung wird bereits systematisch durchgeführt.
2. Beide Generationen werden gleichermaßen in die Kompetenzentwicklung integriert.
3. Maßnahmen richten sich an die komplette Gesellschafterfamilie.
4. Das Familiengremium ist für die Planung und Organisation der Maßnahmen verantwortlich.
5. Ein oder mehrere Family-Governance-Instrumente sind implementiert.
6. Es ist bekannt, wie viele Ressourcen in Maßnahmen zur Gesellschafterkompetenz investiert werden.

Abb. 22.7 Indikator Gesellschafterkompetenz. (Quelle: Vöpel et al. 2013, S. 39)

Schließlich können die Dimensionen des SEW (Socio Emotional Wealth)-Ansatzes für Familienunternehmen herangezogen werden (vgl. Abb. 22.9).

Maßnahmen zur Gesellschafterbindung betreffen z. B. die Information über das Unternehmen, Maßnahmen zur Bindung der Gesellschafter an das Unternehmen oder zur Bindung der Gesellschafter untereinander, aber auch alles, was den Zusammenhalt der Gesellschafter als Familie fördert. Maßnahmenkataloge finden sich u. a. bei Keese et al. 2018.

22.3.5 Family Business Governance

Eine Übersicht über FBG-Gremien und Instrumente bietet die Darstellung in Abb. 22.10.

Weitere Informationen, welche Bereiche Familienunternehmen zur Konfliktvermeidung regeln sollten, gibt der Governance Kodex für Familienunternehmen (online unter

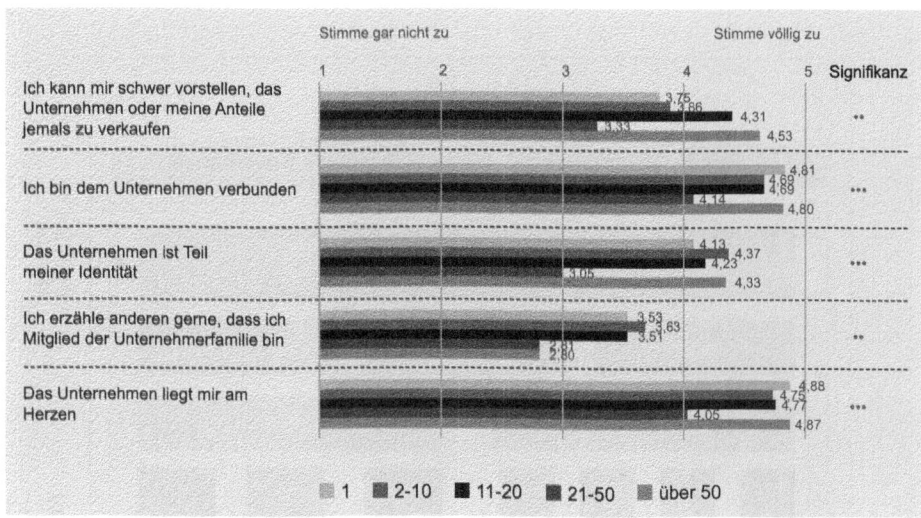

Abb. 22.8 Bewertung der Verbundenheit zum Familienunternehmen in Abhängigkeit von der Gesellschafterzahl. (Quelle: Keese et al. 2018., S. 61)

Dimension	Beschreibung
Die Kontrolle der Familie über die Firma	Welchen Einfluss/welche Kontrolle haben die Familienmitglieder über die strategischen Entscheidungen im Unternehmen?
Die Identifikation der Familienmitglieder mit der Firma	Welchen Anteil hat das Familienunternehmen an der Identität der Familienmitglieder?
Die sozialen Beziehungen der Firma	Wie stark ist das Familienunternehmen in gesellschaftliche Strukturen eingebettet?
Die emotionalen Bindungen der Familienmitglieder	Welchen Stellenwert haben Emotionen in der internen, organisationalen Arbeit im Familienunternehmen?
Transgenerationale Bestrebungen der Familienmitglieder	Besteht ein Interesse der Familienmitglieder, das Unternehmen an zukünftige Generationen weiterzugeben?

Abb. 22.9 Dimensionen des SEW (Socio Emotional Wealth)-Ansatzes für Familienunternehmen. (Quelle: Weiler (2015), S. 215, nach Berrone et al. (2012))

http://www.kodex-fuer-familienunternehmen.de/images/Downloads/Kodex_2015.pdf). Ein weiterer Schritt kann die Ausarbeitung einer Familienverfassung sein. Eine vertiefende Diskussion von Governance in Familienunternehmen und damit verbundene Implikationen für ein Konfliktmanagement findet sich auch bei Felden, Hack und Hoon (2019) (vgl. Abb. 22.11).

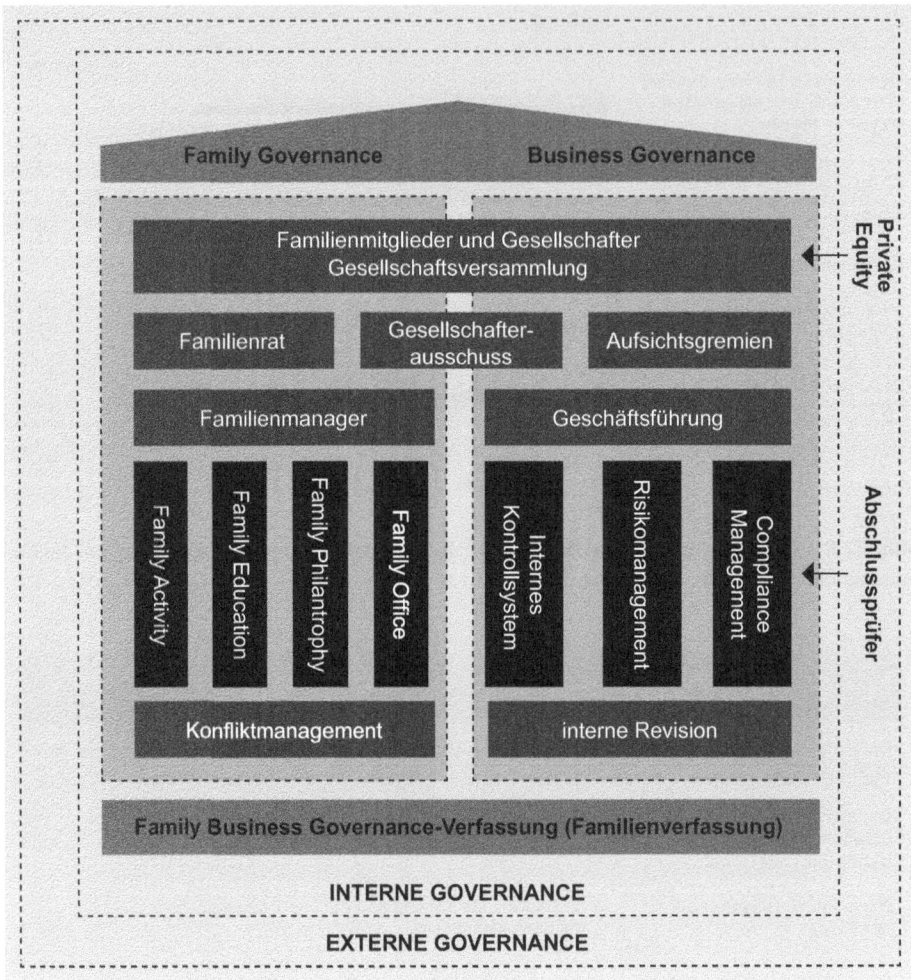

Abb. 22.10 Family Business Governance. (Quelle: Koeberle-Schmid et al. 2010, S. 27)

22.4   Antwortmöglichkeiten für die Diskussionsfragen

22.4.1 Klassifizierung von Familienunternehmen

Diskussionsfrage 1:
Wie kann die Mr. Wash AG im Drei-Achsen-Modell als Familienunternehmen veror-
tet werden?

Die Mr. Wash AG kann auf der Eigentümerachse als Cousinkonsortium verortet werden,
d. h. der Gesellschafterkreis ist bereits über die engere Familie hinausgewachsen und umfasst derzeit ca. 50 Gesellschafter. Damit ist die dritte Generation auf jeden Fall schon Eigentümer, auch wenn sie noch nicht im Unternehmen aktiv ist. Inwieweit schon Regelun-

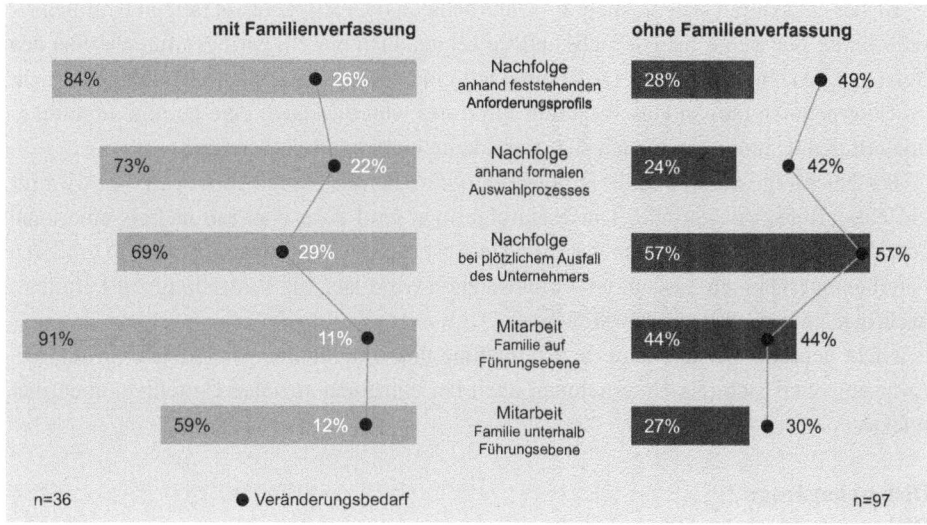

Abb. 22.11 Existenz schriftlich festgelegter Corporate-Governance-Regeln. (Quelle: Schween et al. 2011, S. 30)

gen zur Eigentumsübertragung getroffen wurden, ist nicht bekannt, allerdings wären diese schon empfehlenswert, ebenso wie explizite Maßnahmen zur Gesellschafterbindung.

Auf der Unternehmensachse kann die Mr. Wash AG als Wachstumsunternehmen oder als reifes Unternehmen verortet werden. Es werden durchaus noch neue Standorte eröffnet und auch neue Märkte ins Visier genommen, allerdings erfolgt in einigen Bereichen auch schon eine Konsolidierung, bzw. werden Anlagen neu gebaut und an aktuelle Bedürfnisse angepasst.

Auf der Familienachse ist das Unternehmen durch den Tod von Joseph Enning von der Übergangsphase, die durch den Rückzug der Vorgängergeneration gekennzeichnet ist, wieder in den Status des jungen Unternehmens eingetreten. Hier wird jedoch die Grenze des Drei-Achsen-Modells sichtbar, da sich die Familie in einer anderen Situation befindet, als eine junge Unternehmensfamilie, wie sie Gersick et al. in ihrem Modell vorschwebten. Mit 50 Familiengesellschaftern muss man sich auch familiär anders auseinandersetzen als mit einer Kleinfamilie. Hier wäre eine Erweiterung des Modells denkbar, evtl. um den Typus „erfahrene Unternehmerfamilie" oder die Verwendung der Governance Skala, wie sie May (2012) vorschlägt.

Diskussionsfrage 2:
Diskutieren Sie am Fallbeispiel die Ausprägungen der einzelnen SEW Dimensionen. Weisen diese auf eine eher hohe oder eher geringe emotionale Bindung der Eigentümerfamilie hin?
Die Familie hat die Geschäftsführung inne und ist im Aufsichtsrat vertreten. Damit werden entscheidende Kontrollmöglichkeiten genutzt.

Bisher engagieren sich die nicht im Unternehmen oder Aufsichtsrat tätigen Familiengesellschafter nur wenig bis gar nicht und sie zeigen auch nur ein geringes Interesse an den Belangen des Unternehmens. Dies deutet auf eine geringe emotionale Bindung der nicht im Unternehmen tätigen Gesellschafter hin. Inwieweit dies auch eine geringe Identifikation mit dem Unternehmen nach sich zieht, kann nicht beurteilt werden.

Die Nachfolge durch Familienmitglieder wurde bereits einmal vollzogen und wird für die Zukunft auch gewünscht. Die Nachfolgefrage wird zwar eher rational als emotional gesehen, aber dies ist auch dem wachsenden Anspruch an Führungspositionen in größeren Familienunternehmen geschuldet. Grundsätzlich wirkt sich die Einstellung zur Familiennachfolge eher positiv auf den SEW aus.

Nicht beurteilt werden kann die Einbindung des Unternehmens in soziale Strukturen. Zwar engagiert sich das Unternehmen auch bei einzelnen sozialen Projekten, aber eher selektiv.

Diskussionsfrage 3:
Diskutieren Sie anhand gängiger Familienunternehmensdefinitionen, warum die Mr. Wash Autoservice AG ein Familienunternehmen ist.

Da es keine allgemeingültige Definition von Familienunternehmen gibt, kann an dieser Stelle lediglich auf die meistgenannten Kriterien eingegangen werden:

- **Eigentum:** Hier ist die Mr. Wash AG klar ein Familienunternehmen. Ca. 99 % der Anteile liegen in Familienhand.
- **Management:** Der Vorstandsvorsitz wird von einem Familienmitglied besetzt, eine weitere Führungsposition ebenfalls.
- **Nachfolgeregelung:** Es hat bereits eine Nachfolge aus der Familie gegeben und es sind auch weitere gewünscht.
- **Werte und Kultur:** Ob die Familie bestimmte Werte im Unternehmen lebt, kann an dieser Stelle nicht gesagt werden. Ob auch familiäre Werte im Unternehmen definitionsprägend sind, wird in der Literatur unterschiedlich diskutiert.

Mr. Wash ist somit als Familienunternehmen einzuordnen, insbesondere da die Geschäftsführung und das Eigentum bei der Familie liegen. Diese beiden Kriterien sind bei einem Großteil der Definitionsversuche ausschlaggebend.

22.4.2 Schnittstelle Familie – Unternehmen

Diskussionsfrage 4:
Welche Strukturen sind in Familienunternehmen hilfreich, um die Kontrolle zu gewährleisten und Entscheidungsbefugnisse zwischen Familie und Unternehmen zu regeln?

Es kann sinnvoll sein, die Beziehung zwischen Familie und Unternehmen durch die Einrichtung eines Gremiums zu strukturieren. In Unternehmen, in denen kein Aufsichtsrat vorgeschrieben ist, kann ein freiwilliges Gremium die Belange der Familie im Unternehmen wahrnehmen. Dieses kann eine kontrollierende Funktion im Sinne eines Aufsichtsrats haben oder eine beratende Funktion, z. B. als Beirat, oder auch eine informierende Funktion. Alle drei Funktionen können in unterschiedlichen Gremien wahrgenommen werden oder auch in unterschiedlichem Maße von einem Gremium erfüllt werden. Der Name des Gremiums ist dabei irrelevant. Ab einer gewissen Anzahl von Familiengesellschaftern kann auch die Einrichtung eines Familienrats oder Gesellschafterausschusses sinnvoll sein, der sich insbesondere auch um die Belange der einzelnen Familienmitglieder kümmert.

Sinnvoll könnte ebenfalls eine schriftliche Regelung derjenigen Konfliktfelder sein, die in Familienunternehmen immer wieder zu Streitigkeiten führen. Dies kann in Form einer Familienverfassung geschehen, die von außen moderiert entwickelt werden sollte. Dabei werden Streitpunkte, die den Bestand des Unternehmens existenziell gefährden können, von vorneherein in zielgerichtete Bahnen gelenkt. Ziel der Familienverfassung sollte es sein, den Inhaberfamilien dabei zu helfen, die relevanten Fragen zu stellen und individuelle, auf die jeweilige Situation von Unternehmen und Familie zugeschnittene Antworten zu finden.

Diskussionsfrage 5:
Welche Bereiche kann eine Familienverfassung regeln und welche Regelungen zur Unternehmensführung sollten getroffen werden?

Da jede Familienverfassung von der Familie auf ihre Bedürfnisse zugeschnitten wird, gibt es kein Muster für die ideale Familienverfassung. Folgende Themen schlägt die Kommission Governance Kodex für Familienunternehmen (2015) vor:

- Mitgliedschaft zum Kreis der Unternehmerfamilie,
- Werte und Ziele der Familie und des Unternehmens,
- Ausgestaltung des Geschäftsmodells,
- Unternehmensführung und -kontrolle sowie
- Sicherung des Zusammenhalts in der Familie.

Weitere Informationen, auch zum Prozess der Erstellung einer Familienverfassung, werden im Lehrbuch *„Management von Familienunternehmen: Besonderheiten – Handlungsfelder – Instrumente"* (Felden et al. 2019) gegeben.

Bei Familienunternehmen sollten neben den allgemeinen Festlegungen des Aufgabenbereichs und der Vergütung der Geschäftsführung vor allem festgelegt werden, wer in die Unternehmensführung berufen werden sollte und welche Voraussetzungen erwartet werden. Grundlegend sollte festgelegt werden, ob und unter welchen Bedingungen familieninterne Manager eingestellt werden, oder ob es eine gemischte oder eine reine Fremdgeschäftsführung geben soll. Allgemeiner Konsens vor allem in größeren Familienunternehmen ist auch, dass eine familieninterne Geschäftsführung die gleichen Qualifikationen vorweisen sollte wie eine familienfremde.

Diskussionsfrage 6:
Wie kann die Mr. Wash AG in Bezug auf die Entwicklung ihrer Gesellschafterkompetenz eingeordnet werden?

Abhängig vom Alter und der Gesellschafterzahl befindet sich Mr. Wash in einer kritischen Phase der Gesellschafterentwicklung. Mit fast 60 Jahren ist sie im Stadium des reifen Familienunternehmens. In diesem Stadium wird der Einbindung der Gesellschafter und ihrer Kompetenzen tendenziell wenig Aufmerksamkeit gewidmet. Zudem ist mit ca. 50 Gesellschaftern eine Größenkategorie erreicht, in der die Zahl der Gesellschafter bereits so hoch ist, dass nicht alle automatisch Kontakt mit dem Unternehmen haben und entsprechende Maßnahmen der Gesellschafterbindung im Unternehmen regelmäßig stattfinden sollten. Insofern sollte das Unternehmen darauf achten, dass die Gesellschafter nicht ausschließlich als Investoren oder ausschließlich als Familienmitglieder gesehen werden, sondern Interesse und Verantwortungsgefühl für beide Bereiche geweckt werden.

22.4.3 Unternehmenführung in Familienunternehmen

Diskussionsfrage 7:
Diskutieren Sie die Unterschiede einer familieninternen und einer externen Geschäftsführung im Verhältnis zur Eigentümerfamilie (vor dem Hintergrund der Prinzipal-Agenten und Stewardship Theorie).

Die „Agency"-Theorie basiert auf der Annahme, dass der Beauftragte (Agent) und der Auftraggeber (Principal) über unterschiedliche Informationen verfügen und der Agent, in unserem Falle der Geschäftsführer, seine umfassenderen Kenntnisse nach seinen Interessen nutzt und nicht im Sinne des Unternehmens. Dies führt zu verstärkter Kontrolle seitens des Prinzipals.

Die zentrale Annahme der „Stewardship"-Theorie hingegen ist, dass die Geschäftsführung im Sinne des Unternehmens und/oder der Familie handelt und die eigenen Interessen eine untergeordnete Rolle spielen. Die in der Geschäftsführung tätigen Personen handeln somit altruistisch. Interessenskonflikte treten kaum auf.

Der reinen Theorie folgend sollten die Principal-Agenten-Probleme bei einer Familiengeschäftsführung wenig ausgeprägt sein. Es wird davon ausgegangen, dass in diesem Fall die Interessen der Familie und des Unternehmens nicht divergieren. In der Forschung konnten jedoch auch bei Familiengeschäftsführungen Agency-Probleme festgestellt werden, sei es, dass familiäre Probleme auch auf Unternehmensebene ausgetragen werden, bzw. das Vertrauen in die Familiengeschäftsführung nicht ausreichend gegeben ist, oder dass die Geschäftsführung eher im Sinne der Familie agiert und die Interessen des Unternehmens vernachlässigt. Dies führt evtl. zu geringeren Investitionen, Risikovermeidung oder vermehrter Mittelentnahme durch die Familie.

Grundsätzlich werden Familienunternehmen mit wachsender Größe, Gesellschafter- und Managerzahl eher zu einem Verhalten im Sinne der Agency-Theorie tendieren, da das herrschende System diese Sichtweise präferiert. Möglichkeiten, Agentur-Probleme zu minimieren sind:

• Kontrolle des Agenten.
• Einführung von Informationssystemen.
• anreizbasierte Vergütung.
• eine entsprechende Unternehmenskultur.
• Reputation.
• Aufbau von Vertrauen.

Diskussionsfrage 8:
Wie kann die Unternehmensführung bei Mr. Wash gesichert und zukunftsfähig gestaltet werden?
Ein zukunftsfähiges Familienunternehmen sollte grundsätzlich die Kontrolle durch die Familie, die Information der Gesellschafter und eine tragfähige Unternehmenskultur im Auge behalten. Die Reputation des Unternehmens und eine entsprechende Vertrauensbasis werden gerade in Familienunternehmen besonders gepflegt. Konkrete Schritte können sein:

• Einbindung des Aufsichtsrats/Einrichtung eines Beirats.

Beide Gremien sollten mit der entsprechenden Fachkompetenz besetzt sein, damit im Notfall qualifizierte Beratung möglich ist. Weiterhin sind die Gremien zur effektiven Kontrolle der Geschäftsführung und zur Einbringung der Gesellschafterinteressen notwendig.

• Erstellung eines Notfallplans, der die wichtigsten Regelungen und Berechtigungen festlegt.

Der Notfallplan sollte zum einen klar regeln, wer im Falle eines plötzlichen Ausfalls die Aufgaben der Geschäftsführung übernimmt. Zum anderen sollten wichtige Informationen über Abläufe, Regelungen und Kontakte jederzeit für bestimmte Personen verfügbar sein, damit diese im Notfall bereitstehen.

• Klare Regeln zur Unternehmensnachfolge.

Die Familie sollte Regeln aufstellen, wie die planmäßige Nachfolge im Unternehmen aussehen sollte. Hierzu gehört auch die Frage, welche Voraussetzungen an die Nachfolger aus der Familie gestellt werden oder ob eine externe Geschäftsführung beauftragt wird. Bei einer familieninternen Nachfolge sollte auch an die frühzeitige Einbeziehung ins Unternehmen und eine entsprechende Ausbildung gedacht werden.

22.5 Ablauf und Zeitplan

Die Fallstudie bietet sich für Bachelor- und Masterlevel an, je nachdem wie weitreichend der Kenntnisstand der Studierenden ist. Die Fallstudie bietet sich zur Mitte oder Ende einer Veranstaltung über Familienunternehmen an, wenn die Studierenden schon mit den Grundzügen dieser Organisationsform vertraut sind. Falls der Case diskutiert werden soll, empfiehlt sich je nach Gruppengröße eine Zeit zwischen vier und sechs Stunden.

Aufgabe	Dauer	Gesamtdauer
Einarbeitung in die relevante Literatur		ca. 180
Optional: als Leseaufgabe im Selbststudium (Dauer sehr individuell)	ca. 180 Minuten	Minuten/ ca. 270
Optional: als Einführung im Plenum	ca. 90 Minuten	Minuten
Einführung in die Fallstudie und Besprechung der Lernziele	ca. 45 Minuten	
Besprechung der Fakten des Falles und der Diskussionsfragen	ca. 45 Minuten	
Optional: Kleingruppenarbeit		ca. 180 Minuten
Bearbeitung des Falles in Kleingruppen	ca. 90 Minuten	
Diskussion der Ergebnisse	ca. 45 Minuten	
Zusammenfassung & Besprechung der *lessons learned*	ca. 45 Minuten	
Optional: Bearbeitung im Plenum		ca. 180 Minuten
Bearbeitung und Diskussion der Ergebnisse	ca. 90 Minuten	
Zusammenfassung & Besprechung der *lessons learned*	ca. 90 Minuten	

Je nach Konzeption der Veranstaltung können die Grundlagen für die Bearbeitung des Falles gemeinsam erarbeitet oder vermittelt werden (beispielsweise im Rahmen einer regulären Vorlesung zu Familienunternehmen, Führung oder Management) oder zur vorbereitenden Selbststudie angegeben werden.

Quellenverzeichnis und weiterführende Literatur

Astrachan, J. H., Klein, S. B., & Smyrnios, K. X. (2002). The F-PEC scale of family influence: a proposal for solving the family business definition problem. *Family Business Review, 15*(1), 45–58.

Berrone, P., Cruz, C., & Gomez-Mejia, L. R. (2012). Socioemotional wealth in family firms: theoretical dimensions, assessment approaches, and agenda for future research. *Family Business Review, 25*(3), 258–279.

Berthold, F. (2010). *Familienunternehmen im Spannungsfeld zwischen Wachstum und Finanzierung* (1. Aufl.). Köln: Eul (Schriften zu Familienunternehmen, Bd. 4).

Chrisman, J. J., Chua, J. H., Kellermanns, F. W., & Chang, E. P. C. (2007). Are family managers agents or stewards? An exploratory study in privately held family firms. *Journal of Business Research, 60*(10), 1030–1038.

Davis, J. H., Schoorman, F. D., & Donaldson, L. (1997). Toward a stewardship theory of management. *Academy of Management Review, 22*(1), 20–47.

Davis, J. H., Allen, M. R., & Hayes, H. D. (2010). Is blood thicker than water? a study of stewardship perceptions in family business. *Entrepreneurship: Theory & Practice, 24*(6), 1093–1115.

Donaldson, L. (1990). The ethereal hand: Organizational economics and management theory. *Academy of Management Review, 15*, 369–381.

Donaldson, L., & Davis, J. H. (1991). Stewardship theory or agency theory: CEO governance and shareholder returns. *Australian Journal of Management, 16*, 49–64.

EQUA-Stiftung (2011). Gesellschafterkompetenz. Die Verantwortung der Eigentümer von Familienunternehmen, München: Unternehmer Medien GmbH.

Felden, B., Hack, A., & Hoon, C. (2019). *Management von Familienunternehmen: Besonderheiten – Handlungsfelder – Instrumente* (2. Aufl.). Wiesbaden: Springer.

Gersick, K. E., Davis, J. A., Mccollom, H. M., & Lansberg, I. (1997). *Generation to generation. Life cycles of the family business.* Boston: Harvard Business School Press.

Governance Kodex für Familienunternehmen. Leitlinien für die verantwortungsvolle Führung von Familienunternehmen und Unternehmerfamilien. Eine Initiative von INTES, FBN und Die Familienunternehmer – ASU, Neuauflage(2015). http://www.kodex-fuer-familienunternehmen.de/images/Downloads/Kodex_2015.pdf. Zugegriffen am 28.11.2019.

Handler, W. C. (1989). Methodological issues and considerations in studying family businesses. *Family Business Review, 2*(3), 257–276.

Hennerkes, B.-H. (2004). *Die Familie und ihr Unternehmen. Strategie – Liquidität – Kontrolle.* Frankfurt/New York: Campus.

Jensen, M. C., & Meckling, W. H. (1976). Theory of the firm: managerial behavior, agency costs and ownership structure. *Journal of Financial Economics, 3*, 305–360.

Keese, D., Tänzler, J.-K., Oehme, M., Hauer, A., & Woywode, M. (2018). *Gesellschafterbindung in Familienunternehmen. Ergebnisse einer empirischen Studie. Mannheim.* https://ub-madoc.bib.uni-mannheim.de/44286/1/Gesellschafterbindung_in_Familienunternehmen.pdf. Zugegriffen am 28.11.2019.

Klein, S. B. (2010). *Familienunternehmen. Theoretische und empirische Grundlagen* (3. Aufl.). Wiesbaden: Eul.

Koeberle-Schmid, A. (2008). *Family Business Governance. Aufsichtsgremium und Familienrepräsentanz.* Wiesbaden: Springer Gabler.

Koeberle-Schmid, A., Fahrion, H.-J., & Witt, P. (Hrsg.). (2010). *Family Business Governance. Erfolgreiche Führung von Familienunternehmen. Unter Mitarbeit von Andreas Käufl, Arist von Schlippe, Denise H. Kenyon-Rouvinez, Franz W. Kellermanns, Jan Eiben, Jennifer Meyer et al.* Berlin: Erich Schmidt. https://www.compliancedigital.de/ce/family-business-governance-7/_sid/GKTM-642585-itwW/ebook.html. Zugegriffen am 28.11.2019.

May, P. (2012). *Erfolgsmodell Familienunternehmen. Das Strategie-Buch.* Hamburg: Murmann.

Mertens, C. (2009). *Herausforderungen für Familienunternehmen im Zeitverlauf: Eine empirische Analyse am Beispiel von Nachfolge und Internationalisierung.* Köln: Eul.

Pirmanschegg, P. (2016). *Die Nachfolge in Familienunternehmen.* Wiesbaden: Springer. https://link.springer.com/content/pdf/10.1007%2F978-3-658-11336-0.pdf. Zugegriffen am 28.11.2019.

Schween, K., Koeberle-Schmid, A., Bartels, P., & Hack, A. (2011). *Die Familienverfassung. Zukunftssicherung für Familienunternehmen. Ergebnisse der Studie.* Bonn: INTES Akademie f. Familienunternehmen.

Stietencron, P. von. (2013). *Zielorientierung deutscher Familienunternehmen. Der Zusammenhang zwischen Familieneinfluss, Zielorientierung und Unternehmenserfolg.* Zugl.: Leipzig, HHL Graduate School of Management. Wiesbaden: Springer.

Tänzler, J. (2013). *Corporate Governance und Corporate Social Responsibility im deutschen Mittelstand.* Dissertation. Berlin: Josef Eul.

Vöpel, N., Rüsen, T. A., Calabro, A., & Müller, C. (2013). *Eigentum verpflichtet – über Generationen. Gesellschafterkompetenz in Familienunternehmen.* Hg. v. pwc. Witten: Wittener Institut für Familienunternehmen, Pwc.

Weiler, S. (2015). Wie prägen nicht-ökonomische Faktoren die unternehmerische Orientierung von Familienunternehmen? *FuS, 6*, 213–219.

.

Gabor Neumann

23.1 Zusammenfassung

Die Fallstudie beschäftigt sich mit Family Business Governance als kritischen Faktor für den langfristigen Erfolg und Bestand von Familienunternehmen (in Familienhand). Gremien dienen dabei als Governance Instrumente und können den Einfluss von Familie und die Unternehmensinteressen in Einklang bringen. Dabei ist insbesondere die Besetzung der Gremien ein entscheidender Erfolgsfaktor, um als Mittler von Unternehmens- und Familieninteressen zu funktionieren. Das beschriebene Familienunternehmen steht vor wichtigen Entscheidungen hinsichtlich Besetzung und Rolle der etablierten Unternehmensgremien. Insbesondere die Altersstruktur und das geplante Ausscheiden des geschäftsführenden Gesellschafters, stellt das erfolgreiche Unternehmen vor große Herausforderungen. Einige familienexterne Gremienmitglieder würden gerne ihre Nachfolge regeln und aufgrund ihres Alters ausscheiden, andere möchten gerne weiter in den Gremien des Unternehmens bleiben. Die aktuellen Gremienmitglieder sind langjährige Begleiter des Unternehmens und tief mit dem Unternehmen und seinen Werten verwurzelt. Auch in der Nachfolge auf Seiten der Familie stehen gravierende Veränderungen an. Neben diesen Personalentscheidungen stehen die Mitglieder vor der Entscheidung wie die Rolle der Stiftung für die zukünftige Unternehmensstruktur aussehen soll.

G. Neumann (✉)
Stiftungslehrstuhl Führung von Familienunternehmen, Universität Bielefeld,
Wirtschaftswissenschaftliche Fakultät, Bielefeld, Deutschland
E-Mail: gabor.neumann@uni-bielefeld.de

© Springer Fachmedien Wiesbaden GmbH, ein Teil von Springer Nature 2020   271
B. Felden et al. (Hrsg.), *Fallstudien zum Management von Familienunternehmen*,
https://doi.org/10.1007/978-3-658-27721-5_23

23.2   Diskussionsfragen

Der vorliegende Fall kann aus einer Vielzahl unterschiedlicher Perspektiven der Family Business Governance analysiert werden. Somit kann die folgende Liste als Anregung für die Fallbearbeitung gesehen werden. Zusätzlich können auch, angelehnt an eigene Schwerpunkte, weitere Themen abgedeckt werden.

1. Was macht den Erfolg des Unternehmens aus? Wie ist die aktuelle Struktur der Unternehmensgruppe? Welche Gremien sind aktiv und welche Funktion haben sie?
2. Welche Rolle spielt die Gremienbesetzung für die Zukunftsfähigkeit der Gruppe?
3. Welche Fähigkeiten und Kompetenzen werden aus den Gremien für das Unternehmen abgerufen?
4. Wie sollten die Gremien in Zukunft besetzt werden?
5. Rolle von Gremien insbesondere der Stiftung: Wie wird sich die Rolle der Stiftung in Zukunft verändern und welche Besonderheiten sind zu beachten?
6. Wie verändert sich der Familieneinfluss mit dem geplanten Ausscheiden Karls und dem Eintritt seiner Frau?

23.3   Für die Fallanalyse relevante theoretische Modelle und Konzepte

Als Grundlage für die Betrachtung von Familienunternehmen aus einer Family Business Governance Perspektive ist folgende Literatur hilfreich:

Felden, B., Hack, A., & Hoon, C. (2019). Management von Familienunternehmen: Besonderheiten – Handlungsfelder – Instrumente. 2. Aufl. Wiesbaden: Springer.

Koeberle-Schmidt, A. (2011). Family Business Governance: Aufsichtsgremium und Familienrepräsentanz. Springer-Verlag.

May, P. (2009). Familienunternehmen erfolgreich führen – Von der Inhaber-Strategie zur Unternehmens-Strategie. Zeitschrift für Betriebswirtschaft, Special, (2), 113–126.

Für die Auswahl von Gremienmitgliedern in einer Governance Struktur sind folgende Literaturhinweise zur Person-Environment Fit Theory (P-E Theory) für die Studierenden hilfreich:

Caplan, R. D. (1987). Person-environment fit theory and organizations: Commensurate dimensions, time perspectives, and mechanisms. Journal of Vocational behavior, 31(3), 248–267.

Kristof, A. L. (1996). Person-organization fit: An integrative review of its conceptualizations, measurement, and implications. Personnel Psychology, 49(1), 1–49.

23.4   Antwortmöglichkeiten für die Diskussionsfragen

1. Was macht den Erfolg des Unternehmens aus? Wie ist die aktuelle Struktur der Unternehmensgruppe? Was sind die Gremien und welche Funktion haben sie?

   Die Studierenden sollen lernen komplexe Unternehmensstrukturen und Machtverhältnisse in Familienunternehmen zu verstehen (Organigramm und die Zusammensetzung des Unternehmens) und die wichtigsten Erkenntnisse und Informationen auszuwerten. Familie Business Governance (Koeberle-Schmidt, A. (2011). Gremien in Familienunternehmen: Felden, B., Hack, A. & Hoon, 2019). Der Aufsichtsrat des Unternehmens hat die klassischen Funktionen und Aufgaben eines Aufsichtsrats: Beratung, Personalauswahl, Kontrolle. Neben der Auswahl der leitenden Persönlichkeiten (Geschäftsführung und Prokuristen) unterstützt er die Geschäftsleitung bei strategischen Fragen und dient als Kontrollinstanz für das Handeln dieser. Die Stiftung fungiert als Gegenpol zur Familie und soll sowohl der Geschäftsführung als auch den Mitarbeitenden Rückhalt und Sicherheit geben. Sie dient als Korrektiv und kann mit dem Vetorecht des Minderheitsgesellschafters, wichtige Entscheidungen blockieren. Außerdem ist die Stiftung stark in Forschungs- und Entwicklungsprojekte eingebunden und hat den Anspruch die Werte und Kultur der Gruppe für kommende Generationen zu erhalten. Sie kontrolliert darüber hinaus die Eignung von Familienmitgliedern für die Mitarbeit im Unternehmen und begleitet diese.

2. Welche Rolle spielt die Gremienbesetzung für die Zukunftsfähigkeit der Gruppe?

   Die Studierenden sollen erkennen, dass sich Strukturen ändern können und dass erfolgreiche Gremienarbeit stark von der Zusammenarbeit der Mitglieder abhängt. Außerdem ist eine hohe Identifikation mit dem Unternehmen neben den fachlichen Kompetenzen notwendig. Des Weiteren führen kontroversere Rollenverständnisse in den Gremien zu besseren Lösungen für das Unternehmen. Person-Environment/Person-Organization Fit Theory z. B. Kristof, A. L. (1996). Das Gremium ist erfolgreich, da hier sehr loyale Mitglieder agieren, die die gleichen Wertvorstellungen teilen. Sie verfügen über eine gemeinsame Grundvorstellung für die Ausrichtung des Unternehmens und bringen außerdem verschiedene Expertisen und Persönlichkeitsmerkmale in das Unternehmen ein (Übergang zu Frage 3).

3. Welche Fähigkeiten und Kompetenzen werden aus den Gremien für das Unternehmen abgerufen? Und wie könnte eine zukünftige Gestaltung aussehen?

   Gremien haben eine zentrale Bedeutung für die strategische Ausrichtung des Unternehmens und sind insbesondere in Familienunternehmen wichtige Instrumente für erfolgreiche Corporate Governance Strukturen. Koeberle-Schmidt, A. (2011). Felden, B., Hack, A., & Hoon (2019) Das Unternehmen zeichnet sich durch eine langfristige Verbundenheit der führenden Persönlichkeiten aus und hatte in den Gremien einen Altersschnitt von über 72 Jahren. Somit verfügen die Gremien über viel Erfahrung, jedoch auch eine hohe Altersstruktur.

Der Justiziar bringt die juristische Expertise ein sowie einen analytischen, strategischen Blick auf das Unternehmen. Konrad und Ferdinand sind eher der emphatische Gegenpol. Beide haben eine tiefe Verbundenheit zu den Handelnden im Unternehmen. Ferdinand selber als langjähriger Geschäftsführer und „Ziehsohn" Karls und Konrad als langjähriger Freund und kritischer Querdenker. Die informelle Montagsrunde Konrads mit der Geschäftsführung verschafft eine hohe Transparenz und ein Verständnis für die Stimmung im Unternehmen. Franz ist dabei eher emotional und hat seit seiner aktiven Zeit bewusst etwas Abstand zum Unternehmen aufgebaut. Er versucht dem Unternehmen mit Rat und Tat zur Verfügung zu stehen. Leopold verfügt über ein hohes Markt- und Produkt Knowhow. Die Beurteilung von möglichen Forschungs- und Entwicklungsprojekten kann er fachlich begleiten und qualifizierten Input geben. Joseph sieht sich zwar im Erbe seines Vaters, hat jedoch einen anderen Führungsstil als dieser und möchte aus Altersgründen aus der aktiven operativen Rolle ausscheiden. Er ist sich jedoch seiner Verantwortung für das Unternehmen aufgrund seiner Geschäftsanteile bewusst. Einige Anteile wurden an die Stiftung übergeben (Anteil von 5 % auf 25 % gestiegen). Er wünscht sich, dass seine Frau seine Rolle einnimmt und die Familie im Unternehmen vertritt. Die Mitglieder sind sehr unterschiedlich und bringen neben der fachlichen Diversität verschiedene Persönlichkeiten mit ein.

Einige der genannten Mitglieder wollen ihre Nachfolge regeln. Eine weitere Besonderheit ist die Personalunion von wichtigen Posten. Wurden Posten in den letzten Jahren frei und konnten nicht besetzt werden, so wurden diese von bereits etablierten Führungskräften oder Vertrauten der Familie besetzt. Dies verschärft die Schwierigkeit in der Besetzung der Gremienposten, zeigt aber auch Vorteile: eine sehr schnelle Kommunikation innerhalb der Gremien und eine hohe Transparenz.

4. Rolle von Gremien insbesondere der Stiftung: Wie wird sich die Rolle der Stiftung in Zukunft verändern und welche Besonderheiten sind zu beachten?

Auch die Handlungsfelder von Gremien und deren Aufgaben können sich verändern. Studierende sollen ein Gefühl für die Herausforderungen von Familienunternehmen kennenlernen, insbesondere bei einem Wechsel der Machtverhältnisse. Koeberle-Schmidt, A. (2011). Felden, B., Hack, A., & Hoon (2019) Die Stiftung wird verstärkt einen familiennahen Charakter erhalten. Außerdem führt der steigende Anteil am Unternehmen zu einer größeren Rolle als Gesellschafter. Die Satzung verhindert jedoch einen Vorsitz der Familie. Somit ist die Entwicklung der Gruppe stark von einer effizienten Besetzung dieses Gremiums abhängig. Sie muss den Spagat zwischen den Familieninteressen und dem Unternehmen leisten. Die Mitglieder müssen eine eigene Meinung einbringen und sowohl fachlich als auch emphatisch sein, um dieser schwierigen Rolle gerecht zu werden. Eventuell benötigt die Stiftung einen Branchen-/Marktkenner, um die Expansionspläne des Unternehmens beurteilen zu können.

5. Wie verändert sich der Familieneinfluss mit dem geplanten Ausscheiden Karls und dem Eintritt seiner Frau?

Die Rolle von Familienmitgliedern kann sich im Zeitverlauf verändern. Dabei muss sich das Familienmitglied darüber bewusst sein, dass es unter Umständen eine andere Rolle einnehmen muss. Koeberle-Schmidt, A. (2011). Felden, B., Hack, A., & Hoon (2019). May, P. (2009). Durch Josephs geplantes Ausscheiden wird das Unternehmen nicht mehr inhabergeführt sein. Joseph ist zwar weiterhin in der Stiftung, kann jedoch aufgrund der Satzung (Kein Vorsitz mit Anteilen am Unternehmen) nicht den Vorsitz dieser übernehmen. Somit ist sein Einfluss nur noch über die Gesellschafterversammlung möglich. Außerdem wäre eine Übernahme der Position des Aufsichtsratsvorsitzenden denkbar. Für seine Frau gilt diese Einschränkung nicht, jedoch ist sie durch ihre aktive Einbindung in das operative Tagesgeschäft bereits stark eingespannt. Außerdem ist mit der Aufnahme von Josephs Frau der Familieneinfluss in der Stiftung bereits gestärkt worden und eine Senkung des Altersschnitts erreicht worden.

23.5 Ablauf und Zeitplan

Die Fallstudie eignet sich insbesondere für Veranstaltungen die sich inhaltlich mit Governance Strukturen in Familienunternehmen und insbesondere Family Business Governance beschäftigen. Schwerpunkte des Falls sind die Struktur und die Rolle von Mitgliedern in Unternehmensgremien. Die Gesamtzeitdauer der Fallstudie soll zwischen 75 und 95 Minuten betragen.

Die Beantwortung der 1. Frage sollte dabei nicht länger als 15 Minuten dauern und den Studierenden einen Überblick über den Fall und die Struktur des Unternehmens geben. Dabei sollen die Studierende Kernelemente aus dem Themenfeld wiederfinden. Im 2. Teil (Frage 2 und 3) sollen explizit Gremien in Familienunternehmen dargestellt werden. Der Fall kann somit vorbereitend zu geplanten Veranstaltungsinhalten als auch vertiefend eingesetzt werden. Dabei sind sowohl Governance Theorien als auch Fit-Theorie (HR) sinnvoll einsetzbar. Je nach Tiefe und Schwerpunkt sollten für die Bearbeitung ca. 30–35 Minuten eingeplant werden.

Mit der Frage 4 wird ein Spezialfall für Familienunternehmen (Familienstiftung) skizziert. Studierende können hier mit der Stiftung und ihren möglichen Einsatzmöglichkeiten eine weniger verbreitete Gremienform kennenlernen. In Abhängigkeit von der Lehrveranstaltung kann hier tiefer auf Werte, Tradition und die Rolle des Interessenmittlers der Stiftung eingegangen werden (ca. 15–30 Minuten). Im letzten Teil der Fallstudie wird nochmals explizit ein Zukunftsbild gezeichnet. Wie ändert sich der Familieneinfluss über die Zeit und welche Folgen hat dies für das Unternehmen und insbesondere für die Gremien (ca. 15 Minuten).

Quellenverzeichnis und weiterführende Literatur

Caplan, R. D. (1987). Person-environment fit theory and organizations: Commensurate dimensions, time perspectives, and mechanisms. *Journal of Vocational Behavior, 31*(3), 248–267.

Felden, B., Hack, A., & Hoon, C. (2019). *Management von Familienunternehmen: Besonderheiten – Handlungsfelder – Instrumente* (2. Aufl.). Wiesbaden: Gabler.

Koeberle-Schmidt, A. (2011). *Family Business Governance: Aufsichtsgremium und Familienrepräsentanz*. Wiesbaden: Springer.

Kristof, A. L. (1996). Person-organization fit: An integrative review of its conceptualizations, measurement, and implications. *Personnel Psychology, 49*(1), 1–49.

May, P. (2009). Familienunternehmen erfolgreich führen – Von der Inhaber-Strategie zur Unternehmens-Strategie. *Zeitschrift für Betriebswirtschaft*, (Special (2)), 113–126.

Die Unternehmensnachfolge in der Moritz GmbH

24

Birgit Felden und Antje Hagen-Franz

24.1 Zusammenfassung

Das mittelständische Familienunternehmen Moritz GmbH, ist seit 1946 im Bereich der Stahlverarbeitung tätig. Der Schwerpunkt liegt in den Branchen Entsorgungstechnik und Katastrophenschutz. Das Unternehmen mit 33 Mitarbeitern vertreibt seine Produkte sowohl national als auch international.

Horst Moritz hält 80 % der GmbH-Anteile, je 10 % hat er 2004 seinen beiden leitenden Mitarbeitern Groß und Wonschack übertragen. Neben Containern mit militärischer Signal- und Nachrichtentechnik produziert die Moritz GmbH Komponenten für Bunker, LKW-Aufbauten und mobilen Nachschubeinrichtungen. Das Unternehmen selbst läuft profitabel, die langfristige Perspektive scheint jedoch durch eine unklare Nachfolgesituation und die deutlich schwankenden Umsätze gefährdet.

Die Eheleute Moritz haben drei Kinder. Heiko, der Älteste, war bereits im Unternehmen tätig, verlässt es jedoch relativ bald darauf wieder nach einem Zerwürfnis mit dem Vater. Nachdem Horst Moritz einen Herzinfarkt erleidet, den er dank schneller Versorgung überlebt, muss er jetzt konkret die Nachfolge im Unternehmen regeln. Die mittlere Tochter Veronika könnte sich eine Übernahme ebenfalls vorstellen. Kevin Moritz der jüngte Sohn ist Künstler, ist aber an finanziellen Zuflüssen aus dem Unternehmen interessiert. Auch die beiden bereits beteiligten leitende Mitarbeiter stehen für eine Nachfolgeregelung zur Verfügung. Doch persönliche Befindlichkeiten untereinander, die Frage der passenden Qualifikation sowie finanzielle Themen lassen den Fall komplex werden.

In Form von Familienkonferenzen sollen Schritt für Schritt alle relevanten Punkte besprochen werden. Diese Fallstudie ist als Rollenspiel (LARP) ausgelegt, weil sich die

B. Felden (✉) · A. Hagen-Franz
EMF-Institut der HWR Berlin, Berlin, Deutschland
E-Mail: felden@birgitfelden.de

© Springer Fachmedien Wiesbaden GmbH, ein Teil von Springer Nature 2020 277
B. Felden et al. (Hrsg.), *Fallstudien zum Management von Familienunternehmen*,
https://doi.org/10.1007/978-3-658-27721-5_24

vielfältigen Aspekte und Interdependenzen der Unternehmensnachfolge am besten anhand möglichst konkreter Beispiele vermittelt werden. Jede Unternehmensnachfolge erfordert eine eigene Lösung, die den beteiligten Personen und Unternehmen wirklich gerecht wird. Daher gibt es keine richtige oder gar ideale Lösung, sondern jede Spielgruppe wird ihre eigene Lösung finden. Das LARP basiert auf der (fiktiven) Unternehmerfamilie Moritz, die das Lehrbuch Unternehmensnachfolge begleitet. Der vorliegende Fall ist für Bachelor- und Masterstudierende geeignet.

24.2   Setting für das LARP

Es sind folgende Rollen zu besetzen (Abb. 24.1):

Moderatorin

Eltern: Horst Moritz, Vater (65) und Else Moritz, Mutter (63)

Kinder: Heiko (32), Veronika (30) und und Kevin (25)

Mitarbeiter, die potenzielle Nachfolger sein können: Manfred Groß (55) und Ludwig Wonschack (42)

Weitere Personen: Frau Ehlers, Sekretärin (63) und Anna-Maria Moritz, Schwägerin von Horst (62)

Die Studierenden entscheiden sich für eine Rolle oder es werden Rollen ausgelost. In Kursen mit mehr Studierenden als Rollen werden die Rollen mehrfach besetzt. Studierende, die nicht spielen, sind externe Beobachter und bekommen ggf. konkrete Beobachteraufgaben. Sind weniger Studierende als Spielpersonen vorhanden, kann die Aufgabe der Moderatorin von einem Familienmitglied übernommen werden. Die Rolle von Frau Ehlers und von Anna Maria Moritz können ggf. entfallen.

Die Studierenden erhalten die Fallstudienunterlagen sowie die geheimen Informationen über ihre eigene Spielperson. Wichtig ist, dass sich alle mit der Rolle identifizieren und bereit sind, diese auch entsprechend auszufüllen. Dabei ist schauspielerisches Talent und Kreativität bei der Ausfüllung der Rollen durchaus gewünscht. Gerne können die Studierenden auch Details erfinden. Namensschilder sind hilfreich, um die Rollen leicht identifizieren zu können.

Das LARP ist in drei Teile untergliedert. Es können auch nur ein oder zwei Teile gespielt werden. In jeder Runde wird eine Familienkonferenz mit unterschiedlichen Themen und Aufgaben gespielt.

Die Studierenden sitzen in einem Stuhlkreis zusammen. Eine Hilfe im Gespräch kann die Visualisierung der Inhalte auf einem Flipchart sein. Alternativ können alle gemeinsam an einem Besprechungstisch sitzen und diesen durch Kärtchen, Zuordnungen und Zeichnungen nutzen.

Die Moderatorin kann im Rahmen der Gesprächsmoderation auf die im theoretischen Teil erläuterten Punkte aus dem Nachfolgefahrplan eingehen und die Teilnehmenden entsprechend lenken.

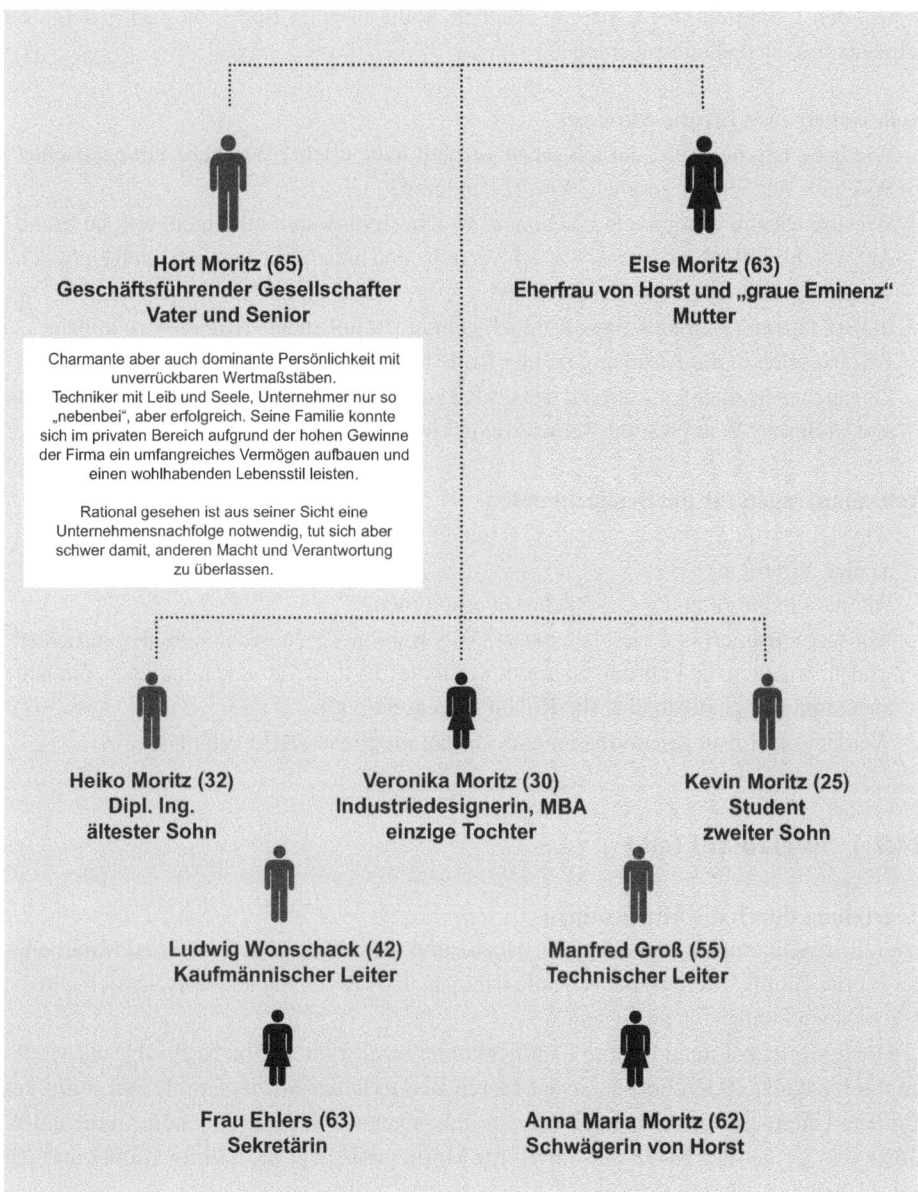

Abb. 24.1 Setting für das LARP. (Quelle: Eigene Darstellung)

Um den Lerneffekt des LARP zu erhöhen, sollte in einer Reflexion nach jedem Teil folgende Fragen diskutiert werden:

Reflexionsfragen für die Akteure:
- Wie habe ich die Rolle, die ich selbst gespielt habe erlebt? Was habe ich beobachtet? Was habe ich bei mir gesehen? Was bei anderen?
- Wie authentisch waren meine Aktionen. Welche Teile waren mir eigen, welche fremd?
- Auf welche Teilnahme (= das, was ich verstehe und annehme) kann ich mich einlassen? Wo gibt es Grenzen? Was lehne ich ab?
- Im Falle eines Konfliktes: Was hätte ich gebraucht, um anders reagieren zu können?
- Was hat mich in der Ausübung meiner Rolle behindert, bzw. unterstützt?
- Zu welchen Momenten während des LARP konnte ich aktiv zur Entwicklung beitragen und wodurch? Wann war das schwierig und warum?

Reflexionsfragen für die Beobachtenden:
- Wie stellt sich das Soziogramm da? (Hierachien, Verbindungen der einzelnen untereinander, Konflikte)
- Wer hat die Führung des Gespräches übernommen?
- Wer war engagiert und wer distanziert? Was wäre gewesen, wenn eine der zurückhaltenden Personen die Führung übernommen hätte? Evtl. 2. Variante mitspielen, um neue Ideen und Perspektiven über die Rollen zu generieren.
- Wurden gute Lösungen erarbeitet und was hat möglicherweise gefehlt?

24.2.1 Spielablauf Teil 1

Begrüßung durch die Moderatorin
„Herzlich Willkommen, liebe Familie Moritz und liebe Mitarbeiterinnen und Mitarbeiter der Moritz GmbH! Mein Name ist Anita Ripolizc und ich freue mich, dass Sie sich alle die Zeit nehmen können, dabei zu sein."

Horst Moritz hat mich für ihre Familienkonferenzen zum Thema Nachfolge als Moderatorin hinzugeholt. Ich bin schon seit Jahren Beraterin der Moritz GmbH und somit gut mit dem Unternehmen vertraut. Einige von Ihnen kenne ich daher ja schon. Gerne unterstütze ich Sie bei der Nachfolge für Herrn Moritz. Mir liegt die Moritz GmbH und ein guter Übergang sehr am Herzen.

Da ich Sie nicht alle kenne, möchte ich Sie bitten, sich in dieser Runde kurz vorzustellen. Erzählen Sie mir bitte, wie sie mit Horst Moritz und der Moritz GmbH in Verbindung stehen und was für die Unternehmensnachfolge aus Ihrer Sicht wichtig sein kann.

Jetzt stellen sich alle am Tisch mit ihrem (offenen) Profil kurz vor.

Nach der Vorstellungsrunde leitet die Moderatorin in die Diskussion ein:

Vielen Dank für diese eindrucksvolle und auch sehr ehrliche Vorstellungsrunde. Heute geht es um die Vorbereitung einer Nachfolgeregelung. Die erste Aufgabe ist es, möglichst konkrete Ziele für die Zukunft der Moritz GmbH zu besprechen. Außerdem wollen wir uns darüber verständigen, wo das Unternehmen heute steht. Es geht also noch nicht darum, konkrete Lösungen zu entwickeln, dazu ist es noch zu früh.

Wichtig ist dabei Offenheit von Ihnen allen und die Bereitschaft, konstruktiv miteinander umzugehen. Wir sollten uns hierfür rund eine Stunde Zeit nehmen.

Abschließend fasst die Moderatorin die wesentlichen Ergebnisse der Diskussion zusammen…

Sie schließt mit einem Dank an die Teilnehmer und ggf. dem Ausblick auf die nächste Familienkonferenz.

24.2.2 Spielablauf Teil 2

Die Moderatorin begrüßt zum zweiten Treffen

„Guten Tag in die Runde, es freut mich, dass auch heute alle von Ihnen wieder dabei sind, um weitere Schritte zu besprechen. In der ersten Sitzung haben wir ja gemeinsam schon einige erste Gedanken zu den Zielen der Beteiligten und zur aktuellen Situation ausgetauscht. Ich fand das sehr wichtig und gut, aber sicherlich haben Sie alle im Nachgang das Gespräch noch einmal reflektiert. Daher möchte ich Sie zunächst bitten, dass jede und jeder von Ihnen einmal kurz zusammenfasst, was die wesentliche Erkenntnis aus dem letzten Treffen für Sie war und auch wo Sie vielleicht auch noch nicht zufrieden sind."

Teilnehmer berichten kurz

Die zu klärenden Punkte werden in die Agenda aufgenommen

Die Moderatorin erklärt das Ziel des heutigen Treffens:

„Heute geht es darum, ein gutes Konzept für die Nachfolge zu entwickeln. Wir werden uns vor allem auf die Führungs- und die Eigentumsübertragung konzentrieren. Auch dieses Mal bitte ich Sie darum, offen und ehrlich miteinander umzugehen. Wir haben wieder rund eine Stunde Zeit für unser Gespräch. Wie sind denn Ihre bisherigen Gedanken dazu?"

Die Teilnehmenden diskutieren.

Abschließend fasst die Moderatorin die wesentlichen Ergebnisse der Diskussion zusammen…

Sie schließt mit einem Dank an die Teilnehmenden und ggf. dem Ausblick auf die nächste Familienkonferenz.

24.2.3 Spielablauf Teil 3

Die Moderatorin begrüßt zum dritten Treffen

Wie schön, dass Sie alle da sind, herzlich willkommen zu unserer 3. Familienkonferenz. Wir sind das letzte Mal einen guten Schritt weitergekommen und haben….

(Kurze Zusammenfassung des letzten Standes in wenigen Sätzen)

Gibt es noch etwas, was aus Ihrer Sicht beim letzten Mal nicht ausreichend diskutiert wurde?

Teilnehmer berichten kurz

Die zu klärenden Punkte werden in die Agenda aufgenommen

Die Moderatorin erklärt das Ziel des heutigen Treffens:

Heute stehen wichtige Themen auf der Agenda: Es geht um die Umsetzung der Nachfolge. Hierzu gehören z. B. die Notfallplanung sowie ein Maßnahmenplan für die von Ihnen beim letzten Mal gewählte Lösung. Es müssen Aufgaben, Verantwortliche und Termine definiert werden, welche die Umsetzungsphase strukturieren und transparenter machen.

Die Teilnehmer diskutieren.

Abschließend dankt die Moderatorin den Teilnehmenden für die konstruktive Zusammenarbeit.

24.3 Geheime Spielerinformationen

Die nachfolgenden Informationen sind nur für die jeweilige Rolle bestimmt. Sie sind in einen Teil 1 und einen Teil 2 unterteilt und werden demzufolge im ersten bzw. im zweiten Teil des LARP ausgehändigt.

24.3.1 Teil 1: Informationen zum ersten Teil des Rollenspiels ausgehändigt

Horst Moritz

Horst, du bist schon immer Techniker mit Leib und Seele gewesen. Unternehmer bist du eher nebenbei geworden – aber dafür erfolgreich. Was du sagst, ist Gesetz und keiner stellt deine Entscheidungen in Frage. Andererseits bist du oft einsam und wünschst dir mitunter einen Sparringspartner. Doch auch deine besten und engsten Beschäftigten wagen es nicht, den Chef offen zu kritisieren.

Rational weißt du, dass du die Unternehmensnachfolge regeln musst, emotional tust du dich aber schwer damit, anderen Macht und Verantwortung zu überlassen. Außerdem hast du Angst vor Veränderungen. Deine Lieblingslösung wäre, dass die drei Kinder das Unternehmen zusammen übernehmen. Aber die sind halt sehr unterschiedlich. „Vielleicht liegt das ja auch daran, dass ich immer großen Wert auf Selbstständigkeit und Unabhängigkeit gelegt habe", hast du mal einem Unternehmerfreund beim Stammtisch anvertraut.

Die beiden leitenden Mitarbeiter Manfred Groß und Ludwig Wonschack sind wichtig für das Unternehmen. Deshalb hast du sie ja auch mit 20 % beteiligt. Ein vertragliches Vorkaufsrecht sichert, dass du jederzeit die Fäden in der Hand behältst.

Heiko war zwei Jahre im Unternehmen und ihr habt Euch nur gestritten. Da ihr beide Sturköpfe seid, hattet ihr über zwei Jahre keinen privaten Kontakt – auch nicht mit Else, deiner Frau, worunter sie sehr leidet. Du hast zwar auch sehr damit zu kämpfen, würdest dieses aber nie freiwillig zugeben. Du hattest damals einen Schenkungsvertrag zugunsten der Kinder erstellt und dabei auch die Altersvorsorge über eine Versorgungszusage geregelt, aber dazu ist es bisher nicht gekommen.

Kevin, deinen jüngsten Sohn, hattest du ihn genötigt, doch auch einmal ein wenig im Unternehmen zu arbeiten. Binnen kurzer Zeit war klar, dass Kevin sich nicht mit dem Unternehmen und der hier gelebten Kultur identifizierte. Beispielsweise kam er jeden Morgen erst gegen halb zehn ins Büro, weil er „lieber in den Abend hinein arbeitet". Du bist trotz deines Alters immer noch jeden Morgen vor Deinen Mitarbeitern im Betrieb und forderst auch von Deinen Leuten extreme Pünktlichkeit. Kevin kannst du Dir daher als Nachfolger nicht vorstellen.

Deine Tochter Veronika hat neumodische Vorstellungen von Unternehmensführung, von denen du absolut nichts hälst. Wenn es nach ihr ginge, sollen sich alle gut verstehen und freundschaftlich miteinander arbeiten. Sie ist ein toller Teamplayer- aber deshalb traust du ihr nicht zu, einfach mal auf den Tisch zu hauen.

Horsts mögliche Aussagen

Horst Moritz zu Veronika: „Ach, Veronika, auf so einer freundschaftlicher Duz-Ebene kannst du nichts durchsetzen. So ein Unternehmen braucht eine klare starke Führung! Wenn du die nicht übernehmen kannst und zu soft bist, tanzen dir, die Mitarbeiter auf der Nase herum."

Horst Moritz zu seiner Frau: „Manfred Groß und Ludwig Wonschack sind schon gute Mitarbeiter. Es wäre schade, wenn wir sie verlieren. Aber als Kopf der Moritz GmbH kann ich mir keinen von den beiden so richtig vorstellen. Die heißen halt nicht Moritz und gute Mitarbeiter sind noch lange keine guten Unternehmer."

Horst Moritz zu Heiko: „Du gehst einfach drauf los ohne nachzudenken und achtest nicht darauf, was links und rechts passiert. Es ist wichtig, dass du auch die Erfahrungen der langjährigen Mitarbeiter wie Groß und Wonschak berücksichtigst."

Zugeständnisse:

„Ich war nicht immer ein guter Vater, das weiß ich…"
     „Ich hatte zu wenig Zeit für die Familie"

Else Moritz

Du bist sehr auf Harmonie in der Familie bedacht, was nicht immer leicht ist. In deiner Ursprungsfamilie hast du negative Erfahrungen mit der Nachfolge erlebt und bist sehr besorgt. Du hast immer das Gefühl, die Familie leidet zu sehr unter der ständigen Präsenz des Betriebes und unter der ständigen Abwesenheit deines Mannes. Darauf führst du auch die schwierigen Beziehungen der Kinder mit dem Vater zurück. Bei den Differenzen zwischen Horst und Heiko hast du lange versucht zu vermitteln. Dir ist auch wichtig, dass sich die Geschwister untereinander gut verstehen und du bist oft traurig darüber, dass es nicht so einfach ist.

Kevin ist dein Küken, um den musst du dich am meisten kümmern. Er ist Künstler und nicht für das Unternehmertum geschaffen. Du steckst ihm oft Geld zu, auch höhere Summen, wenn er dich in einem schwachen Moment erwischt. Er hat es nicht so einfach wie die anderen, findest du, da er so sensibel ist. Horst gibt ihm einfach zu wenig Anerkennung. Über Kevins Lebenswandel magst du nicht urteilen und schaust oft drüber hinweg. Im Moment stehst du jedoch wirklich im Konflikt mit deinem Jüngsten, da er eine – aus deiner Sicht untragbare – Beziehung zu einer deutlich älteren Polin mit einem unehelichen Kind hat, die er finanziell unterstützt, indem er im Casino das Geld, was du ihm gegeben hast, verspielt. Du kannst ihn nicht davon abbringen.

Else Moritz mögliche Aussagen

Else Moritz zu ihrem Mann: „Ein wenig bange ist mir ja schon vor dem Thema Nachfolge. Ein Versuch mit unserem ältesten Sohn Heiko ist ja schon einmal schief gegangen. Wichtig ist mir auch, dass Kevin nicht leer ausgeht – der kommt ja gar nicht mehr über die Runden, wenn ich nicht mehr da bin. Ganz ehrlich, manchmal denke ich, wir sollten die Firma einfach verkaufen und unseren Kindern nur Geld hinterlassen. Wenn sich dann einer unternehmerisch betätigen möchte, kann er sich davon ja etwas Neues aufbauen!"

Heiko Moritz

Aktiv, extrovertiert und ein enthusiastischer Techniker und Ingenieur: So wirst du von anderen beschrieben. Mit deinem Vater war es schwierig. Er wollte dich so haben, wie er es wollte und sah nicht, deine Kompetenzen und Schaffenskraft! Du fühlst dich ausgebremst und bist immer noch wütend. Dabei bist du deinem Vater sehr ähnlich. Nach dem Streit wolltest du erst einmal „nie wieder" etwas mit dem Betrieb zu tun haben. Solange dein Vater das Unternehmen führt, willst du keinen Fuß reinsetzen. Deine langjährige Freundin ist froh über den damaligen Ausstieg aus dem Familienunternehmen, da sie sich ein Leben als Unternehmergattin nicht vorstellen kann. Als du von der Beteiligung der Mitarbeiter Groß und Wonschack hörtest, kamst du jedoch wieder ins Grübeln. Dabei hast du bemerkt, dass dir möglicherweise doch mehr an einer Übernahme liegt, als du dachtest.

Aber so, wie es jetzt ist, ist es viel zu eingefahren und verstaubt. Die Firmenstrukturen müssen geändert werden, um wettbewerbsfähig zu bleiben. Du hast viele Ideen aber kannst Unterstützung gebrauchen, diese zu lenken und zu fokussieren. Das könnte mit Veronika passen. Deine Schwester und du haben beide unterschiedliche Herangehensweisen. Ihr könntet Euch gut ergänzen. Und sie lässt dir bestimmt auch die Mehrheit der Anteile.

Heiko mögliche Aussagen

„Ich verstehe nicht, warum es sich mein Vater so schwer macht. Er soll doch einfach alles mir in die Hand drücken, ich werde sicher etwas Tolles daraus machen. Aber solange er jede noch so kleine Entscheidung selbst treffen will, gibt es für mich hier keinen Platz."

Veronika Moritz

Du hast „zu Hause" schon immer sehr viel von der Firma mitbekommen, beobachtet und gesehen, standest aber immer im Schatten deines großen Bruders.

Du kannst dich gut in Mitarbeiter hineinversetzen, siehst sie auf Augenhöhe und versuchst oft zu vermitteln. Mit deinem Einfühlungsvermögen und deiner Souveränität löst du viele Konflikte im beruflichen Alltag. Von der Art und Weise der Mitarbeiterführung deines Vaters hältst du nichts. Du legst Wert auf Gestaltungsmöglichkeiten und Freiheit für Ideen und Aktivitäten der Mitarbeiter und auch auf Anerkennung in Form von Vergütung. Bisher hast du dich aber nie eingemischt, da du wusstest, dass auf dich eh keiner hört. Aber dass du es einmal anders machen würdest, wurde dadurch immer bewusster.

Mit dieser Einstellung leitest du bei deinem derzeitigen Arbeitgeber ein kleines Team und bist auch für die Auszubildenden und Praktikanten zuständig. In deiner Branche ist es normal, Mitarbeitern Freiheit zu lassen, um deren kreative Potenziale voll auszuschöpfen.

Die Differenzen zwischen Heiko und Horst hast du aus der Ferne besorgt verfolgt. Du ärgerst dich auch, dass die Mutter nicht begreift, dass Kevin sie ausnutzt und allen auf der Tasche liegt. Aus deiner Sicht ist Kevin ein Schmarotzer. Er „verzockt" alles und ist verschwenderisch. Er ist nur von seinen „Emotionen" gesteuert (also in deinen Augen eher triebgesteuert) und interessiert sich nicht für die Familie und was wirklich aus dem Unternehmen wird. Hauptsache, er bekommt Geld, das scheint das einzige zu sein, was ihn interessiert.

Du hast auch Interesse das Unternehmen zu übernehmen, wolltest aber Heiko aufgrund der Planung der Eltern den Vorrang geben. Aber vielleicht denkt Papa jetzt ja auch einmal an dich? Das du führen kannst, zeigst du ja inzwischen. Heiko bewundert viele Eigenschaften an Dir und findet viele Deiner Ideen gut. Ihr könntet daher auch sehr produktiv zusammenarbeiten; aber unter ihm arbeiten würdest du nicht. Dann schon lieber alleine mit Groß und Wonschack. Du könntest dir aber auch vorstellen, einen guten Techniker von draußen zu holen, und ihn zum Co-Geschäftsführer zu machen. Und wenn er gute Arbeit leistet, warum ihm dann nicht auch eines Tages ein paar Anteile geben? Das motiviert doch mehr als nur Tantiemen.

Kevin Moritz

Du hast kein echtes Interesse an einer Tätigkeit im Unternehmen, obwohl du natürlich Erwartungen an ein künftiges Erbe und einen Status als Gesellschafter hast. Du interessierst dich am meisten für schnelle Autos und hübsche Frauen. Als Hobby betreibst du – sehr zum Ärger deiner Mutter – intensiv Motorsport. Dennoch kann sie dir keinen Wunsch abschlagen und so bekommst du immer mal eine „Geldspritze" von ihr, wenn du mal wieder Lust hast, ins Casino nach Baden-Baden zu fahren und dich dort am Spieltisch auszutoben.

Dein Vater hat dich nach dem Abitur genötigt, im Unternehmen zu arbeiten. Das war ok für dich, da du dringend Geld für dein Auto brauchtest. Doch die so genannte Kultur im Unternehmen hat dir nicht gefallen. Unter Kultur verstehst du wahrlich etwas anderes. Was soll z. B. dieses „Früher-Vogel"-Brauchtum? Arbeit kann doch zu jeder Tages- und

Nachtzeit erledigt werden. Mit diesem Pünktlichkeitsgetue in den frühen Morgenstunden, in denen normale Menschen noch schlafen, kannst du gar nicht.

Heiko ist wie dein Vater ohne Einfühlungsvermögen und kann nicht gut über den Tellerrand schauen. Das wichtigtuerische Management-Gerede deiner Geschwister geht dir auf den Geist. Einfach engstirnig, kein Wunder, dass die sich streiten.

Du hingegen wurdest von Anfang an ungerecht behandelt und hast Angst, zu kurz zu kommen. Es wurde ja nicht mal daran gedacht, dass du das Unternehmen führen könntest! Alle verkennen dich. Und dann behaupten sie, du seist egoistisch. Das ist ungerecht! Du fühlst Dich an den Rand gedrängt und denkst Dir: „Wenn ihr mich schon nicht ernst nehmt, dann bekomme ich wenigstens, was mir zusteht." Dann sollen sie wenigstens zahlen.

Anna Maria Moritz

Du bist durch das Leben, was dich ungerecht behandelt hat, sehr verbittert. Die Firma und deine 25 Prozent der Anteile des Besitzunternehmens sind dir als Erbe deines verstorbenen Mannes jedoch heilig. Als Gesellschafterin bist du immer kooperativ – die jährliche Ausschüttung durch die Vermietung der Immobilien an die Firma ist ja auch bisher zum Glück nie gefährdet gewesen.

Dein Lebensalltag ist geprägt von deinem starken Engagement in kirchlichen und sozialen Aktivitäten. Du leitest auch den Gesangverein von Brückstadt, malst und organisiert Vernissagen und Ausstellungen. Dadurch bist du in der Kleinstadt gut bekannt. Den Kontakt zum Rest der Familie hast du seit vielen Jahren lieber auf das Notwendigste reduziert. Du hast im Kreis vertrauter Freunde bereits laut mit dem Gedanken gespielt, Deinen Firmenanteil später der Kirche oder einem Künstlerverein zu vermachen. Was du bei dieser Konferenz sollst, kannst du dir nicht so richtig erklären.

Anna Maria Moritz mögliche Aussage

„Ihr wißt ja gar nicht, was echte Probleme sind! Euch interessiert nur Geld und Macht!"

Manfred Groß

Deine Welt ist die Produktion, hier macht dir keiner etwas vor. Selbstüberzeugt weißt du, dass ohne deine Anweisung gar nichts laufen würde. Außer Horst Moritz darf dir da auch niemand reinreden. Doch bist du unsicher, ob du auch in Zukunft noch die Kraft und Kreativität hast, neue Ideen für das Unternehmen zu entwickeln. Sorgen machst du dir wegen der Kontakte zu den beiden Großkunden, die ausschließlich Horst Moritz betreut. Und um die kaufmännischen oder unternehmerischen Fragen hast du dich auch nie wirklich gekümmert.

Deinen Firmenanteil von 10 Prozent, betrachtest du mehr als symbolisches Zeichen der Dankbarkeit und der Verbundenheit mit dem Inhaber. Wenn du aufhörst, würdest du ihn zurückgeben wollen, damit das Unternehmen in der Familie bleibt. Aber mit Heiko kamst du nicht gut zurecht und bist froh, dass dieser das Unternehmen verließ. Mit ihm willst du

auch in Zukunft nicht zusammenarbeiten. Veronika dagegen hältst du für die ideale Nachfolgerin „im Büro"; Technik kann sie nicht.

Manfred Groß mögliche Aussagen:

> „Meine Mutter ist ja ziemlich krank, die Ärzte geben ihr nicht mehr als ein Jahr. Traurig...
> aber: Ich werde einiges erben! Damit könnte ich ja möglicherweise meine Anteile im Unter-
> nehmen erhöhen. Bei mir hätte Horst immerhin die Gewissheit, dass ich sein Lebenswerk in
> Ehren halten werde.
>
> Wenn der Wettbewerb die Firma in die Finger bekommt und wir nur ein weiterer Standort
> sind, dann sind unsere Tage hier in Brückstadt wohl gezählt."

Ludwig Wonschack

Erst seit sechs Jahren bist du im Unternehmen. Seitdem hast du das marode Rechnungswesen auf Vordermann gebracht und ein professionelles Controlling aufgebaut. Auch das
Qualitätsmanagement kann sich für einen Betrieb dieser Größenordnung sehen lassen. Du
würdest den Mitarbeitern im Gegensatz zu Groß und Moritz gern mehr Verantwortung
geben. Nach längeren Diskussionen mit deinem Chef ist dir jedoch klar, dass du diese
Vorstellungen vorerst nicht in die Realität umsetzen kannst.

Seit deiner Beteiligung denkst du immer wieder über eine komplette Übernahme nach.
Du verstehst dich sehr gut mit dem Betriebsleiter Groß und könntest dir eine gemeinsame
Lösung mit diesem gut vorstellen.

Du hast jedoch noch eine andere Idee. Der Betrieb ließe sich auch gewinnbringend an
einen Wettbewerber, Karl-Heinz Kruwinkl (52), Inhaber eines ähnlichen Betriebes in Bayern, verkaufen. Er hat dir mal nebenbei gesagt: „Mal sehen, wie lange der alte Moritz noch
kann. Das mit seinem Sohn scheint ja schief gegangen zu sein. Unsere Kriegskasse ist
gefüllt, vielleicht ist er bald offen für ein gutes Angebot." Da hast du begonnen, schon mal
ein paar Unterlagen vorzubereiten. Einzig Frau Ehlers, die Büroleiterin, weiß davon, da
sie dir auch mal Termine hinter Horsts Rücken organisiert. Sie war lange Zeit ihrem Chef
treu verbunden. Doch gab es einen Vorfall mit der Familie, in der sie rücksichtslos behandelt wurde, was sie tief verletzte. Du hattest ein offenes Ohr für sie und dir vertraut sie.
Das ist in dieser Planung absolut wertvoll. Du kannst also auf sie zählen und nach deinen
Interessen das Unternehmen für dich nutzen.

Wonschacks mögliche Aussage an einer dafür passenden Stelle:

> „Ohne meine guten Verhandlungen mit den kreditgebenden Banken wären wir heute nicht da,
> wo wir sind. Ich habe damals wesentliche Konditionsverbesserungen heraushandeln können!
> Horst hat das sehr beeindruckt."

Wonschack zu Groß: „Ich bin mir nicht sicher, ob sich das Unternehmen in Zukunft so viel
Familie leisten kann. Wir werden sicher noch internationaler, globaler arbeiten müssen
und so, wie der Wettbewerbsdruck auf das Unternehmen wächst, wird auch der künftige
Unternehmer diesen Druck spüren. Nur echte Profis werden damit zurechtkommen."

Ruth Ehlers

Du warst die ganzen Jahre immer loyal der Familie gegenüber bis zu dem Zeitpunkt, wo Heiko und Veronika dich plötzlich abgekanzelt haben wie eine Auszubildende. Darauf bist du zu Horst Moritz gegangen, um dich zu beschweren. So darf niemand nach all der Verbundenheit und den Jahren mit dir umgehen! Du warst bis dahin Teil der Familie, hast die Kinder aufwachsen sehen und nun so eine Behandlung! Doch Horst sagte nur, dass du doch nicht so sensibel reagieren solltest. Die Zeiten hätten sich geändert, das müsstest du auch akzeptieren und nicht aus einer Mücke einen Elefanten machen. Du hast bis dahin geglaubt, dass du zur Familie gehörst und nun wirst du als „billige Angestellte" abgetan.

Du vertraust dich Ludwig Wonschak an und triffst auf Verständnis und Wertschätzung. Das führt dazu, dass du für ihn kleine Aufträge nebenbei ausführst. Selbstverständlich unter dem Deckmantel des Vertrauens. So ganz wohl fühlst du dich dabei nicht, aber was du nicht weißt, macht dich nicht heiß.

24.3.2 Teil 2: Informationen zum zweiten Teil des Rollenspiels ausgehändigt

Horst Moritz

Diese Familienkonferenzen verunsichern dich – so mit allen gemeinsam diskutieren, findest du nicht wirklich gut. Du willst lieber allen einen Schritt voraus sein. Daher triffst du dich mit einem Berater, der sich auf konzeptionelle Beratung der Nachfolge spezialisiert hat. Der „Notfallplan" steht für dich mit der Berufung deiner zwei Mit-Geschäftsführer. Auf Nachfragen des Beraters musst du jedoch zugeben, dass es auch heute noch Konten gibt, zu denen nur du selbst Zugang hast, und wichtige Unterlagen, von denen weder Groß noch Wonschack wissen, dass sie existieren und wo sie aufbewahrt werden.

Als Altersversorgung können du und deine Frau kaum Rente o. ä. erwarten, das Hauptvermögen ist im Unternehmen gebunden. Das Privatvermögen von euch sieht wie folgt aus:

T€ 800 Aktienfonds u. ä. gehören alleine Horst Moritz

T€ 500 einige Wohnungen und Appartements in Brückstadt im Besitz von Else

T€ 600 privat genutztes Einfamilienhaus Horst und Else gemeinsam

T€ 1200 Gesellschafterdarlehen Horst an die GmbH für Wachstumsstrategie

Else Moritz

Du hast davon gewusst: Horst hat nach der Ausbildung von Heiko mit dem Notar einen Schenkungsvertrag zugunsten der Kinder und einen neuen Gesellschaftsvertrag erstellt. Der Gesellschaftsvertrag sieht ein lebenslanges Mitbestimmungsrecht für Horst Moritz vor und der Schenkungsvertrag ist mit einer Versorgungsklausel bis zum Lebensende der Eltern versehen, die gekoppelt ist an den Lebenshaltungsindex der Bundesrepublik Deutschland. Diese Dokumente sind jedoch nie unterzeichnet worden. Sie liegen immer noch im Safe zuhause.

Heiko Moritz

Du hast ein „normales" Ingenieurstudium absolviert, in dem weder Unternehmertum noch Unternehmensnachfolge eine Rolle spielten. Du hast zwar einige Vorträge und Seminare bei der IHK von Brückstadt besucht, warst jedoch schnell frustriert, weil du immer das Gefühl hattest, eigentlich müsste dein Vater sich mehr um die Nachfolge kümmern als du. Das findest du immer noch und es ärgert dich, dass dein Vater immer noch so passiv ist. Er macht es sich zu leicht, es auf seine Krankheit zu schieben, findest du.

Veronika Moritz

Du besuchst nach längerer Zeit einmal wieder deine Eltern im Büro der Firma. Dabei fällt dir auf, dass sämtliche Wände in dem Gebäude kahl sind, ganz im Gegensatz zu deinem momentanen Arbeitgeber. Auf Nachfrage sagen deine Eltern, dass man sich im Arbeitsumfeld möglichst auf die Arbeit konzentrieren soll. Mit dieser Auffassung, berichtet dein Vater, konnte er auch immer alle Mitarbeiter davon überzeugen, dass die direkte Beschäftigung mit dem Produkt und der Problemlösung für den Kunden die zentrale Aufgabe darstellt.

Bei dem MBA-Programm, das Du absolviertest, wurden unternehmerische Fragestellungen durchaus besprochen, allerdings meist aus der Perspektive von Entscheidungsträgern in größeren Konzernen. Du bist Dir nicht sicher, ob alle Ansätze, Methoden und Werkzeuge, die Du dabei kennen gelernt hast, auch im Mittelstand Anwendung finden können. Aufgrund deiner Berufserfahrung in kleinen und mittleren Unternehmen traust du dir die Tätigkeit bei der Moritz GmbH aber zu. Als Ergänzung willst du an einem Jahresprogramm für Nachfolgerinnen eines Branchenverbandes teilnehmen. Dabei steht für dich neben dem fachlichen Inhalt auch der Kontakt und Austausch mit anderen jungen Menschen in einer ähnlichen Situation im Mittelpunkt. Du hast das Gefühl, mit deinen Freunden, Kommilitonen und Arbeitskollegen aus früheren Stellungen deine Erfahrungen nur begrenzt teilen zu können.

Kevin

Ein Freund hat dir kürzlich gesagt: „Du erbst ja einmal ein Drittel vom Unternehmen deiner Eltern, damit hast Du ja ohnehin ausgesorgt." Hm, ob das so stimmt? Ob du dann auch in dem Laden arbeiten musst? So richtig weißt du nicht, was du sonst mit einem Unternehmensdrittel anfangen sollst. Das solltest du auf der Konferenz mal fragen. Und was ist eigentlich mit dem Privatvermögen der Eltern – da willst du auch mal Bescheid wissen.

Manfred Groß

Eure Gesellschaftsanteile von jeweils zehn Prozent haben Herr Wonschack und du über eine Mitarbeiterkapitalbeteiligung erhalten. Dafür habt ihr einen Teil eures Gehalts dem Unternehmen als Darlehen zur Verfügung gestellt. Für das Darlehen wurde eine Verzinsung von jährlich sieben Prozent ausgehandelt. Nach einigen Jahren wurden die Darlehen in Anteile zum Nominalwert umgewandelt. Damit konntet ihr beide einen Anteil erwerben, ohne eigenes Kapital einbringen zu müssen.

Wonschack und du habt schon mehrmals über eine Beteiligungsgesellschaft diskutiert, damit ihr die Firma alleine kaufen könntet. Wonschack erklärt, dass es verlässliche Mittelstandspartner wären, aber du denkst eher: „Die verstehen gar nicht, was wir hier machen!"

Mögliche Reaktion, wenn Heiko das Unternehmen übernehmen will:

„Du glaubst doch wohl nicht, dass ich unter dir bei Moritz arbeiten würde?"

Mögliche Reaktion, wenn Veronika oder Kevin das Unternehmen übernehmen wollen:

„Ganz ehrlich, das schafft ihr nicht und ich muss mir nicht anschauen, wie alles den Bach runter geht, da gehe ich lieber in Rente."

Ludwig Wonschack

Eure Gesellschaftsanteile von jeweils zehn Prozent haben Herr Groß und du über eine Mitarbeiterkapitalbeteiligung erhalten. Dafür habt ihr einen Teil eures Gehalts dem Unternehmen als Darlehen zur Verfügung gestellt. Für das Darlehen wurde eine Verzinsung von jährlich sieben Prozent ausgehandelt. Nach einigen Jahren wurden die Darlehen in Anteile zum Nominalwert umgewandelt. Damit konntet ihr beide einen Anteil erwerben, ohne eigenes Kapital einbringen zu müssen.

Aufgrund von Unterhaltsverpflichtungen für deine geschiedene Frau und deine drei minderjährigen Kinder bist du gar nicht in der Lage, ausreichend Kapital für einen Kauf der Firma aufzubringen. Daher versuchst du Groß die Einbindung einer Beteiligungsgesellschaft schmackhaft zu machen. Groß erklärt dir, dass die „nicht verstehen, was wir hier machen!" Deine Argumente in der Diskussion: „Die schauen auf die Zahlen und wollen Transparenz! Das sind auch keine Heuschrecken, es sind verlässliche Mittelstandspartner, sonst hätte die Bank uns die doch nicht empfohlen." „Und du sagst doch selbst, dass du mehr Mittel für die Produktion brauchst!"

Aber du kannst du dir auch vorstellen, nach einem möglichen Verkauf als Geschäftsführer weiter beim neuen Inhaber zu arbeiten. Du vertraust auf deine Qualifikationen und Kompetenzen als kaufmännische Führungskraft, die auf dem Arbeitsmarkt immer gesucht werden.

Mögliche Reaktion von dir, falls eines der Kinder das Unternehmen alleine übernehmen will: „Ernsthaft? Ich lasse mir doch von Euch blutigen Anfängern nichts vorschreiben! Das kann nicht funktionieren! Also zahlt mir einen guten Preis für meine Anteile und dann bin ich raus…"

Ruth Ehlers

Du könntest ein bisschen Spannung in die Diskussion bringen – so kannst du dich für die Ungemach von früher rächen. Evtl. verplapperst du dich, was deine Dienste für Herrn

Wonschack betreffen. Erwähnst z. B. aus Versehen den Namen Kruwinkl (Konkurrenzfirma aus Bayern) und ein Treffen zwischen Wonschak und ihm… Denke dir etwas Passendes aus, je nach Gesprächsverlauf.

Anna Maria Moritz

Du bist lediglich an der Besitz-GbR beteiligt. Daraus ergibt sich ein potenzieller Interessenskonflikt. Während für Horst das Überleben und die Weiterentwicklung des Unternehmens im Vordergrund steht und er auch schon mal die Miete kürzen will, bist du auf eine regelmäßige Ausschüttung bedacht, um deinen Lebensunterhalt sowie deine künstlerischen und wohltätigen Ambitionen zu finanzieren.

24.4   Ablaufvorschlag

Der Fall eignet sich ideal für ein Blockseminar oder mehrere Veranstaltungen. So könnte über ein ganzes Semester der Prozess einer Nachfolge iterativ zunächst theoretisch erarbeitet werden, um nach jeder Phase dann im Rollenspiel die Umsetzung zu erleben.

Ein derartiger Nachfolgeprozess lässt sich in vier Phasen unterteilen:

* Information & Sensibilisierung: Welche Chancen und welche Risiken hat eine Nachfolge?
* Strategie & Bestandsaufnahme: Wie ist die Situation und welche Ziele werden verfolgt?
* Fahrplan & Konzeption: Wie werden Führung und Vermögen übertragen?
* Umsetzung & Übertragung: Wie geht Nachfolge und wie kann sie abgesichert werden?

Informationen zu diesen vier Phasen gibt es online unter www.nachfolgelabor.de.

Die erste Phase ist durch die Vorgeschichte (Herzinfarkt von Horst) bereits durchlaufen. Das LARP startet mit Phase 2, dann folgt 3 und dann 4. In sechs bis acht Veranstaltungseinheiten könnte so jeweils abwechselnd eine theoretische Einheit und eine Spielphase stattfinden.

Im ersten Teil des LARP (Phase 2) ist eine wesentliche Aufgabe die Bestandsaufnahme bei den Beteiligten und im Unternehmen:

1. Unternehmen: Wirtschaftliche Zukunft des Unternehmens, Ertragskraft, Finanzkraft, Unternehmenskultur, Übergabfähigkeit….
2. Nachfolgende: Nachfolgetypen, Qualifikation und Kompetenzen, Familiäre Konstellation, finanzielle Rahmenbedingungen…
3. Übergebende: Übergabebereitschaft, Altersversorgung, persönliche Zukunftsperspektiven, familiäre Rahmenbedingungen

Außerdem sind in diesem Teil des LARP die Ziele aller Beteiligten zu definieren, ihre Bereitschaft zum Konsens zu eruieren und tragfähige Kompromisse zu schließen. Informationen zu möglichen Zielen finden sich online im Nachfolgewiki:

https://nachfolgewiki.de/index.php/Nachfolgeplanung#Ziele_definieren

Ein weiteres unterstützendes Onlinetool zum Einstieg ist der Nachfolg-o-mat: www. nachfolg-o-mat.org

Im zweiten Teil des LARP sind die wesentlichen inhaltlichen Themen die Festlegung der Führungsübertragung (wer soll es machen) und der Eigentumsübertragung (wem soll das Unternehmen gehören). Die möglichen Optionen lassen sich im Überblick wie in Abb. 24.2 darstellen.

Details zu diesen Optionen finden sich im Nachfolgewiki: https://nachfolgewiki.de/index.php/Nachfolgefahrplan

Für Bewertungen von Unternehmen kann der KMUrechner genutzt werden: www. kmurechner.de

Der dritte Teil des LARP behandelt die Umsetzung der Nachfolgekonzeption. Hier ist es die Aufgabe der Teilnehmenden, einen tragfähigen Maßnahmenplan für die Umsetzung zu erarbeiten sowie einen Notfallplan für ungeplante Fälle. Details und Checklisten können abgerufen werden unter https://nachfolgewiki.de/index.php/Notfallplanung

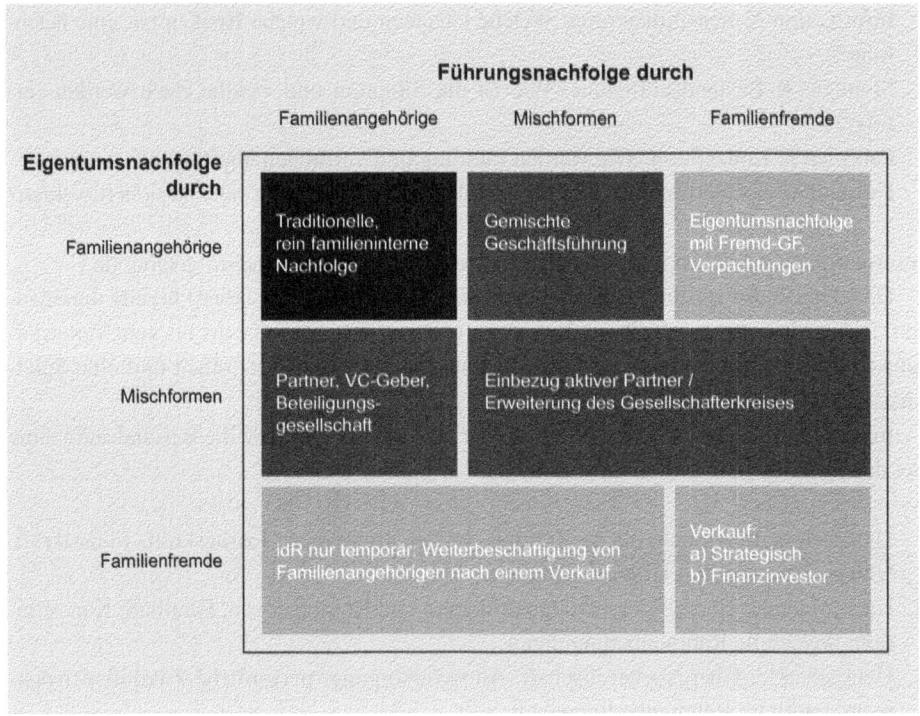

Abb. 24.2 Nachfolge als Eigentums- und Führungsübertragung. (Quelle: Felden, Hack und Hoon 2019, S. 219)

24.5   Didaktischer Hintergrund

Zur Regelung einer Unternehmensnachfolge ist nicht alleine fachliches Wissen, sondern auch Erfahrung um die emotionalen Befindlichkeiten der Beteiligten erforderlich. Um diesen Bereich einer Nachfolge kennen zu lernen, hilft das Einfühlen und Spielen von Personen in einer Nachfolgesituation.

Ein theoretisches Konzept auf das hier zurückgegriffen wird, findet sich im Grundanliegen der konstruktivistischen Didaktik nach Kersten Reich. Dabei werden 3 zentrale Begriffe geprägt.

1. Der Begriff der Konstruktion: Handlungen, in denen der Lernende selbst etwas erfahren kann, indem er ausprobiert, erfindet, experimentiert und „in eigene materielle oder ideelle Konstruktionen überführt". Diese Konstruktion ist mit „Interessen, Motiven, Gefühlen, Assoziationen verbunden und auf Handlungen wirksam bezogen" (vgl. Reich 2012, 141 ff.)
2. Der Begriff der Rekonstruktion: Entdeckungen, die durch Konstruktion an das bisherige kulturelle Wissen, an Praktiken, Routinen und Institutionen anschliessen, um sich in einer Kultur zu orientieren und verständigen zu können.
3. Dekonstruktion: Die Herausarbeitung von Ergänzungen, Modifikationen, Kritikmöglichkeiten an bisherige gängige Erklärungen, Bedeutungen, Verständigungen. Sie ermöglichen es zu neuen Lösungen zu gelangen und bekannte Lösungen in Frage zu stellen.

Wissen und Bildung, Wissensvorräte haben symbolische Realität, die vom Individuum als Lernender noch real erfahren werden kann. So dient auch dieses LARP dazu Erfahrungsräume zu öffnen, um neue Fähigkeiten und Wissen zu erlangen.

In dieser didaktischen Aufgabe sind drei Positionen besonders wichtig (vgl. Reich 2012) (Abb. 24.3):

1. Als Beobachtende nehmen wir Selbst- and Fremdbeobachterperspektiven ein, um uns in unserer Umwelt und Kultur zu orientieren, diese zu beobachten und daraus Schlüsse für Handeln und Wissen zu ziehen. Die Beobachtungen finden nicht nur sinnlich gewiss statt, sondern richten sich auch auf Abstraktionen, sie beziehen sich hierbei auf Inhalts- and Beziehungsebenen.
2. Wir sind aber nicht nur Beobachter, sondern in Verständigungen immer auch Teilnehmende an bereits in der Verständigung vorausgesetzten Vorannahmen, die meist stillschweigend in unser Handeln and Wissen eingehen. Diese stille Verschwiegenheit explizit zu machen gehört aus konstruktivistischer Sicht zu den wesentlichen Aufgaben des Verständigens.
3. Und wir sind Akteure, die in ihren Aktionen oft blind gegenüber Teilnahmen und beschränkt in ihren Beobachtungen sind. Gleichwohl ist die Akteursrolle auch relativierend für Beobachtungen und Teilnahmen, denn erst in den Handlungen zeigen sich die Möglichkeiten und Wirksamkeiten unserer Vorstellungen und Theorien.

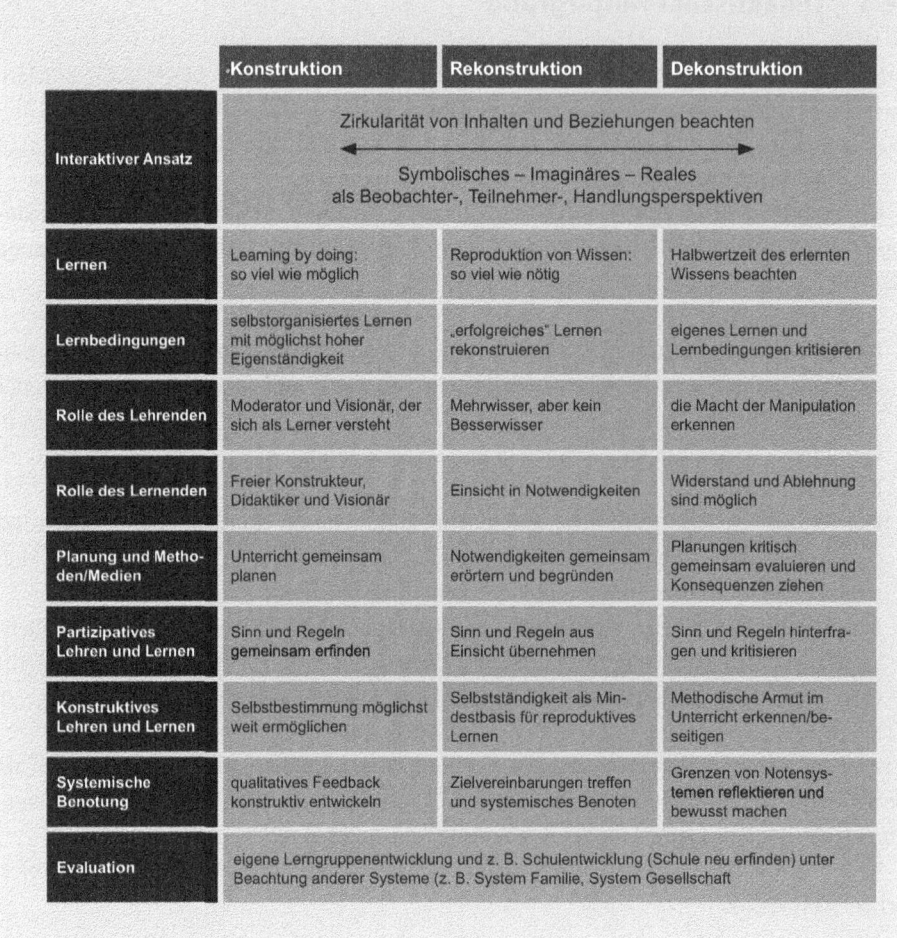

	Konstruktion	Rekonstruktion	Dekonstruktion
Interaktiver Ansatz	Zirkularität von Inhalten und Beziehungen beachten ←————————→ Symbolisches – Imaginäres – Reales als Beobachter-, Teilnehmer-, Handlungsperspektiven		
Lernen	Learning by doing: so viel wie möglich	Reproduktion von Wissen: so viel wie nötig	Halbwertzeit des erlernten Wissens beachten
Lernbedingungen	selbstorganisiertes Lernen mit möglichst hoher Eigenständigkeit	„erfolgreiches" Lernen rekonstruieren	eigenes Lernen und Lernbedingungen kritisieren
Rolle des Lehrenden	Moderator und Visionär, der sich als Lerner versteht	Mehrwisser, aber kein Besserwisser	die Macht der Manipulation erkennen
Rolle des Lernenden	Freier Konstrukteur, Didaktiker und Visionär	Einsicht in Notwendigkeiten	Widerstand und Ablehnung sind möglich
Planung und Methoden/Medien	Unterricht gemeinsam planen	Notwendigkeiten gemeinsam erörtern und begründen	Planungen kritisch gemeinsam evaluieren und Konsequenzen ziehen
Partizipatives Lehren und Lernen	Sinn und Regeln gemeinsam erfinden	Sinn und Regeln aus Einsicht übernehmen	Sinn und Regeln hinterfragen und kritisieren
Konstruktives Lehren und Lernen	Selbstbestimmung möglichst weit ermöglichen	Selbstständigkeit als Mindestbasis für reproduktives Lernen	Methodische Armut im Unterricht erkennen/beseitigen
Systemische Benotung	qualitatives Feedback konstruktiv entwickeln	Zielvereinbarungen treffen und systemisches Benoten	Grenzen von Notensystemen reflektieren und bewusst machen
Evaluation	eigene Lerngruppenentwicklung und z. B. Schulentwicklung (Schule neu erfinden) unter Beachtung anderer Systeme (z. B. System Familie, System Gesellschaft)		

Abb. 24.3 Grundanliegen konstruktivistischer Didaktik. (Quelle: http://konstruktivismus.uni-koeln.
de/reich_works/aufsatze/reich_42.pdf., S. 107)

Ein weiterer Ansatz ist der Ursprung des Rollenspiels aus der Theaterpraxis, welcher besonders durch das Psychodrama in die Pädagogik eingeführt wurde. Die Methode ist vielfach einsetzbar, indem ein konflikthaftes Thema spielerisch mit verteilten Rollen dargestellt wird. In der „normalen" Praxis des Rollenspiels werden die Charaktere nicht so fundiert mit Informationen hinterlegt, wie hier in diesem LARP zur Unternehmensnachfolge. Diese Herangehensweise ist jedoch sehr wirkungsvoll, da hier neue Handlungsaspekte und Perspektiven mit Wissen gefüllt, aufgezeigt werden können. Durch das Hineinversetzen der Spielenden in die interagierenden Rollen wird die Erfahrung eine „Realität" und die Vorstellungskraft, wie so eine Familienkonferenz ablaufen kann, äußerst lebensnah.

Es werden viele Fähigkeiten der Teilnehmenden gefördert, wie z. B. die Schärfung der Selbst- und Fremdwahrnehmung, Empathiefähigkeit, Flexibilität, Offenheit, Kooperations-, Kommunikations und Problemlösefähigkeit. Wie es auch Ute Warm in Rollenspiel in der Schule. Theoretische Analysen – Kommunikationseffektive Praxis durch folgende Punkte verdeutlicht:

- Flexibilität und Kreativität werden durch freies Improvisieren im Rollenspiel gefördert.
- Wissen kommt zum Vorschein und wird vergrößert.
- Fähigkeiten zum Problemlösen werden erweitert.
- die Sprachtätigkeit wird erweitert.
- die Motivation und das Interesse an Unterrichtsgegenständen werden verbessert.
- Meinungsänderungen werden bewirkt.
- Einstellungsänderungen werden bewirkt.
- selbstsicheres Verhalten kann aufgebaut werden.

Damit diese Wirkungen erzielt werden können, ist eine gute Reflexion der Geschehnisse und der Einfühlung in die Rollen notwendig.

Quellenverzeichnis und weiterführende Literatur

Felden, K. (2007). *Nachfolgeregelung* (2. Aufl.). Stuttgart: Schäffer-Poeschel Verlag.

Felden, B., & Pfannenschwarz, A. (2008). *Unternehmensnachfolge. Perspektiven und Instrumente für Lehre und Praxis*. München: Oldenburg.

Felden, B., Hack, A., & Hoon, C. (2019). *Management von Familienunternehmen: Besonderheiten – Handlungsfelder – Instrumente* (2. Aufl.). Wiesbaden: Springer.

Reich, K. (2012). *Konstruktivistische Didaktik*. 5. Aufl. Weinheim: Beltz. http://konstruktivismus. uni-koeln.de/reich_works/aufsatze/reich_42.pdf.

Warm, U. Rollenspiel in der Schule. Theoretische Analysen – Kommunikationseffektive Praxis (Medien in Forschung und Unterricht. Serie B, Band 3).

https://nachfolgewiki.de/index.php/Notfallplanung

https://nachfolgewiki.de/index.php/Nachfolgefahrplan

https://www.kmurechner.de

https://www.nachfolg-o-mat.org

https://www.nachfolgelabor.de.

The manufacturer's authorised representative in the EU is Springer
Nature Customer Service Centre GmbH, Europaplatz 3, 69115 Heidelberg,
Germany. If you have any concerns regarding our products, please
contact ProductSafety@springernature.com

Printed and bound by CPI Group (UK) Ltd, Croydon, CR0 4YY
24/04/2026
02096335-0014